信息时代
社会经济空间组织的变革

本书编委会　著

本书出版由以下项目资助

- 中国科学院前沿科学重点研究计划"信息革命条件下区域空间结构演化研究"课题（QYZDY-SSW-SYS002）
- 国家自然科学基金重点项目"我国经济发展支撑体系分析与人地系统动力学研究"（41530634）

科学出版社

北　京

内 容 简 介

本书由陆大道院士发起并组织,邀请全国人文与经济地理学界多名中青年学者共同完成。陆大道院士在本书的选题设计、总体构架、写作理念和整体内容等方面发挥了组织作用。

全书内容包含绪论、第一章至第十章和后记等,书中以专业视角剖析了正在我国蓬勃兴起的互联网发展及其对人文与经济地理学的影响,深刻揭示了信息革命对生产生活方式、企业选址和产业发展、社会经济要素集聚与扩散、城乡和区域空间结构以及物流系统空间组织和空间联系等的深远影响。

本书是一部具有一定创新性和前沿性的著作,可为地理学、城乡规划学、信息科学、城市科学、经济学和社会学等专业的学者、教师和学生参考,也可为从事区域规划、城市管理、信息管理等工作人员使用。

图书在版编目(CIP)数据

信息时代社会经济空间组织的变革/本书编委会著. —北京:科学出版社,2018.10

ISBN 978-7-03-059061-9

Ⅰ.①信… Ⅱ.①信… Ⅲ.①社会经济形态–研究 Ⅳ.①F014.1

中国版本图书馆 CIP 数据核字(2018)第 227466 号

责任编辑:彭胜潮 李 静/责任校对:樊雅琼
责任印制:徐晓晨/封面设计:铭轩堂

科 学 出 版 社 出版
北京东黄城根北街 16 号
邮政编码:100717
http://www.sciencep.com

北京建宏印刷有限公司 印刷
科学出版社发行 各地新华书店经销

*

2018 年 10 月第 一 版 开本:787×1092 1/16
2019 年 5 月第二次印刷 印张:15 1/2
字数:352 000

定价:99.00 元
(如有印装质量问题,我社负责调换)

"信息革命条件下区域空间结构演化研究"
课 题 组

课题负责人： 陆大道　陈明星

主要成员： 龙花楼　王成金　黄金川　宋　涛　孙东琪　丁子津

本书编委会

（按章节顺序排列）

陆大道　中国科学院院士、中国科学院地理科学与资源研究所 研究员
甄　峰　南京大学建筑与城市规划学院 教授
刘　瑜　北京大学地球与空间科学学院 教授
孙斌栋　华东师范大学城市与区域科学学院 教授
千庆兰　广州大学地理科学学院 教授
王成金　中国科学院地理科学与资源研究所 研究员
陈明星　中国科学院地理科学与资源研究所 副研究员
段进军　苏州大学商学院 教授
汪明峰　华东师范大学城市与区域科学学院 教授
龙花楼　中国科学院地理科学与资源研究所 研究员

目　　录

绪论 ··· 1
　一、信息化正在成为带动当今世界与中国经济与社会发展的强大动力 ········ 1
　二、信息化及其信息通信技术对社会经济空间组织带来的变化 ·············· 2
　三、本书的内容体系及结构 ·· 6
　四、如何理解信息化背景下的"空间"及空间组织？ ································ 8
　五、信息时代社会经济空间组织若干不变的原理仍然是很重要 ············ 10
　六、区域单元的创新能力是如何得到提升的？ ······································ 10

第一章　社会经济空间组织的新动力与新变化 ·· 13
　第一节　社会经济空间组织的新动力 ··· 13
　　一、空间组织的内涵界定 ·· 14
　　二、社会经济空间组织的传统动力 ·· 14
　　三、社会经济空间组织的新动力 ·· 16
　第二节　社会经济空间组织的新变化 ··· 23
　　一、信息通信技术发展与城市信息化 ·· 23
　　二、社会经济空间组织的新变化 ·· 24
　第三节　小结与展望 ·· 30
　参考文献 ·· 31

第二章　空间思维及研究方法的变革 ·· 32
　第一节　信息通信技术发展概述 ·· 32
　　一、数字处理时代和微机时代 ·· 33
　　二、互联网时代 ·· 33
　　三、移动互联网时代 ·· 34
　　四、泛在网络的初兴 ·· 35
　第二节　信息化条件下地理学研究方法革新 ·· 36
　　一、地理信息系统简介 ·· 36
　　二、人文经济地理学空间分析方法 ·· 37
　　三、人文经济地理学空间模拟方法 ·· 39
　第三节　大数据支持下人文经济地理分析方法 ·· 40
　　一、数据与研究内容的革新 ·· 40
　　二、地理大数据的研究方法 ·· 41
　　三、大数据支持下对地理分析核心概念的重访 ·································· 43
　第四节　小结与展望 ·· 46

参考文献······46

第三章 社会经济的空间集聚与扩散······49
第一节 空间集聚与分散的研究脉络与理论基础······49
一、研究脉络回顾······49
二、空间集聚与分散的机理······51
三、信息通信技术改变空间集聚与分散的机理······52
第二节 信息通信技术导致的社会经济空间分散······53
一、个人消费分散化和城市中心商业增长乏力······53
二、办公远程化和居住分散化······54
三、企业内部和企业上下游间的空间集聚约束减少······54
四、情感交流的距离成本降低······55
五、信息通信技术的新发展将强化分散作用······55
第三节 信息时代空间集聚的证据······56
一、隐性知识传播、信任感建立及情感的交流······57
二、亲身体验式服务······58
三、共享与配套的生产需求······59
四、交通运输成本和时间成本的节省······59
第四节 信息通信技术对城市与区域空间结构的影响——计量结果······60
一、信息通信技术对城市网络形成的支撑······60
二、信息通信技术对城市空间结构的影响······61
三、信息通信技术对城市群空间结构的影响······63
四、信息通信技术对国家空间结构的影响······65
第五节 小结与展望······66
一、研究结论······66
二、挑战与对策······67
参考文献······68

第四章 信息时代的产业集群及其空间重构······71
第一节 信息时代产业集群的组织变化······71
一、产业集群的概念、特征与类型······71
二、企业区位要素、经营环节及组织结构的变化······74
三、产业集群组织方式和空间组织模式的变化······76
第二节 产业集群的价值链重构······79
一、传统价值链分工的链式结构······79
二、互联网对全球价值链的重构······81
第三节 信息时代产业集群的转型······83
一、传统产业的互联网化······83
二、互联网推动传统产业集群转型的路径······85
三、互联网与新兴产业及虚拟集群的兴起······87

  第四节 信息时代产业集群的空间重构 …………………………………… 90
    一、信息时代地理邻近性仍发挥作用 ………………………………… 90
    二、产业价值链重组与产业集群网络结构演进 ……………………… 91
    三、信息通信技术与产业集群空间形态重塑 ………………………… 94
  第五节 小结与展望 …………………………………………………………… 95
    一、研究小结 …………………………………………………………… 95
    二、研究展望 …………………………………………………………… 96
  参考文献 …………………………………………………………………………… 96

第五章 互联网技术与运输物流网络重构 …………………………………………… 99
  第一节 现代运输物流与网络信息技术 …………………………………… 99
    一、现代物流发展历程 ………………………………………………… 99
    二、现代物流功能拓展 ………………………………………………… 101
    三、信息网络技术对运输物流的影响 ………………………………… 103
  第二节 基于互联网的运输物流拓展与变革 ………………………………… 104
    一、互联网+农产品物流 ……………………………………………… 104
    二、迅速崛起的电子商务物流 ………………………………………… 106
  第三节 基于互联网技术的运输物流网络组织 ……………………………… 109
    一、物流企业网络与物流组织 ………………………………………… 109
    二、城市物流网络与空间优化 ………………………………………… 112
    三、电子商务物流组织模式 …………………………………………… 115
    四、综合物流配送时域圈 ……………………………………………… 117
  参考文献 …………………………………………………………………………… 119

第六章 信息时代的区域发展及其空间结构 ………………………………………… 120
  第一节 信息时代的区域发展 ………………………………………………… 120
    一、传统因素对区域发展的影响趋于下降 …………………………… 120
    二、区域经济社会发展的新因素 ……………………………………… 121
    三、区域发展观的演变 ………………………………………………… 123
  第二节 信息时代的区域空间结构 …………………………………………… 125
    一、点轴系统空间结构理论 …………………………………………… 125
    二、信息通信技术发展对区域空间结构影响 ………………………… 126
  第三节 区域空间结构的演化特征与形成机制 ……………………………… 133
    一、信息时代区域空间结构演变的主要特征 ………………………… 133
    二、区域空间结构演化的形成机制 …………………………………… 136
  第四节 区域空间结构的组织模式 …………………………………………… 139
    一、区域空间结构中的点 ……………………………………………… 140
    二、区域空间结构中的线 ……………………………………………… 140
    三、区域空间结构中的面 ……………………………………………… 141
    四、区域空间结构中的点线面组合 …………………………………… 142

第五节 小结与展望·· 144
参考文献·· 145

第七章 区域创新体系形成的动力与模式··· 146
第一节 信息时代区域创新的新思维··· 147
一、信息时代创新空间的特征··· 147
二、信息时代提升区域创新能力的新思维······································· 148
第二节 信息时代区域创新体系的动力与模式······································· 152
一、区域创新的空间组织··· 152
二、区域创新体系的模式与动力··· 155
三、区域创新体系与繁衍性的经济··· 160
第三节 区域创新体系与中国经济的转型与升级··································· 161
一、中国台湾新竹和印度班加罗尔的启示······································· 162
二、中国城市与区域转型发展的路径思考······································· 163
第四节 小结与展望·· 164
参考文献·· 165

第八章 互联网影响下的城镇体系变动··· 166
第一节 城市网络空间的产生及特征··· 166
一、城市网络空间的产生··· 166
二、城市网络空间的基本特征··· 167
第二节 城市网络的空间逻辑·· 168
一、从等级体系到网络体系的演变··· 168
二、城市网络的空间逻辑特征··· 171
第三节 城市网络的演化机制·· 173
一、城市网络空间的演化本质··· 173
二、路径依赖与空间极化··· 174
三、机会窗口与新兴城市··· 176
第四节 互联网影响下的中国城镇体系变动··· 177
一、互联网使用的空间数字鸿沟··· 177
二、路径依赖与互联网经济活动的等级扩散··································· 179
三、机会窗口和电子商务之都、互联网镇与淘宝村的产生··········· 182
第五节 小结与展望·· 183
参考文献·· 184

第九章 智慧城市发展及规划管理··· 186
第一节 "智慧城市"概念、内涵及其构成要素··································· 186
一、智慧城市的概念··· 186
二、与智慧城市相关的概念··· 187
三、智慧城市的内涵··· 188
四、智慧城市的构成要素··· 188

第二节　智慧城市的发展模式与智慧化空间组织 189
一、智慧城市的发展模式 190
二、智慧化的空间组织 193
第三节　智慧城市发展对城市规划的影响 195
一、智慧发展理念融入城市规划体系 195
二、智慧城市协同规划设计 196
三、智慧城市规划方法与技术创新 197
第四节　智慧城市规划 197
一、智慧城市规划的关键领域 197
二、智慧城市规划实践 200
第五节　面向智慧城市的规划与管理 201
一、智慧城市的顶层设计 201
二、人本导向的智慧城市规划与管理 202
三、基于可持续发展目标的智慧城市规划与管理 204
四、智慧城市空间规划与管理方法体系 204
第六节　小结与展望 207
参考文献 208

第十章　乡村经济社会空间组织革新 210
第一节　乡村空间系统的演变 210
一、乡村聚落空间 210
二、乡村生产空间 211
三、乡村社会空间 214
四、乡村空间组织革新的新动力 214
第二节　乡村信息化的飞速发展 216
一、世界及中国乡村信息化发展态势 216
二、城乡"数字鸿沟" 218
三、乡村信息化的展望 219
第三节　乡村经济空间组织革新 220
一、信息化背景下的乡村经济空间组织 220
二、信息时代乡村经济空间结构组成要素转变 223
三、信息技术与乡村经济空间组织变革 225
第四节　乡村社会空间组织革新 226
一、信息化背景下的乡村社会空间组织 226
二、信息技术与乡村社会空间组织变革 230
第五节　小结与展望 233
一、本章小结 233
二、研究展望 234
参考文献 234

后记 236

绪　　论

从20世纪70年代末西方社会普遍使用"信息社会"和"信息化"的概念以来，现代信息技术的发展在短短的半个世纪便完成了从数字处理阶段、微机阶段、互联网阶段和移动互联网阶段的发展，并开始了泛在网络的发展。数字化记录、数据包传输及信息源之间的网络化连接，造就了今天的"信息时代"。信息技术革命正在重塑我们所认识的世界。

我国正在大力发展国家信息化体系建设，以加速实现国家现代化的进程，包括开发利用信息资源，建设国家信息网络，推进信息技术应用，发展信息技术和产业，培育信息化人才，制定和完善信息化政策等。近年来，特别是集中力量发展"互联网＋"、大数据及云计算，构建泛在高效的信息网络、现代互联网产业体系，以及进行光网城市等研究与建设，拓展网络经济空间。

信息革命已经成为影响社会经济空间结构变化及人文与经济地理学发展的新因素。这一重要因素作用于我们的研究对象，将可能改变其运动规律。如何改变的，改变了什么，改变之后又如何（改变了空间组织、空间联系，提高了效能，提高了竞争力等），这些就是新的地理学理念和观念，牵连着我们的大部分研究。新技术对于社会经济空间组织的优化以及国家、区域、城乡发展和相应的创新系统发展带来机遇与可能，但还需要如何运用新技术的理论、方法以及具体的接触交流的平台、政策、措施等，才能改变我们这个世界。

我们如何认识、运用信息时代带来的种种发展机遇？我们学科的发展，证明了通过对现实关联的考察、观察，可通过实证主义方法总结出规律，应用这些规律，上升到方法论的高度，进一步就产生地理学思想。以地理学思想去规划、指导，是促进区域创新理论发挥作用的一个重要途径。

本书编写的基本理念与主要内容，就是围绕上述中心思想展开。

一、信息化正在成为带动当今世界与中国经济与社会发展的强大动力

20世纪后期，个人计算机和互联网出现。过去30多年来，互联网发生了巨大变化，未来将更快变化。互联网、物联网、人工智能、大数据等，近年来以很快的速度发展，并促进大规模的应用。这个世界变成了一个计算机网络交织的世界。人类将进入高度信息化时期。数字信息覆盖了现代社会发展和人类社会的各个方面。

信息技术革命正在使信息及信息产业成为重要的资源。在信息化这个新阶段里，人类生活与社会发展的一切领域，即经济、政治、商业，直至个人生活，都在很大程度上以信息的获取、加工、传递和分配为重要基础。信息流动将会变得更加迅速与透明。信息时代里生产、生活，以及各个方面组织结构正在发生巨大而深刻的变化，并使整个人

类社会带来了一波一波的变化。

在生产方面，信息化深刻影响着制造业及整个社会生产过程。表现为，使长期以来工业化时代的大生产结构逐渐发生变化。在不断提高原有的大机器、大工业和众多人员从事的大规模生产更加高效率的同时，将使高技术含量的"定制"生产大量增加，社会将生产出大量的电脑处理、人工智能、网络通信和完全数字化的产品。将使建立在信息化基础上的服务业明显增加。

"工业4.0"在德国被认为是第四次工业革命。通过网络互联，使先进制造技术和信息技术得到集成和深度融合，使程序控制上升到智能控制进行制造。产品的设计开始多样化、独特化，由此获取新的创造力与竞争力。也使得大规模批量生产向大规模定制生产转变、由集中生产向网络化异地协同生产转变、由传统制造企业向跨界融合企业转变成为可能。其结果，可进行实时优化，提升产品的质量和生产效率。"中国制造2025"希望借助两个IT的结合（工业技术和信息技术），改变中国制造业现状，使中国到2025年跻身现代工业强国之列，更好地发挥我国制造业的优势。

信息时代里，知识经济将越来越发达，社会经济结构以服务性行业为主；知识创新成为社会发展的主要动力；职业构成中专业和技术阶层逐渐成为职业主体。长远来看都将出现新的产业、领域、发展模式等。其结果必将创造更多就业机会，推动社会发展。

消费品在网络里变得越来越丰富，消费者进行产品选择的范围越来越广，消费者开始重新制定自己的消费准则，整个市场营销个性化越来越突出。

信息化给许多国家带来军事上的变革。这种变革的有关表现是将地理上分散的装备人力等集中起来，以网络为中心，可以根据需要调集所有平台最适合攻击的武器实施打击，体现整体作战的巨大优势。

信息时代，人们将更加关注社会未来的发展趋势。信息技术的发展，为人类与自然和谐发展创造更加有利的条件与可能。

我国政府正在实施"互联网+"战略，将推进国家较快进入信息时代。除制造业外，知识经济、城市管理与城乡一体化、医疗、教育、娱乐等将会形成越来越多的变化与模式。

当然，由于在任何国家和区域范围里，无数个城市、企业、机构、团体、社区的装备基础和生产、运营、管理的技术水平，要很广泛实现网络化连接与管理，尚存在标准化、复杂的系统管理、通信基础设施建设、网络安全保障等难题，即企业、机构、区域等要对内外的各种机构、生产与服务进行联网，通信方式、数据格式等许多环节都需要标准化。各种生产过程与各种业务管理系统协同之后，系统整体更加复杂化，对其进行管理将更困难。适用于各种各样生产、生活、管理的、具有高可靠性的通信基础设施建设，以及网络安全保障都会成为巨大而难以解决的问题。也因此，智能化生产及智慧化管理，将会是一个长期的发展过程。

二、信息化及其信息通信技术对社会经济空间组织带来的变化

人文与经济地理学发展，受到发展阶段、科学技术、国家与社会发展任务的推动与

影响,是研究领域乃至方向皆处于变化中的学科。这种特点与过程,从近代地理学登上科学殿堂起就是如此。如何对时代做出及时、准确的响应,是我们学科发展要考虑的头等重要的问题。学科方向与研究领域的确定是学科发展的灵魂。

信息革命、互联网,大数据等,无疑将更多地融入到、作用于我们研究对象的运动发展中。信息化及其信息通信技术对社会经济空间组织能够带来什么呢?全面深刻地解析、回答这个问题,就是新的地理学的思想与理念。

1. 信息通信技术成为影响社会经济发展与其空间结构的新因素

技术发展与进步对于人文与经济地理学发展的影响极为重要。吴传钧先生早在1960年的一篇论文中,就提出经济地理学是一门介于自然、社会与技术科学之间的交叉科学。技术进步就是人文与经济地理学发展的重要推动因素(吴传钧,1960)。我们知道,矿产资源、水资源、交通等曾经是中外大多数国家的工业化和社会发展中的重要因素,这些因素曾经影响乃至决定了我国的国土开发、区域发展、城镇化及整个生产力布局的基本格局。这些因素,是属于影响人文与经济地理学研究对象变化规律的传统因素。

改革开放以来,我国社会经济发展的影响因素发生了重大的变化。特别是从21世纪开始,部分行业的生产力布局与城镇化都发生了大尺度转移,这是在国内外各种因素的综合影响下形成的。其中,一些新的因素的影响起着关键的作用。而传统因素的影响正在下降。其中,从20世纪90年代开始,经济国际化成为高速增长地区发展的主导因素。我国改革开放的过程也就是经济国际化的过程。这种过程在90年代的中后期发展特别迅速。经济国际化在大大促进我国经济持续快速发展的同时,也在明显改变着我国的发展地区格局,这些正在强烈地导致全球范围和国家层面上的经济空间重组。

信息,已经成为越来越重要的生产因子和区位因子,信息化已经成为促进工业化和整个社会经济发展越来越重要的因素,也是推动地区发展的最具有活力的因素。知识是生产力和经济增长的推动力,即知识的生产、传递、学习和应用成为经济增长的核心。信息通信技术的广泛应用,特别是互联网的普及,导致信息和知识传递时空阻碍性的大幅度减低,信息化对社会经济发展的核心作用,在于促进了知识的扩散、应用和创新。信息化的发展导致对信息依赖性大的产业、部门、机构在空间上的集中。这些产业,如金融、信息、商业、旅游服务、部分制造业、大公司的首脑部门、科研设计部门等。但在很长一个时期内,信息化发展使我国地区发展差距扩大了。

科学技术发展和创新能力成为极为重要的发展因素。高新技术产业在一定区域的集聚,成为带动地区整个经济发展的创新空间。这种创新空间,即高新技术企业、相关的R&D机构和必要的信息设施、金融机构及其他一系列服务设施等构成的产业集群。这样的创新空间可以不断研发新的产品,同时又将创新过程和新的技术等扩散到周围地区,促进区域经济的发展。生态和环境因素成为区域可持续发展的重要因素。

上述变化的结果,最集中的表现是社会经济空间组织及其结构的变化。也就因为这一点,信息化成为推动人类社会经济发展的重要驱动力。也就对研究社会经济空间组织及其结构的地理学特别是人文与经济地理学,意义极其巨大。信息时代的出现,对这门学科而言,是一项前沿技术。

2. 社会经济空间组织与其结构的变化

信息化及其"信息时代",将使社会经济空间组织及其结构发生变革。

信息革命新因素作用于人文与经济地理学的研究对象,将可能改变其内部结构与其外部的关系,即改变空间组织与改变区域之间的空间联系。运输和通信技术降低空间距离的摩擦力,导致时空压缩和时空汇聚,曾经遥远的地方可能不再遥远。其结果,就提高了空间组织的效能,提高了各种类型区域(地区、城市、集群、社区、企业等)的竞争力。

在一定程度上,信息技术正在重塑我们这个时代的经济景观和社会景观。其中,重要的是社会经济客体的疏密关系、集中与扩散的关系(部分趋于集中,部分倾向于分散)。在我国,将使产业与城镇的空间集聚持续发展,形成重要的产业与城镇集聚带,以及大城市群。也会使国家经济的大区域布局更加合理、协调,使大经济合作区的发展更富有活力。

信息化的大规模深入发展,正在引起社会经济要素的空间重组。何谓空间重组?例如,在信息时代,网络型的产业组织将制造商、供应承包商结合成为生产中心,并与地方性的社会组织密切结合,通过数字化营销、协同工作和共享服务等,使地方、区域、城市等获得一种全新的综合性的创新和效益。这个过程将会出现新型的区域性产业模式、新的企业组织、企业与区域之间连接的新模式等,其结果将是形成各种新的创新空间,即区域的创新体系。

大约20年前,闫小培就对广州市在信息技术不断发展并扩大应用的情况下如何进行相关设施的空间重组写了文章,并向有关部门提了建议。

3. "流"的空间及其影响

在经济全球化及信息化迅速发展的背景下,促使了世界经济发展新格局的形成。产业的"地点空间"正在被"流"的空间所取代。这就是斯科特(Scott)等阐述的"门户城市"。这样的空间被他们描述为"全球城市区域"(global city-regions)。全球经济越来越被世界城市(world city)网络所控制,即世界经济体系的空间结构已经逐步建立在"流"、连接、网络和"节点"的逻辑基础之上。其中,一个重要结果就是:塑造了对于世界经济发展至关重要的"门户城市",即各种"流"的汇集地、连接区域和世界经济体系的"节点",即控制中心,以及由这样的核心城市所统领和凝聚起来的世界级大城市群(刘卫东)。

在当今全球化和信息化迅速发展的时代,核心城市往往是跨国公司区域性(国家、国家集团、大洲)总部的首选地。因此,大城市群核心城市在全球经济上是命令和控制中心(通过高级生产者服务业和跨国公司总部等载体来实现);在空间结构上是全球城市网络最主要的"节点";在文化上是多元的和具有包容性的;在区域层面上是全球化扩散到地方(大区域、国家集团、国家)的"门户"。在今天的世界上,处于世界性"流"的"节点"上的以高级服务业为主体的"门户城市",其对于国家乃至世界经济发展的意义和地位比相同级别的制造业大城市要重要得多。其中关键的是这种"节点"和"门户城市"是世界级城市群的核心城市,是世界级的金融、商贸、信息业等高端服务业最集中的城市。

对于我们学科而言,进行关于社会经济"流"的空间作用及其机制研究,阐述区域创新活动、创新空间及社会经济发展的空间结构,科学地认识全球化、信息化大背景下区域、城市及全球经济网络的特征,揭示区域竞争力的形成规律,意义就特别重要。

相对一个国家来说,推动世界级大城市群的形成与发展,对于建设国家在全球经济系统中的竞争力平台极为重要。

4. 方法论与研究方法的进展

信息化与社会和经济空间组织问题是新时代的大课题、大方向,提出了许多新问题和新要求。也许,20世纪50~70年代地理学的"计量革命"不算成功,互联网与大数据被引入地理学可能会取得理想的进展。

改造现有的分析法,引入一系列新方法,构建适合实际、以全球-地方创新网络为内涵的人文与经济地理学的理论构架、分析方法体系,是建立各种区域性创新网络及新的地理学思想集成研究的基础。其中,对发展新的空间组织模式研究正在产生新的理念与新的方法。

各种地理单元社会经济发展及其空间结构的预测预报及其模型化成为可实际应用。因此,这方面的研究应该成为我们学科的新领域、新方向,也是前沿与热点。

5. 发展人文与经济地理学的新任务

信息化与社会和经济空间组织问题是新时代的大方向、大课题,提出了许多新问题和新要求。以人文与经济地理学的视角,总揽当今国内外信息化发展的态势,将信息技术及其社会应用与学科方向、研究领域结合起来,重点揭示信息化发展对社会经济空间组织及区域可持续发展之间的作用机制,阐述经济和社会要素的空间组织及其模式正在发生与未来可能发生的变化。形成新的地理学思想,实现人文与经济地理学发展的转型,从而推动地理科学的发展和更好地解决实际问题。这是我们学者长时期的重要目标和任务。

将信息技术及其社会应用与学科方向、研究领域结合起来。重点涉及的信息通信技术革命对人文与经济地理学发展的影响,是一个极其重要的前沿议题。其间关系之大,远比对自然地理学和其他一些自然科学及社会经济科学的影响更加突出。这本书主要集中于以下方面:社会经济的空间集聚与扩散、信息化与国家发展与区域发展、互联网与城市发展与规划、互联网与物流、互联网与城市群发展、互联网与区域创新体系及产业集群、互联网与城乡一体化发展等。

我们的知识和知识结构必须要有新的发展。以信息化发展对社会经济空间组织的影响为例,在信息化大背景下,地理学者对国家与区域发展、城市发展,直至社会经济总体空间结构演变的驱动力、结构形态、经济客体与区域之间的联系、区域之间联系的认识和指导这种认识的理念、视角、纵深都将发生变化。信息革命新因素作用于我们这些研究对象,将可能改变其运动规律。如何改变的,改变了什么,改变之后又如何(改变了空间组织、空间联系,提高了效能,提高了竞争力等),这些就是新的地理学理念、地理学观念、地理学思想等。目的是如何从全球视野来推动学科建设，希望这本书能够推动中国地理学的部分转型与更新。

三、本书的内容体系及结构

总体上，从空间、空间之间的相互依赖性等方面揭示信息化是如何作用于社会经济空间组织及其结构的，我们的理念应该如何变化？同时，设计了几个关于社会经济空间组织的主要组成部分，以章的形式分头阐述各领域的含义，这些领域包含：集聚、产业集群、运输与物流、区域发展空间结构、区域创新体系、城市体系、智慧城市管理、乡村结构变革等，各有侧重地阐述并揭示信息化是如何起作用的，以及网络空间、创新空间等是什么样的？如何形成？以及带来了何种效率、空间的竞争优势何在？等，在此基础上，还要回答我们如何去塑造，以什么样的理念去应用所总结出来的规律。从与信息与通信技术进步之间关系的角度讲各个领域的发展变化及其主要机制，这样以求获得具有一定的纵深。在分章基础上，可将全书内容归纳为三个单元。

第一单元，包括第一章与第二章

该单元涉及的是社会经济空间组织变化的新动力与相应的认识方法论及其空间思维，是全书的综合部分，对全书的内容起统领作用。

其中，作者重点阐述了新的信息技术革命背景下所形成的社会经济发展与组织的空间动力，强调全球化与地方化的交织演进，信息技术的全面渗透与应用，知识和信息的传播、扩散与共享，网络化空间联系与组织等的推动作用，以及概括性地阐述了社会经济空间组织在空间相互作用方式、空间组织构成要素、空间流动性、空间组织范围、空间组织结构等方面发生的变化。

在关于方法论及其空间思维方面，作者重点揭示了以数字化形式采集、存储、综合管理、分析和显示空间信息，并使遥感（RS）与全球定位系统（GPS）相结合等形式，实现地理学数字化与自动化的根本变革。与此同时，深刻地解析了计算机建模与仿真技术的发展不断为地理科学特别是为社会经济空间组织变化的研究提供了新的及广泛得到应用的技术手段。

第二单元，包括第三章至第五章

第三章至第五章重点阐述信息化对集聚与分散、产业集群、运输物流领域的作用。是关于社会经济空间组织结构的主要因素与基本单元。空间集聚是社会经济空间组织形成的第一原动力，是各种形态的空间结构的开始。产业集群则是产业与空间的基本单元。运输与物流同样也是推动空间组织及其效率的基本单元。信息化是通过影响这些基本单元来影响各种类型的区域单元的。因此，可以说这是关于信息化对社会经济空间结构影响的过渡部分，甚至是关键部分。

第三章关于社会经济的空间集聚与扩散领域，作者提出，历史上科学技术的突破都对空间集聚与分散产生了颠覆性的影响。认为，信息革命对于社会经济的空间作用是双向的,在促使一些社会经济活动分散的同时,也强化了另一些社会经济功能的集聚。在城市(都市区或市区)尺度上,导致了空间的分散和多中心化,但却促进了城市群和全国尺度上的空间集聚。信息革命带来的空间重构要求国家和地区的政府制定科学的国土开发及相应的管理政策。

第四章在信息时代的产业集群及其空间重构方面,作者阐述了信息通信技术正在重构各类产业的价值链,对产业集群的组织形式、产业联系和空间结构产生影响。揭示了信息时代产业集群的新特点,以及如何获得产业集群竞争优势、提升区域发展水平和可持续发展能力、论证地方产业集群转型路径的选择等。

第五章对互联网技术与运输物流网络重构这一领域,作者认为,随着信息技术与网络技术的发展,现代物流正在重塑社会经济的空间组织模式,并深刻影响了城市空间结构乃至区域空间结构。系统地阐述了网络技术对物流业的发展、产业的信息化、生产管理方式的变革、流程效率的提高等方面都产生着重大影响。信息化促使物流业成为联系其他产业的纽带和桥梁,使物流业实现生产管理方式变革和服务范围的拓展。还阐述了世界及我国的电子商务与电子商务物流迅速发展的现状。结合实际,揭示了基于互联网技术的运输物流网络组织及物流企业网络模式、城市物流网络与空间优化等主要问题。

第三单元,包括第六章至第十章

第六章至第十章。是从几个类型的具体领域及其空间单元入手,具体解析信息化及其主要构成部分是如何作用于社会经济空间组织的,以及形成空间作用的机制。以区域性和综合性。信息化对社会经济空间组织的作用及其规律。

第六章关于信息时代的区域发展及其空间结构领域,信息化、全球化、创新与研发、交通技术,以及治理结构等新因素涌现,对区域经济社会发展的影响不断增强,信息通信技术对区域空间结构在企业、产业、区域和全球多层级、多尺度上均产生影响,区域空间结构演变的影响因素日益复杂且相互交织,演化速度加快、网络化特征明显,管理和控制趋于集中化、生产过程趋于分散化,经济、社会、生态空间结构逐渐细化和分异。需要进一步从集聚与扩散、流空间与网络演化、地区间功能联系与地方整合、产业集群与区域创新等角度深入理解区域空间结构的演化机制和趋势,为优化国土空间开发格局、增强空间治理能力、促进空间治理体系现代化和科学化提供前瞻性的科学基础和决策支撑。

第七章关于区域创新体系形成的动力与模式问题,作者总结了诸多的实践经验,认为信息化时代资本、人才、信息等创新要素在某一空间集聚将会形成一种创新节点。论证了创新节点中创新主体的良性互动是区域创新体系形成和演变的巨大动力。明确提出,信息化时代创新空间中企业作为创新主体,在信息化时代其空间组织形式将会发生巨大变化,传统企业以产品为中心转型到以价值为中心,形成以企业为核心,包括供应商、分包商,还有消费者在内的通过互动与交流而具有竞争力的网络型组织结构。这样的网络型组织机构使其能对市场变化和技术变化迅速做出反应,因而能够产生突出的区域创新的效益。

第八章关于互联网影响下的城镇体系变动,作者认为新兴的信息技术已经成为影响城市发展的关键性要素,日益改变了原有的城市格局和空间组织。书中解释互联网时代的城镇体系变动过程与趋势,为城市网络空间组织研究提供了一个概念性的理论基础。作者通过进一步对中国城市体系进行实证分析,结果表明:一方面,城市的网络化进程加剧了互联网要素的空间集聚,造成城市体系中的空间极化趋势;另一方面,信息技术变革也提供了城市发展的机会窗口,一些中小城镇借助互联网正在崛起。而在这一进程中,全球连接已成为地方或城市发展的关键。

第九章关于智慧城市发展及规划管理,从智慧经济、智慧交通、智慧公共服务、智慧管治等方面总结了现代学者关于智慧城市的研究成果,从中概括出智慧化空间组织所具有的特征;阐述了智慧城市发展对未来城市规划的重要影响,提出了智慧城市规划的关键领域及智慧城市规划的实践案例。作者认为,在信息技术深度应用的背景下,今后应从顶层设计、人本导向等角度重新审视智慧城市的规划与管理。要特别强调基于可持续发展的目标,逐步建立智慧城市空间规划与管理的思想与方法体系。

第十章乡村经济社会空间组织革新,从乡村企业、农民的社会交往及活动空间等方面剖析信息化驱动下乡村社会经济空间组织变革的机理及乡村空间组织革新的新动力。随着计算机网络技术的飞速发展,网络技术已成为推动乡村地区生产发展社会进步的重要动因。网络已广泛渗透于乡村居民的生产生活,使乡村经济、社会空间发生深刻变革。以信息技术为核心的互联网产业的发展为农业升级、农村创业发展、农民增收带来了新契机。以"电子商务"为核心的乡村企业迅速发展,为农村创业及剩余劳动力就业提供了良好的平台。一些地方"互联网+创业孵化园"建设正在吸引农村青年、农民工、高校毕业生返乡创业。

这些方面的研究应该成为我们学科的新领域、新方向,也是前沿与热点。本书应该是学术思想性的,也是思辨性质的。

四、如何理解信息化背景下的"空间"及空间组织?

1. 什么是社会经济空间组织?

社会经济空间组织及其空间结构当然指社会经济各要素(客体、现象)的空间分布(格局)、合理集聚与分散、空间连接,以及建立在这些基础上的各类地域单元的空间效率与地区竞争力等。这个解释就包含了社会经济要素的空间集聚(规模、内部组成)及各种集聚形态,这即是空间结构。

什么是"社会经济各要素"呢?其第一层级,应该是:经济、工业、农业、乡村、城市、交通、互联网等,第二层级包括的内涵就很多了,可以分成:企业、公司、集团、集群、生产网络、个体、农户、居民点、集镇、交通线、交通站场、信息站、信息枢纽、园区、城市、城市群、社区、生产、产品、企业家、供应商、销售(商)、银行、保险、研发(机构)、员工、信息、信息流、物流、金融流、客流、(公路、铁路、水运)运输、节点、中心、中介、人口、收入、市场、消费、消费群体、风险(评估)、集聚、扩散、效率、品牌、价值链、定制生产、溢出、发明、专利、应用开发、人员培训、政府、政策、措施、媒体,等等。在大概念下,表述可以分成更为具体的层级。通过对这些要素概念的运用，将信息、信息网络等对具体的客体、事物、现象的各种"作用""作用机制"及效益、竞争力提高等做出具体的阐述。当然，上述这些概念还可以以不同范畴来划分。

本书的大部分内容是用上述具体概念阐述的，希望在我们同行中的大多数人能够看得懂，明白其中的含义。我们力求不离开具体的事物、客体、因素等讲其中的"道理"、作用机制、区域创新、区域竞争力等。

2. 如何理解信息化背景下的"空间"？

本书中的"空间"，与我们以往的"地域空间"不同。以往我们所说的"地域空间"，就是"区域"。本书中的"空间"使用广泛，就不同的事物或领域来说，各类空间的"本质"是有差别的。在这里有必要介绍一下，以免读起来可能觉得十分不便。

信息化背景下，有各种功能和范畴的空间，有决策群体、运作群体活动的空间。其中有些空间与真实的三维的物理空间不同，这些范畴的空间，是扁平的、柔性的空间。当然，这其中有的"空间"，也有物理的特性。在全球、国家、地区等地理空间的范畴中，有些较为专业性的空间综合在一起，会形成多层次的、多领域、多范畴的彼此相互链接更为复杂结构的空间。这样的空间，内部具有不同层次的"流"和相应的节点，成为空间的控制和运作系统。这里所说的"空间"，有多重含义。例如，一些银行家，经常以各种形式交换信息、危机判断与处理等，形成一种对汇率、利率、货币交易等方面的决策，这是一种决策的群体运作空间；某几种物资，以特定的运输方式，由某一群体人员操作，形成一个位移和产销系统，也可称之为产销"空间"；某一地点的一些企业(产品生产、供应、销售等)组成一个合理的前后左右链接的系统，也是一种"空间"，等等。

在本书中，涉及"空间"的概念很多，如网络空间、创新空间、信息空间、城市网络空间等，作者一般都结合各章的具体领域与内容，给出了明确的解释，或者解释了其"定义"。有些结合发展历史、发展过程作了具体的讲述。

3. 关于信息化与社会经济空间组织的关系

信息化与社会和经济空间组织问题是新时代的大课题、大方向，提出了许多新问题和新要求。

关于信息化与社会经济空间组织与结构之间的关系，总体上，本书强调了：世界经济新格局的形成，相应的，也是世界新的城市网络的形成，全球化是这个过程的主要动力，信息化是最主要支撑(技术、条件)力量。但信息化在很多具体情况(领域、现象)下，也是主要动力。这个观点，是本书的一个基调。

信息革命新因素作用于我们这些研究对象，将可能改变其运动规律。这些研究对象包括：社会经济的空间集聚与分散、产业集群、物流、区域发展、区域创新体系、城镇体系、城市群、城市管理、城乡关系与乡村发展等。这里既强调了动力，也是这些现象发展变化的支撑。正是通过对这种动力和支持作用的解析，提炼出其中新的地理学理念，也是地理学思想，本书所写的就是这些。

五、信息时代社会经济空间组织若干不变的原理仍然是很重要

对于社会经济空间组织及其空间结构而言，或者对于人文与经济地理学而言，我们所熟悉的一些基本的空间现象和空间运动的规律，将会长期起作用，无论在理论上或是在实践中都不能否定。

信息化条件下的"空间"，有些与我们以往的"地域空间"不同。以往我们所说的"地域空间"，就是"区域"，指的是物质性的空间。今天我们说，互联网造就了一系列"新空间"，这些空间，是扁平的、柔性的、虚拟的。因此，就这一点来说，空间距离效应在信息化条件下被改变了。但是，企业、集群、园区等事物为什么还要考虑合理的空间区位及合理集聚呢？城市为什么还要有合理的规模与结构呢？各种类型的创新空间的形成为什么还需要那么多的具体工作和发展过程呢？又为什么不是所有地方都能"打造出"创新空间呢？各种不同尺度范围的社会经济合理组织及各种区域之间的合理联系仍然非常必要呢？那是因为不管信息化如何发达，空间距离对社会经济的意义仍然存在，区域之间的差异性与相互依赖性仍然存在。具体可有以下解释：

（1）除信息、互联网各种信息空间以外，还存在一系列实体空间，如铁路、公路、水运、管道各种类型的交通运输平台（空间）、企业生产的前后左右协作形成的多重空间、管理机构、消费实体的分布空间，由不同资源、环境、经济、社会等组成的区域空间等。

（2）信息流的背后还是"物质（性）流"（生产用的原料、燃料、零部件及半成品）、产品（商品）、生产工具等物资的运输、人员地点位移（"客流"）等实体的运输。在这些种种情况下，运费当然不等于零。"距离"没有被颠覆，"地理死亡"没有发生。

（3）社会经济物质性客体基本上还是那些，被改变的和新出现的客体并不多。我们不能离开具体的事物、客体、因素等来讲"道理"，即论证作用机制、创新形成、竞争力提高、社会空间合理化等理论与实践问题。

我国制造业的成本中30%～40%在物流业，发达国家只有10%。原因是我国物流业与交通运输业之间的空间结合不合理。我们很多的物流园区与公路网不结合。所以，互联网与物流业的密切结合大约就是我们研究的课题之一。即使是"物联网"，也要有"物"才能需要"物联网"，多少家、多少台设备如何经过标准化才能成为互联网的载体，这是极其根本的问题。不要设想，信息化网络一搞起来一下子就建成了智能制造了。也就是说，由于差异极大的生产基础，不存在一个早上一个区、一个城市就可以发生颠覆性变化，进入"智能化制造"。实践中这样的例子，如大企业、新区、产业集聚区等，已经很多了。

在信息时代，互联网高度发达，但任何时候、任何地区（城市等）的差异性及地区之间的相互依赖性都是存在的。认识这一点、科学地运用好这一点，是地理学的重要灵魂。

六、区域单元的创新能力是如何得到提升的？

本书希望能够较为深刻阐述信息时代各种地理单元的创新能力如何能获得提升，各种类型区域的社会经济空间结构如何能优化。而为了做到这一点，就要求阐述信息化新

因素如何作用于社会经济客体及其运动、集聚扩散现象和过程等，使其载体及各类区域获得新的发展动力。这方面的内容，在各章中得到了具体的体现。

各类不同区域的创新体系，其结构及构建的路径、管理实施等应该具有不同的特点。从综合的视觉来看，可以概括一些共同的要点。

多年来，"发扬改革创新精神，建立体制机制新高地。"已经成为各种高调中的高调了。大家都在唱，错了吗？没有。但实践是检验真理的唯一标准。我们要充分思考：如何才能创新？现在建成的一个个"高地"不也是一直在追求创新吗？信息时代各种区域单元的创新能力如何能获得提升？谁解析过？实践中，就是新区、新城、各类区域，是如何能够创新？如何获得创新能力的？

到底如何构建区域的创新体系？肯定不是一日之功，也不是各个城市、地区都可以构建起来的。我们认为，必须明白和回答两个方面的问题。

1. 什么是区域的创新体系及其目标？

(1) 具有明确的区域创新体系的目标和标准。包括新思想、新技术及新产品、新工艺的创新方向，企业与管理的效率、效益的提高，各项消耗的节省，人才的集聚，标准化进步等。整体效果是区域竞争力和创造财富能力的提高。

(2) 要使区域竞争力获得提高，就要使区域性的社会经济空间组织与空间结构如何能够逐渐优化。

(3) 要想空间组织与空间结构得到优化，就要求了解、掌握准确描述各种因素(信息、网络、节点、资金、资源、市场、人才等)如何作用于社会经济客体及其运动、集聚扩散现象和过程，如何相互作用使其获得新的动力。这就是机制、效果的解析。

(4) 要使区域空间组织实现优化，提高区域竞争力，就要根据信息化的优越条件，组织各种功能空间和相应的决策和运作群体空间，形成多层次、多领域、多范畴的彼此相互链接更为复杂结构的空间。这样的空间，内部具有不同层次的节点和相应的"流"，这些是空间的控制和运作系统。

(5) 各类人员的理念，包括管理者的理念应该有相应的变化。

2. 如何实现上述的创新内涵与目标呢？

(1) 不断提出创新的目标：好产品、好技术、好工艺；不怕做不到，就怕想不到。解决"想得到"的问题。

(2) 为优秀人才集聚及优秀思想提出创造条件。集聚、接触、交流，集聚产生效益，产生新思想，产生创新。因此，国内外著名的创新区域，都有很高的知识密集度，包括科学技术人员、工程师、各类专家，也包括管理精英。在很高的知识密集度的同时，员工具有高流动性，这一氛围鼓励冒险、容忍失败，哪一个科技人员去之前做好了失败的准备？现在的人才知识密集还行，但能否提高流动性？能够具有这个条件吗？需要有一批与工业界密切结合的研究型大学等。

(3) 充足的投资和完善的投融资运行与保险体系。在实践中，仅仅就投资融资、风险投资、保险再保险等就是大量的工作。现在我国国家商业银行，不断推出许许多多金融产品。但是，却缺少主动与各类园区的创业人员配合的行为。另外，越是创新能力强的园区，越需要大量的风险投资，以及相应的金融保险业务。在这方面，周到的、灵活的金融服务就显得特别重要。

(4)进行平台建设与各类群体运作空间充分进行接触交流。就要有一定的空间范畴包括各类群体运作空间来进行。在人才等要素集聚的基础上，建设各类平台与活动组织，目的也是通过接触、交流而获得新思想、新建议、新动力。哪些平台？例如，要使以企业为中心，应包括供应商、分包商、销售商、消费者综合性平台。还有信息（在流、节点的位置）平台、物流平台、供应平台、销售平台、人才平台等专业性平台。这些平台，镶嵌在各种空间中。例如，一些银行家经常以各种形式交换信息、危机判断与处理等，形成一种对信贷、汇率、利率、货币交易、金融新产品（金融衍生品）、风险投资等方面的决策，这是一种决策的金融群体运作空间；物流群体，某几种物资，以特定的运输方式，由某一群体人员操作，形成一个位移和产销系统，也可称之为产销运输"空间"；信息与互联网企业某一地点的一些企业（产品生产、供应、销售等）组成一个合理的前后左右链接的系统，也是一种企业群体运作"空间"，还如法律服务运作"空间"等。

(5)构建空间（创新空间）接触的枢纽。位于这个枢纽即可获得更多更大的创新优势。成为相互互动与交流的具有竞争力的网络型组织结构，使其能对市场变化和技术变化迅速做出反应，这样才能创新新思想。在实践中将会形成创新效果。

(6)制度、政策与措施的嵌入。从政府层面，制定和实施相应的制度、政策和措施。

实施上述的全部内容，也可谓之"创新机制""体制创新"。现阶段，创建这些组织平台和实施相应的运作措施及政策等，是很多新区、新城及高新技术园区、经济技术开发区都要大力加强的"内功"。然而光有外部条件也不行，许多新区包括高新技术产业新区并没有上述条件。

第一章 社会经济空间组织的新动力与新变化

社会经济空间组织涉及空间要素的动态分配与组合，是城市发展阶段与过程的空间映射。因此，厘清推动社会经济空间组织与演变的力量，以及所产生的变化，有利于更加深刻地阐释社会经济等要素在空间上集聚与扩散的过程，进一步发现城市内部、城市与城市之间的空间关系，并最终深化智慧城市的发展与规划管理。本章在界定空间组织内涵的基础上，简单梳理了社会经济空间组织的传统动力，即经济要素组织与流动、交通引导与联接、劳动地域分工、政策推动。进一步深入分析了新的信息通信技术背景下所形成的社会经济发展与组织的空间动力，更加强调全球化与地方化的交织演进，信息通信技术的全面渗透与应用，知识和信息的传播、扩散与共享，网络化空间联系与组织，社会与文化力量崛起，制度创新对社会经济空间组织及其演变的推动作用。以信息化和全球化为分析背景，在厘清信息通信技术发展过程和城市信息化发展现状的基础上，深入阐释社会经济空间组织在空间相互作用方式、空间组织构成要素、空间流动性、空间组织范围、空间组织结构等方面发生的变化。

第一节 社会经济空间组织的新动力

20世纪60年代末以来，以微电子技术为核心的新技术范式出现，使得生产过程创新和信息处理成为主要内容。90年代以后，计算机网络化趋势与数字技术飞速发展，技术本身及商业应用领域的根本变革，促使社会经济发生了巨大的革命性变化。当信息通信技术带来的变革渗透、融入到城市地理研究领域的方方面面时，其本身也在日新月异的变化中，如以电脑、手机和无线信息机等为终端的互联网、通信网、广电网正式"三网融合"，基于标识技术（RFID）、通信技术（泛在联网）、网络技术、云计算的物联网产生。因此，对企业区位、产业结构、要素流动、区域间相互作用、空间组织与空间结构的影响也产生新的变化。例如，大小企业越来越依赖计算机网络的联系；服务产业、创意产业、智慧产业成为城市经济的新动力；物体可以通过物联网主动进行数据交换实现流动；电子商务等商业模式的创新；功能边界的模糊，导致家庭和工作地之间的差别缩小；信息通信技术空间的均衡与非均衡发展、扩散差异等。基于此，在辨析空间组织基本概念的基础上，梳理社会经济空间组织的传统动力，重点论述信息时代背景下促使社会经济空间组织演变的新动力。

一、空间组织的内涵界定

20 世纪 60 年代以来,在地理学科的数量革命和社会科学的空间转向等范式转型的推动下,空间的意义被重新建构(爱德华,2007;Lefebvre,1991;Harvey,1988;卡斯特,2006)。空间组织(spatial organization)是人文与经济地理学最常出现的概念之一,被认为代表着地理学家思考世界和改变世界的主要途径(Alber er al.,1971)。空间组织发轫于功能区域及其相互联系及作用。一个功能区域往往存在这样一个节点,其周边地区通过要素、活动和联系围绕节点组织起来,并通过复杂的网络进行相互作用,彼此之间形成一定的相互依赖性。随着功能区域的不断演化,节点与周边地区的关系逐渐从简单的节点-从属区,到中心-腹地的层级,再发展到一个包含中心、腹地、层级,彼此间的相互联系和流量构成的复杂网络(张毓峰,2008),空间组织概念是对这种区域现象的抽象解释。它是建立在空间观念基础上对空间要素动态分配的过程,是城市发展阶段与过程的空间反映,因此是一个相对复杂的概念,难以作出明确的界定和论述。

综合以上讨论,本书将空间组织的基本内涵界定为:在自然与社会过程的共同作用下,一定尺度的社会-空间系统通过自组织和他组织方式使其内部功能日趋分化的各组成要素间进行分工与协作并不断推动系统自发有序演化的过程。对这一内涵界定需要强调以下几点(张毓峰,2008):

(1)空间组织实质上是社会、经济-空间组织。社会、经济系统在发展过程中会不断地通过社会、经济-空间关系反馈生产出空间,社会、经济系统发展过程的各向度也只有通过空间系统才得以表征出来,社会、经济系统本身就包含着空间的组织化过程。社会系统、经济系统与空间系统存在着高度交错、重叠的特征,日益形成一定的社会经济空间组织。

(2)空间组织与劳动空间分工密切相关。社会、经济系统的组织过程就是将组织要素合理、有效的配置或分工到一定尺度的空间,并强调分工后的协作关系。人是各组织要素的主体,因此劳动空间分工是社会、经济-空间的主要组织形式。

(3)空间组织是自组织和他组织的叠加过程。社会、经济系统演化的关键是其内部子系统之间相互竞争、作用并协同演化形成一种自发、有序的状态。但社会、经济系统又是开放的系统,总存在外力作用对系统各要素施加影响,引导或控制系统的运动方向,形成人为建构的秩序。

二、社会经济空间组织的传统动力

空间组织是建立在空间观念基础上对空间要素动态分配的过程,是城市发展阶段与过程的空间反映。信息革命发生之前,社会、经济活动的空间布局主要以矿产及能源、资本、土地、劳动力等开发与利用为基础,遵循成本最小的原则。此时的空间发展特征就是大量工业增长中心、工业化城市的出现,它们往往集聚在港口、铁路、公路枢纽周围,从而形成具有一定吸引范围的经济区域或工业走廊。城市发展往往沿着主要的交通方向蔓延式发展,从而在一些工业发达的地域形成了颇具规模的城市带。在这些不同的空间组合中,各种各样的流是其得以形成的黏合力。在工业化时代,这样的流主要表现为产品流、资金流、人流、信息流等，且围绕着几个主要的经济增长中心。铁路、公路的货物运输占据主导，资金流动的国际性不强。因此，经济要素组织与流动、交通引导与联接、劳动地域分工、政策推动是这一时期社会经济空间组织的主要推动力量。

1. 经济要素组织与流动

信息革命之前，自然投入（包括土地、原材料、能源等）、劳动力和资本是社会经济活动的最基本生产要素，这些经济要素在空间上的分布状况及组合关系影响节点在功能区域中的地位。其中，一些节点凭借资源、区位等优势成为功能区域的中心，借助产品流、资金流、人流、信息流等与其周边节点发生联系，并逐渐在地域空间上形成中心-外围的空间组织模式。在空间组织内部社会经济活动存在明显的地理空间集聚现象，空间近邻效应和空间溢出效应较为突出。此外，经济要素组织与流动范围主要集聚在城市或区域内部，社会经济活动空间组织范围有限。

2. 交通引导与联接

交通是联系地理空间中社会经济活动的纽带，其技术与手段决定着空间相互作用的深度与广度。工业化时代，生产与消费的空间分离是社会经济活动的基本特征，减少运输成本成为社会经济活动追求利润最大化的主要手段。因此，交通可达性和便捷程度较高的节点易发展成为功能区域的中心。一方面，中心节点可以借助交通手段克服空间距离障碍，吸引周边地区经济要素向其集聚；另一方面，也可以将置换、过滤的产业向周边输出、扩散。客观上，在交通手段的引导与联接作用下，社会经济空间组织的地域范围不断扩大，人流、物流等联系也更加频繁。但空间距离的约束作用仍然较大，交通欠发达地区逐渐成为社会经济空间组织中的边缘节点。

3. 劳动地域分工

在资源和社会经济要素不能完全自由流动的情况下，功能区域节点为了满足生产、生活需要，提高经济效益，会选择和发展具有优势的产业。因此，在地域空间上产生了分工。劳动地域分工决定了社会经济活动不可能在封闭的区域内发生，必然会和其他区域发生联系与交往。由于各功能区域节点间的优势产业有所差别，产业技术水平高的节点往往在空间组织中占据主导地位，而其他节点则处于从属地位，劳动地域分工的垂直等级特征明显，社会经济空间组织边界明确。

4. 政策推动

政府在社会经济空间组织中扮演着他组织的角色。在社会经济空间组织过程中，政府可以通过制定政策引导社会经济要素在空间上进行合理流动并实现优化配置，为经济活动选择发展的空间、开拓市场、优化内部组织框架和建立外部网络等提供有效的空间架构，并通过对客观存在经济区的识别进行经济区划。按照经济区组织社会经济空间，一定程度上提高了资源在空间上的配置效率，但也出现了地方政府过多参与和干预经济活动，产生了行政区经济。此外，传统政府组织结构是条块分割的二维模式，具体表现为纵向层级制和横向职能制的矩阵结构，易造成政府调控不足等问题。

三、社会经济空间组织的新动力

自 20 世纪 80 年代以来,世界处于快速的信息化过程之中,信息通信技术的广泛渗透改变着人们的工作和生活,信息已成为经济发展的战略资源和独特的生产要素,成为社会经济发展的强大动力。这种变化已经引起了来自各学科学者们的强烈关注,并引发了一场关于新的信息通信技术之影响的争论。伴随这些争论,全球化和信息化时代的城市与区域发展已经成为学术界的热点议题,地理学家是这场争论的先锋。近十年之前,他们就不得不回应"地理的死亡"或"地理的终结"这样的武断观点。当然,挑战不仅仅来自一些人对地理重要性的怀疑,而且也来自如下的压力,即如何理解新的信息通信技术革命背景下所形成的社会经济发展与组织的空间动力(刘卫东和甄峰,2004)。结合学者关于信息通信技术对区域空间组织或结构的影响研究,以及信息时代这一新的背景,本书认为社会经济空间组织的新动力包括:全球化与地方化的交织演进,信息通信技术的全面渗透与应用,知识和信息的传播、扩散与共享,网络化空间联系与组织,社会与文化力量崛起,制度创新。

1. 全球化与地方化的交织演进

全球化与地方化的交织演进推动了区域节点社会经济的变化与发展,进而改变了社会经济的空间组织方式。因此,探讨全球化与地方化及其交织演进过程对社会经济空间组织的影响,已经成为城市地理学及经济地理学中的重要内容之一。首先,在全球化语境下,社会经济活动的空间区位已由地方或区域扩展到全球尺度,全球范围内交互关系的维持需要发达的交通和通信技术作为保障。显然,工业化时代传统的"自然区位"不能满足全球化时代的要求,从而急需建立高度发达的如海港、空港、信息港等现代交通通信基础上的新的"社会区位"。区位条件的改变势必影响功能区域节点在空间组织中的地位,进而影响城市或区域社会经济空间组织状态与结构。其次,在全球化生产发展框架下,原有经济要素(如劳动力、资本、土地等)的概念与内涵发生了变化,同时也促使信息、知识等要素的重要性不断凸显。例如,资本逐渐摆脱地方空间限制,高度流动在地方与全球之间。资本的全球选址,提高了土地资源的增值效应,级差地租又带来土地利用性质的变化,进而出现混合型与多样化的空间组织形态。但资本等要素在全球尺度上的空间配置受市场影响较大,市场受利益驱使,因此又会带来不同功能区域节点间的空间博弈,形成新的社会经济空间组织结构。第三,随着信息化与全球化的逐渐融合,城市或区域经济生产组织形式逐渐向纵向一体化方向演化,不同价值区段镶嵌的地方主导了不同的经济发展类型(李健,2008),这些地方之间既有分工,又有合作,其关系映射到不同尺度的空间上会形成不同的组织模式。随着空间组织单元联系程度加强,又会构成更大尺度的空间组织体,并促成区域级经济空间组织的形成。

在地理空间逐渐扩大化、动态化和复杂化的同时,也出现了对地方或区域特色的追求,即地方认同(identity)和地方性(locality)的寻求与创造。例如,在欧洲,增长的经济活动全球化已经使得区域更加依赖于这些活动。在政府和企业精英的推动下,区域重新调整结构以在全球经济下竞争,并且已经建立了区域机构之间和基于区域的公司之间的合作网络。我国长江三角洲也是如此,面对全球化的影响,区域内部调整正在进行,一体化进程正在不断加速。当地方背景变得越来越重要,全球化过程对经济活动空间分布的影响不再是区域间的均质化。地方已有的物质设施、技术水平及经济实力将会影响区域发展的空间差异,促使如新产业区等高度专业化的地区出现。这样一些新产业区是特定经济活动集群的重要场所。全球化的公司得益于根植于满足它们特殊偏好的区域市场、区域机构系统和创新网络。这也就意味着,全球化通过部分基于外部效应的区域系统在地方层面被影响并趋向协调。复杂的相互依赖、协同和外部性出现在分散全球的企业内部,但是在区域内部并没有被电子通信所替代。由于资本的全球流动性不断增强,城市或区域致力于改善经济、制度与文化环境以保持竞争力和活力。这意味着场所具体的因素,如技能和教育水平、有效的机构和管理、现代基础设施和一个创新的产业基础将是全球经济下的关键吸引力(谢馥荟,2006)。当前,由于区域制度不稳定和长期经济脆弱性的交叉出现导致全球化和区域一体化面临重重困境,如英国脱欧等。此外,以人工智能技术、新能源技术、物联网等为代表的新技术革命,通过产业置换与更新改变经济空间组织形式。这些也势必会影响全球或区域社会经济空间组织结构的变化。

2. 信息通信技术的全面渗透与应用

毫无疑问,技术进步是经济增长和发展过程的核心力量,也是推动社会经济空间组织演变的根本动力。当前,信息通信技术已全面渗透和应用到社会与经济领域,通过改变社会经济活动过程中的点、线、面要素及其组合关系进而影响空间组织的变化。

在日益全球化的环境下,封闭的节点体系已经被暴露在了国际、国内大环境之中,信息流也重新塑造了空间及空间体系。这使得节点的规模、功能和地位出现了许多变化。第一是节点规模的变化。信息和知识重新定义了节点规模及其重要性。在整个节点网络中,流入和流出信息的种类和数量决定了节点的规模及其重要性,节点的发展不再局限于某个区域内,而是处于更高层次的网络中。第二是节点功能的变化。信息通信技术的深度发展及应用,知识经济的到来使得节点社会经济活动更多地表现为对信息和知识的分配、使用和消费,新思想、新技术不断出现,节点日益表现为一个巨大的知识库和信息库,表现为区域的创新源。节点将可能从传统工业产品的生产和消费中心转向知识创新与信息处理中心、金融中心、物流中心,即所谓的功能软化。同时,节点的功能也趋于多样化,不仅仅是较小等级的制造业基地围绕着较大规模的制造业中心,而可能是一个主要的服务性功能节点周围分布着制造业、研究中心、旅游休闲中心等次级节点。第三是节点的区域地位也相应地发生了变化。信息时代,城市将作为主要的信息节点、服务与管理中心而出现,在区域中承担着重要的信息枢纽作用,也将可能成为信息社会的发展引擎。许多节点的地方功能正变得非地方化(delocalized)。第四是节点空间扩展将可能打破摊大饼的蔓延态势,呈现出多中心组团式发展格局。这一过程伴随着区域产业空间重构而实现,如新产业空间、高技术园区的建设。第五是整个节点体系出现了多级分化的态势,即高级节点的不断极化,同时区域性节点和地区中心会出现,这在地理上就表现为全球城市、区域性中心城市和地区性增长中心的出现。而那些处于信息边缘的城市则相对落后。尽管这一趋势在工业化时代也已经出现，但是在信息模式作用下，这个现象被强化了。

对于区域空间而言，线是将分布在空间中的点联系在一起的重要通道。不同性质、不同方向的线连接在一起就形成了网络。网络是空间组织的重要组成部分，是整个系统得以运转的通道和保证。信息时代的到来和信息通信技术的深度应用使得空间组织的网络要素这一重要内容发生了一些新的变化。主要表现在：第一，信息通信技术的广泛应用促进了远程通信网络的发展，为区域创造了一个开放式的虚拟网络空间，商业机会、技术转让与合作都可以在其中进行，信息流日益成为连接系统之间、区域之间的重要纽带。第二，信息密集活动越来越集中分布在生产性服务业和生活性服务业部门，这些活动进一步促进了互联网、物联网等信息网络的重要性，进而使得信息网络在整个社会经济网络系统中的作用得以强化。第三，信息通信技术在交通网络等有形网络运营及管理中的使用拓展了这些网络原有的作用，使得空间要素流动性和机动性大大提高，城市或区域空间已经"陷落"为瞬时的流动空间。第四，信息通信技术及信息活动在无形网络中应用的加强使得这些网络的组织模式更加灵活，不同网络之间的互动也得以加强。第五，网络的发展促使有形与无形网络的日益结合，又进一步导致了空间组织的弹性化。一个明显的迹象就是创新网络的出现，它以政府、大学及企业为核心，将高技术开发区、大学园等空间实体贯穿在一起。创新网络对推动地域经济发展及其空间组织将起着日益重要的作用。

在特定的国内外社会经济背景下，信息通信技术的影响将带来点与线的功能及形态的各自变化。如表1.1所示，随着知识、信息相关活动在区域中比例的增加，以及信息网络、交通网络对区域空间的集聚作用，这会促使新的区域空间组合出现。表1.1中列出了一些可能的空间组合，从信息城市、区域城市网络到全球城市体系，从信息港、信息中枢到智能区域，这些新的组合都反映了信息流对空间重组过程的重要作用，反映了信息产业、知识资源、创新在区域发展中的重要贡献，更反映了信息网络对空间结构的塑造作用将会适当地改造原有的由交通区位所决定的空间格局。信息通信技术支撑下的智能区域（走廊）将呈现较强的黏合与创造力。整个域面由各级功能区域组成，这些包括创新中心、生产中心、娱乐休闲中心、消费中心、生活中心等。但是，功能上的专业化不一定代表土地利用形态的单一化，信息通信技术的高度发达，已经使土地的混合高效

表1.1 信息时代空间要素的组合模式

区位要素及其组合	空间子系统	空间组合类型
点-点	信息节点系统	全球城市体系、区域网络城市
点-线	信息枢纽系统	信息港、信息中枢、创新中心
点-面	城市-区域系统	大都市区、扩展型都市区
线-线	网络设施系统	信息网络、创新网络、高速交通网络
线-面	产业区域系统	信息产业带、高技术走廊、智能走廊
点-线-面	空间经济、社会统一体	智能区域
面-面	宏观地域类型	功能区域（功能互补性区域组合）

使用成为可能。这些不同级别、不同功能的中心及其辐射影响区域在交通干道网络与信息通信网络的连接下被有效地组织在一起，并与外界保持着全方位的沟通。值得一提的是，由于信息通信技术的时空超越，这有利于区域内各部分之间(尤其是那些由于地理条件而相对偏僻的地区)在功能上的互动。因此，在信息时代背景下，整个区域空间将会出现功能一体、空间多样协调、持续发展的格局。

3. 知识和信息的传播、扩散与共享(汪明峰和李健，2009)

以微电子、电子通信和计算机等技术为核心的新技术信息革命，使知识或信息取代资本，成为经济加速发展的主要动力。而知识和信息的传播、扩散和共享，为新的空间组织形式的出现提供了可能。首先，信息革命产生了海量的大数据，数据可以通过一定方式处理成为信息。与传统经济要素相比，信息可以产生信息，信息还可以通过应用和使用转化为知识。当然，知识也可以产生信息，而且是信息开发所必须的。最后，创新或新知识的创造依赖于已有的知识和信息，并特别强调应用价值。而且，它可以部分生成信息通信技术和新的信息。在企业创新行为中，未编码的默会知识的互动性与集体性显得尤为重要，且具有明显的地理意义。它被许多研究者用来解释全球化背景中的一些产业在某些专门区域的持续集中过程。每个区域都拥有包含在它产业、人们和经济中的默会知识，但这些知识可能对其他地方的价值很小，或者很难组织起来进行商业开发。因此，区域能够产生有价值的默会知识，也可以成功的利用这些知识来获取全球化经济中的重要竞争优势。工业时代，信息、知识产生和传播的途径受空间距离、邻近性影响较大，企业之间信息、知识交易成本较大。而基于互联网的柔性信息基础设施，不仅支持了企业内部的远程跨界知识交流，减少交易成本，也支撑了由垂直专业化所形成的大量供应商之间的多向连接。同时，由于"网络效应"，扩展基于互联网的信息系统具有较低的成本，这对企业的组织选择和区位战略产生了显著的影响，从而影响社会经济的空间组织关系。此外，在全球生产网络研究框架中，关于知识的生产、流动和配置的研究是重要内容。高层级主体特别是领导厂商之所以能够占据附加值相对较高的价值链环节和增值活动，是因为它们控制着一些稀有资产，而以知识技术为代表的"技术租"无疑是较为显著的部分。在全球生产网络空间作用过程中，知识在价值区段的流动是知识作为空间经济基础和新区位因子的重要性发挥作用的途径。不同价值区段类型企业及其所携带的特定类型知识向特定空间的镶嵌和集中所产生的集聚效应必然会引导不同空间的组织结构(李健，2008)。

4. 网络化空间联系与组织

信息通信技术的快速发展和深度应用正使得不同层面区域空间组织发生剧烈变化。Graham 和 Marvin(1996)发现信息通信技术对城市发展具有四大效应，即协作、替代、衍生、增强。Demmatteis(1989)从经济学角度认为集聚经济相对重要性的减少，隐含着城市间在功能上的相互依赖和空间上的分散化。Dematteis(1996)和 Bonavero 和 Conti(1996)则提出了在城市网络中城市发展的进一步中心化和通过城市专业化而实现更加分散和互补的城市发展这两种相反的观点。尽管存在着争论，发达国家的区域发展实践却证明了多中心城市地区的持续繁荣。欧洲的城市网络成为学术界关注的热点地区。信息通信技术对区域空间组织或结构的影响最重要的结果是促使一个基于电子通信、物质设施等网络关系之上的新型空间组织出现。Kunzmann 和 Wegener(1991)指出了基于城市间的互补与协作的欧洲城市网络化模式，并认为欧洲的城市网络将会是一个多中心的合作的网络结构。Dematteis(1996)描述了欧洲城市体系的三个抽象的空间模型：克里斯泰勒的等级网络、多层面相互联系网络和核心边缘等级网络，他认为多层面相互联系网络代表了信息经济下相互连接的网络组织。基于快速交通、信息通信网络及范围经济的新的发展模式也产生了一种新的不同于传统中心地模式的地域空间组合，即网络城市(network city)。以汽车所引发的郊区化发展模式为特征的美国，在信息通信技术、电信网络的影响下也出现了新型的边缘城市(edge city)。基于复杂互补关系的城市网络，核心城市正在变成城市地区，进而转化为巨型城市并最终与全球城市体系相连。

目前，网络型的社会经济组织乃至空间发展模式的重要性已经得到了西方发达国家政府、学者及规划师的普遍重视。寻求创造基于知识创新和信息经济的城市网络成为制定城市与区域政策考虑的重点，而单个城市也积极采取措施将自身纳入较大的区域网络之中。这一模式已经突破了简单的市场内竞争，或者是国家城市等级联系。Graham 和 Marvin(1996)也指出，城市间的水平协调和合作政策强调政府间合作、资源储备、信息交换和共同行动以跨越空间障碍而实现目标共享。这些政策加强了网络化的作用，而不仅仅采取基于市场的城市间组织形态。此外，从社会经济活动的主体之一企业来看，在互联网环境影响下企业的生产组织方式和融资模式发生了一些新的变化，出现了众包、众筹和众创等更趋向于网络化联系与组织的新模式。传统上，企业之间的分工与协作主要是通过一些横向和纵向上的联系而展开，企业组织间的等级性特征明显。当前，借助互联网平台企业可以将一部分工作以自愿的方式外包给非特定的社会大众，进而实现外部支持向内部支持流动，因此看似一种无序、网络化的组织模式却实现各方经济利益的最大化。同时，以众筹为主的融资模式打破传统具有明显等级特征的金融制度，为企业提供了一种基于互联网的创新融资模式。众创则通过网络化、集成化的方式汇集群体智慧促进企业创新。所有这些新模式的发展都需要依托兼有开放性与包容性的网络化式的组织、交互与联系，新模式的发展又会促使企业空间组织与联系更加网络化，企业在空间上的这种变化又会引致城市或区域组织和联系模式的不断演变。

5. 社会与文化力量崛起

经济生活不仅是经济的，更是社会和文化的，经济过程也是一个社会文化过程(李小建，2006)。随着信息化、全球化的不断发展，城市社会经济空间的内涵在不断地演进与拓展，在城市空间上城市或区域经济网络与社会文化网络结合的也更加紧密，社会文化在社会经济空间组织中的作用越来越重要。以城市中第三空间的兴起与流行现象为例来说明。

以传感技术、通信技术和计算机技术为核心的信息通信技术迅速渗透人们的日常生活，并对人们的工作、学习、消费、休闲等生产和生活活动产生了深远影响。借助信息通信技术，远程办公、网络课堂、电子商务等现代工作与生活方式应运而生。一方面，消费主义与体验经济催生出了一种私有化的交往空间,如购物中心、咖啡馆、画廊、餐厅等。这些空间通常具有一定的准入门槛,人们在其中交谈、讨论私人与公共事务、进行休闲娱乐等。它们为城市空间添加了生气,同时也使得公共空间与私有空间的界限变得模糊。另一方面,信息化改变了人们的社交方式,城市公共空间向多维度发展,其范围从城市实体产权空间拓展到任何能够进行社会活动与群体交往的实体空间,以及虚拟的赛博空间,网络交往活动的线下延伸衍生了许多线下空间。公共生活正被重新配置,信息通信技术增加了新的公众集聚机会,一些新的第三空间类型正在发展。在城市层面,创新型第三空间已经成为人才、知识、技术等流动要素高度集聚的空间载体,尤其是联合办公空间。它承载了创新、学习、交流、研究等混合功能,具有信息密集性、共享性、功能多样性等特征,为知识创新、高新产业开发、跨国商务提供了场所与平台,是城市中的"智慧单元"。随着社会经济发展和居民生活方式的转变,不同类型的第三空间迅速崛起,成为居民家庭和工作地之外交往与休闲场所。信息通信技术的嵌入使得第三空间的内涵与外延发生转型,第三空间能够容纳商务会谈、网络线上线下活动、创新、创业等活动,空间不仅有生活性功能,而且具有生产性功能。例如,联合办公空间通过定期举行沙龙、论坛、讲座等活动,以提升使用者的创造性和空间生产力。总之,第三空间是城市中的重要节点,对盘活僵化、低效的城市空间、提高空间使用效率具有重要意义。从这一变化中,可以看出社会经济空间是由精英阶层主导的传统思维模式将被打破,随着互联网技术向城市或区域空间的全面渗透与应用,平民力量崛起,群体智慧在当前社会经济尤其是互联网经济中的作用越来越凸显。同时,满足平民阶层需求的大众文化也逐渐兴盛。这些都将对社会、经济系统产生重要影响,促使社会经济空间组织发生新的变化(图1.1)。

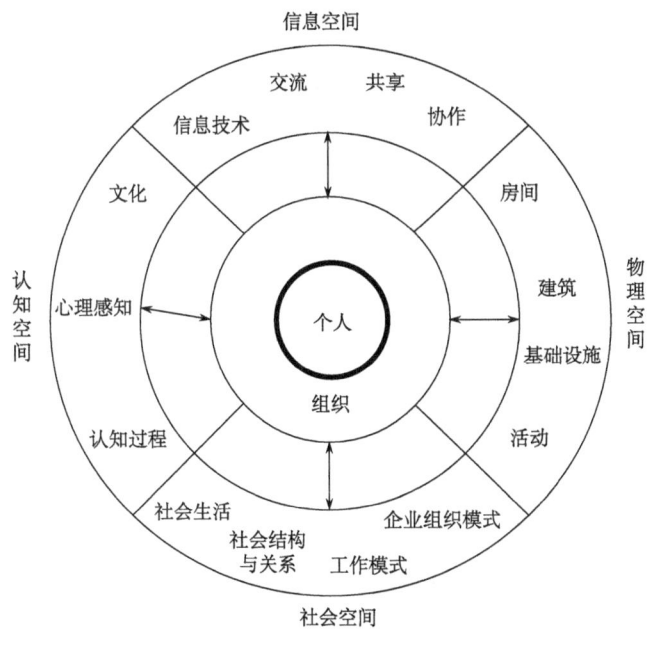

图 1.1 第三空间构成

6. 制度创新

制度分析一直是经济学研究关注的重点，在地理学领域制度分析比较关注各种正式和非正式制度的作用，并试图阐明以下问题：地理上不平衡的社会经济发展过程在多大程度上和以什么方式是由其得以发生的制度结构所塑造和调节的？驱动空间经济发展的各种动力是如何促成复杂的制度体系演变并被这一制度体系所铸造的？与经济学分析相比，地理学制度分析试图阐明各种制度在塑造空间经济过程中的作用，在制度"路径依赖"和"锁定"机制作用下空间经济的演化动态，以及区域和地方发展的社会管制（regulation）与治理（governance）机制（李小建，2006）。信息时代，社会经济活动的参与者不仅仅是企业、政府与社会，还衍生出很多其他各种各样的机构，如商业协会、研究与创新中心、自愿团体等，为社会网络和经济网络中的各种本地化或共同的实践活动提供了基础。政府在这个过程中去行政化变化明显，致力于通过制度的制定、推行支持与推动各方机构的高度融合，以及嵌入社会资本，采用柔性战略，使地方相关主体成为影响社会经济发展与空间组织的重要因素。此外，信息时代制度交易成本中的信息成本是影响制度规划的重要因素。具体体现在：第一，封闭的决策过程，增加了制度实现、所有利益相关者需要付出的信息成本，因此降低了制度推行的有效性。例如，20世纪80年代以来，高度集中的、以中央指令性计划为主的经济体制有了明显的弱化，同时地方政府（省、市、县）在经济运行中的地位和作用明显加强，并成为具有独立利益和决策权力的经济主体。地方政府在发展经济方面的主动性加强，这促使了一些区域如珠江三角洲、长江三角洲的迅速崛起。但是，从中国当前政府的调控作用来看，仍然缺乏区域（地市之间）层面一级的宏观调控政策。第二，单一的、自上而下、多层级的政府监督模式信息成本较高，会降低制度实施监督的成效。因此，通过制度创新，克服行政藩篱，减少制度交易成本成为优化社会经济空间组织的重要推动力。

智慧城市顶层设计试图通过制度创新探索优化城市社会经济空间组织的有效路径。具体来看，智慧城市的建设更多地体现为一个持续更新、可升级的发展过程和手段。它不仅强调部门和领域信息化的深入，还强调需依托和借助信息化，促使城市空间单元的社会、经济、环境、空间及管治全方面、多尺度地互联、互通与互动，从而达到优化空间组织、实现可持续发展的目标。因此，智慧城市顶层设计考虑的重点问题是在以人为本的基础上确定城市发展的目标与手段（通过智慧城市建设促进城市可持续发展）、制度保证（构建多规融合的城市协同规划体系）、明确的思路与路径（制定步调一致、统筹协调的智慧城市建设思路与路径）、搭建协同共享平台（通过公共信息平台建设实现信息整合与数据共享），最终建设成为智慧化的空间组织。

综上所述，社会经济空间组织是一个不断变化的过程，是社会经济各要素在空间上不断集聚、运动、整合的结果。在全球-地方作用及信息化的背景下，社会经济空间组织的形成与发展将受到越来越多的外来因素的影响，从而表现出更多的弹性与不确定性。但由于这些影响空间组织要素的运动具有一定规律性，这也使得空间组织的成长在种种确定与不确定的要素之间表现出一些确定性的特征来。

第二节 社会经济空间组织的新变化

一、信息通信技术发展与城市信息化

自 20 世纪 60 年代末以来，新技术的产生及其应用对西方发达国家原有的社会经济系统产生了极大的影响。未来学家及社会科学家相继提出了科学社会(science society)、后工业化社会、第三次浪潮、服务社会、知识社会、通信革命(communications revolution)、信息社会、学习社会，以及正在浮现中的数字时代或数字社会及网络社会。信息通信技术的高速发展带来了全球普遍的信息化浪潮。美国率先提出了国家信息基础设施(NII)和全球信息基础设施(GII)计划，随之欧盟又着力推进"信息社会"计划，并确定了欧洲信息社会的十大应用领域。日本、加拿大、韩国、新加坡和南美洲一些国家也纷纷响应，竞相提出了本国或本地区的"信息高速公路"计划(谢守红和汪明峰，2005)。进入 90 年代，随着信息通信技术进步与应用领域的拓展，人类社会开始从工业时代步入信息时代。尤其是以云计算、移动互联、物联网、大数据等为核心的新一代信息通信技术应用，无线通信、GPS、GIS 技术的结合所带来的从有线连接到无线接入的重大进步，更是将城市空间置于一个剧烈转型的过程之中。当前，移动信息通信技术已经成为信息通信技术创新的主要领域和互联网用户增长的主要动力。以电脑为终端的互联网，以手机和无线信息机等为终端的移动互联网、通信网、广电网开始走向融合，即"三网合一"，推动信息通信技术应用进入了新阶段。同时，高速铁路的加快建设、城市区域化的加速和智慧城市的建设，与移动通信技术一起，正将我们快速带入一个全新的基于移动信息通信技术的"流空间"时代。

信息通信技术的影响逐步增强，并全面渗透到生产与生活领域中，信息、创新等生产要素正逐步取代土地、资本等成为信息时代影响经济发展和城市及区域空间结构的主要因子。在此背景下，知识占据"中枢"地位，并成为生产力、竞争力和经济成就的关键，这使得城市与区域发展呈现出新的特征，空间事物新的组织形式也正在浮现。首先，国与国、国家与区域、区域与区域、区域与城市等不同层面空间突破了原有的组织和距离限制，呈现出更加紧密的互动关系。随着信息化、全球化的加速，城市的某些功能已经超越了区域、国家层面，并在全球层面上运行。这一新的动力机制也使得城市与区域发展日益被暴露在一个更加开放的竞争环境中，基于生产性服务业和远程通信系统日臻完善，出现了新的城市空间现象。其次，随着中心城市功能迅速地由货物加工转向服务和基于信息的产业，主要的城市中心已经或即将作为调节一个整合的区域乃至全球经济的交易的数据节点和流的网络的关键参与者。这促使了以信息、知识活动为主的信息城市的产生。信息时代，决定城市与区域命运的是对信息的占有、获取能力及信息流的畅通程度。Stephen Graham(1999)指出，在网络建设的狂潮之下，大的城市区域或全球城市是通过远程通信对空间重分(reconfiguration)的典型例子。时空障碍被复杂多样的有线电子基础设施加以重新界定。在这个新的发展背景下，区域与城市发生了新的重组与分化，那些有着较好发展基础的城市与区域率先走在了信息化的前面，从而成为新的信息发展

极。在这些地区，信息基础设施建设发展很快，信息产业也已经初具雏形，而那些信息边缘城市与区域则可能面临进一步边缘化的威胁。这些将带来社会经济空间组织动力、形式、结构的变化，进而影响区域或城市社会、经济的发展。

二、社会经济空间组织的新变化

信息化，以及全球化正日益成为影响区域与城市发展的重要动力。信息化与全球化的多维渗透已促使区域发展及其空间组织处于一种新的影响机制下，从而出现许多新的变化。这些变化主要体现在空间相互作用方式、空间组织构成要素、空间流动性、空间组织范围、空间组织结构等方面。

1. 空间相互作用方式的变化

哈格特(P. Haggett)虽将空间相互作用分为货物和人口的移动、货币流、信息的流动三种类型。但在信息时代之前，货物和人口的移动、货币流是生产要素流的主导方式，交通运输是空间相互作用的主要手段；厄尔曼(E. L. Ullman)认为可运输性(transferability)是空间相互作用产生不可缺少的条件。而进入信息时代，空间、距离及其相互作用被赋予新的内涵，信息流和接入信息的能力变得尤为重要，带宽(band width)已成为与交通可达性并重的空间要素。在信息通信技术的支撑下，空间相互作用完全可以脱离交通的影响而存在。另外，信息通信技术所构建的虚拟空间可以弥补实物型空间相互作用的不足，全面提升它的强度和广度(方维慰，2006)。在生产要素扩散方式方面，工业时代，由于集聚-扩散过程遵循空间距离递减规律，接触扩散和等级扩散占据主导地位，而在信息时代，距离已不再如此重要，非等级扩散的地位上升，时间的重要性增加，"距离越近的地理事物，其性质也必相近"的地理学第一定律的适用性下降。

2. 空间组织构成要素的变化

随着20世纪60~70年代西方信息革命的出现，信息通信技术的不断进步开始影响区域与城市的发展，进而改变着原有的区域与城市空间组织。这不仅是信息通信技术本身对空间组织的影响，还表现在信息通信技术对社会经济、交通设施等方面要素及其组合的影响所带来的变化。由此可见，技术进步及其应用是区域与城市空间组织变化的根本动力。信息和通信技术是信息社会的关键驱动力，也是全球化的重要推动力。全球空间增加的生产和消费流，以及虚拟空间的创造和传输，导致了传统地理空间障碍逐渐减少。国内和国际交通和远程通信网络促进了更多的流动，尤其是资本和信息的瞬时流动，以致传统的空间障碍(如国家间和区域间界限)，以及距离和时间都发生了变化。在西方学者看来，19世纪的交通技术被理解为消除了空间和时间，而20世纪末的远程通信技术则导致了通过时间消除空间的隐喻。Stephen Graham 指出，在网络建设的狂潮之下，大的城市区域或全球城市是通过远程通信对空间重分(reconfiguration)的典型例子。在宏观层面，重构过程是一个连接全球网络中高级服务、生产中心和市场与不同密度和不同规模的依赖于活动相对重要性的区位的过程。在每个国家内部，网络结构再嵌入区域和地区中心,以致整个体系在全球层面相互交织。

此外,城市空间组织结构由点、线、面三种要素以不同的组合方式构成。在工业时代,上述各种空间组合中的流主要表现形式为产品流、资金流、人流、信息流等,而在信息时代,点、线、面被赋予了新的涵义,并产生了新的空间组织模式。信息港、高技术区、信息高速公路、边缘城市、智慧城市、无线城市、智慧社区已经出现,城市空间组织结构正在重塑。

3. 空间功能的变化

信息时代城市功能不断变化,主要呈现出全球化、混合化、柔性化、复合化、差异化等特征。

全球化:全球城市体系形成。传统的城市体系是一个国家或一个地域范围内由一系列规模不等、职能各异、相互联系的城镇所组成的有机整体(顾朝林,1996),而在信息通信技术的支撑下,全球化已不仅仅是城市发展的背景,而成为城市发展的巨大动力,信息、资金、劳动力等生产要素在全球范围内快速流动,几乎所有的城市都被纳入全球城市体系,新的国际劳动地域分工业已成型,每个城市都将成为全球城市网络的组成部分,具体等级高低的标准不再是人口、经济规模,以及传统腹地范围的大小,而是与其他高等级城市间的联系与依赖强度。信息的可接入性和时间距离变得尤为重要,接入先进的全球信息网络的带宽的大小成为城市对外辐射带动能力的主要衡量标准,脱胎于中心地理论的传统的城镇体系理论及规划已难以适应信息时代的诉求。

柔性化:产业结构发展趋势。信息时代,在信息通信技术革命的推动下,大批量、标准化的"福特主义"生产组织方式向更具柔性化、个性化的"后福特主义"转变。城市传统的产业结构正在迅速地发生改变:一是传统产业的信息化改造提升,提升了生产效率和产品的竞争力;二是新兴的信息装备制造业和信息服务业的出现及其高速发展,并成为信息时代的支柱产业;三是生产实物产品的制造业在国民经济中的比例下降,以信息服务业为代表的第三产业的比例大幅上升,并在许多城市的经济中占据主导地位。此外,信息通信技术的迅猛发展提升了物质和能源的使用效率,产业结构趋向软化,部分服务功能虚拟化,其区位选择也表现出较大的弹性。与产业结构的演变相对应的是,城市就业结构亦呈现"软化"的特征,即从事管理、商务、金融、咨询、科研、教育等产业的人员比例增大,并成为城市中的高收入群体。

复合化:功能空间转变趋势。信息时代,信息通信技术在改变居民原有生活方式的同时,也直接或间接引起了城市居住、工作、游憩、交通等传统功能的变革。信息通信技术创造的虚拟空间使城市居民的日常生活和工作空间充满了弹性,现实物质世界中的商店、书店、影院、医院等服务实体,都能在虚拟环境中找到替代者,信息通信技术的发展已使得部分城市功能虚拟化,物质场所不再是居民唯一的选择。通信工具的远距离相互作用正在部分取代现实工作活动中发生的实际位移,远程活动的成分开始增加。信息化使得居民在家中可以完成大多数的工作和游憩等活动,原本具有单一功能的家在城市居民生活的地位变得越加重要,传统功能分区的界限变得模糊,并趋于复合化。

差异化:居住空间分异依然存在。信息通信技术使得城市的社会组织形态趋于"网络多中心化",但这并非意味着城市不同家庭间享有公平的接入信息通信技术的权利,虚拟社区也只是现实社区的延伸。边缘城市、智能社区等信息可接入性和交通可达性俱佳的场所开始浮现,但城市空间分异仍然存在,其影响因素越来越复杂。此外,城市及乡镇的信息网络规模并不平等,信息通信技术增强了城市作为指挥、管理中心的功能,强化了对周边区域的控制。居住场所与办公场所正在"合二为一"。信息通信技术发展催生的新的生产和生活方式将导致新的居住模式和工作方式的出现。在城市发展史上,居住与工作的空间关系作为影响城市空间结构的重要因素,一直不断变化:在前工业化时代,城市并未明确划分各种功能空间,生产、销售、居住混合在一起;工业革命时期,工厂产生的各种污染和问题导致周围地区不宜居住,工业与居住开始分离;而在信息时代,远程办公代替了工业社会面对面的工作方式,居住空间与工作空间之间的界线变得模糊,两者又呈现合二为一的态势(Mitchell,2001),工作场所的空间安排变得更加灵活。通过远程通信设备,居民在家中完成工作的数量正在不断增加,而越来越多的居民也在家中工作,家庭因成为社会生活集中地而变得尤为重要。

4. 空间流动性的变化

互联网、信息通信技术的发展对社会生产和生活等要素的流动产生颠覆性的影响。互联网等信息流与居民活动、交通、人口迁移、企业生产等实体要素流结合,呈现出新的社会技术系统流动范式,并对承载各种要素流的空间产生影响。互联网、要素流动和空间的深层次互动,改变着城市的流动模式。互联网使城市居民活动、企业生产布局、公共设施配置及场所的流动性发生改变,进一步对城市的社会经济组织、居民日常行为活动和城市空间形态产生系统性的影响。

城市居民的流动性。在互联网时代,城市居民的日常行为活动表现出极大的流动性和移动生活的特点:一方面体现在技术进步带来的居民活动空间范围、时空尺度的变化;另一方面体现在居民活动方式和活动场所的改变。在3G/4G网络高速发展的浪潮下,伴随移动终端应用的普及,移动办公、移动购物、移动休闲娱乐和交通出行等新的生活方式不断出现,移动生活方式在改变居民行为活动时空分布的同时,重塑着人、活动与场所的相互作用关系,人们日常行为活动对传统场所、地方的依赖性逐渐减弱。尤其是在移动信息通信技术和快速交通系统的支撑下,城市居民活动的弹性呈现出新的特征,活动的时空灵活性不断加强。

企业的流动性。以互联网为代表的信息通信技术进步,促进企业的区位因子发生较大改变,表现为物质区位因子的弱化,以及新区位因子作用的突显,企业区位选择和生产要素流动的决定机制逐步由"距离成本"转向"时间成本"。技术进步和劳动力市场的变化,促使福特主义的大规模集中生产向世界各地的分散布局和弹性生产(flexible production)转变,伴随而来的是资本、技术、劳动力和知识创新等新区位要素在全球流动。进入弹性生产时代,空间和距离的障碍被消除,空间中任何一个场所都被纳入到信息网络中,并在全球范围配置生产要素和资源,形成全球性的生产管理、加工和市场节点,这些节点是全球生产网络中的重要场所和功能区。

公共设施的流动性。互联网、物联网,以及无线传感技术(FRID)和云计算等技术与城市基础设施、公共服务设施的结合，提升了城市公共设施的智能化水平，并改变了传统的公共设施配置方式，使城市公共设施供给的灵活性、流动性得到了极大改善。"三网"融合技术的使用，促进了城市基础设施的整合，支撑了城市信息、能源等要素的快速流动。

场所和节点的流动性。互联网信息通信技术对物质空间的作用，促使传统物质空间中的场所、节点发生功能转变，以及与其他空间之间的要素流动和相互关系发生改变。信息通信技术的发展削弱了距离的限制，城市中一些非中心区域可以利用自身的优势形成人口集聚和流动的中心，城市的圈层结构被打破，并形成多中心网络化发展结构。相反，信息通信技术的作用可能使城市传统的公共活动场所和节点的要素集聚能力进一步增强，如电子商务与传统的城市中央商贸区(CBD)的结合，形成了虚实结合的商业中心，具有比传统 CBD 更加多样化的功能、更加密集的消费活动和更加频繁的人流。与此同时，信息通信技术对家庭、单位等传统的场所空间产生影响，如网络游戏、移动支付和居家办公等活动形式的出现，使"家"逐渐发展成为虚实活动汇聚的节点。信息通信技术促使传统的城市场所和节点的功能更加多元化，相互联系更加密切，场所之间的要素流动性不断加强。场所空间和节点流动性的改变，使得信息流与人流、物流、资本流在场所中的结合方式发生改变，推动场所空间转向虚实活动结合的流动空间，并呈现出共享、创新和充满活力等空间特点。

5. 空间组织范围的变化

随着信息通信技术强化了空间流动性并提高了区位自由度，城市的某些功能已经超越了区域、国家层面，在区域或全球层面上运行。

在信息化和全球化背景下，国际竞争日趋激烈，为了在全球环境中保持竞争优势，以区域背景为基础的国家间合作开始出现，也就是所谓的区域化浪潮。贸易自由化、远程通信政策管制的解除等极大地推进了这一进程。这样，在全球城市等级中，出现了区域城市(regional cities)的概念，它们往往处于全球城市等级的第二层次。这些城市一般都拥有某些高级服务业(如金融服务、高等教育和 R&D、电视新闻或电视娱乐)职能，围绕某些地区构成城市走廊。Douglass(1992)指出，区域城市发挥着将世界城市的管理决策转换成政府和公司的策略和协议的作用，进而为国家层面上的投资分配和转移服务。Erhard Berner 和 Rudiger Korff(1995)对欧洲研究后指出，区域城市包括较小的欧洲诸国首都，及较大欧洲国家的主要的省级城市。区域城市还有一种例子就是边境大都市的形成。Lorrens(1991)以美墨边境为例，对这一特殊国际空间现象进行了分析。他认为，美墨边境城市间的功能性联系是以相互依赖的经济增长形式出现的，并通过环境、社会、文化和历史的联系得以加强。全球力量——移民及跨边境制造业——共同作用产生了城市结构超出国际化边境的跨国大都市。这种跨国界的城市聚落的出现说明了边界发展整合进了全球经济体系循环。在欧洲和北美边境地区，跨境城市正逐渐成为新的生产和城市生活中心。

信息时代城市与区域发展的一个重要特征是出现全球性城市。Jean Gottmann(1977)就指出，20 世纪中从工厂向办公室的转型及其白领工作岗位的相应增长是城市作为全球商业总部的结果。高级远程通信系统使公司总部可以直接与机构或辅助设施联系。曾经是货物生产中心的城市现在成为信息生产中心。通过扩展全球信息密集活动中心的辐射，促进了全球城市的形成。全球城市的增长是通过公司总部、高级服务业、全球金融服务业、国家和超国家的管制制度和国际文化产业依赖而累积集中的。正如 Lash 和 Urry(1994)所指出的，全球城市的经济、社会和文化驱动力依赖于信息、知识和象征性货物及服务（广告、市场、设计、咨询、金融、媒体、音乐等）的控制、协调、加工和流动。近些年来，日益发达的远程通信网络在全球城市的形成与发展中发挥了重要作用，同时，全球城市的存在也影响着远程通信网络的空间形态。全球城市是网络体系中各种联系和通信发生的关键性节点，而这种网络模式并没有使这些城市等级减弱，相反加剧了多种要素在这些关键性节点地区的集中，某种程度上使原有的宏观层面的等级体系更加明显。正如 Bruinsma 和 Rietveld(1993)所讲的，新的人或货物的快速交通系统（航空、高速公路）的发展，或者是远程通信的发展趋向于引导国际交通在少数枢纽城市(hub-cities)的集中，继而提高了其后勤服务优势，在最大程度上维持了全球城市的电子竞争优势。全球城市的发展和功能定位日益依赖于先进的远程通信网络和服务，在这些城市的一小部分地理空间中集中了所有经济部门和跨国活动的通信最密集的要素(Leyshon and Thrift, 1997)。Matthew Drennan(1991)也发现美国信息密集型的公司趋向于定位在全球城市。Graham 和 Marvin(1996)也认为，全球城市对塑造浮现中的全球地理和远程通信基础设施形态有着关键性的影响。特别是全球城市的 CBD，在快速变化的通信境况中发挥了主导的作用。可以说，通过提供多样化的交易方式（面对面的或通过电子邮件），而不是简单地替代，远程通信网络加速了社会经济要素的集聚性增长，从而促进了全球城市的形成和发展。

6. 空间组织结构的变化

信息通信技术带来的经济作用力深刻地改变着城市传统的空间格局与秩序。城市借助无线网络和便携设备可以创造出连续的区域，米切尔将这种区域定义为"存在域"。"存在域"的出现使各种可以依靠网络展开的活动摆脱了空间的限制，人们能够根据需要自由地转换活动地点，实现场所的流动化，使集中布置的居住和就业场所出现离散化趋势。同时，新型交通系统的发展和经济全球化的加速，也使城市空间的限定作用大大降低。在这些不同作用力的引导下，城市传统的中心-边缘等级结构逐渐走向分散化、去中心化和无地方性，城市空间结构趋向碎片化。

(1)分散化。很多学者对信息通信技术可能引起的空间集散效应进行了研究。戈特曼(Gottmann)认为电报或电话等可能导致公司总部在城市 CBD 的集中，以及制造业和分配活动的分散。黄鹤提出信息时代消除了地理的限制，数字化生存将导致越来越少的对特定地点、特定时间的依赖。远程通信技术的变革助长了城市的空间分散，远程办公模式被越来越多的工作者选择，部分行业不再受制于区位依赖，从大城市中心地带搬出，迁移到都市边缘地区。甄峰和顾朝林对城市空间结构的研究表明，大都市区正向分散的结构收敛，这一结构具有多个亚中心、分散化的制造业和更集中的服务业。城市空间的功能定位意义已经显得不再那么重要，甚至城市中建筑的功能定位也似乎变得不被强调，用地边界日渐模糊，土地使用表现出混合化、兼容化趋势。城市功能由工业时代以土地成本和交通成本为约束、按区位分布的集聚型分布转向功能日趋复合的分散化布局。

(2) 去中心化。信息网络缩小了城市与区域、城市与城市之间的时空距离，日常工作与生活可以通过网络进行，城市中心区与住区和工作地之间的距离不再有完全的空间距离意义。经济活动在空间下的分散将传统单一中心的城市格局转化为多中心的模式，并进一步形成广大城市化地区上的节网状模式。企业分布可以分散化、小型化，从而使城市发展分散化、中小型化，形成开放式、网络型和多中心的城市体系。网络信息化技术降低了时空距离的重要性，单方面的获取信息和双方面的交流都成为了瞬时的，资源趋向均质化的全球化空间将掩盖传统的中心-边缘模式，城市中心概念消解。随着去中心化的趋势，虽然固定地点还有重要的意义，但是建筑和城市对于功能明确的专门空间的需求减少了，而对通用、宜人、方便的空间的需求增加了，这种空间将具有很大的吸引力。例如，星巴克就在提供商业化服务的同时传承着咖啡馆的公共交往与思想沙龙的功能，并且提供完善的硬件和网络设施支撑，满足顾客休息、会谈、工作等多样化的需求。

(3) 无地方性。ICTS 创造了以流动网络为主导的城市空间，人与人、人与物质的空间流动性不断加强，城市空间呈现"无地方性"(no place)的特征。在 20 世纪 80~90 年代出现的一些新的城市标志性场所，如郊区的超级市场、商业购物中心、汽车交通网络等，宣告一种"无地方性"的城市空间的诞生。世界各地的购物中心和现代交通系统具有极高的同质性，人们无法再通过简单的感知体验来判断身处何方。而 ICTS 带来的城市空间共享与流动特性必将加剧这一现象的发生。"无地方性"导致城市空间体验逐渐摆脱了等级秩序和差异性的地点和场所，城市发展已不再可能按照一种整体秩序来总体性

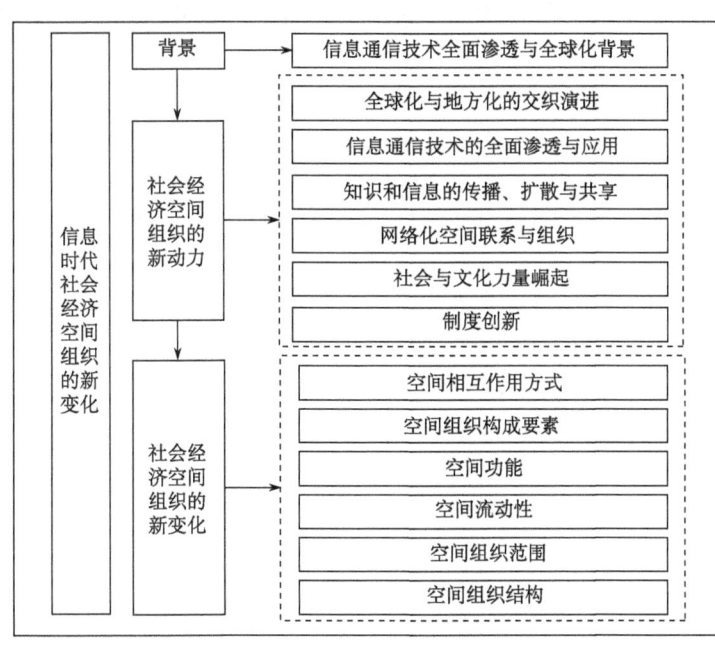

图 1.2　信息时代社会经济空间组织的新变化

地进行功能分区和空间协调,而更多地成为众多同质性碎片的杂乱拼贴。碎片化的城市结构强烈地冲击了现代城市空间及其功能结构。这些变化不但表现在空间上,同时也被一种新的生活方式或城市文化所强化:一方面,个人的自主性不断增强,新的生活方式和亚文化不断涌现;另一方面,城市空间被不断围合、被分隔,引发对景观碎片化和公共空间碎片化的研究。

综上所述,在信息通信技术及其他因素的影响下,社会经济空间组织发生了诸多变化。这些变化主要体现在空间相互作用方式、空间组织构成要素、空间流动性、空间组织范围、空间组织结构等方面。且进一步促使社会经济空间组织向全球化、区域化、信息化、网络化等方向演进(图1.2)。

第三节 小结与展望

综上所述,可以看出在全球化和信息化两种相互关联的趋势主导下,居民社会和经济生活方式发生了深刻改变,映射到一定空间上,带来城市或区域社会经济空间出现集聚或分散现象,促使空间组织模式出现诸多新的变化。其中,信息通信技术的广泛应用与全面渗透构成社会经济发展的新的空间动力,带来经济要素组织与流动、交通引导与联接、劳动地域分工、政策推动等传统动力对社会经济空间组织的作用减弱,而与信息通信技术相关或受其影响的全球化与地方化的交织演进,信息通信技术的全面渗透与应用,知识和信息的传播、扩散与共享,网络化空间联系与组织,社会与文化力量崛起,制度创新等新的动力的力量不断增强。在这些新的动力交织作用下,社会经济空间组织在空间相互作用方式、空间组织构成要素、空间功能、空间流动性、空间组织范围、空间组织结构等方面发生了变化。

当然,强化经济社会空间的科学组织是构建和谐有序空间秩序的有效手段,信息通信技术可以在其中发挥重要乃至主导作用。但也必须清醒地认识到,信息时代社会经济空间组织仍然面临着自然环境超载、系统状态失衡、结构功能失序等一系列困境,同时也出现了信息资源分布空间分异现象明显,不同地区信息通信技术水平间的差距越来越大,逐渐成为阻碍不同地区空间信息流动和沟通的主要障碍,从而形成新的空间结构极化与失衡等问题。因此,信息时代借助信息通信技术促进经济发展、社会文化传承和生态环境健康的持续增益仍是城市或区域进行社会经济空间组织与优化的重要着眼点。

基于此,人文与经济地理学科可以在新一轮信息化建设-智慧城市建设面前,抓住重要发展机遇,构建新的空间分析框架,重新梳理并赋予人地关系新的内涵,从而完善理论体系,强化面向问题的综合应用研究。首先,全球化和信息化的不断发展,加速了全球范围的要素流动,极大地改变了要素的流动性,流动空间出现且重要性逐渐凸显。流动空间借助"地理根植""场所依赖",以及远程控制等作用机制不断重塑城市与区域空间结构,促进空间的集聚与扩散变化、空间结构重构、城市形态变化,以及新的空间形式的出现。因此,可以将流动空间作为信息时代人文与经济地理研究和分析空间的重要手段和理论分析框架。其次,也可以清醒地看到,信息时代的地理空间对人类的约束作用越来越小,人类活动的时空灵活性、移动性不断增强,出现了流动的时空观和区位,因此对"人"的理解将应从理性经济人转向以人为本、情感关怀等视角,而对"地"的认识也将从自然环境、资源组合转向对要素流动、地域创新能力、时空关系等方面新的理解。最后,面向国家战略需求与综合应用,一方面,以人本化的区域协调发展和新型城镇化建设为主要目标的国家发展战略,要求转变传统"以生产为导向"的经济发展模式,切实从城乡居民生活需求出发来制定发展方针与政策;另一方面,城乡空间规划转型需要基于大数据的人文与经济地理研究给予支撑。充分利用主题网站和移动信息设备大数据来分析城乡居民行为与活动,重点关注区域人口移动与城市联系、城乡空间结构与发展质量、城乡社会空间特征及分异、城乡活动与土地利用效率等关键领域,从而在发现空间发展问题基础上提出规划解决的方案与政策。

参 考 文 献

爱德华·W. 苏贾. 2007. 后现代地理学——重申批判社会理论中的空间. 周宪, 许钧, 译. 北京: 商务印书馆, 67-120.
方维慰. 2006. 信息通讯技术与城市空间结构的优化. 城市发展研究, 13(1): 30-33.
顾朝林. 1996. 中国城镇体系: 历史、现状、展望. 北京: 商务印书馆.
李健. 2008. 从全球生产网络到大都市区生产空间组织. 华东师范大学硕士学位论文.
李小建. 2006. 经济地理学. 北京: 高等教育出版社, 370-377.
刘卫东, 甄峰. 2004. 信息化对社会经济空间组织的影响研究. 地理学报, 59(s1): 67-76.
曼纽尔·卡斯特. 2006. 网络社会的崛起. 夏铸九译. 北京: 社会科学文献出版社, 321-342.
汪明峰, 李健. 2009. 互联网、产业集群与全球生产网络——新的信息和通信技术对产业空间组织的影响. 人文地理, (2): 17-22.
吴传钧. 1960. 经济地理学——生产布局的科学. 科学通报, 19.
谢馥荟. 2006. 山东半岛城市群空间结构演变研究. 南京航空航天大学硕士学位论文.
谢守红, 汪明峰. 2005. 信息时代的城市空间组织演变. 山西师大学报(社会科学版), 32(1): 16-20.
张毓峰. 2008. 城市区域空间组织研究——以长三角城市区域为例. 西南财经大学硕士学位论文.
Alber R, et al. 1971. Space Organization: The Geographer's view of the World. Englewood Cliffs: Prentice-Hall.
Bonavero P, Conti S. 1996. New technological paradigm, urnam identity and metropolitan networksin europe. In: Urban Networks in Europe. Edited by Denise Pumain and Thèrése Saint-Julien. John Libbey EU RO TEX T, 47-65.
Dematteis G. 1996. Towards a Unified Metropolitan Urban System in Europe: Core Centrality Versus Network [J]. In: Pumain D, Saint-Julien T. Urban Networks in Europe. John Libbey, EU RO-TEX T, 19-28.
Demmatteis G. 1989. From counterurbanisation to the network city, 2nd workshop of the joint programme on regional science studies in southern europe on the role of urban centers in regionaldevelopm ent, N aples.
Graham S, Marvin S. 1996. Telecommunications and the city: Electronic spaces, urban places. Routledge.
Harvey D. 1988. Social Justice and the City. Oxford: Basil Blackwell, 23-27.
Kunzmann K R, Wegener M. 1991. The pattern of urbanization in western europe 1960-1990. Institutfùr Raum planung, Universit at Dort-mund.
Lefebvre H. 1991. The Production of Space. Oxford: Basil Blackwell, 352-360.
Mitchell W J. 2001. 伊托邦: 数字时代的城市生活. 吴启迪等译. 上海: 上海科技教育出版社.

第二章 空间思维及研究方法的变革

　　信息通信技术的每一次重大进步都对人类社会生产力和生产关系带来巨大变革，同时也带来了人文经济地理学研究中思维以及研究方法的变革。本章在简单梳理了信息通信技术的发展历程之后，总结了其发展对于人文经济地理学的意义。首先，信息通信技术的发展，改变了人们的生活方式，带来了新的产业组织形式，改变了空间的组织形式，为人文经济地理学带来了新的研究议题；其次，地理信息技术和地理空间分析的发展也离不开信息通信技术的支持，一系列空间分析与模拟方法的提出，为人文经济地理学研究提供了有力的支持手段，同时也强化了人文经济地理学的理论基础；最后，近年来由于移动互联网与泛在计算飞速发展，大数据时代迅猛到来。大量的具有时空标记、刻画海量个体空间行为特征的大数据被广泛应用于地理学研究中，为理解地理空间特征，尤其是社会经济层面的特征提供了新途径，同时也为人文经济地理学带来了新的研究范式。

第一节　信息通信技术发展概述

　　信息通信技术的每一次重大进步都对人类社会生产力和生产关系带来巨大变革，为人们的生活方式、生产方式、社会意识和价值观念带来深刻的变化。农耕时代的第一次信息通信技术革命以印刷术、造纸术为代表，使信息的记录、保存与传播超越了时间与空间的局限；工业时代随着电与电磁波技术的逐渐成熟，第二次信息通信技术革命的产物——打字机、电报、电话、广播和电视进一步拓展了信息传递的时空界限，实现了即时通信，使世界各国联系日益紧密，加速了资本主义的扩张；计算机和互联网的出现被称为第三次信息通信技术革命，以数字化记录、数据包传输和信息资源的网络化连接为核心技术，使世界进入了信息量、信息传播速度、信息处理速度和信息应用程度高速发展的信息时代，使信息在人类历史上任何一个阶段都没有像今天这样重要（刘卫东和甄峰，2004；阿尔弗雷德 D. 钱德勒，2008）。

　　在当代全球信息化浪潮中，一波又一波的信息通信技术发展巨浪使人类社会的沟通方式、组织方式、生产方式、生活方式以前所未有的速度发生着翻天覆地的变革。前 IBM 首席执行官路易斯·郭士纳曾提出，计算模式每隔 15 年发生一次变革，这一判断被人们称为现代信息通信技术的"十五年周期定律"，即每隔 15 年左右就会发生一次大变革。从 1965 年前后大型计算机的出现，1980 年前后个人计算机的推出，1995 年前后以电脑为终端的互联网革命，及紧随其后的信息网络的宽带化和无线化，再到 2009 年前后物联网、云计算技术推动下的泛在网络的发展，现代信息通信技术的发展在短短半个世纪的时间里便完成了从数字处理时代、微机时代、互联网时代和移动互联网时代的跨越，并进入了泛在网络的起步阶段。这期间每一次信息通信技术的创新与变革,毫无疑问都带来了新技术产品、新产业业态、新经济效益、新标准规则和新社会发展等。这完全得益于信息通信技术这一现代化技术引擎,得益于信息通信技术的应用广泛地渗透到经济、社会、生态、文化和生活的各个方面,引起了区域、城市、产业、社会之间和内部组织方式的相应交叉、融合、发展和变化,加速了信息流、人流、物流、资金流、技术流等在全球范围内重新布局。

一、数字处理时代和微机时代

20 世纪 50~80 年代被称为"数字处理时代",此时计算机技术的发展主要是用于科学计算和数据处理。这一时期计算机技术发展的贡献,一方面体现在信息的数字化,扩大了人类所能处理的信息的范围,扩展了数据的存储和处理信息的能力和速度;另一方面,在微电子技术的推动下,计算机核心技术经历了从电子管、晶体管、集成电路和大规模集成电路的发展,每 18~24 个月计算机性能便能提升一倍而价格下降一半,因此在体积、价格、性能等方面为接下来的"微机时代"奠定了基础。

20 世纪 80~90 年代被称为"微机时代",自 IBM 推出首款个人电脑开始,个人电脑开始走进千家万户,不仅带动了个人计算机在政府、企业、社会及至家庭的普及和应用,还催生了全新的信息通信技术(IT)产业的兴起。此时计算机的应用范围由最初的科学计算和信息存储逐渐扩展,包括个人信息处理、娱乐休闲、辅助工业设计与生产,以及政府、企业信息管理等,但此时信息通信技术在社会生产生活中的主导地位还未形成,仍然处于成长时期。

二、互联网时代

自 20 世纪 90 年代以来,互联网信息通信技术的发展和社会对信息的需求急剧增加,致使有线互联网(PC 互联网)迅速扩展到了世界各国,将各行各业、各级政府、千家万户的计算机连起来,从而形成了覆盖全球的巨大的国际互联网,短短几年内便将全球"一网打尽"。互联网凭借着信息资源之间的网络化连接和数据包传输,按信息共享规则和协议,将互联的计算机上的信息资源整合并实现共享,使全球居民能够突破时空约束实现信息交换和共享应用。

与此同时,融合信息通信技术、空间信息通信技术的"数字地球"应运而生。空间信息通信技术包括遥感(RS)、地理信息系统(GIS)、全球卫星定位系统(GPS)、位置服务、无线精准传感器网络等。数字地球技术可将人和物的时空信息与各种经济、社会、生态、文化等数据按照时空位置在地球坐标系中加以整合、叠加,最终将所有信息呈现于一个完整的地球信息模型中,实现互相查询、协作、共享和应用。其应用特别是在各类信息数据的时空化融合与集成、数字地域、数字城市、国土资源、生态环境、综合管理、物流电商、防灾减灾、基础设施和国防建设等方面发挥重要作用,为泛在时空网络体系的发展奠定基础(科技部国家遥感中心战略专家组,2009)。

互联网时代的到来彻底改变了人们的生产生活方式,使人们可以通过大量的信息产品获得资讯和个性化服务,从而满足生产、生活和管理需要,提高全社会物质和精神生活的水平。例如,电子邮件、通信软件等使人们得以随时联络互通;电子商务使人们的消费模式由上街购物转变为上网购物;电子政务提高了政府行政事务的处理效率,促进政务公开,并改善公众服务质量;远程教育使世界各地实现信息交流和共享教育资源,减少不同地域、文化给人的思想带来的差异;电子化办公使人们的工作方式由按时定点上班变为可以在家通过网络会议和办公网络系统来处理事务等。虽然人们在互联网虚拟空间中也易受信息过剩、信息真假难辨的困扰,以及盗版、知识产权盗用、网络欺诈、病毒和恶意软件的侵害,但互联网为人们的生活带来极大便利,改变了人们传统的生活方式。

在互联网环境下的信息经济时代,网络、信息和平台成为企业发展新业态、新模式的发源地,改变了经济系统内经济组织的运行方式和组织结构,提高了整个经济的运行效率和绩效水平(中国信息化百人会课题组,2016),同时带动了区域经济发展水平。首先,表现在互联网使在全球范围内信息流带动资本、资源的跨境流动,使产业组织生产活动越来越容易,进一步促进了生产、贸易、市场全球化,增强交流合作,形成新的全球贸易网络,如生产者、供应商和消费者通过新形成的贸易网络使及时供货制度和"零库存"生产得以实现,提高了商品流动,降低了仓储成本。其次,表现在以电子商务为代表的全新商业模式的兴起。电子商务利用互联网跨地域、实时化、低成本的特点创造了全新的经营模式,促使了交易效率和经济效益提高的同时,显著拉近了生产者与消费者的距离,极大释放了市场的消费能力。以 2014 年的电子商务为例,中国有 10 亿件商品、900 万商家、3.6 亿多消费者通过互联网实时对接,形成一个超级在线大市场,网上零售交易额达到 2.8 万亿元;一些传统将销售模式由线下模式转为线下线上同步销售模式,利用网络平台销售方式替代实体店密集覆盖方式,降低了线下运营成本、仓储物流成本和推广成本,大大推动了企业运行效率和绩效水平。再次,新的商业模式还为地区发展带来新契机。企业商业活动的种种变革改变着企业的聚集模式,使企业的一部分商务活动和生产活动可分散到房租成本低的小城市或大城市的郊区,而将部分经济活动向信息基础设施水平高的大城市及周围地区聚集(刘卫东和甄峰,2004),形成新的空间分异,成为了区域空间重组的驱动力。对于农村地区而言,可通过学习发达地区的经验,实现某种形式上的赶超,改变了传统的农业生产方式、产业结构,推动了传统经济的转型升级。例如,农村电子商务的兴起和淘宝村的繁荣,便是部分欠发达地区把握互联网时代机遇的结果。然而,由于地区间原有的贫富分化所导致的信息不对称、信息通信技术差异和信息基础设施建设不均衡,依然存在地区、产业、社会阶层之间的"数字鸿沟",造成信息化水平较高的区域,经济发展速度较快,而信息化水平较低区域的社会经济发展相对滞后,从而产生信息时代的社会分化问题(中国信息化百人会课题组,2016)。因此,信息通信技术变革转变了社会经济活动方式,促进经济社会发展和区域经济融合,但也可能加速区域贫富分化。

三、移动互联网时代

进入 21 世纪,社会与经济的高度信息化加剧了人类对信息网络的渴望和依赖,继而加速了移动互联网(无线互联网)技术的发展,以及以智能手机为主的移动终端的快速普及和各类移动应用服务的扩展,继而迎来了移动互联网高速发展阶段。移动互联网技术是将移动通信和互联网二者结合起来,替代了以往有线宽带连接方式的网络,通过 Wi-Fi、WiMAX、3G、4G 等无线网络的全覆盖和智能手机、平板电脑等多样化移动终端,实现全民的移动互联,使人们能在任何时间和任何地点沟通互联、并享受信息化服务(中国信息化百人会课题组,2016)。目前,智能手机的使用率已超越传统 PC 使用率成为我国网民第一大上网终端,全民进入移动互联时代。

移动互联网是互联网的延伸,拥有比互联网更庞大的用户群。用户终端数量已从互联网时代的亿级用户,提升到移动互联时代的十亿级(3G)、百亿级(4G)用户。CNNIC(中国互联网络信息中心)的数据显示,截至 2015 年 6 月底,中国网民规模已经达到 6.68 亿,其中手机网民规模为 5.9 亿,在整体网民中占比 88.9%。以电子商务销售情况为例,2015 年网上零售交易额达 3.88 万亿元,其中移动端的交易额首次超过 PC 端达到 55%,消费潜力巨大。因此,移动互联网时代是继互联网时代之后的新一轮浪潮,同样成为大批中小企业成长的沃土,为区域产业发展带来新契机,扩展了民众的生活文化空间。

移动互联网为人类生活方式带来更深刻、更广泛的变革,表现在人们可通过多样的智能终端和其上所提供的各类服务的应用程序(APP),随时随地完成各种活动。例如,通信、社交、资讯阅读、影视点播、租车约车、餐饮外卖、电子化办公、银行业务办理、移动电子商务、基于位置服务、电子转账与电子支付等。其中,基于位置服务(location based service,LBS)的价值在移动互联网时代尤为显著。LBS 技术提供融合行为、时间与地理位置三维一体的信息,可在用户许可的范围内获取用户的活动信息,随时随地为用户提供定位和资讯服务,从而衍生出更多基于 LBS 服务的 APP,颠覆了传统的生活、出行、消费、社交方式。例如,高德地图、百度地图等导航应用可为处于陌生地方的用户提供导航服务;滴滴出行、优步(Uber)等平台获取用户位置信息以提供呼叫出租车、顺风车、拼车和约车等服务,优化配置用户和司机的需求,提高出租车接单率,有效缓解汽车空载问题与拥堵问题,也为人们提供了更加多元化的出行方式;摩拜单车、ofo 等应用为用户提供寻找和租用附近的自行车的服务,解决通勤中"最后一公里"的问题;大众点评、美团等平台结合地理位置和网友的个性化消费需求,提供餐饮、购物、休闲娱乐及生活服务等领域的商户信息、消费优惠和消费评价,为用户的消费选择提供参考;微博、微信等平台使人们可以通过位置分享进行互动和交流。

与此同时,在移动互联网时代下,被接入网络的大量智能手机、可穿戴产品、各样物品的操作行为、状态、地理位置、时间等信息都会以数字化形式记录下来,从而创造"大数据"。大数据时代的来临使人类第一次有机会和条件,在众多领域获得并使用全面数据、完整数据和系统数据,通过数据挖掘深入探索现实世界的规律,获取过去不可能获取的知识,得到过去无法企及的商机,继而影响人类的价值体系、知识体系和生活方式(库克耶,2013)。

四、泛在网络的初兴

泛在网络意为无所不在的网络,是支持 4A(任何时间 anytime,任何地点 anywhere,

任何人 anyone，任何物 anything)通信并获取信息服务的网络，代表着计算机与网络技术未来泛在化的发展趋势。这一构想是早在 1991 年由马克·威瑟(Mark Weiser)提出的"泛在计算""普适计算"的概念演化而来的。他认为正如电的普及和发电机从人们眼前消失一样，计算将融入日常生活的方方面面，功能愈加强大，更加全面地服务人类，而计算机将会从单体计算机逐渐缩小并最终消失于网络之中，取而代之的是看不见却无处不在的微型计算机和传感器，通过互联网和物联网时刻感知环境变化并进行智能响应(Weiser, 2002)。

泛在网络社会的实现主要以云计算、物联网、移动互联网、大数据、智慧城市等信息通信技术在经济、社会生活各个层面上的广泛扩散与成熟应用。移动计算为网络的"无所不在"打下了坚实的基础。物联网自 2005 年起开始逐步出现，可为世界上任何一个物品赋予一个唯一的电子编码，其应用终端数量将会发展至千亿级别，包括商品与物品、智能家电(空调、微波炉、照明设备)、公共设施(桥梁、电网、供水系统、铁路)等，建立人类社会与物理系统的整合网络，利用 RFID 无线射频技术和信息传感设备实现物品的智能化识别、定位、跟踪、监控和管理。物联网作为"无所不含、无所不能"的泛在网络的重要技术，将为社会生产、生活方式带来更大的变革。智慧城市是数字城市与物联网相结合的产物，是把传感器装备到城市生活中的各种物体中形成"物联网"，并通过云计算实现物联网的整合，使人们能以更加精细和动态的方式管理生产和生活，从而实现城市的智慧管理及服务。

泛在网络的特征可概括为"无所不在，无所不含，无所不能"，旨在为社会的方方面面提供泛在化、智能化的应用与服务，如日常消费、生产运输、贸易采购、物流交通、安全追踪、医疗卫生等。

第二节 信息化条件下地理学研究方法革新

20 世纪 60 年代以来，随着信息通信技术的快速发展，地理学的研究方法日趋数字化、信息化、智能化。就地理学(尤其是人文经济地理学)的历史发展而言，50 年代以前的研究主要是从实地考察和文献中获取资料，以文字形式对地域发展的现象与特点进行描述、解释和归纳，或通过绘制地图以图像形式分选和归纳空间信息，地图因此被称为地理学的形象思维和第二代语言；60 年代末，由于计算机技术、数据库技术、数字摄影测量技术以及卫星定位和遥测技术的发展，引领着地理学研究方法的革新：地理信息系统(GIS)脱胎于传统地图成为地理学的第三代语言(Hu et al., 2014)，以数字化形式采集、存储、综合管理、分析和显示空间信息，并与遥感(RS)与全球定位系统(GPS)相结合，实现了地理学数字化与自动化的根本变革。与此同时，计算机建模与仿真技术的发展不断为地理科学研究提供了新的技术手段。

一、地理信息系统简介

地理信息系统(geographical information system，GIS)是对真实世界的地理现象与地理实体进行数字化与建模，从而实现对地理世界中与地球表面位置相关的各类信息的处理、存储、综合管理、查询、分析与可视化表达的计算机系统。在 GIS 中，地理现象与地理实体可以用各种离散的图形表示、存储与管理，称为 GIS 的矢量数据结构，如住房、学校、城镇、水系、交通线路等可用点、线、面和拓扑关系（两个实体之间的位置关系，如相邻、相交、相联）来概念化表达，并用数据库将属性信息与每个空间物体相联系；或可以用连续变化的数值场来表示，称为 GIS 的栅格数据结构，如温度、降水等自然现象和人口数量、GDP、经济活动等社会经济现象通过像元属性数值表示。由于地理信息的传播媒介从纸质地图演变为数字编码，人们描述、分析与表达地理世界的能力得到了质的提升，GIS 成为了信息时代下新的地理学语言。这一语言是从几何特征、时空属性、地理语义和空间计算的维度来构建地理学的表达方式，来有效地描述并可视化展现地理实体和地理现象的空间分布特征、发展变化过程中的时空特征和时空机理，更促进了地理学理论与方法的极大变革。

近年来，社会科学研究发展之中出现三大潮流：第一是"科学化"，强调借用自然科学的计量分析方法和模型等科学分析方法和研究手段，这一潮流推动了社会科学与自然科学的交叉；第二是"空间化"，强调社会经济现象的空间变化和相互作用，如全球化带来的区域间空间相互作用、环境变化中自然与人文因素的地域性等，这些研究由于涉及地理空间问题，尤其离不开 GIS 的科学方法；第三是"应用化"，侧重于政策性规划性强的实用课题，如城市规划与建设、公共基础设施合理布局与选址等应用。GIS 由于在整合、分析各种空间数据方面具有独特优势，因而在这三大发展潮流之中扮演着重要的角色（王法辉，2011）。

二、人文经济地理学空间分析方法

空间分析是地理信息系统的核心，使得原本作为单纯的地图制图和数据库管理的 GIS 发展成为可以进行分析决策的工具。空间分析是用于分析、模拟、预测和调控地理事件及变化过程的一系列理论与技术，其分析结果依赖于事件的空间分布（王劲峰等，2000）。人文经济地理学常用的空间分析方法可归结为以下五个类别。

1. 空间分布模式分析：点模式分析

现实世界中许多地理现象可以以点的形式在地图上表示，如居民点、商店、犯罪、流行病、自然灾害、物种等，从而呈现出均匀、聚集、随机等空间分布模式，即点模式。

点模式的分布类型分为聚集、均匀、随机三类。分析中通常采用分布密度、均值、分布中心（几何中心、分布重心）、离散度、最邻近指数、空间聚集度，以及粗糙度等指标进行空间分布格局的描述和类型检测；用空间聚类分析方法反映分布的多中心特征并确定这些中心；通过趋势面或核密度方法反映地理现象的空间分布趋势等。因此，点模式方法被广泛应用于人文经济地理中的市场区位分析、中心地分析、居民模式分析等。

此外，点模式分析在对地理要素空间格局的描述、识别和统计的基础上，可结合空间统计分析的相关性分析，探索这一分布模式的形成原因和机理，如随时间变化的点模式可用于探究前期的点模式是否对后期的点模式产生影响；多类型的点模式可以用于探究某一类点对象分布模式是否依赖于另外一类点对象分布模式，如大中型商业网点的空间分布模式是否显著影响了餐饮网点的分布；带有社会经济属性的点模式可用于研究一种社会经济现象的空间自相关程度等。

2. 空间统计分析：空间自相关度量

Tobler 地理学第一定律说明了空间邻近的区域往往具有相似的属性及更强的交互性，即区域之间的相似性和交互性呈现随距离的上升而衰减的趋势，被称为距离衰减效应。空间自相关分析（如 Moran's I 等）正是基于此定律建立起来，是用于检测距离相近的地理要素或地理现象在属性值上相似程度的度量。当某测样点属性值高时，若相邻点的属性值也高，则为空间正相关；反之，则为空间负相关。

空间自相关度量反映了一个区域单元上某种地理现象或某一属性值与邻近区域单元上同一现象或属性值的相关程度。对于自然地理现象，如高程、温度等的空间自相关易被观测和理解；但对于人文经济地理现象，尤其是与人的行为有关的现象，其相似度的距离衰减及空间自相关程度尚需进一步研究。由于地理障碍及人群异质性的影响，导致人文经济现象空间自相关不显著甚至呈现负的空间自相关，如城市的居住隔离现象。

3. 网络分析

现代社会是一个由计算机互联网络、社交网络、通信网络、运输服务网络等组成的复杂网络系统。现实世界中地理网络（如交通网络、水系网）、城市基础设施网络（供水网、电网、地下管网）均可被抽象于网络数据模型中，即将点状实体和连接点状实体的线状实体抽象表示为网络中节点及节点之间的连通关系，以距离、成本等空间约束作为网络权重。网络分析是模拟和分析资源在网络上的流动和分配情况，从而对网络结构及其资源空间配置等问题进行优化的一种空间分析方法，其理论基础是图论和运筹学。

常见的网络分析分为两类：一类是路径分析，包括静态最短路径分析、动态最佳路径分析、多目的地的线路规划、连通分析（连通分量求解）等；另一类是资源分配，研究资源在网络系统中的分配与流动，主要包括资源分配范围或服务范围的确定、流分析（最大流与最小费用流）、选址等。

4. 空间交互分析

空间中任何事物都不是孤立存在的，其必以物质、能量、信息等形式在空间不同位置之间发生着作用和联系，这种地理过程被称为空间交互（或空间相互作用）。空间交互分析通常是模拟人流、物流、资金流、信息流和技术流在区域之间的流动，从而探讨区域内部结构和时空变化、区域空间之间的联系和区域经济。

空间交互强度存在距离衰减效应，距离衰减又分为宏观和微观两个层面的表现形式。在宏观层面，两个实体（或地理对象、地物、节点）之间的交互总量（如两个城市之间的客流量）在其他变量（如城市人口等）相对稳定的前提下，与距离表现为负相关关系。在微观层面，距离衰减表现为在不考虑其他影响因素下，单个物体或人移动到不同目的地的概率与距离呈负相关。由此，建立了交互模型以刻画距离与交互之间存在的关系，如由牛顿万有引力模型发展而来的重力模型、由重力模型在微观层面扩展而来的 Huff 模型、Wilson 最大熵模型等，在交通预测、传染病传播、零售点销售区选址、区位评价等方面得到广泛运用。

5. 空间优化

在经典的经济地理学研究中，有着注入 von Thunen 地租关系理论（农业区位论）、Weber 的耗费最小化（工业区位论）、Christaller 的中心地理论等基础地理学理论，而这些区位论研究通常需要应用空间优化方法，以解释和理解地理格局，并设定最佳位置。

空间优化问题通常需要通过一个或多个目标函数，确定参加求解的决策变量，并把空间关系和空间属性作为限制条件加入到原有的优化方程中，共同组成方程组求解，以求出费用最小或受益最大的最优解。空间优化对选址、区域划分、土地利用规划、资源空间优化配置、区位评价等有着重要的应用价值（Tong and Murray, 2012）。

三、人文经济地理学空间模拟方法

地理系统是一个"复杂巨系统"，许多地理现象的演变与其影响要素之间存在着复杂的关系，并且往往具有时空动态性，仅仅靠直接的试验、观察很难对其进行解释，而元胞自动机（cellular automaton，CA）、智能体模型（agent-based model，ABM）等"自下而上"的计算机模拟方法与 GIS 技术的结合不仅是研究地理复杂系统的有效工具，也启发了全新的地理研究思维方式。

20 世纪 70 年代中期，CA 模型被正式引入地理学领域。它可被理解为网格上的一群细胞，这些细胞的状态依赖于相邻细胞的状态，实质上是一种利用状态迁移规则的空间演化模型。CA 可以较好地表达城市模型中位置不可移动的地块空间，并拟合空间相互作用以模拟城市演化机制，因而成为城市地理研究的重要模拟实验工具（Couclelis, 1997; White and Engelen, 1997; Li and Yeh, 2000）。CA 模型虽在模拟自然因素对地理过程的影响方面具有突出优势，然而土地利用和覆被变化等地理过程是自然因素和人文因素的共同结果，其人文因素的影响也不容忽视。

相比之下，ABM 模型与 GIS 的集成可在建立微观人-地交互模型中可以发挥重要作用。ABM 模拟是通过设定简单的智能体（微观个体或群体，统称为 agent）的属性、行为规则和环境，以赋予其自主性，继而通过一个个智能体在空间中的自主选择行为反映群体的宏观特征，从而更好地表征真实的微观个体与地理环境之间的交互影响，模拟现实生活中的复杂系统。例如，Parker、Manson 等使用多智能体模型（multi-agent system，MAS）解释了杜能的"中心地"理论，并深入分析了各种智能体在地理系统演化中的作用，探索了人地系统复杂性的表现（Parker et al., 2003; Manson, 2006）；李少英等基于多智能体模拟劳动人口居住区位选择行为（李少英等，2013）。因此，ABM 与 GIS 的结合能更好地解释人类活动对地理现象和地理过程的影响，而其与 CA 的结合必能更好地模拟人类活动与自然变迁双重影响下的空间演化过程。

第三节　大数据支持下人文经济地理分析方法

2000年之后，随着以云计算、移动互联网、物联网等为核心的新一代信息通信技术的应用，以及具有位置感知能力的移动计算设备等的普及，促使了表征海量个体移动行为的时空大数据的产生(Goodchild, 2007；秦萧等，2013；Liu et al., 2015)，如互联网时刻记录着用户的兴趣点、社交关系及体验评价；移动手机记录着用户的实时位置和联系对象；传感器、公交IC卡等信息终端设备也在时刻获取居民活动的位置、图像及声音信息。一方面，学者们认识到来自传感器网络、社交网络、公共交通网络、无线通话、移动终端LBS服务等的大数据对于地理学，以及相关学科研究的机遇与挑战；另一方面，地理信息科学与技术的不断发展，使得个体行为研究从数据采集、存储、分析到可视化等整个过程都获得了极大的便利。此外，复杂性科学、统计物理学、动力学等领域学者的介入，将个体移动行为分析带入了一个前所未有的精细化、系统化研究阶段，加速了对新的地理学研究方式、方法与内容的探索与研究，提高了人类对地理环境的感知、人地关系过程的分析与理解能力，从而为人地关系的研究提供了基础，为进一步从人类活动来定量理解社会经济环境提供了一种新的观测手段(刘瑜，2016)。大数据的出现将信息时代地理研究带进了以大数据挖掘为核心、GIS分析技术和数理模型为支撑，定性分析为辅助的科学模拟微观人类互动与情感和地理空间关系的新阶段(甄峰等，2014)。

一、数据与研究内容的革新

传统的人文经济地理学在收集社会经济数据时，采用统计年鉴、社会调查问卷、深入访谈，或个体时空活动日志等方法进行数据采集，这一类"小数据"有相对精细、全面的描述性信息，却由于样本量少，只能用于解释微观个体的时空行为，难以探讨人类行为与地理空间之间的关系。然而，当样本量变大，一个群体的行为的规律性就较为明显，这种规律性与地理环境，尤其是地理环境中社会经济特征有关，为进一步定量理解社会经济环境提供了新的观测途径。

海量个体时空大数据可从三个方面提取人的时空间行为特征(图2.1)：① 人对地理环境的情感和认知，如基于社交媒体数据中可以获取人们对于一个场所的感受；② 在地理空间中人的活动和移动，如基于出租车、微博签到等数据可以获取海量移动轨迹；③ 个体之间的社交关系，如基于手机数据可以获取用户之间的通话联系信息。通过提取人的时空间行为特征，可以进一步反映地理环境特性，进而揭示社会经济现象的时空分布、联系及过程。其研究内容包括三个方面：首先，在"人"的方面，可以获取人的活动与移动、社交关系、情感与认知等行为模式，关注人的行为模式所受到的地理影响；其次，在"地"的方面，可以基于群体的行为特征揭示空间要素的分布格局、空间单元之间的交互，以及场所情感与语义等地理环境的相关特征；最后，从"时"的视角，可以发现地理过程的规律和特征。大量研究实践已经表明，个体和群体时空活动中隐含的规律和知识可以为城市规划、交通、旅游、社会关系、疾病传播等诸多领域的研究提供理论基础和指导，因为这些研究都直接依赖于人类活动和地理环境间的相互影响和反馈。

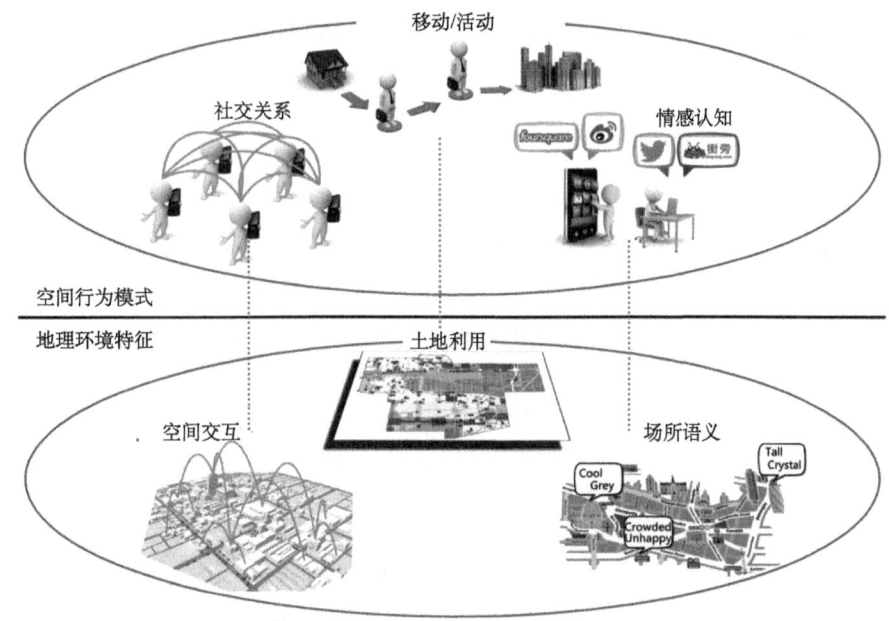

图 2.1 社会感知的研究框架

二、地理大数据的研究方法

由于地理大数据建立在海量群体的空间行为基础上，因此地理大数据的研究一方面需要有高效的分析方法，另一方面需要对人的行为动力学模型和地理环境特征有充分理解，从而能够更好地感知人的行为模式与地理环境之间的耦合关系。

1. 个体行为模式的分析法

地理大数据对于移动轨迹的获取能力较强，因此目前的研究多集中在移动模式和模型的建立。从 Brockmann 等发表在 *Nature* 上的基于钱币追踪数据开展的研究开始（Brockmann et al., 2006），许多学者利用手机、出租车、社交媒体签到等数据探讨了人的移动模式，并且试图构建相应的解释性模型。

步长的统计分布是移动性模式表达中的重要元素。对于移动轨迹而言，由于长距离出行的概率较低、短距离出行的概率较高，即距离衰减现象，通常以幂律分布、指数分布、指数截断的幂律分布等函数表征这种分布特征，许多学者试图建立模型以解释观察到的人类移动模式。除了距离衰减影响外，建立模型和解释移动模式需要考虑的因素还包括地理环境（如城市内尺度、城际尺度）和个体的空间行为特征。其中，地理环境因素决定了潜在的个体移动到访点的空间分布，该分布通常与人口密度分布正相关；而个体的空间行为特征则反映了人们移动中的一些个性化规律，如个体轨迹中的重访点。人类移动存在家和工作地等频繁重访的地点，具有较高的可预测性。个体的时空间行为除了移动和活动以外，社交关系也是重要的要素，利用地理大数据可以揭示社交关系背后的地理影响。这方面研究主要包括个体地理位置对于个体社交关系的影响及个体空间移动与社交关系的相互作用两个方向,目的是探求空间距离和时空共现与社交关系之间的量化关系。

2. 活动时间变化特征分类法

不同类型大数据的时间标记可以用于揭示区域或城市的人口分布的动态变化特征,而这种变化特征具有周期性。对于城市研究而言,这种日周期变化最为明显,可以通过分析城市单个地块,以及地块间的出行活动量时序变化特征,从而揭示城市地块的用地属性和在城市运行中所承载的功能(Sun et al., 2011; Liu et al., 2012)。提取地块活动的时变特征时常采用非监督分类方法,最常用的算法有K-平均算法聚类、K-中心点算法等。在分类过程中,因为功能相同的地块存在活动强度的差异,如高密度居民区和低密度居民区,尽管人口总量不同,但其人口密度日变化特征相似,故而需要对活动时变曲线做归一化处理。

近年来,也有一些研究采用主成分分析及非负矩阵分解方法,识别一个城市不同区域活动变化的全局和局部变化特征。此外,张量也是分析时空大数据的有效工具,张量模型的高阶表达能力能够描述时空数据在时间、空间、个体状态等多方面特征。

3. 场所情感及语义分析法

社交媒体(微博)中包含了大量文本数据,研究者可以利用这部分数据揭示与地理位置相关的语义信息。目前的研究包括:获取一个场所或事件的主题词,发现所对应的密集的主题词,从而利用社交媒体数据进行事件发现;获取与场所有关的情感信息,如高兴或抑郁,研究不同地区人们表现出的情绪相关因素(Mitchell et al., 2013);获取对于特定事件,如灾害(Andrew et al., 2013)、事故(Cheng and Wicks, 2014)、流行病(Signorini et al., 2011)等的响应。然而,由于社交媒体数据每条文本受字数限制,且随意性较强,因此如何从中挖掘更加精确的、有意义的信息,尚需进一步研究。

近年来,深度学习的发展使得自动提取识别照片语义信息成为可能。一些研究基于照片共享网站对带有时空标记的图像进行内容分析,揭示地理环境特征。与基于文本的语义信息提取相比,照片语义信息更为客观且丰富。例如,Zhou等利用在全球不同城市拍摄的照片,研究比较了城市的空间特征,其发现的模式有助于评估城市规划的效果(Zhou et al., 2014)。

4. 空间交互分析法

在地理学研究中,空间交互指的是两个场所之间的联系,它既能反映城市或区域之间的社会经济联系强度,又能反映城市的空间结构。在地理大数据中,个体移动轨迹及个体之间的社交关系都可以在聚集层面量化两个场所之间的交互强度,前者如两个城市间的人口总量,后者如两个城市间互相关注的好友对数。空间交互强度受到距离衰减效应的影响,距离远的两个地理单元间联系相对较弱,因此在地理学研究中,大多基于重力模型来拟合场所之间的交互强度。

利用地理单元之间的空间交互,可以构建嵌入空间的网络,并引入复杂网络分析方法研究其拓扑结构特征，其中最常用的方法是对网络进行社区发现分析。在该网络进行社区发现分析时，通常每个节点都是一个地理单元，边的权重为地理单元间的交互强度，一个社区代表相互联系紧密节点集群，对应着地理空间中联系相对紧密的区域，从而分析研究区内的组团结构特征。由于受距离衰减效应及行政区划的影响，如果仅仅考虑交互强度而不考虑相邻约束，则可以发现通常空间连续的区块交互性越高，且社区发现的结果往往与行政区划边界相一致，侧面反映出人类的移动行为在一定程度上受到固有行政区划的限制。

5. 结合传统空间数据的分析和应用

城市是地理大数据产生最频繁的区域。因此，地理大数据的应用研究主要集中在城市区域。相关的研究领域有交通管理、城市规划、环境、公共卫生等。在此基础上，郑宇等提出了城市计算(urban computing)的概念，利用包括地理大数据在内的城市多源数据进行计算分析，发现并解决城市运行中的问题(Zheng et al., 2014)。

在上述应用中，除了地理大数据外，还需要结合传统空间数据(如人口、经济、城市用地和建筑数据、道路网数据、监测站点数据等)进行分析。例如，Wang 等利用旧金山和波士顿地区的手机数据和路网数据，发现了交通拥堵路段的车流来源，并且给出了缓解拥堵的建议(Wang et al., 2012)。由于地理大数据的获取建立在海量个体时空行为的基础上，因此使我们能够更好地感知人的行为模式及其与地理环境之间的耦合模型。在此过程中，还需多种方法与技术手段的组合与集成运用，结合传统人文经济地理学研究中的描述性统计分析、聚类分析、因子分析，以及空间分析等方法或模型，以增强和提升地理学者认识和理解相关问题的能力。

三、大数据支持下对地理分析核心概念的重访

大数据支持下，社会感知框架提出了一种观测社会经济现象的手段，它借助于各类海量时空数据研究人类时空间行为特征，进而揭示社会经济现象的时空分布、联系及过程。而回顾地理学发展的几次转向，计量革命因为缺少对人的关注而受到批评，后期行为主义则受限于样本太小、缺乏定量模型。大数据的出现及相关的社会感知研究，在一定程度上弥补了上述两个方面的不足，带来了全新的研究范式，也有助于重新审视地理学研究的一些基本问题。下面围绕地理学研究的两个重要传统：空间分布和空间交互，以及地理学研究的两条途径：定性与定量方法，展开讨论和归纳。

1. 基于地理大数据理解空间异质性

空间异质性是地理学的基础概念，它表现为观测变量的一阶分布以及场所间二阶交互的时空变化特征。空间分布和空间交互在现代地理学研究中受到广泛重视，Tobler 地理学第一定律正是阐述了分布的空间依赖及交互所受到的距离影响，从而在理论上支持相关的空间建模与分析。大数据同时提供了对于空间分布和空间交互的感知手段。首先，人类活动密度的空间差异及时间变化表达了相应地理现象的分布特征。签到数据、手机

通话记录及出租车的上下车点都可以用于量化人群活动的时空分布。在城市尺度上，由于相同功能地块具有相近的人群活动密度及日变化特征，因此可以基于不同地块的活动时间变化曲线对研究区域进行土地利用分类。还可以从带有时空标记的社交媒体数据获取个体的认知和情绪信息，从而在群体层面构建与不同地点相关联的语义与情感，并刻画地理空间异质性。不论是活动随时间变化的特征，还是语义与情感特征，都可以用于表征地理单元间的空间差异性和依赖性，以及在此基础上展示的空间分布模式。

其次，基于大数据所反映的个体移动和联系，可以在聚集层面量化地理单元间的空间交互。近年来，许多学者基于空间交互构建嵌入空间的网络，即网络的每个节点对应一个地理单元，并引入网络科学分析方法定量评价地理单元的重要性并发现研究区的结构特征。区域划分是处理地理空间异质性的一条重要途径。在大数据的支持下，目前有两类主要分区方法：第一种方法考虑地理单元所关联的活动时变特征相似性，或语义情感的相似性，利用聚类方法将相似性高的区域进行合并；第二种则利用地理单元之间的联系强度，利用网络社区发现算法，将联系较为紧密的地理单元划分到同一区域。这两种方法分别基于空间分布的依赖性和空间交互的强度，其区划结果的地理含义存在差异。前者将会得到特定属性较为均质的区域，而后者得到的分区则往往拥有更为丰富的内部结构，并且可以归因于分区内地理单元功能的差异性和互补性。

2. 基于地理大数据理解距离和尺度

正如 Tobler 第一定律所陈述的，空间邻近的区域往往具有相似的属性及更强的交互。在空间分析中，前者可以通过空间自相关指数加以度量，而后者则可通过重力模型等途径定量表征距离衰减。在大数据下，通过对人的空间行为特征的量化，能够为表征地理现象分布和交互中的距离影响提供支持。地理分布中的距离衰减效应意味着空间距离近的区域具有相似的观测值，即表现为正的空间自相关。地理空间的这种分布特性，对于空间分析至关重要，因为它是空间插值的理论基础。

Couclelis 认为，所有经典的人文经济地理模型在表征空间时都将活动视为距离的函数（Couclelis, 2007）。随着信息通信技术的发展，距离的空间阻隔作用被大大削弱（Miller, 2007），因此许多学者提出了"距离的消亡"（death of distance）（Cairncross, 2001）。大数据提供了检视这一论断的支持，除了基于个体的空间移动度量场所之间的联系强度，还可以通过用户间利用信息通信手段（如手机通话、微博好友）等建立的联系感知空间交互。对于前者，人或物在空间中的移动由于成本原因会出现距离衰减；而对于后者，即基于信息通信手段建立的联系中距离影响的程度，目前的研究表明该影响依然存在（Kang et al., 2013）。这说明在基于信息通信技术建立的联系中，距离衰减效应尽管较弱，但并非已经"消亡"。这可以归因于人们在网络空间的联系可以认为是真实世界中联系的映射，即两个区域间的社会经济关联越强，其间居民的联系也越多，即两者存在正相关关系。由于前者存在距离衰减效应，使得在群体层面的联系依然受到空间约束，而不是与距离无关。

空间分布和空间交互在传统地理学研究中，多在区域聚集层面进行分析。由于地理学缺乏天然的分析单元(Longley et al., 2015)，研究结果依赖于空间单元形状，即产生了可变面状单元问题(modifiable areal unit problem, MAUP)(Openshaw, 1983)。由于大数据的基本粒度是个体，使得研究者可以同时从个体和群体两个层面观察空间分布和交互模式。很明显，在个体层面的分布和交互模式中，并不存在分析尺度的影响。只有当试图依据不同空间分析单元概括群体层面的模式时，才需要处理 MAUP 问题。因此，可以基于大数据感知到的个体模式在不同聚合过程中的变化考察不同地理现象的尺度效应。

与空间分析中的尺度效应相类似，基于大数据研究人的空间行为模式需要注意生态学谬误(ecological fallacy)问题。由于大数据具有海量的个体样本，使得研究者可以很容易观察整个样本的空间行为模式并建立解释模型。然而，由于人群异质性(population heterogeneity)的存在，基于整个人群得到模式和模型未必适用于每个个体(Liu et al., 2014)。例如，对于一个人群中所有具有联系的个体之间的距离分布，尽管基于手机数据已经观察到距离衰减效应(Kang et al., 2013)，然而具体到每个人，其联系对象的空间分布未必随距离增加而变得稀疏。不论是地理空间的 MAUP 问题还是人群的生态学谬误问题，都需要在大数据研究中，建立微观个体到宏观群体两个层面模式的关联。

3. 基于地理大数据支持定性和定量混合研究

定性方法和定量方法是地理学研究中的两条重要途径。前者指通过访谈方式获取被研究对象(如特定人群)的属性进行分析并得到结论，后者则指利用数学工具尤其是统计方法量化地理现象并构建相关定量模型(如重力模型)。关美宝指出："通过定量方法与定性方法在不同领域中的混合使用，（可以）实现对社会-文化与空间-分析隔阂的超越并形成更有洞察力的研究方法"(关美宝，2013)。我们认为，大数据由于其独特的对人的空间行为模式和地理环境的感知能力，有助于支持定性方法和定量方法的混合使用。

定性研究中获取的访谈数据，除了样本量较小外，根据研究的目的，在属性上通常具有较高的均质性，如在文献(Kwan, 2008)中，受访对象具有"穆斯林"和"女性"两个特征，而文献(Wang and Chai, 2009)则针对居住于单位大院的城市居民。与之相反，大数据的采集由于未经采样设计，所反映的人群通常是异质的。González 发现了人群异质性对于所观测到的移动性模式的影响(González et al., 2008)，Xie 则进一步指出人群异质性是社会学研究需要处理的重要问题(Xie, 2013)。对于地理研究而言，人群异质性使得基于大数据提取的模式较为平凡而针对性不强，这约束了大数据的应用价值；此外，样本有偏及属性偏少的缺陷也影响了解释性模型的构建。例如，出租车轨迹数据只能反映了一个城市中的部分出行而且无法获取出行目的，使得我们难以基于该数据针对特定出行需求(如就医)优化城市规划从而减少出行总量。因此，尽管目前大数据已经被广泛应用，但为了弥补大数据的上述不足，小数据的重要性依然不可忽视(甄峰和王波，2015)。从"人"的角度出发，大数据与小数据的集成需要解决大数据的人群异质性与属性信息少的问题。一条可行的途径是根据大数据所反映的空间行为模式，对人群进行聚类或根据预设规则识别出特定群组，从而得到相对均质的子集。该方法相当于增加了数据列数，从而更好地支持与小数据的集成，即可以通过传统方式对感兴趣子集收集更为丰富的属性信息。在实践中，对人群分组的依据包括空间行为模式的相似性及社交关系强度。

空间和场所是理解地理环境的两条重要途径(Wainwright and Barnes, 2009; Agnew, 2011)。空间定义了地理分析的参考框架,空间视角的分析方法注重坐标、几何、距离等精确的度量(Goodchild, 2015)。而场所则与个人的体验有关(Tuan, 1977),在 GIS 中对于场所多基于地名及地名间的关系等定性方式建模。大数据不仅支持空间视角的分布和交互分析手段(参见第二节),而且为理解场所提供了基础(Liu et al., 2015),可将现有分析手段和工具更好地运用于社会科学问题中(Maceachren, 2017)。大数据对于人的空间行为模式的揭示能力,使得我们可以从语义与情感、人群活动、空间交互等途径描述与一个场所相关联的人的体验。Sui 和 Goodchild 认为空间和场所分别提供了"自上而下"和"自下而上"的分析地理问题的视角(Sui and Goodchild, 2011)。然而,人文地理学研究更关注人的场所体验,在传统研究中,该体验通常基于访谈、问卷等途径获得。大数据从语义与情感、人群活动、交互模式等三个途径提供了对场所体验的感知(sense of place)手段。尽管信息通信技术提高了人们的移动性和联系性,降低了场所与个体行为之间的耦合关系(Miller, 2007),大数据所提供的群体体验依然有助于研究者理解一个场所的特征。

第四节　小结与展望

本章主要总计了信息通信技术的发展脉络,以及其所带来的空间思维与研究方法的变革。从空间的角度来看,信息通信技术最大的价值在于大幅度降低了知识传输的成本,从而影响了传统的空间集聚与扩散过程。在信息技术支持下,新的生产组织方式以及新的产业类型得以快速发展,人文经济地理学需要关注并研究这一快速变化过程。

纵观历史,信息通信技术的发展速度表现出越来越快的趋势,这种趋势使得我们对其做出的很多预测都可能失败。假定我们回到 30 年前,绝对无法想象信息通信技术在过去 30 年中的飞速发展,如互联网、移动互联网、人工智能等,这些技术极大地改变了人类社会的运行方式。考虑到信息通信技术发展的加速度,未来技术发展的不可预见性会更高。作为人文经济地理学研究者,我们应该对于信息通信技术带来的新变革有着充分的认识和足够的敏感性,同时,在研究过程中应该积极利用信息通信技术发展带来的数据和方法上的支持,更好地分析和模拟复杂人文经济现象,服务于宏观政策制定。

参 考 文 献

阿尔弗雷德 D. 钱德勒. 2008. 信息改变了美国: 驱动国家转型的力量. 万岩, 邱艳娟译. 上海: 上海远东出版社.
关美宝. 2013. 超越地理学二元性: 混合地理学的思考. 地理科学进展, 32(9): 1307-1315.
科技部国家遥感中心战略专家组. 2009. 地球空间信息科学技术进展. 北京: 电子工业出版社, 61-64.
李少英, 黎夏, 刘小平, 等. 2013. 基于就业市场的劳动人口区位选择行为的多智能体模拟. 管理工程学报, 27(1): 41-48.
刘卫东, 甄峰. 2004. 信息化对社会经济空间组织的影响研究. 地理学报, 59(S1): 67-76.
刘瑜. 2016. 社会感知视角下的若干人文地理学基本问题再思考. 地理学报, 71(4): 564-575.
秦萧, 甄峰, 熊丽芳, 等. 2013. 大数据时代城市时空间行为研究方法. 地理科学进展, 32(9): 1352-1361.
王法辉. 2011. 社会科学和公共政策的空间化与 GIS 的应用. 地理学报, 66(8): 1089-1100.
王劲峰, 李连发, 葛咏, 等. 2000. 地理信息空间分析的理论体系探讨. 地理学报, 55(1): 92-103.
维克托. 迈尔-舍恩伯格, 肯尼斯. 库克耶. 2013. 大数据代: 生活、工作与思维的大变革. 周涛译. 杭州: 浙江人民出版社.

甄峰, 秦萧, 王波. 2014. 大数据时代的人文地理研究与应用实践. 人文地理, 2014(3): 1-6.
甄峰, 王波. 2015. "大数据"热潮下人文地理学研究的再思考. 地理研究, 34(5): 803-811.
中国信息化百人会课题组. 2016. 信息经济崛起: 区域发展模式、路径与动力. 北京: 电子工业出版社.
Agnew J. 2011. Space and place. The SAGE Handbook of Geographical Knowledge. London: SAGE Publications Ltd.
Andrew C, Arie C, Anthon S, et al. 2013. Earthquake: twitter as a distributed sensor system. Transactions in GIS, 17(1): 124-147.
Brockmann D, Hufnagel L, Geisel T. 2006. The scaling laws of human travel. Nature, 439: 462-465.
Cairncross F. 2001. The Death of Distance: How the Communications Revolution will Change Our Lives. Harvard Business Press.
Cheng T, Wicks T. 2014. Event detection using twitter: A spatio-temporal approach. PLoS ONE, 9(6): e97807.
Couclelis H. 1997. From cellular automata to urban models: New principles for model development and implementation. Environment & Planning B Planning & Design, 24(2): 165-174.
Couclelis H. 2007. Misses, near-misses and surprises in forecasting the informational city. Netherlands: Springer, 88(8): 71-83.
González M C, Hidalgo C A, Barabási A B. 2008. Understanding individual human mobility patterns. Nature, 458: 779-782.
Goodchild M F. 2007. Citizens as sensors: The world of volunteered geography. GeoJournal, 69(4): 211-221.
Goodchild M F. 2015. Space, place and health. Annals of GIS, 21(2): 97-100.
Hu Z, Tang G, Lu G. 2014. A new geographical language: A perspective of GIS. Journal of Geographical Sciences, 67(3): 5-15.
Kang C, Zhang Y, Ma X, et al. 2013. Inferring properties and revealing geographical impacts of intercity mobile communication network of China using a subnet data set. International Journal of Geographical Information Science, 27(3): 431-448.
Kwan M P. 2008. From oral histories to visual narratives: Re-presenting the post-September 11 experiences of the Muslim women in the United States. Social and Cultural Geography, 9(6): 653-669.
Li X, Yeh A G-O. 2000. Modelling sustainable urban development by the integration of constrained cellular automata and GIS. International Journal of Geographical Information Science, 14(2): 131-152.
Liu Y, Liu X, Gao S, et al. 2015. Social sensing: A new approach to understanding our socioeconomic environments. Annals of the Association of American Geographers, 105(3): 512-530.
Liu Y, Sui Z, Kang C, et al. 2014. Uncovering patterns of inter-urban trip and spatial interaction from social media check-in data. PLoS ONE, 9(1): e86026.
Liu Y, Wang F, Xiao Y, et al. 2012. Urban land uses and traffic 'source-sink areas': Evidence from GPS-enabled taxi data in Shanghai. Landscape and Urban Planning, 106: 73-87.
Longley P A, Goodchild M F, Maguire D J, et al. 2002. Geographic information science and systems, 4th Edition. Transplantation, 73(2): 163-165.
Maceachren A M. 2017. Leveraging Big (Geo)Data with (Geo)Visual Analytics: Place as the Next Frontier. Spatial Data Handling in Big Data Era. Singapore: Springer, 139-155.
Manson S M. 2006. Bounded rationality in agent-based models: Experiments with evolutionary programs. International Journal of Geographical Information Science, 20(9): 991-1012.
Miller H J. 2007. Place-based versus people-based geographic information science. Geography Compass, 1(3): 503-535.
Mitchell L, Frank M R, Harris K D, et al. 2013. The geography of happiness: Connecting Twitter sentiment and expression, demographics, and objective characteristics of place. PLoS ONE, 8(5): e64417.
Openshaw S. 1983. The Modifiable Areal Unit Problem. Norwick: Geo Books.
Parker D C, Manson S M, Janssen M A et al. 2003. Multi-agent systems for the simulation of land-use and land-cover change: A review. Annals of the Association of American Geographers, 93(2): 314-337.
Signorini A, Segre A M, Polgreen P M. 2011. The use of twitter to track levels of disease activity and public concern in the U.S. during the Influenza A H1N1 Pandemic. PLoS ONE, 6(5): e19467.
Sui D, Goodchild M F. 2011. The convergence of GIS and social media: challenges for GIScience. International Journal of Geographical Information Science, 25(11): 1737-1748.
Sun J, Yuan J, Wang Y, et al. 2011. Exploring space-time structure of human mobility in urban space. Physica A, 390(5): 929-942.
Tong D, Murray A. 2012. Spatial optimization in geography. Annals of the Association of American Geographers, 102(6): 1290-1309.
Tuan Y F. 1977. Space and Place: The Perspective of Experience. Minneapolis: University of Minnesota Press.
Wainwright J, Barnes T. 2009. Nature, economy, and the space-place distinction. Environment and Planning D: Society and Space, 27: 966-986.
Wang D, Chai Y. 2009. The jobs-housing relationship and commuting in Beijing, China: The legacy of Danwei. Journal of

Transport Geography, 17(1): 30-38.

Wang P, Hunter T, Bayen A M, et al. 2012. Understanding road usage patterns in urban areas. Scientific Reports, 2: 1001.

Weiser M. 2002. The computer for the 21st century. IEEE Pervasive Computing, 1(1): 19-25.

White R, Engelen G. 1997. Cellular automata as the basis of integrated dynamic regional modelling. Environment & Planning B Planning & Design, 24(2): 235-246.

Xie Y. 2013. Population heterogeneity and causal inference. Proceedings of the National Academy of Sciences of the USA, 110(16): 6262-6268.

Zheng Y, Capra L, Wolfson O, et al. 2014. Urban computing: Concepts, methodologies, and applications. ACM Transactions on Intelligent Systems and Technology, 6(2): 9.

Zhou B, Liu L, Oliva A, et al. 2014. Recognizing city identity via attribute analysis of geo-tagged images. Proceedings of 13th European Conference on Computer Vision, 519-534.

第三章 社会经济的空间集聚与扩散

空间集聚与分散是社会经济活动的基本空间特征,也是地理学永恒的研究主题之一。作为社会经济实践的产物,科学技术发展对空间的塑造作用非常明显,历史上几次科学技术的突破都对空间集聚与分散产生了颠覆性的影响。农业种植技术的产生使得人类祖先从游牧生活状态转变为定居,构成了集聚即城市形成的前提。蒸汽机、火车、棉纺等现代工业技术使得城市获得发展的动力,加快了人口向城市集聚的进程。建筑技术的提高使得高层建筑发展获得了可能,高密度集聚成为现代大都市的典型景观。小汽车的普及则引发了西方发达国家的城市郊区化,蔓延导致的土地粗放利用和环境污染问题被广泛关注。

20世纪下半叶,信息通信技术革命凸起,对社会经济空间组织的影响日益深远。现代信息通信技术减少了人们信息沟通的成本,因此在互联网崛起之初,社会经济活动分散化的观点比比皆是,甚至有人认为距离已死,地理会终结(O'Brien, 1992; Cairncross, 1997),David Harvey(2003)也提出"时空压缩"的预判。实践中也确实观察到很多产业环节分散的趋势。但与此同时,集聚景观并没有发生明显改变,甚至有些活动更加集中了。例如,硅谷作为全球科技创新中心对信息通信技术人才的吸引力越来越强,全球金融功能向全球城市集聚,城市内商务活动向CBD集中,等等。

信息通信技术到底是促进了社会经济活动的分散还是集中,成为有待研究论证的科学命题,而相关的实证研究还十分匮乏。本章旨在回答这一问题。研究发现,信息通信技术对于社会经济的空间作用是双向的,在促使一些社会经济活动分散的同时,也强化了另一些社会经济功能的集聚,总体效果取决于两种力量在实践中的博弈。中国的实证研究显示,互联网技术普及导致了城市(都市区或市区)尺度上的空间分散和多中心化;但却促进了城市群和全国尺度上的空间集聚。信息通信技术带来的空间重构给政策带来了巨大的挑战。

第一节 空间集聚与分散的研究脉络与理论基础

一、研究脉络回顾

人类社会经济活动的空间集聚与分散是地理学古老的研究命题。Perroux(1955)的增长极理论描述了社会经济活动的集聚现象和对区域经济的带动作用。Myrdal(1957)的循环累积因果原理(cumulative circle and causation)和Hirshman(1968)则强调了集聚的自我加强机制,并指出了极化(即集聚)和扩散(即分散)两种效应的存在。

弗里德曼的区域空间结构演变理论相对完整地阐述了,社会经济活动随着经济发展阶段的推进,从低水平分散到集聚再到高水平均衡分布的演化过程(Friedman, 1966)。与弗里德曼的理论相类似，Yeates 和 Garner（1976）的城市空间结构演化理论则探讨了不同时期城镇体系的演化特征，以及集聚与分散的趋势。Hagerstrand（1968）在 Rogers（1995）创新扩散理论的基础上提出了空间扩散理论，总结了周边扩散、等级扩散、点轴扩散、跳跃扩散的空间扩散基本类型。陆大道（1985，1986）的点轴理论指出，大部分社会经济要素在中心城镇及"点"上集聚，并由交通、通信干线和能源、水源通道连接起来的线状基础设施联系在一起而形成"轴"，而"轴"对附近区域有很强的经济吸引力和凝聚力。

西方国家对城市空间分散的关注起源于人口和居住的分散化（Clark，1951；Mills，1972），后来扩散到就业和经济活动的分散化。西方学者还对要素分散化的总体趋势下是否存在局域中心再集聚进行了研究。藤田的早期研究提出，在考虑经济活动内生性集聚的情况下，城市空间组织可以呈现单中心、多中心或一般分散化（无中心）的多重均衡结构。在这样的理论假说影响下，西方城市多中心研究逐步兴起，研究初期的主要内容包括对大中型城市次中心的界定与识别（Giuliano and Small，1991；McMillen，1996；Forstall and Greene，1997；Anderson and Bogart，2001）。随后，西方学者开展了对多中心空间结构有效性的理论研究并给予了实证支持。例如，从单中心结构向多中心结构的转化被视为降低集聚不经济的有效途径（Krugman，1996），Meijers 和 Buger（2010）以美国都市区为样本的研究更为直接地证明多中心结构有助于提高劳动生产率。

国内对空间集聚与扩散的研究相对于国外而言起步较晚。20 世纪 90 年代以来，宁越敏、冯健、周一星等对城市人口要素的集聚与分散、城市空间结构和城市化与郊区化机制进行了探讨研究（宁越敏，1998；冯健和周一星，2003）。多数学者认可北京和上海等特大城市已经开始出现郊区化和城市去中心化空心化的趋势（周一星，1996；杨振山等，2009；王玮，2009）。胡序威等（2000）对长江三角洲、珠江三角洲、京津唐，以及辽中南地区的大中城市的集聚与扩散，乡村地区城市化，人口、经济等要素的集聚与扩散进行了分析，并描述了各区域不同的特征及机制。

国内关于城市多中心空间结构的研究也逐渐丰富，研究区域主要集中在北京、上海、广州、南京等规模较大的城市，大多数认为随着中国工业化和城镇化进程的不断加快，人口、就业从单中心向多中心发展的空间格局演化趋势逐渐显现（吴文钰和马西亚，2006；蒋丽和吴缚龙，2009；孙斌栋等，2010；刘霄泉等，2011；孙斌栋和魏旭红，2014）。国内学者也逐步针对多中心空间结构与经济绩效之间关系进行了实证上的探讨。孙斌栋等（2015）择取了 30 多个中国特大城市及以上的城市市区作为研究样本，研究证实特大城市空间多中心化更有助于提高经济绩效。

与地理学家主要描述集聚与分散的现象与过程不同，经济学家力图揭示集聚与分散的内在机制。集聚与分散所带来的向心力和离心力的力量对比导致在现实中呈现不同的空间结构。信息通信技术和互联网也是通过影响向心力和离心力而进一步作用于城市空间结构的分散和集聚。因此，接下来首先对决定空间集聚与分散的机理展开理论上的阐述。

二、空间集聚与分散的机理

Marshall 早在 1920 年就发现了产业地方化集聚的现象,并提出了集聚的三个好处,即劳动力市场共享、基于前向效应和后向效应的靠近供货商和顾客,以及技术与信息的"溢出效应"(Marshall, 1920)。以 Krugman、Fujita、Venables 等为代表的新经济地理学运用主流经济学的范式和理论模型模拟的方法,解释了马歇尔所关注到的产业集聚的原因,认为空间集聚有助于获得规模报酬递增(Krugman, 1990, 1996; Venables, 1996; Fujita and Thisse, 1997; Fujita et al., 2001)。Duranton 和 Puga(2004)进一步把集聚效应归纳为共享、匹配和学习。

根据经济集聚机制的不同,一般把集聚的来源分为六类(陈良文和杨开忠,2006):①将外部规模经济视为"黑匣子"。不去区分这一概念下不同的作用机制,它可以是某一个产业内部的地方化经济,也可以是反映不同产业之间的城市化经济。②知识外溢效应。人与人之间、企业与企业之间通过面对面的交流来促进知识、技术的流动,从而提高地区的生产率。③消费者多样性偏好。厂商集聚会提供多样化的产品和服务,也意味着更低的价格指数(不需要支付运费),从而满足消费者需要,吸引更多人口集聚和促进地方发展。④生产者的多样性偏好。中间投入品与最终部门在空间上的集聚有利于降低运输成本、提高生产效率,也有助于降低固定资本品,如基础设施的投入成本。⑤消费不完全信息。企业的空间集聚有利于消费者节省搜寻成本从而更能吸引消费者,即销售者的空间集聚可能由于购买者搜寻拥有相对较多销售者市场区的愿望引起的。⑥劳动力不完全信息。劳动力和厂商在空间上的集聚有利于降低相互之间信息搜寻成本,提高和改进匹配的效率。

以上六个方面偏重经济原因,对交通成本和信息成本的节约是基于经济学的收益成本分析,但现实中,人具有社会性,人和人之间近距离的情感沟通必不可少,人们为了沟通与交流倾向于集聚。

总体来说,空间集聚主要是基于节省三方面的成本:实体运输成本、信息交流成本和情感沟通成本。对于个人来说,方便节省就业通勤成本和消费交通成本;获取就业、消费(包括上学和接受医疗)信息,促进个人间知识交流;便于个人之间情感沟通和交流。对于企业来说,节省劳动力通勤所造成的企业成本和相关生产环节运输成本,分享固定投入成本;获取足够的劳动力和市场需求信息,便于企业间信息沟通与学习交流。

集聚到一起可以获得益处,但集聚不是无限的,交通拥堵、环境污染、地价上涨等集聚不经济会促使分散化发展,城市规模增加到一定门槛,从单中心结构向双中心、多中心甚至无中心结构的转化在理论上被证明是可能的(Fujita and Ogawa, 1982)。

分散的机理可以归纳为以下几点:①流动性差的自然资源和生产要素供给。任何社会经济活动都是以自然资源为基础的,而自然资源尤其是土地资源流动性较差,这是个人和企业分散的重要基础。如果企业在集聚区域无法享受宽敞的生产空间和所需要的资源,就会产生分散的离心力。②消费者的最终需求和市场拥挤效应。每个地区消费者都会对产品产生需求,而企业具有接近消费者的本能,因此带来了企业向各个地区分散。

此外，过分集中会产生企业对消费者的竞争，因此企业倾向于远离拥挤的大市场，向其他地区分散。③运输成本。过高的运输成本，贸易的价格将会很高，企业将会在各地分散化布局满足本地市场的需求或者靠近生产所需生产要素资源。当运输成本下降，企业倾向于集聚享受规模经济降低生产成本，并通过贸易将最终产品销往外地。④交通拥堵、土地租金等外部不经济。随着城市规模的扩张，会增加拥挤成本和地租成本。大量人口所带来的交通拥堵、土地紧缺、环境污染、社会保障资源不足、贫富差距加剧、治安恶化等城市病，会损害居民的健康和幸福感，从而产生向外分散的离心力。

三、信息通信技术改变空间集聚与分散的机理

在空间集聚所节省的实体运输成本、信息交流成本和情感沟通成本中，互联网技术的普及和深化可以降低无形的信息交流成本和情感沟通成本，从而摆脱因此产生的空间集聚约束，为空间分散提供了技术保障。具体包括：①个人消费信息可以远程获取。居民对商品多样化的需求可以通过互联网获取信息，并借助快递业获取商品，还可以远程享受医疗、教育等服务，个人靠近市场及传统商业集聚的动力减弱。②具有信息交流性质的工作任务可以远程完成。基于现代信息通信技术的办公自动化使得大企业的管理和文案工作可以在计算机网络上完成，使得雇员能够灵活享有工作时间和地点，日常的通勤也将被通信联系所取代，节约了通勤成本，也增加了居住分散化的可能。③情感交流可以远距离实现。互联网及虚拟现实等网络平台，丰富了人与人之间情感沟通和交流的方式，减少了远距离情感沟通的成本，可以部分替代面对面的交流。④企业内部和企业上下游之间可以借助互联沟通信息。可编码的知识传播更少受到物理距离的限制，面临城市中心较高的地价(离心力)，标准化的生产环节加速分散化，企业上下游间的集聚约束也被放宽。⑤集聚降低劳动力匹配成本的效应减弱。劳动力市场的异质性和不完全信息性在信息时代发生了变化，借助丰富、透明的网络就业信息平台，就业者可以获知任何地方的招聘信息，企业也有能力对来自不同地方的应聘者进行挑选，从而使得集聚降低就业匹配成本的动力减弱。

但即使是高度发达的信息时代，面对面的信息和情感交流并不能完全被替代，基于节省运输成本的集聚逻辑并不能被改变，信息获取成本的降低甚至会催生新的集聚需求。具体包括：①个人体验式消费需求无法通过网络满足。高质量、多样化的餐饮、娱乐等体验式服务并不能通过互联网得到完全的满足，通信技术的发展尽管使得大城市的人口得到部分的分散力，但其高端服务的核心地位仍然会得到加剧和巩固。②情感沟通不能完全被替代。互联网只能满足部分情感沟通，面对面的情感交流在人与人的社会交往中仍然具有重要的意义，其需求在信息时代甚至可能进一步提升。③隐性知识无法远程共享。不可编码的意会知识，如创新型的活动仍然需要面对面的交流，空间集中仍然重要。④厂商对中间品投入和固定基础设施投入仍然不变。互联网改变不了实体运输成本和基础设施共享成本，因此，前后向关联和分担基础设施成本的需求促使企业仍然倾向于集聚。⑤密切的互联网线上联系会衍生出更多的线下交流需求，也会强化部分集聚需求。无论是企业还是个人，都会借助互联网获取更多的业务信息和情感交流，会导致更多的

实质性空间集聚活动。⑥信息化催生即时需求满足和即时生产，相关生产环节集聚需求增强。信息时代下，企业面对危机与竞争需要迅速做出反应并采取合理的应对策略，则加强了企业对空间集聚的要求。⑦为了保证信息通信技术导致的分散化经济活动可控和有序进行，核心控制功能趋于集聚。世界经济的"地点空间"虽然正在逐渐被"流的空间"所代替，但"门户城市"仍然是世界城市网络下各种要素流持续集聚与交汇的节点。重要的大城市群汇聚了区域内乃至世界范围内主要的资金流、信息流、物流、技术流等，从而成为信息时代下经济文化等层面上的命令和控制中心。

第二节 信息通信技术导致的社会经济空间分散

信息通信技术通过降低信息成本及情感交流成本，使集聚经济的三大效应学习、匹配、共享可以在更大范围内实现，从而导致部分社会经济活动的分散化。

一、个人消费分散化和城市中心商业增长乏力

互联网技术进步使得互联网购物如火如荼。目前，我国网络购物用户规模已达到3.61亿，网络购物交易总额占社会消费品零售总额由2009年的约1.98%提升至2014年的约10.7%[①]。年人均网购次数由2010年的20次上升至2014年的48次[②]。网络购物减弱了消费向大城市集聚的需要，小城市与农村地区居民也能获得多样化的最终产品。数据表明，近年来互联网消费者购买力和主要订单来源均从一二级城市逐渐向三四级城市扩展[③]，低级别城市的网络购物新增用户数的速度高于级别较高的城市。同时，农村网购也在不断崛起。2015年农村网民网络购物用户规模为7714万，年增长率高达40.6%[④]。互联网缩小了城市与农村居民获取多样化商品的差异，为居民地域上的分散提供一定的前提条件。

互联网技术使远程医疗越来越普及。52%的美国医院已经实施使用远程健康项目，74%的美国消费者有意愿使用远程医疗服务，30%的患者已使用电脑或者移动通信获取医疗和诊断信息[⑤]。2013年的美国远程设备与服务的市场总估值已超过180亿美元，并构建了大概200多个各种技术模式下的远程医疗网络（赵杰等，2014）。2015年，全美第五大医疗机构Dignity Health推出远程医疗机器人远程提供专家会诊，Google推出一项全新的医患视频会话服务，药店连锁销售机构WaLGreens、美国最大药品零售商CVS，以及连锁零售商沃尔玛纷纷推出远程医疗亭，国内的阿里巴巴公司也借助移动医疗展开对"未来医院"和"医药O2O"的布局。我国也正在加快对远程医疗的建设。目前，云

---

① 艾瑞：2014年中国网络购物线上渗透率超过10%．艾瑞咨询．http://www.iresearch.com.cn/view/245909.html.
② 中国互联网信息中心．2014年中国网络购物市场研究报告．http://www.cnnic.cn/hlwfzyj/hlwxzbg/dzswbg/201509/P020150909354828731159.pdf.
③ 淘宝&CBNData：2015年中国互联网消费报告全文及解读．http://www.199it.com/archives/415547.html.
④ 阿里研究院．农村消费研究报告．http://www.aliresearch.com/blog/article/detail/id/20543.html.
⑤ 2016年国际远程医疗行业发展状况分析．中商情报网．http://www.askci.com/news/dxf/20160606/15104125705.shtml.

南省已建成全国首个"国家远程医疗工程技术研究中心",远程医疗服务覆盖了全省的129个县和213家医院(廖兴阳,2013)。

居民消费出行减少和传统商业中心转型。对南京居民进行的问卷调研发现,56%的居民认为,网上购物对实体购物产生一定程度的替代作用,减少了购物出行(席广亮等,2014)。网络购物使得传统商业因集聚而获得消费者和市场的优势受到较大的削弱,是促使传统商业中心衰落与转型的重要原因之一。北京王府井百货、西单百货都表现出年销售和客流量下降趋势。上海著名的徐家汇商圈的多家大型商场的销售额出现下滑,上海第一百货商店淮海路分店在营业19年之后于2012年倒闭,2015年上海市有十几家百货店倒闭。2006年开业的广州女子百货、广州四季花城百货均在一年内关门,尽管都占据着市中心人流非常密集的商业旺地。存留下来的传统商业也改变了传统经营模式,如广州友谊商店、百佳广场、广百百货等广州大型零售企业陆续开通了网上商城,通过线上经营与实体经营融合的方式扩展规模和市场(王远景,2013)。

二、办公远程化和居住分散化

互联网技术使远程办公成为重要趋势。SOHO(Small Office+Home Office)模式是远程办公的典型代表。美国已有1/5(5 200万)的工作人员是SOHO族,并以每年5%的速度增长,其中1 100万人全职在家中办公(王远景,2011)。2005年,日本在家上班的人数已达2 521万;2000~2006年,日本实施在家上班工作制度的企业占全部企业的比例由2.0%提高到7.6%(王远景,2011)。2008年南京市城市居民家庭的实证调查显示:南京市已有近20%的居民有过远程工作的经历,其中超过70%的远程工作居民每周有1~2次远程工作的机会,41.84%的远程工作居民每周有3~5次机会(甄峰等,2009)。

远程办公减少了通勤需要,居住地选择分散化。据美国马萨诸塞州的统计资料显示,远程办公可使每年的交通拥堵减少20%;在家工作的人数每增加3%,交通的延误时间就能减少10%(王远景,2011)。Pendyala等(1991)、Koenig等(1996)发现,远程办公者日常出行次数及出行距离显著减少,他们更倾向于选择离家距离近的非工作地进行非工作类活动,并且这种活动空间的压缩也发生在非远程办公日。通勤需求减少会使居住地选择更加灵活,出于房价成本、学区、绿化等住居环境等因素考虑,居住地选择将趋于分散化。手机使用频率与居民出行范围显著正相关(Yuan et al.,2012),一定程度上说明了信息化技术对居住分散的促进作用。

三、企业内部和企业上下游间的空间集聚约束减少

信息通信技术的信息高可达性增大了企业区位选择弹性(Graham and Marvin,2001),从而为企业分散提供了条件。互联网的日益完善使网络实体店铺具有明显的空间离心化趋势,护肤、服饰、家居、收藏和文体类别商品的网络店铺在城市的分布呈不规则、分散状,天津护肤和家居类网络店铺已没有可见的区位性,深圳家居和文体类网络店铺也远距商业中心(路紫等,2011)。信息通信技术也使科技工业园区的选址具有更多的灵活性。利用互联网络即使在最偏远的园区,也可以很容易地参与世界高科技产业的分

工与产业协作。许多环境优美、远离城市的度假胜地成为软件工厂厂址的首选,因而也使一些经济总体水平相对落后的地区,如爱尔兰、瑞典和印度班加罗尔等地的软件园区,有机会建立局部优化的所谓高科技"飞地"(蔡良娃,2006)。

信息通信技术实现了企业总部对分支机构的远距离管理和监督,促进了企业内部机构分散化。标准化生产环节、后勤服务和研发都有条件与总部分离,向更广阔的空间分散。研究发现,电子沟通媒介提高了组织内部的沟通频率(Hiltz and Johnson, 1995),信息通信技术的使用具有加强企业内部员工联系和授权的作用(Barua et al., 1995; Borland and Tenkasi, 1995; Fulk and DeSanctis, 1995),信息通信技术促进了跨国公司中各个部门在全球各地区的自由选择(Dunning, 2009)。在实践中,海尔公司通过构建内部信息平台,解决了企业内部流程的标准化难题,从而实现对位于不同地区企业机构的有效管理(孙中伟,2009)。

信息通信技术促进了供应链的分散及销售网络的空间扩张。以海尔的采购工作为例,海尔通过网络空间的电子商务方式,与供应链上部分企业可通过互联网帮助完成部分业务。再如,信息通信技术的进步使美特斯邦威代工厂的选择受区位约束越来越小,其代工厂空间分布从温州市逐渐扩展到浙江省、长江三角洲地区、东部沿海地区、全国范围甚至是东南亚地区(宋周莺和刘卫东,2012)。

四、情感交流的距离成本降低

互联网作为主要信息来源和联系方式的地位不断增强,传统联系方式的比例逐渐下降。对河北省无极县的调研发现,互联网已成为仅次于移动电话的日常交往工具,互联网使用比例在五年内由 1.4%增长到 45%;使用电子邮件还促进了村民写信的频率,加强了他们与外地亲朋好友的联系(丁疆辉和刘卫东,2012)。CNNIC 互联网统计报告显示了我国城乡居民互联网使用比例已经达到了较高的水平,拓展了人际交往的空间。如表 3.1 所示,84.9%的农村网民认为互联网加强了自己与亲朋好友间的联系,72.5%的农村网民认为通过互联网可以认识很多新朋友,其比例都高于城市网民。

表 3.1 我国城乡居民互联网使用率

交际方式	农村	城市	城乡差异	互联网使用效果	农村	城市	城乡差异
即时通信	71	77	−6	加强了亲朋好友的联系	84.9	81.7	+3.2
交友网站	17.9	19.8	−1.9	认识了很多新朋友	72.5	62.9	+9.6

资料来源:CNNIC 互联网统计报告之《2008~2009 年中国农村互联网发展报告》。

五、信息通信技术的新发展将强化分散作用

信息通信技术已经步入了高速演进的快车道,以虚拟现实技术(virtual reality,VR)为代表的新技术发展将进一步挖掘"分散作用"的潜力。高通公司发布的报告中预测,

在未来的 10 年里，VR 设备将会如同电脑和手机一样普及①。

VR 技术将会降低对体验式消费的依赖程度。借助 VR 眼镜人们在家里便可以获得实体购物的体验性价值，如挑选商品、试穿衣服、与营业员互动、与其他游客一起走动，做通常在实体商店里做的事情，享受类似现实世界的逛街和购物乐趣。阿里巴巴公司已经全面启动"受类似＋计划"，联合商家建立世界上最大的 3D 商品库，加速实现虚拟世界的购物体验②。

VR 技术对当下仍集聚在城市中心的娱乐体验性产业形成极大的挑战。人们可以戴上 VR 眼镜将自己置入虚拟的影院场景内，足不出户就能体验到 IMAX 级的电影效果，而 VR 设备的视听体验又会因为沉浸感更强于影院③。影院的社交功能也会被 VR 设备代替，不论是熟人社交还是陌生人社交，都可以在同一个虚拟影厅内通过包括 VR 眼镜和语音设备、体感设备等实现④。

观看体育和直播等同样因虚拟现实技术而发生巨大改变。不论身处什么地方，体育爱好者都可以戴上虚拟现实设备和朋友在 VR 设备虚拟体育馆观看比赛。美国旧金山的初创公司 LiveLike VR 开发了一个虚拟体育馆的应用程序，无论来自同一地区还是世界各地的朋友都可以在虚拟现实里一起观看比赛⑤。2015 年 10 月 27 日，美国 NBA 的 2015～2016 年赛季首场比赛（金州勇士 VS 新奥尔良）采用虚拟现实技术进行了直播。2016 年的里约奥林匹克运动会第一次将虚拟现实运用到了奥林匹克赛事的转播当中⑥。

VR 技术也将促进远程教育的普及。以地理教学为例，学生戴上 VR 设备便可化身为一个身临其境的旅行者，在这个过程中不仅能体会跨时空旅行的乐趣，同时学习了相应的地理知识。在驾驶培训方面，VR 可以通过模拟驾驶技术提供几乎与真实环境一致的体验，不仅是汽车、飞机的模拟培训，甚至坐在家里也能通过 VR 眼镜模拟在阿波罗 11 号上的情景。

第三节　信息时代空间集聚的证据

尽管信息通信技术带来了某些功能的分散，但在社会经济发展实践中，集聚现象依然存在，而且信息沟通成本的降低在某些方面还强化了集聚逻辑，后者包括对分散功能的支配和控制，虚拟交流衍生的现实交流，对信息时代即时生产的适应，以及信息透明降低了集聚发生的门槛。

---

① 高盛 VR 与 AR 报告：下一个通用计算平台（全文）．腾讯网．http://tech.qq.com/a/20160202/011274.htm.
② 阿里巴巴全面布局 VR 建立全球最大 3D 商品库．环球网.http://tech.huanqiu.com/original/2016-03/8725238.html.
③ VR 即将颠覆的十个行业．搜狐财经．http://business.sohu.com/20151118/n426810004.shtml.
④ 陈昌业．前瞻消费级 VR：一场虚拟却现实的风暴．虎嗅网．https://www.huxiu.com/article/110417/1.html.
⑤ 一个人看直播赛事没意思？LiveLike VR 解决你的问题．VR 日报．http://www.vrrb.cn/kuaixun/616.html.
⑥ 历届奥运会上令人惊叹的"黑科技．中国新闻网．http://www.chinanews.com/ty/2016/08-18/7977116.shtml.

一、隐性知识传播、信任感建立及情感的交流

不同于标准化的编码知识,隐性知识的传播和扩散在很大程度上还是受到区域限制(费尔德曼和利希滕伯,2005)。金融、法律、会计、咨询等高端生产性服务业的前端决策部门在全球城市的 CBD 集聚是这一机制的典型体现。纽约曼哈顿及其华尔街、东京的银座、伦敦的金融城、香港的中环、悉尼的金融区等,集中了世界性的金融和商贸等机构,高楼林立密集。其中,在纽约的华尔街及其附近,集中了数千家企业:包括世界诸多国家和美国诸多的银行(美国最大的五家银行总部及数百家大大小小的银行)和非银行的投资、信贷、基金、证券、保险、黄金(交易)及商贸、中介、研发等机构,还有物流、财会服务、综合性的信息中心、专业化的信息机构、危机分析和监测机构、市场监测机构、与国家各有关政府部门及智库媒体等的联络机构等。甚至诸多的媒体、智库等就在这些庞大的综合体系之中。空间高度密集可以有利于管理理念、合作和竞争策略、危机应对策略等隐性知识(面对面)的传播、交流和迅速做出应对危机的决策;还有利于高端服务业企业在各种全球性"流"的节点上对跨国家的大区域乃至全球范围的经济运行产生巨大的影响力乃至支配作用。这些企业和机构高效精密地如同钟表般地运行着,每日每时都在监测、应付着全球瞬息万变的市场情况、利率和汇率变动情况、投资风险情况、债务违约情况,以至于地缘政治、局部战争、军事政变等情况。这样强大的金融商贸等高端服务业综合体系,在世界范围内,给他们的全球市场和无数客户,显示出一种极其稳定的安全感。当然,这对于国家安全也就十分重要。华尔街的银行家和美国精英们正是集聚在纽约这个最大的全球金融中心,占据了世界金融体系的制高点和控制权,支撑了美国今天的强大,这是与信息化技术分不开的(陆大道,2016)。同样,在我国,高等级金融服务业则在北京、上海等国家中心城市的 CBD 集聚。

创新活动同样需要非标准化的隐性知识交流和信息的沟通。硅谷是创新集聚的典型例子,几十年过去了,硅谷创新集群仍然集聚在北加州,仍然像磁石一般吸引着来自全球各地的人才。全球的高科技企业,包括中国的华为也同样在硅谷开设窗口,以获取最新的创新信息和资源。高端服务业集聚的例子可以从全球城市 CBD 发展中得到印证。

空间临近还有助于相关联企业(彼此之间建立信任感)从而产生密切的生产合作关系,达到降低合作的风险和成本的效果,典型例子是来自意大利北部金三角的中小企业集群,互相信任是这些企业得以合作生产、产品称誉海内外的重要原因(王辑慈和刘譞,2009);信任和合作同样也是我国浙江和福建中小企业集群发展的重要理由(潘文安和骆李佳,2013;余鲲鹏和郭东强,2013)。一部分传统中小企业主要还是通过广交会等展销会认识客户,通过网络认识和发展新客户的比例目前还不是很大。企业间第一次交易一般会选择面对面交易或者实地考察之后才进行,而不会直接网上认识并交易(宋周莺等,2009)。Gaspar 和 Glaeser(1998)的研究发现,虽然远程通信方便了信息的传输,但对多样化交流的需求仍有所上升。

亲人、爱人、同事和挚友之间面对面情感交流仍然是不可或缺的,尽管信息网络可以用于情感交流。在现实中没有发现面对面交流趋势的下降,反倒因线上交流频繁而导

致线下交流的衍生需求增多。在互联网日益普及的背景下，城市中居民非通勤出行比例和强度不断提高从一个侧面显示了当面交流的重要性依旧存在（图 3.1）。

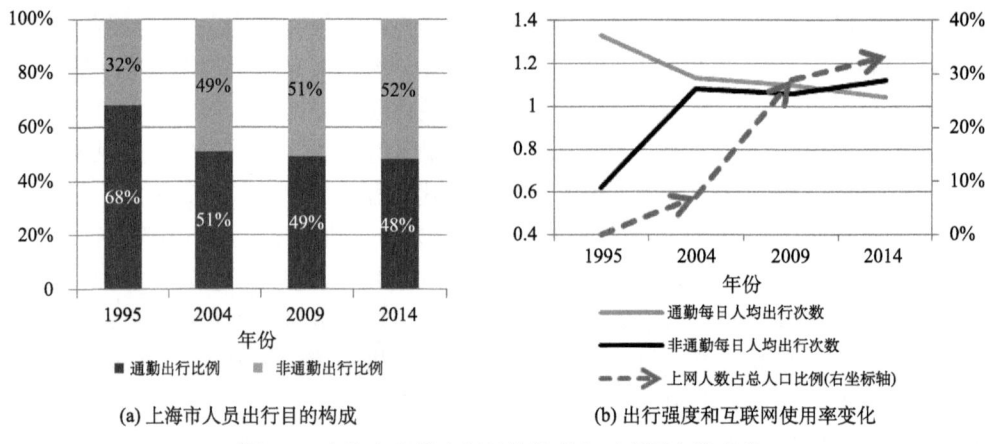

图 3.1　上海市人员出行目的构成和互联网人数变化

基于上海市全市性综合交通调查：1995~2014 年

二、亲身体验式服务

个人需要的体验式服务和亲身享受的商品是无法完全通过网络实现，这主要体现在城市的第三产业之中，如多样化的餐饮、高端娱乐、美容美发、高档服饰销售等。这些不可移动或者体验式的服务商品仍然具有集聚特征，对城市商业中心具有很强的依赖性，而互联网技术对其削弱作用有限。

对餐饮体验的需求导致城市商业中心的餐饮业占比逐年上升，而标准化的一般商品零售比例下降。以北京为例，不论是西单大悦城、万达广场这些成熟的商圈还是新开的购物中心，其中的餐饮业态均已占达 30%①。戴德梁行 2013 年发布的统计数据显示，北京购物中心的租户中，餐饮业占比已升至 18%，曾经对租金贡献最大的服装业则下降至 34%。

尽管未来虚拟现实可能会部分替代人们亲身体验观影或观赛等方面的出行，但至少目前为止，相关研究发现在家看电影和去电影院看电影之间没有明显的替代关系，并认为通过 ICT 进行的娱乐活动与实体娱乐活动之间应该是相互促进的关系（Handy and Yantis, 1997）。影剧院的区位条件偏向于选择在城市传统商业中心附近，与购物中心相互提供客流保障。RET 睿意德中国商业地产研究中心 2016 年发布报告显示，我国 80% 以上的大中型购物中心都已经或计划引进影院②。同时，文艺剧院、展览等文化娱乐业态也多向城市购物中心集聚。例如，广州市太阳新天地、太古汇、天河城等购物中心也越来越注重对剧院等文娱体验形式的引进，广州正佳广场已经建设了全国首个综合商业体内的演艺类型剧院——正佳演艺剧院③。

---

① 购物中心借餐饮聚人气. 新京报电子版. http://epaper.bjnews.com.cn/html/2013-08/02/content_454489.htm?div=-1.
② 八成大中型购物中心配有影院. 京华时报. http://epaper.jinghua.cn/html/2015-06/19/content_208411.htm.
③ 广州多个购物中心改走文艺风. 新快报. http://epaper.xkb.com.cn/view/1018709.

三、共享与配套的生产需求

即使在信息网络社会里,企业共享横向与纵向的中间服务配套,以及公共基础设施的需求仍然存在,部分企业从城市中心分离后在外围形成多个专业化的次中心,空间上表现为工业园区或者工业城镇等。

现代产业对共享和配套有较高的需求。上海市软件产业郊区化之后在郊区产业园内表现出明显的集聚特点。城市外围道路、公共交通等基础设施,以及工业园区内部的公共基础设施的日趋完善,促进了软件企业向城市外围工业园区的再集聚。软件园区能够提供良好的基础设施和专业服务,并且还能为入驻企业提供人才引进和税收减免等优惠政策,这些都对软件企业具有明显的吸引作用(毕秀晶等,2011)。

传统产业的中小企业对于共享和配套的需求仍然强烈。温岭市鞋业集群是东部沿海地区典型以低端制造业为主的中小企业集群,互联网可以改变集群内企业采购、销售等环节,使企业最快获取最新的市场信息,但对企业共享基础设施等方面的影响作用并不明显。该地区经过不断的集聚与企业之间的生产配合,早已形成非常良好的基础设施条件,以及十分完善的匹配和供应体系,在方圆 5.9 km^2 的范围内96%的原料和配件能够匹配齐全,这些都成为企业选择聚集的得天独厚的条件。其次,随着长期的发展,温岭市已形成浓厚的商业文化和企业家创新精神也有利于鞋业类企业在该地区落户集聚(宋周莺等,2007)。对杨汛桥镇纺织企业调查也表明,印染纺织企业的集聚主要因为邻近原料供应商与市场(绍兴纺织业)、交通便利(萧山机场)、良好的经济文化环境等传统区位因素的影响,所以即使在用地日益紧张的情况下,企业依旧努力的在本地寻求拓展的空间,而少有企业外迁(丁疆辉等,2009)。

信息基础设施愈发体现出集聚对中小企业的作用。一部分中小企业缺乏一定的信息化建设和维护能力,在中小企业内部建立庞大的信息通信技术部门及自行运行企业软件技术也不太可行。高科技办公区或办公楼建设具有先进通信设施的"信息港",可以使中小企业共享先进的信息设施,利用产业集群的规模经济优势,形成信息港的企业空间集聚。成都市金牛区高科技园建立了园区内企业(特别是中小企业)统一的网络技术支撑系统,为集群内企业提供信息技术服务,从而吸引器械制造相关企业的进一步空间集聚。

四、交通运输成本和时间成本的节省

多元化的信息可通过互联网技术突破地域距离的限制,但是无法降低企业的交通运输成本。互联网甚至会促进企业对交通便利条件的需求,加强企业区位对交通设施的依赖性。戴德胜和姚迪(2006)发现北京总部办公主要是在沿地铁、轻轨、主干道等交通交汇点集聚,产生这些集聚因子的主要因素是降低通勤成本。Keeble 和 Nachum(2002)认为伦敦和英国南部咨询类小公司聚集的主要因素是交通便利、区位形象、毗邻客户、方便到达机场等。相关研究也显示,上海市软件服务业和互联网信息服务业企业倾向于选择城市内部通达性较好的区位,如城市轨道交通沿线的区位,以及靠近虹桥机场、浦东机场、火车站这些交通便利的区域(林善浪和张惠萍,2011)。再以海尔为例,即使海尔与供应商可以通过网络解决相互间的信息交互，甚至可以全球采购，但物流成本和时间成本的考虑还是吸引了全球化供应商向海尔公司青岛制造基地集聚。截至 2004 年年底，海尔仅在青岛海尔工业园内外就累计引进供应商 74 家，其中国外企业 33 家(孙中伟，2009)。

信息时代下即时性生产的重要性愈发凸显，这构成了企业集聚的新的动力。对浙江省永康市防盗门生产集群的研究指出，互联网促使防盗门生产企业实行弹性化生产，相应的零部件生产商都能对订单即时反应、快速供应提出了更高的要求，从而促进供应商在空间上进一步集聚(宋周莺和刘卫东，2013)。再以美特斯邦威为例，因运输成本不为零，且时间成本越来越重要，美特斯邦威的代工厂仍主要集中分布在距上海总部地理位置较近的东部沿海地区，只有少部分特殊产品的代工厂可以分布在新疆、内蒙古等偏远的省份。同时，2008 年企业数据显示，美特斯邦威的成衣制造厂空间分布最密集的是江苏省、浙江省和广东省。其中，这 5 家企业中有 4 家位于上海市美特斯邦威总部周边一个小时的车程范围内(宋周莺和刘卫东，2012)。

第四节　信息通信技术对城市与区域空间结构的影响
——计量结果

空间结构是集聚与分散共同作用的结果，不同程度的集聚与分散的组合，在城市与区域空间结构现实中呈现单中心、双中心、多中心甚至无中心等各种表现。信息通信技术在某些方面促进了社会经济活动的分散，但集聚仍然存在，而且信息通信技术导致分散的同时也强化了某些集聚的逻辑。集聚与分散所对应的向心力和离心力的同时存在促成了城市网络和经济网络的形成。但两种相反方向的作用力哪种力量更强大，对空间影响更深，则需要立足于实证来检验。为了研究方便，本书把空间结构分为单中心集聚和多中心分散两类，向心力大于离心力，则呈现单中心化集聚趋势，反之，则呈现多中心化分散趋势。考虑到城市空间结构的尺度敏感性，下文在阐述信息通信技术对城市网络形成支撑的基础上，从城市、城市群和国家三个角度展开信息通信技术对集聚与分散的影响分析。

一、信息通信技术对城市网络形成的支撑

在全球化进程中，在新的信息通信技术支撑下，世界经济发展新格局正在形成：世界经济的"地点空间"正在逐渐被"流的空间"所代替[①]；世界经济体系的空间结构已

---

① 波音、奔驰公司的产业链变化：30~40 年前，波音公司上百个配套厂基本上都在以西雅图为中心的华盛顿州范围内。自 20 世纪 80~90 年代，其中相当部分元器件在东南亚生产。元器件汇集到苏比克(空军基地)，后转运到日本，集装为飞机的主要零部件。这些零部件运到西雅图附近总装。但配合这个生产链条(物流)的是资金流、信息流，都经过纽约、(东京、新加坡)。当然，还有相应的客流，大约是西雅图-东京-新加坡航线。全球几百个大企业(也是跨国公司)，在信息化、国际化大背景下，都陆续已经从金字塔形的管理变为扁平式的"流"的管理。后来发展到无数个企业、个人都实施了这种管理。早先，奔驰公司的亚洲总部设在新加坡，在中国、印度、日本等都有国家分部，在上海、广州、成都等都还有营业点。整车、零部件、资金等供应变化信息都是一级一级"下达"和"上报"，呈"金字塔形"的结构。现在，总裁及总部各部门负责人坐在斯图加特办公室，就可以直接得知各大洲、国家、营业点当日销售、资金、零部件和整车(库存)、价格、利润情况，实现了扁平化的"流"的管理。无数个类似于波音、奔驰的产业链"流"的管理系统，构成了今天世界经济的控制体系，世界城市网络也即在其中。

经逐步建立在"流"、连接、网络和节点的逻辑基础之上。其结果是,一方面,塑造了对于世界经济发展至关重要的中心城市或所谓"门户城市"和以其为核心的世界级大城市群;另一方面,则形成了全球的城市网络。全球化是这个过程的主要动力,信息化是最主要支撑(技术、条件)力量,也是全球经济网络和城市网络变化的重要动力。全球城市网络和经济网络的功能分散效应和中心城市及城市群的功能集聚效应,都离不开信息通信技术的支撑(陆大道等,2014)。

大城市群具有规律性的空间结构,即大城市群中的核心城市是国家或大区域的金融商贸中心、交通通信枢纽、人才聚集地和进入国际市场最便捷的通道,即资金流、信息流、物流、技术流的交汇点;土地需求强度较高的制造业和仓储等行业则扩散和聚集在核心城市的外围,形成庞大的都市经济区。核心区与周围地区存在密切的垂直和横向产业联系。核心城市的作用突出地表现为生产服务业功能(如金融、商贸、中介、保险、产品设计与包装、市场营销、广告、财会服务、物流配送、技术服务、信息服务、人才培育等),而周围地区则体现为制造业和加工业基地,以及交通、农业、环境、供排水等基础设施的功能(陆大道等,2014)。

在当今全球化和信息化迅速发展的时代,核心城市往往是跨国公司区域性(国家、国家集团、大洲)总部的首选地,在经济上是命令和控制中心(通过高级生产者服务业和跨国公司总部等载体来实现),在空间结构上是全球城市网络重要的节点,在文化上是多元的和具有包容性的,在区域层面是全球化扩散到地方(大区域、国家集团、国家)的"门户"。具有上述垂直和横向产业分工及空间结构的大城市群是当今世界上最具竞争力的经济核心区域,如以纽约、伦敦、巴黎、东京等为核心的大城市群(陆大道等,2014)。

二、信息通信技术对城市空间结构的影响

以都市区为基本地理单元考查城市空间结构是合适的,都市区作为美国的城市功能地域概念,是一个较大的人口就业核心,以及与这个核心有密切通勤联系的腹地的地域组合,与企业的劳动市场区范围最为吻合,能够较好地体现城市的集聚和分散关系。中国没有都市区统计单元,不过,中国市辖区是城市经济活动的高密度区域,与地方劳动力市场空间范围最为接近,类似于美国都市区(metropolitan area)的概念(华杰媛和孙斌栋,2015),因此本书选择中国地级及以上城市的市辖区为研究样本。考虑到解释变量需要人口普查数据,所以研究数据年份为2010年。

采用城市各个中心就业规模的空间分布均衡程度来测度城市的多中心化程度(孙斌栋等,2015)。假设每个区都是一个就业中心地区,就业岗位密度最大的区作为城市的主中心,其他区为次中心。次中心与主中心的就业岗位比例越大,则多中心性越强,因此,城市的多中心程度即为次中心区与主中心区就业岗位的比例的平方平均数。x_i是次中心区i的就业岗位总量与主中心就业岗位总量之比:

$$P_0 = \sqrt{\frac{\sum_{i=1}^{n} x_i^2}{n}} = \sqrt{\frac{x_1^2 + x_2^2 + \cdots + x_n^2}{n}}$$

表 3.2 显示了城市多中心程度的影响因素。无论是单独加入互联网普及率还是加入所有影响城市空间结构的变量，人均互联网户数都显示出与多中心度的显著正相关关系，即互联网普及会促使城市空间结构向多中心转型。

表 3.2　互联网对城市空间结构的影响

	模型(1)	模型(2)
人均互联网户数	0.1664***	0.0622**
	(0.032)	(0.025)
ln 劳均二三产 GDP		0.1297***
		(0.045)
ln 常住人口规模		0.1880***
		(0.023)
ln 行政土地面积		−0.0253
		(0.020)
二三产比例		0.0541**
		(0.027)
政府支出比例		0.4672**
		(0.201)
人均道路面积		−0.0014
		(0.002)
FDI 占 GDP 比例		1.1613*
		(0.701)
constant	0.6710***	−2.4134***
	(0.069)	(0.284)
observations	279	279
R-squared	0.098	0.366

注：括号内的值为稳健标准误。*** $p<0.01$；** $p<0.05$；* $p<0.1$。
资料来源：张婷麟和孙斌栋，2016。

接下来分析互联网对于多中心结构经济绩效的影响。表 3.3 模型(1)结果显示，多中心的空间结构有助于提高城市的劳动生产率。模型(2)加入互联网普及率与多中心的交互项，交互项显示出显著正相关，表明高互联网普及率会增强多中心结构的经济绩效，即多中心空间结构发挥对经济的带动作用会因通信技术普及而得到强化。其原因可能在于，通信技术的发展，降低了单中心结构对于集聚经济实现的重要性，多中心的结构同样可以凭借通信技术来实现集聚经济。

表 3.3　多中心空间结构的经济绩效

	模型(1)	模型(2)
ln 劳均资本存量	0.5738***	0.5805***
	(0.044)	(0.044)
ln 平均受教育年限	0.7928***	0.8451***
	(0.204)	(0.221)
ln 常住人口规模	−0.0017	−0.0080
	(0.024)	(0.025)
ln 行政土地面积	0.0353*	0.0360*
	(0.018)	(0.019)
政府支出比重	−1.6147***	−1.6734***
	(0.286)	(0.298)
ln 多中心	0.1390***	0.1199**
	(0.051)	(0.053)
ln 人均互联网户数		−0.0034
		(0.034)
ln 人均互联网户数*ln 多中心		0.1157*
		(0.065)
constant	−0.9882*	−1.0408*
	(0.506)	(0.598)
observations	286	279
R-squared	0.643	0.647

注：括号内的值为稳健标准误。*** $p<0.01$; ** $p<0.05$; * $p<0.1$。
资料来源：张婷麟和孙斌栋，2016。

三、信息通信技术对城市群空间结构的影响

城市群是在一定地域范围内，以 1~2 个特大型城市为核心，以一体化的基础设施为支撑，以城市密集分布和城市间密切分工为特征的巨型城市化区域(Gottmann, 1957)。城市群已成为全球范围内最具竞争力的经济核心区，也是我国新型城镇化的空间支撑主体。关于信息通信技术对城市群空间结构的影响，已有的文献结论并不一致。Johansson 和 Quigley(2003)认为，交通和通信支撑的多中心城市区域(polycentric urban region)可以替代单中心的集聚经济。不过，Hall 和 Pain(2006)发现信息基础设施使得西北欧巨型城市区域更加集聚，Halbert(2008)的研究则发现信息密集型产业阻碍了巴黎区域的多中心的持续发展。

这里以我国 13 个城市群为样本[①](宁越敏，2011)，检验互联网对城市群空间结构演

---

① 这 13 个城市群包括长三角、珠三角、京津唐、辽中南、山东半岛、闽东南、成渝、中原、关中、哈大齐、长吉、武汉和长株潭。

化的影响。首先采用位序规模分布方法构造城市群空间结构指数，该指数越大表明单中心集聚程度越高，反之，则多中心分散化程度更强。由图 3.2 可见，20 世纪 90 年代以来，我国城市群总体上呈现多中心化趋势。

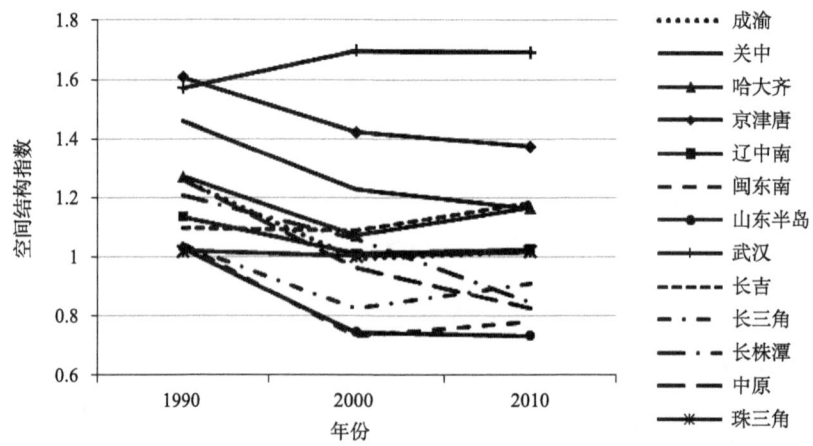

图 3.2　中国城市群空间结构演化趋势（基于人口普查数据：1990～2010 年）
资料来源：孙斌栋和华杰媛，2016

互联网对于多中心化的城市群演化有贡献吗？在 2002～2012 年的偶数年取截面，采用固定效应面板模型检验互联网的作用。被解释变量是反映城市群单中心程度的空间结构变量，结果如图 3.3、表 3.4 所示。如果单独加入互联网普及率解释变量（人均互联网用户），显示更高的互联网普及率导致城市群单中心集聚。如果加入其他解释变量，互联网变得不再显著。不过考虑到效应有一定滞后，当加入滞后一期的互联网后，模型（3）显示，互联网普及率对单中心集聚的效应又变得显著了。因而可以认为，尽管我国城市群最近一二十年来呈现多中心化趋势，但互联网技术并没有起到作用，反倒是促使空间结构趋于单中心集聚。这一结论印证了 Hall 和 Pain（2006）和 Halbert（2008）的发现。

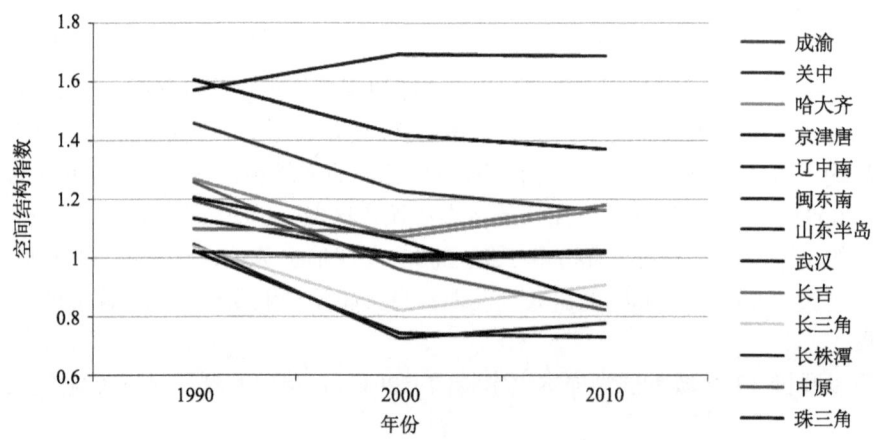

图 3.3　中国城市群空间结构演化趋势（基于人口普查数据：1990～2010 年）
资料来源：孙斌栋和华杰媛，2016

表 3.4 互联网对城市群空间结构的影响

	模型(1)	模型(2)	模型(3)
互联网(ln)	0.0140**	0.0069	
	(0.005)	(0.005)	
互联网滞后一期(ln)			0.0121**
			(0.005)
经济发展水平(ln)		−0.0199	−0.0158
		(0.018)	(0.018)
人口规模(ln)		0.1082	0.0935
		(0.079)	(0.097)
行政区面积(ln)		−0.3488	0.0449
		(0.342)	(0.299)
产业结构		0.0270**	0.0269
		(0.012)	(0.018)
政府干预		0.0041	0.0017
		(0.003)	(0.003)
交通基础设施(ln)		0.0049	0.0027
		(0.007)	(0.005)
开放度		0.0083	0.0092*
		(0.006)	(0.005)
常数项	0.9765***	3.8952	−0.2831
	(0.022)	(3.332)	(2.634)
调整 R 平方	0.249	0.470	0.541
样本量	78	78	65
截面个数	13	13	13

注：括号内的值为稳健标准误。*** $p<0.01$；** $p<0.05$；* $p<0.1$。

资料来源：孙斌栋和华杰媛，2016.

四、信息通信技术对国家空间结构的影响

进一步把分析尺度拓展到国家层面，采用了 2014 年的截面数据研究互联网对于全球 100 多个国家空间结构的影响。与城市群尺度研究相同，采用各个国家的全国城市规模分布系数来测度国家空间结构的单中心集聚与多中心分散的程度。结果如表 3.5 所示，第一列单独加入互联网普及率变量(每百人中互联网用户数)，其作用并不显著。但加入一系列的控制变量后，第二列结果显示互联网普及率显著促进了国家城市分布格局的单中心集聚。其原因可能在于，互联网的发展使得原本相对闭塞的边缘地区获得了大量的知识和信息，吸引人口涌向中心城市，以便获取集聚经济的优势。

表 3.5 互联网对国家空间结构的影响

	模型(1)	模型(2)
每百人互联网用户	0.0006	−0.0058*
	(0.001)	(0.003)
人均GDP		—
		—
人口密度(ln)		0.1644***
		(0.048)
土地面积(ln)		0.1564***
		(0.048)
城市化率		0.0037
		(0.004)
二三产GDP占比		0.0039
		(0.006)
贸易占比		−0.0003
		(0.001)
联邦国家变量		−0.0580
		(0.162)
国家脆弱指数		−0.0145
		(0.016)
常数项	0.4548***	−2.3028***
	(0.070)	(0.836)
R平方	0.001	0.209
样本量	150	100

注：括号内的值为稳健标准误。*** $p<0.01$；** $p<0.05$；* $p<0.1$。
资料来源：孙斌栋和张亮靓，2016.

第五节 小结与展望

一、研究结论

空间是社会经济实践的产物，作为社会经济发展的重要组成部分，历次科技革命都对城市空间产生了颠覆性的影响，当前以互联网为主要特征的信息通信技术革命同样如此。为了节省实体运输成本、信息和情感交流成本，来源于共享、匹配、学习效应的向心力产生集聚经济和规模经济，导致空间集聚发生；而交通成本、地租成本等离心力则驱使社会经济活动的分散。互联网通过降低无形的信息和情感交流成本影响向心力和离心力，并进一步导致社会经济活动的集聚和分散。

一方面，互联网信息通信技术降低了面对面的标准化信息交流需求，使个人消费和就业远程化成为可能，企业内部不同部门之间，以及企业与上下游供应链、销售商之间的部分空间集聚约束放宽，使集聚经济效应可以在更大范围内实现，从而导致部分社会经济活动的分散化。另一方面，信息通信技术不能改变所有集聚逻辑，高端亲身体验式服务、隐性知识与情感的交流、信任感建立、企业共享和匹配需求、交通运输成本和时间成本的节省都有集聚需求，而且互联网带来的信息联系加强还会导致某些实体活动集聚加强，包括对分散功能的支配和控制，虚拟交流衍生的现实交流，对信息时代即时生产的适应，以及信息透明降低了集聚发生的门槛。

互联网对于社会经济活动的作用是双向的，在促使一些社会经济活动分散的同时，也强化了另一些社会经济活动的集聚，导致总体上社会经济活动的空间重构。总体效果是集聚还是分散，取决于两种力量在实践中的博弈和权衡。实证研究显示，在我国城市尺度上，互联网技术的普及导致城市空间结构的分散和多中心化；而在我国城市群尺度上及跨国研究层面上，信息通信技术却促使空间进一步集聚。可能的原因在于，城市内部社会经济活动虽然分散，但仍然可以借助互联网实现集聚经济，共享城市福利；而对于较大尺度的空间分散，互联网虽然对于集聚经济也有弥补作用，但城市间福利和经济效率差异导致的集聚动力更强，互联网增加了城市间差异的信息透明度，反倒促进了集聚加强；同时，信息基础设施和信息流在首位城市集聚会强化首位城市地位，这可能是促使城市群集聚的另一个原因。

二、挑战与对策

中国的国家战略部署与发展规划越来越重视国土空间的优化。以人为本的《国家新型城镇化规划(2014～2020年)》把城市群确定为未来社会经济活动的主要空间载体，大中小城市协调发展成为国家空间体系的发展目标。尊重城市发展规律，促进生产空间集约高效、生活空间宜居适度、生态空间山清水秀是新时期空间优化的重点任务。

信息通信技术产生了新的集聚与分散效应，促使了空间结构的重构，已经并正在对社会经济活动产生深远的影响，同时也带来了新的问题和挑战。只有准确把握信息通信技术的影响，认清问题，未雨绸缪，及时应对，才能促进社会经济空间的良性发展，实现我国以人为本的新型城镇化目标。

1. 土地功能置换挑战

互联网导致城市内部功能在地域上的重组，原来很多集聚在市中心的商业店铺由于电商导致过剩从而必须改变功能，体验式餐饮、娱乐、交往等功能会增强。城市规划需要在功能布局方面重新考虑互联网可能带来的影响。此外，在互联网导致城市多中心化趋势下，城市中心商铺总量是否过剩值得警惕，需要进一步研究和探讨，必要时要给予总量的引导调控。

2. 生态空间冲击

互联网普及带来城市空间结构的分散化，技术发展成熟、可以标准化的产业或者部门将在城市外围地区分散式分布,有可能带来低密度蔓延,造成生态压力。城乡规划要与土地利用规划和社会经济发展五年规划"多规合一",防止低密度蔓延,及早规划多中心式的紧凑发展结构,为未来发展留下弹性框架。处理好生产、生活、生态空间之间的关系,保障生态山清水秀的格局。

3. 交通组织的复杂性和灵活性提高

互联网改变了人们的出行需求,远程办公会导致有些通勤不需要了,居住与就业分离,灵活布局,职住均衡问题面临更大的挑战。但有些交通需求又会增加,如体验式消费,多中心的发展趋势也会使交通发展不再集中在城市中心城区,城市中心与外围,以及不同中心间的交通需求都会增加。因而可以预见,未来交通流向会发生结构性变化,导致更为复杂的交通组织。在未来的交通组织方面,城乡规划应具备足够的灵活性和超前性。

4. 社会分化增强

居住选址的灵活化和分散化,摆脱了对城市中心的空间约束,收入和偏好成为居民聚居的主要依据。收入差别造成的居住分区和社会隔离预期会加剧,类似于当前北美郊区化造成的社会分化,不同社区财力和话语权不同,社区环境差异增大,贫民窟会出现,社会问题凸显。城乡规划应该强化对社会融合的关注,倡导空间正义,促进社会和谐发展。

5. 地方空间意义淡化

信息通信技术增加了社会经济活动的流动性,人、商品和要素流动加快,在固定场所停留时间减少,场所感会消逝,原有的地方特色和文化的保持面临淡化的危机。未来在维护地方场所意义和特色方面需要给予更大的关注。

参 考 文 献

毕秀晶, 汪明峰, 李健, 宁越敏. 2011. 上海大都市区软件产业空间集聚与郊区化. 地理学报, 66 (12): 1682-1694.
蔡良娃. 2006. 信息化空间观念与信息化城市的空间发展趋势研究. 天津: 天津大学硕士学位论文.
陈良文, 杨开忠. 2006. 集聚经济的六类模型: 一个研究综述. 经济科学, (6): 107-117.
大卫·哈维. 2003. 后现代的状况. 阎嘉译. 北京: 商务印书馆.
戴德胜, 姚迪. 2006. 总部办公区位分布与选址规律研究. 城市规划研究, (6): 33-39.
丁疆辉, 刘卫东. 2012. 信息技术应用对农村居民行为空间的影响——以河北省无极县为例. 地理研究, 4 (31): 733-744.
丁疆辉, 宋周莺, 刘卫东. 2009. 企业信息技术应用与产业链空间变化——以中国服装纺织企业为例. 地理研究, 28 (4): 883-892.
费尔德曼 MP, 利希滕伯 F R. 2005. 区位与创新: 创新、溢出和集聚的新经济地理. 见: 克拉克, 费尔德曼, 格特勒. 牛津经济地理学手册. 北京: 商务印书馆, 376-401.
冯健, 周一星. 2003. 北京都市区社会空间结构及其演化(1982-2000). 地理研究, 22 (4): 465-483.
胡序威, 周一星, 顾朝林. 2000. 中国沿海城镇密集地区空间集聚与扩散研究. 北京: 科学出版社.
华杰媛, 孙斌栋. 2015. 中国大都市区多中心空间结构经济绩效测度. 城市问题, 242 (9): 68-73.
蒋丽, 吴缚龙. 2009. 广州市就业次中心和多中心城市研究. 城市规划学刊, 181 (3): 75-81.
克鲁格曼 P. 2000. 地理与贸易. 张兆杰译. 北京: 北京大学出版社, 中国人民大学出版社.

廖兴阳. 远程医疗设备制造 云南走在前. 昆明日报, 2013-06-28(17).
林善浪, 张惠萍. 2011. 通达性、区位选择与信息服务业集聚——以上海为例. 财贸经济, (5): 106-115.
刘霄泉, 孙铁山, 李国平. 2011. 北京市就业密度分布的空间特征. 地理研究, 30(7): 1262-1270.
陆大道, 等. 中国科学院 2014 年 10 月 30 日上报. 在关于京津冀大城市群各部分功能定位及协同发展的建议.
陆大道. 1985. 工业的点轴开发模式与长江流域经济发展. 学习与实践, (2): 37-39.
陆大道. 1986. 2000 年我国工业生产力布局总图的科学基础. 地理科学, 6(2): 110-118.
陆大道. 1990. 中国工业布局的理论与实践. 北京: 科学出版社.
陆大道. 1995. 区域发展及其空间结构. 北京: 科学出版社.
陆大道. 中国科学院 2016 年 1 月 20 日上报. 对《京津冀协同发展规划纲要》重大意义的理解和建议, 12 期.
路紫, 李晓楠, 杨丽花, 等. 2011. 基于邻域设施的中国大城市网络店铺的区位取向——以上海、深圳、天津、北京四城市为例. 地理学报, 66 (6): 813-820.
宁越敏. 1998. 新城市化进程——90 年代中国城市化动力机制和特点探讨. 地理学报, 53(5): 470-477.
宁越敏. 2011. 中国都市区和大城市群的界定——兼论大城市群在区域经济发展中的作用. 地理科学, 31(3): 257-263.
潘文安, 骆李佳. 2013. 中小企业技术联盟成员之间信任、关系承诺与合作绩效——基于浙江地区产业集群实证研究. 科技管理研究, 33(3): 175-179.
宋周莺, 丁疆辉, 刘卫东, 等. 2009. 信息技术对中国服装企业空间组织的影响. 地理学报, 64(4): 435-444.
宋周莺, 刘卫东, 刘毅. 2007. 中小企业集群信息技术应用及其影响因素分析——以温岭市鞋业集群为例. 地理科学进展, 4(26): 122-129.
宋周莺, 刘卫东. 2012. 信息时代的企业区位研究. 地理学报, 67 (4): 479-489.
宋周莺, 刘卫东. 2013. 信息技术对产业集群空间组织的影响研究. 世界地理研究, 22 (1): 57-64.
孙斌栋, 华杰媛, 李琬, 张婷麟. 2017. 中国城市群空间结构的演化与影响因素——基于人口分布的形态单中心—多中心视角, 地理科学进展, 36(10): 1294-1303.
孙斌栋, 石巍, 宁越敏. 2010. 上海市多中心城市结构的实证检验与战略思考. 城市规划学刊, 186(1): 58-63.
孙斌栋, 王旭辉, 蔡寅寅. 2015. 特大城市多中心空间结构的经济绩效——中国实证研究. 城市规划, 338(8): 39-45.
孙斌栋, 魏旭红. 2014. 上海都市区就业-人口空间结构演化特征. 地理学报, 69(6): 747-758.
张亮靓, 孙斌栋. 2017. 极化还是均衡: 重塑大国经济地理的战略选择——城市规模分布变化和影响因素的跨国分析. 地理学报, 72(8): 1419-1431.
孙中伟. 2009. 信息化对海尔空间组织变革的驱动作用. 经济地理, 29 (6): 955-959.
王缉慈, 刘譞. 2009. 经济危机背景下对我国专业化产业区的反思——重温意大利式产业区的价值. 地域研究与开发, 3(28): 1-6.
王玮. 2009. 基于 GIS 支持的北京市就业空间结构研究. 北京: 中国地质大学硕士学位论文.
王远景. 2011. SOHO 缓解城市交通拥堵探析. 规划师, (00): 189-192.
王远景. 2013. 信息时代的广州城市空间结构演进研究. 广州: 华南理工大学硕士学位论文.
吴文钰, 马西亚. 2006. 多中心城市人口模型与模拟: 以上海为例. 现代城市研究, 21(12): 39-44.
席广亮, 甄峰, 汪侠, 等. 2014. 南京市居民网络消费的影响因素及空间特征. 地理研究, 33(2): 284-294.
杨振山, 蔡建明, 高晓路. 2009. 利用探索式空间数据解析北京城市空间经济发展模式. 地理学报, 64(8): 945-955.
余鲲鹏, 郭东强. 2013. 产业集群的企业网络嵌入性与创新活动的关系研究——以福建长乐为例. 软科学, 27(8): 93-99.
赵杰, 蔡艳岭, 孙东旭, 等. 2014. 远程医疗的发展现状与未来趋势. 中国卫生事业管理, 31(10): 739-740.
甄峰, 魏宗财, 杨山, 等. 2009. 信息技术对城市居民出行特征的影响——以南京为例. 地理研究, 5(28): 1308-1317.
周一星. 1996. 北京的郊区化及引发的思考. 地理科学, 16(3): 198-206.
Anderson N B, Bogart W T. 2001. The structure of sprawl: Identifying and characterizing employment centers in polycentric metropolitan areas. American Journalof Economics and Sociology, 60(1): 147-169.
Barua A, SophieLee C H, Whinston A B. 1995. Incentives and computing systems for team based organizations. Organization Science, 6 (4): 487-504.
Borland R J, Tenkasi R V. 1995. Perspective making and perspective taking in communities of knowing. Organization Science, 6(4): 350-372.
Cairncross F. 1997. The Death of Distance: How the Communications Revolution Will Change Our Lives. Boston: Harvard Business School Press.
Clark C. 1951. Urban population densities. Journal of the Royal Statistical Society. Series A (General), 114(4): 490-496.
Duranton G, Puga D. 2004. Micro-foundations of urban agglomeration economies. Handbook of Regional and Urban Economics, 4:

2063-2117.

Forstall R L, Greene R P. 1997. Defining job concentrations: The Los Angeles case. Urban Geography, 18(8): 705-739.

Fujita M, Krugman P R, Venables A. 2001. The Spatial Economy: Cities, Regions, and InternationalTrade. Cambridge, Massachusetts: MIT press.

Fujita M, Ogawa H. 1982. Multiple equilibria and structural transition of non-monocentric urban configurations. Regional Science and Urban Economics, 12(2): 161-196.

Fulk J, DeSanctis G. 1995. Electronic communication and changing organizational forms. Organization Science, 6(4): 337-349.

Gaspar J, Glaser E. 1998. Information technology and the future of cities. Journal of Urban Economics, 43(1): 136-156.

Giuliano G, Small K A. 1991. Subcenters in the Los Angeles region. Regional Science and Urban Economics, 21(2): 163-182.

Gottmann J. 1957. Megalopolis or the urbanization of the northeastern seaboard. Economic Geography, 33(3): 189-200.

Graham S, Marvin S. 2001. Splintering Urbanism: Networked Infrastructures. Technological Mobilities and the Urban Condition, London: Routledge.

Hagerstrand T. 1968. Innovation Diffusion as a Spatial Process. Chicago: University of Chicago Press.

Halbert L. 2008. Examining the mega-city-region hypothesis: Evidence from the Paris city-region/Bassinparisien. Regional Studies, 42(8), 1147-1160.

Hall P G, Pain K. 2006. The polycentric metropolis: Learning from megacity regions in Europe. Routledge Press.

Handy S, Yantis T. 1997. The impacts of telecommunications technologies on nonwork travel behavior. Southwest Region University Transportation Center, The University of Texas at Austin.

Hiltz S R, Johnson K. 1995. Usersatisfaction with computer-mediated communication systems. Management Science, 36(6): 739-764.

Hirschman A O. 1958. The strategy of economic development. New Haven: Yale University Press.

Johansson B, Quigley J M. 2004. Agglomeration and networks in spatial economies. In: Fifty years of regional science. Springer BerlinHeidelberg, 165-176.

KeeBle D, Nachum L. 2002. Why do business service firms cluster? Small consultancies, clustering and decentralization in London and southern England. Transactions of the Institute of British Geographers, 27(1): 67-90.

Koenig B E, Henderson D K, Mokhtarian P L. 1996. The travel and emissions impacts of telecommuting for the State of California Telecommuting Pilot Project. Transportation Research C, 4(1): 13-32.

Krugman P. 1990. Increasing Returns and Economic Geography. National Bureau of Economic Research.

Krugman P. 1996. The self-organizing Economy. Cambridge: Blackwell Publisher.

Marshall A. 1920. Principles of Economics: An introductory volume. New York: Macmillan.

McMillen D P. 1996. One hundred fifty years of land values in Chicago: A nonparametric approach. Journal of Urban Economics, 40(1): 100-124.

Meijers E, Burger M. 2010. Spatial structure and productivity in US metropolitan areas. Environment and Planning, 42(6): 1383–1402.

Mills E S. 1972. Studies in the Structure of the Urban Economy. Washington, DC: Resources for the Future.

Myrdal G. 1957. Economic Theory and Underdeveloped Regions. London: Gerald Duckworth.

O'Brien R. 1992. Global Financial Integration: The End of Geography. New York: Council on Foreign Relationship Press.

Pendyala R M, Goulias K, Kitamura R. 1991. Impact of telecommuting on spatial and temporal patterns ofhousehold travel. Transportation, 18(4): 383-409.

Perroux F. 1955. A note on the notion of growth pole. Applied Economy, 1(2): 307-320.

Rogers E M. 1995. Diffusion of Innovation. NewYork: The Free Press.

Venables A J. 1996. Equilibrium locations of vertically linked industries. International Economic Review, 37(2): 341-359.

Yeates M, Garner B J. 1976. The north American city. Harper Collins Publishers.

Zhang Tinglin, Bindong Sun, Wan Li. 2017. The Economic Performance of Urban Structure: from the Perspective of Polycentricity and Monocentricity. Cities(SSCI), 68:18-24.

第四章　信息时代的产业集群及其空间重构

产业集群是区域经济发展的典型现象和重要动力,经济地理学者对产业集群——这种产业在特定地区集聚的现象和经济活动的空间组织的关注由来已久。随着全球化和信息化的发展,产业集群已经成为具有特色和竞争力的经济组织形式之一,也是区域研究的热点和政府促进经济和科技发展的政策工具。21世纪,在全球化、信息化和知识化的背景下,科技进步和信息通信技术的迅猛发展,信息技术正在重构产业价值链;互联网成为一种新要素,正在对产业集群的组织形式、产业联系和空间结构产生影响,信息时代产业集群的组织结构和空间形态发生深刻变化。正确认知这种影响作用及其信息时代产业集群的新特点,是获得产业集群竞争优势、提升区域发展水平和可持续发展能力的基础和前提;同时对于地方产业集群转型路径选择也具有重要的现实意义。

第一节　信息时代产业集群的组织变化

一、产业集群的概念、特征与类型

1. 产业集群的概念

产业的空间集聚是一个世界性的经济现象。无论是发达国家还是发展中国家,具有竞争优势的产业大都集中在某些特定的地区。对于这种特定产业中各种相互关联的企业在一定区域范围内的集聚现象,一般称之为产业集群(industrial clusters)或者企业集群(clusters of enterprises)。此外还有一些与产业集群相关的概念,如产业区(industrial district)、新产业区(new industrial district)、产业综合体(industry complex)、工业地域综合体(industrial territorial complex)、工业枢纽(industrial hinge)、创新环境(innovation milieux)等,这些概念反映的经济现象大致相同,只是各自关注的侧重点或研究方向有所不同。

西方对产业集聚现象的关注由来已久,最早可以追溯到亚当·斯密,他从分工的角度,认为集群是一群具有分工性质的中小企业为完成某种产品的生产联合而成的群体。马歇尔最早提出产业区的概念,从规模经济和外部经济角度,认为产业集群是企业为追求共享基础设施、劳动力市场等外部规模经济而产生的集聚体。韦伯把区位因素分为区域因素和集聚因素,他对产业集群的定义可以表述为在某一区域内相互联系的企业的聚集体。

前苏联学者对工业集聚现象也做了大量研究,提出了工业地域综合体、工业枢纽等有创建的概念。工业地域综合体,指在一定地区范围内,由许多有经济联系和生产协作关系的工业企业共同组成的综合生产体系。综合体内有主导的工业部门或企业，工业生产体系比较完整。其地域范围大至大经济区、省区，小到工业地区和数十平方千米的城市工业区或工矿区。工业枢纽，则是由两个或数个保持密切生产协作且相距很近的城市工业区组成，是工业地域系统中层次仅低于工业地带、工业地区的工业生产地域单元，是在生产上互相协作和共同使用社会公用设施的基础上，形成的一个具有内部紧密联系的有机体。工业枢纽主要形成于工矿发达、交通便利、地理位置优越的地域。它是联系大的工业地域(工业地带、工业地区)和小的工业地域(城市工业区、工业点)的组带和桥梁。

中国学者在20世纪60~90年代对产业集聚和集群做了大量的理论研究和实践工作，取得了丰硕的研究成果。中华人民共和国成立后，我国在许多城市和地区，如北京、上海、吉林、兰州、太原、洛阳、成都、武汉等，有计划地先后建设了一系列规模和性质不同的工业区，结合中国的工业区规划和建设，陆大道(1979)从工业合理布局及其技术经济角度，总结和研究中国工业区企业组成布局的类型，揭示各种类型工业区企业相互关系的特点及布局规律；魏心镇(1982)出版了第一部系统阐述工业布局原理和规划技术经济问题的专著——《工业地理学》。陆大道(1990)编著的《中国工业布局的理论与实践》探讨了中国政府工业发展政策产生的空间效果，对中国工业地理布局的理论进行了系统梳理，并根据生产力空间发育的"点-轴"扩散原理，提出中国未来工业空间发展的"T"字形结构系统。

20世纪90年代以后，西方对于产业集群比较具有代表性的是美国学者麦克尔.波特的定义，他认为集群是在某一特殊领域中，相互联系的公司和研究机构在地理上的集聚形式。集群通常包括下游产业的公司、互补产品的生产商、专业化基础结构的供应者和提供培训、教育、信息、研究、技术支持的其他机构，如大学、智略团、职业培训提供者、技术标准机构等。很多集群还包括商会和涵盖集群成员的其他集团组织(Porter，1998)。波特结合西方实际，对信息化与全球化下产业集聚的内涵有了新发展，其产业集群的定义比较全面地把握了集群的本质。20世纪90年代，经济合作与发展组织(Organization for Economic Co-operation and Development，OECD)成立了专门的集群政策研究小组，认为集群就是由强烈的相互依赖的企业通过一条增值的生产链链接而成的生产网络。

国内学者联系我国实际，对产业集群的研究亦有其见解。曾忠禄(1997)认为产业集群是同一个产业的企业和相关支持企业在地理上的集中。仇保兴(1999)认为产业集群是一种介于市场和层级组织之间的，由一群自主独立又相互关联的小企业，根据专业分工和协作建立起来的组织。盖文启(2002)指出产业集群是大量中小企业在一定范围内集聚，在专业化生产经营中形成的合作网络。王缉慈(2001)在总结和分析众多国外文献后，认为产业集群是一群在地理上邻近而且相互联系的企业和机构，它具有产业联系而且相互影响。在联系和互动中产生外部经济，从而降低成本，并且在相互信任和合作中促进技术创新。

综合众多学者的研究，我们发现尽管对集群的称谓存在差异，但研究的对象是相同的，即具有产业关联性的企业及相关机构在特定地域集聚的现象。本书认为产业集群是一个多维度(产业、区域和企业)的复合体,是在某一领域,基于精细分工和专业化的产业链在特定地域的集聚及其所形成的互动关系。

2. 产业集群的特征

总的来说,产业集群具有如下特征:

第一,地理集中性。集群本身就有空间的概念,构成集群的各主体在特定的地域内柔性集聚。企业在地理上的集中是产生集聚经济的基础,也是集群作为一种地域经济现象存在的基础。经济全球化、更快捷的交通运输和通信系统并没有阻挡产业发展的地区集中倾向。地理集中是一个相对的尺度。由于经济地理空间具有不同的尺度,大到全球空间,小到自然村落,产业集群中的地域范围是个相对概念。

第二,专业化特征。专业化是产业集群的显著特征之一,具体表现为区域专业化和集群内部生产(经营)专业化。集群内单个企业的生产总是集中于有限的产品和过程中,形成专业化的特点,专业化的分工是与生产的技术可分性,以及垂直分离的生产组织方式相关的。

第三,网络化特征。网络化是产业集群的结构特征。产业集群是一种交易网络(经济网络)、技术网络和社会网络相互交织的地方网络。在集群中,处于同一产业或具有紧密产业联系、又各自独立的企业及其相关机构(如大学、研究院所、中介机构、相关政府部门)在同一区域聚集,不仅形成了基于专业化分工的交易网络和基于技术同源、衔接、交叉或组合的技术网络,而且还由于企业之间、人员之间长期频繁的正式或非正式接触,共同地域文化、产业文化和复杂的人缘关系所形成的社会网络。集群内的企业常常通过生产系统形成本地网络。网络中的各行为主体之间以正式或非正式的关系,进行商品、服务、信息、劳动力等贸易性或非贸易性的交易、交流和互动,相互学习,密切合作,共同促进地区的发展和企业的创新。企业间的关系网络是集群的一个主要特征。

第四,经济外部性特征。马歇尔提出"许多性质相似的小型企业集中在特定的地方"可以获得外部经济。产业地理集聚的形成,很大程度上得益于集聚所产生的外部经济——即创造出熟练的劳动力市场、专业化服务性中间行业和技术外溢,并改进基础设施。外部经济是集群的产生原因和重要结果。产业集群的外部性特征主要包括基于知识集中与外溢的技术外部经济和基于市场联系的外部货币经济,即技术的外部性和市场的外部性。技术的外部性强调集群成员在生产函数(技术)上的相互依赖,一方面表现为集群内部知识的溢出,成员的地理邻近为集群成员之间通过正式或非正式渠道分享知识提供可能;另一方面,技术外部性还表现为模仿创新在集群内具有普遍性,企业创新利益不能完全被创新者独占,还会溢出到集群内的其他成员中。市场外部性则是强调集群成员在市场上的相互依赖,集群具有信息集聚功能,从而使集群内部的企业分享信息方面的外在经济效益。市场的外部性还表现为集群内部的所有成员共享区域品牌,促使专业市场的形成。

3. 产业集群的类型

按照集群的产业性质,可以将产业集群分为三种类型:一是传统产业集群,它以传统的手工业或劳动密集型的传统工业部门为主,如纺织、服装、制鞋、家具、五金制品等行业,大量的中小企业在空间上相互集中,形成一个有机联系的市场组织网络。在这种产业集群内,劳动分工比较精细,专业化程度较高,市场组织网络发达。典型的例子是意大利的特色产业区。二是高新技术产业集群,它主要依托当地的科研力量,如著名的大学和科研机构,发展高新技术产业,企业间相互密切合作,具有强烈的创新氛围。美国的硅谷和印度的班加罗尔软件产业集群是典型代表。三是资本与技术结合型产业集群,如日本的大田、德国南部的巴登-符腾堡等。一般说来,由于存在着不确定性,以及研发与生产的日益分离,高新技术企业比传统产业企业更倾向于集聚。

从产业组织结构看,可以把产业集群分为两种类型,即大中小企业共生型和小企业群生型。前者是不同规模企业形成的综合体,既有一些规模较大、创新和竞争能力较强、与外界联系较广的大企业,也有一大批进行专业化生产和配套服务的中小企业,两者有机构成一个大中小企业共生互助、协调发展的产业群落。后者则是由众多的中小企业按照专业化分工和产业联系,共同形成一个互动互补、竞争力较强的有机的产业群落。

OECD将产业集群分为3个层次:国家层次——联系经济结构的产业集群;部门或产业层次——产业间和产业内生产链的不同阶段的联系;企业层次——围绕一个或几个核心企业形成的专业化供应商。由于不同层次的集群资源配置方式不同,国家层次的产业集群形成多源于政府的制度安排(王珺,2002),而后两者则可看作是自发形成的类型。此外,Humphrey 和 Schmitz(2002)根据产业集群所处的价值链驱动力,将产业集群划分为生产者驱动型产业集群和消费者驱动型产业集群。根据产业集群中的资源集聚程度分为劳动密集型、资本密集型和技术密集型产业集群三类。

二、企业区位要素、经营环节及组织结构的变化

1. 信息时代企业区位要素的变化

1)传统的企业区位要素地位发生改变

传统区位论中,交通运输、劳动力、技术水平、自然资源、市场等是企业区位选择的重要因素。随着互联网和信息化的普及,信息通信技术发展迅猛,运输速度加快使企业交通成本降低,交通运输的区位地位也随之降低。信息时代知识和信息生产能力逐渐成为企业的重要竞争力,企业对劳动力的互联网素质的需求越来越高。研究与设计阶段需要大量高质量的劳动力,装配与测试阶段需要大量的高技能劳动力,两者的差异导致劳动力在地域上出现分工。互联网的广泛应用使企业经营过程中的技术性更强,信息通信技术水平和条件在企业区位选择中越来越重要。企业的信息化使其经济活动中,物质需求减少而知识需求增加,自然要素在企业区位中的重要性逐渐下降。信息化发展让消费者获得更大的选择可能性,企业更关注消费者的个性化需求而非与实体销售市场的距离。市场的区位地位仍然重要,但其作用方式已发生改变,无形商品的流通及经济活动的时空分离使市场的性质发生变化(雷爱华和谷人旭,2004)。

2) 信息、知识、创新成为影响企业区位的新要素

互联网技术的进一步发展，使原有的企业区位要素出现不同程度的变化，同时也催生了影响企业区位的新要素——信息、知识、创新成为信息时代空间结构新的影响因子。研发与生产，需要最快获知各行业创新信息，以及自身产品或服务的反馈信息，要求企业分布在网络基础设施良好的区位。知识经济下技术创新知识的易达性成为企业竞争的重要因素，企业更倾向于靠近知识源，即生产创新信息的特殊组织环境，一般包括大学和科研机构、大公司的研究与开发机构等(刘卫东等，2004)。企业的区位选择受到互联网直接或间接的影响，更多考虑信息、知识、创新的要素，使企业的空间分布发生转移。相比较于传统区位论的最低成本原则，在互联网信息通信技术的影响下，最短时间原则正逐渐成为信息时代的企业区位选择的核心。

2. 信息时代企业生产、销售与管理环节的变化

1) 生产环节的定制化、个性化与及时生产

信息通信技术和互联网的开发与应用，渗透到企业生产、销售、管理的具体环节之中，改变了各环节原有的运作方式。企业经营的各环节发生变革，也使得企业组织形式随之发生转变。从生产环节来看，互联网和信息化促使"定制生产"与"即时生产"成为可能，并得到越来越普遍的应用，从而大大缩短了设计与生产的时间。"时间成本"在企业空间组织中的作用越来越重要。通过互联网迅速接收消费者的反馈或需求，在设计生产等环节快速响应，利用计算机辅助设计与线上的资源共享等进行产品设计，形成低成本、个性化、创新性、小批量、更新换代迅速的生产方式。信息通信技术的发展使信息传输更加便利快捷，信息的更新速度更迅速，消费者对商品的选择余地加大。

2) 销售环节的即时性和线上平台化

互联网对企业销售环节的作用尤为明显，电子商务平台的出现是这方面的一大突破。互联网信息通信技术下的现代营销系统，从时间和空间两个维度缩短了企业与消费者的距离。通过互联网减少了企业销售的多个中间渠道，搜集与处理信息的成本降低，线上平台化的网络营销具有及时性的时间成本优势，也使得企业的销售范围得到扩展(刘卫东，2002)。这种新的网络销售模式也对商品运输的快捷性提出了更高要求，促使销售部门逐渐与企业总部分离。而销售环节中的运输需求，强化了销售部门与物流行业的关系，使企业销售部门更倾向选择分布在物流成熟的城市和地区而非单纯的消费者集聚地。

3) 管理环节的系统化、远程控制及供应链管理

生产环节的变革，促使企业的管理理念也发生了变化，从传统的以生产为核心到以消费者为核心；管理范畴也发生了从企业内部管理逐步到供应链的控制转变。互联网能使企业内部日益复杂的信息流管理简易化，使管理人员将更多有效的工作时间投入到供应链管理上。企业管理贯穿于企业的生产、销售等其他环节之中，从而进一步影响企业

创新网络的构成及内容。管理上的创新与实践，是信息化与管理有机结合的体现，而信息化给管理带来的直接而重要的优势是时间的压缩及创新的可能。

3. 互联网和信息技术对企业组织结构的影响

1) 推动企业内部的组织结构调整

互联网使信息共享更便捷、多样，企业通过信息的流动，带动物流与资金的流动。现代互联网技术使用户资源与供应链资源能够在最短时间内实现整合，让企业"零库存""零运营资本"、与用户"零距离"成为可能。由此，企业的仓储、运输、营销等部门及其关系网络出现重组或更新，企业组织形态也随之变化，远程化管理成为可能，企业可以从自身发展策略考虑公司内部新的组织变化，从而产生重要的空间结果，虚拟企业成为先进的经济团体组织，是前所未有的一种新型的企业形式。

2) 催生数字化产品与在线服务等新业务

互联网技术作用于企业内部组织结构，引起结构的调整或重构，同时也催生了新的业务内容。传统企业以生产物质产品和提供线下服务为主，互联网信息时代诞生了数字化产品与在线服务等"摸不着"的产品。伴随这些新的业务内容而来的是企业中"软部门"的产生，以及相应地陆续形成了为此服务的新的辅助部门。

3) 增大多区位企业的区位弹性

信息网络具有共享性，能够降低多区位企业内部生产和传输信息服务的成本，从而提高经济效益，使企业有可能将分支机构(远地工厂、销售部门)的有效规模减至最小，地理分散程度扩大。随着计算机网络技术的扩散，多区位企业内部的区位弹性会进一步提高。信息网络还能提高多区位企业对其地理上分散的劳动过程的管理控制水平。由于公司提高其生产组织网络传递系统的弹性，产生更复杂和更具职业差异性的劳动空间分工。现代技术产业的生产过程可以分为以知识为基础的设计和试验生产，以及装配测试工序，前者的区位趋向于高质量劳动力集中的地区，后者需要大量低技能劳动力，可以在全球分散。

由于计算机网络的构建和创新，产生了一系列复杂的区位和组织驱动力，致使大公司区位弹性增大，并向着多区位空间组织形式的方向发展。信息通信技术的广泛应用使传统的"制造和购买"组织方式受到强烈冲击。就组织而言，更大量的和更迅速的可传输信息使公司对整个企业系统的管理和控制更为容易，并促进了功能综合(阎小培，1996)。

三、产业集群组织方式和空间组织模式的变化

1. 集群内外要素的流动性增加，出现产业跨界融合等新的组织方式

自20世纪90年代以来，互联网技术的应用不断普及，不仅影响了产业集群内部的

专业化分工，也影响到产业活动的空间集聚。整体上看，信息通信技术对产业集群组织的影响主要体现在：第一，服务业与制造业部门不断增加的信息密集活动，信息在不同产业中所起的作用越来越大。第二，信息通信技术提高了产业集群内部，以及集群之间的空间要素的流动性，从而推动产业跨界、融合等新的组织方式，如制造业的服务外包、"互联网+传统产业"等，很大程度上都得益于信息通信技术的发展(甄峰等，2004)。

互联网技术的应用，改变了传统的产业生产方式，使生产效率得以提高，促使传统产业集群自身组织重构。信息通信技术带来新的生产策略，如"即时生产"方式，要求产业各部门在空间上集聚，以完成快速的生产流程，形成产业活动的空间集聚。信息通信技术以最短时间的优势影响着区位的选择从而影响产业集群的组织活动。互联网技术作为一种新的影响因素，使得制造业产业集群基于互联网设施而重构了组织活动，同时推动产业活动的分散与集聚。除此之外还有信息源和劳动力，这些因素共同影响了集聚现象和传统的产业集群空间结构。

2. 信息通信技术影响下的产业集群空间组织模式

在互联网技术的影响下，制造生产环节的集中与扩散是同时存在的。随着互联网技术的深度推广，全球生产网络在空间上呈现出"集中式的分散"或者"分散式的集中"两种特征。尽管生产价值链的某些环节正在全球尺度和地方尺度扩散，但其他环节仍继续保持集中化生产(汪明峰和李健，2009)。国内学者在对全国37个制造业样本产业集群的实证研究结果表明：信息通信技术影响下产业集群空间组织既有趋向进一步集聚的，也有趋于扩散的，并根据模式的不同提出了网络式集群、信息港集群、虚拟集群三种信息时代产业集群空间组织模式(宋周莺和刘卫东，2013)。其中网络式集群与信息港集群分别由于形成紧密的企业网络和共享信息基础设施而趋于集聚。而虚拟集群虽然在功能上紧密联系，但集群中的相关企业在空间分布上呈现不断扩散的趋势。

网络式集群空间组织的直接原因是由互联网信息通信技术影响下催生的新的生产方式——即时供应模式引起的，这种模式会促进集群信息流、知识流的交换和分工各异的供应商的空间集聚。在这个过程中，促进了社会分工的深化和集群企业之间的联系。

"信息港"式集群的空间组织主要是由于共享信息通信技术基础设施而形成的。信息化技术的发展促进了信息流的交换，使得那些缺少专业化信息通信技术、资金、人才的企业集聚在一起，共享信息通信技术基础设施和网络技术支撑系统，因而形成紧密的集群空间联系方式。该模式不仅促进了企业的进一步集聚，也降低了中小企业的信息技术应用的成本。

虚拟集群的出现是信息化对传统地理距离的一个挑战。这些集群是将互联网技术作为合作与竞争的手段，从地理学角度来看，虚拟产业集群可以分成两种类型(陈剑锋和唐振鹏，2002)：一种是在原有的实体产业集群内部通过搭建互联网平台来促进企业之间的交流；另一种则是以组织接近来代替传统的地理邻近，能结合产业集群和虚拟企业二者优势(吕坚等，2003)，以核心企业为中心、以具有共性和互补性的相关企业或组织为节点、基于信息通信技术网络技术的一种新型产业集群。其本质是某一核心企业利用信息通信技术实现对研发、生产、销售、管理、财务、售后服务等整条供应链的掌控(庞俊亭和游达明，2011）。

3. 信息通信技术对产业集群空间组织的影响

信息化和互联网对产业集群空间组织的影响主要体现在如下四个方面：第一，互联网的出现促进了集群内不同企业之间的信息流、知识流的产生，形成知识与技术溢出，促进了产业集群组织的重构；第二，借助互联网能够实现信息、知识、技术等要素的及时获取和掌握，推动制造业生产、研发等不断革新，这就要求其自身组织要不断改善以适应生产方式的变革；第三，互联网的出现可以扩大集群影响的地域范围，包括与其有直接关系的原料区位、消费区位，以及间接关系的组织和用户；第四，互联网的出现延长了集群的价值链。互联网技术在产业集群空间组织中的作用越来越重要，但是它只是一种提供可能或促成发生的介质，并不是决定性的，在具体的研究中我们还需要考虑产业集群的类型与特征。

信息通信技术在经济和空间演进中的作用如图 4.1 所示，信息通信对经济的影响首先体现在对传统工业的改造和技术深化上，更重要的是体现在对交易成本的影响上，从而改变整个产业结构；信息通信技术的应用对企业内部机构的影响显著；信息化最终使工业结构和组织结构发生变化；在空间上，国际大型跨国公司会利用网络、技术、服务、品牌等方面的优势，扩大其全球业务。随着信息通信技术的发展，国家大型跨国公司能更方便地管理国外的子公司，为全球扩展提供便利。

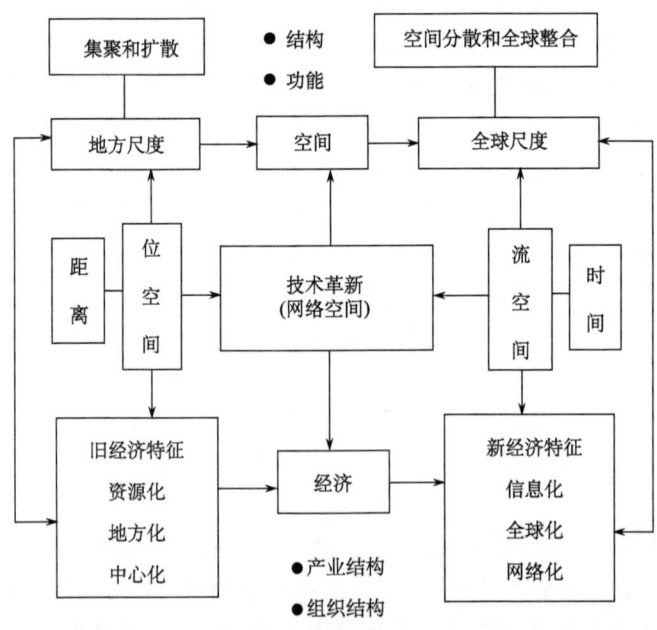

图 4.1　信息技术在经济和空间演进中的作用示意图

资料来源：路紫，2006

第二节 产业集群的价值链重构

一、传统价值链分工的链式结构

1. 产业链的含义、特征与类型

产业链是一个涵盖范围广泛的概念,包含从供应商到制造商再到分销商和零售商等所有加盟的节点企业,以及贯穿于其中的资金流、物流、信息流和服务流等媒介。产业链是一种建立在价值理论基础之上的相关企业集合的新型空间组织形式。一个完整的产业链包括核心链条和与之相关联的辅助链条,即从最初始的原材料到中间产品,再到最终产品的生产和销售的全过程,其中包括采购、营运、研发、设计、营销和售后服务等辅助环节。产业链的基本模式如图 4.2 所示。从某种程度上讲,产业链是价值链、供应链和产品链的统一体。其中,产品价值链是产业链的核心。除了价值链外,产业链还包括本产业上下游产品之间的纵向链接,以及本产业与其他产业的横向链接。产品价值链及纵向和横向产业链条构成了产业的核心组成部分(魏后凯,2008)。

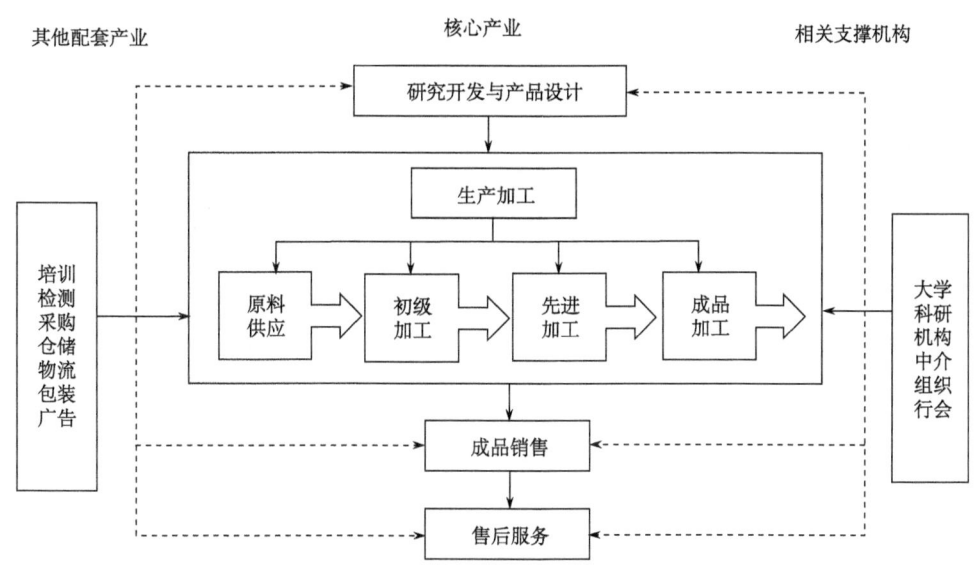

图 4.2 产业链的基本模式

资料来源:魏后凯,2008

产业链最基本的特征是存在大量的上下游关系,即在一条产业链上,上游环节和下游环节之间存在交换关系,上游环节向下游环节输送产品(可以是有型的物质产品,也可以是技术和服务等特殊产品),下游环节向上游环节反馈价值。具体表现为四个方面:第一,与企业直接通过市场进行交易的关系不同,产业链强调直接、长期的合作,强调共同努力与相互之间的战略协作;第二,与各种松散的企业合作或联盟不同,产业链中的企业协作是生产领域中各环节上的分工协作,在各方承诺的关键性领域中能像单一的公司那样运作；第三，与企业内部纵向一体化不同，产业链各环节上的企业是独立的，产业链的运作是独立企业间的联合与协作；第四，与一般的供应链不同，它是在特定的区域内形成的相关企业的集合，同区域发展与政策导向紧密相关。

产业链按照其分布的地域范围，可以分为全球产业链和地方产业链。全球产业链是在全球范围内的要素流动所建立起来的，地方产业链是在一定地域范围内发展形成的。这两类产业链的运作是一个互动的过程，一方面地区经济的发展要构建具有本地优势的产业链，本地产业链的良好发展有助于推动本地优势产业融入全球产业链条中，促进全球产业链的发展和完善；另一方面，全球范围内的产业链的逐步形成促进了要素在全球范围内的流动，为地方产业的发展提供了更好的条件，也提出了更高的要求，有助于地方产业链的优化和升级。

2. 微笑曲线与价值链的基本形式

价值链的基本形式可以用按附加价值分为上游与下游的微笑曲线来表示(图4.3)，从上游的研发到下游的销售每个部分都对应着不同的利润空间。其中利润最大的部分为研发设计与销售，只有处在微笑曲线的两端才能获取利润最大化。而微笑曲线最低端的生产组装利润最小，目前我国大多数制造业企业仍处在全球价值链的加工和组装部分，利润空间较小。

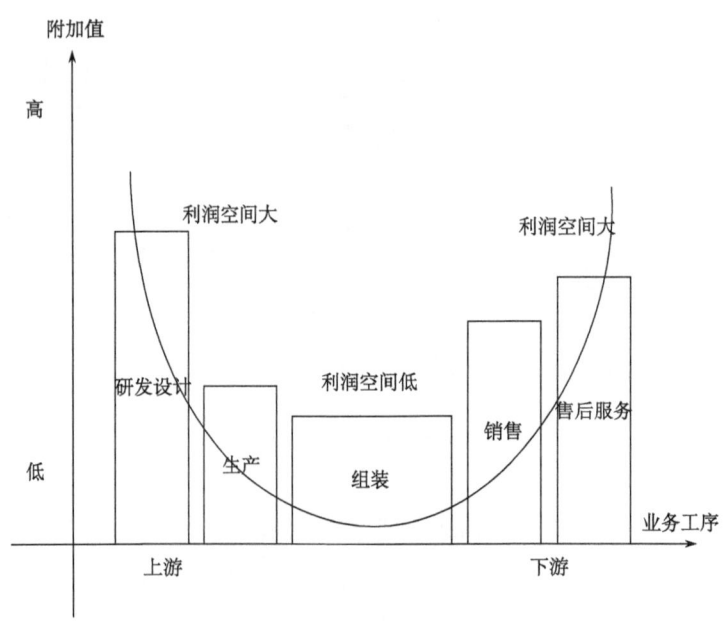

图4.3　价值链的"微笑曲线"

3. 地方产业集群嵌入全球价值链的两种方式

现实中参与全球价值链各环节的一般不是单个企业，而是地方产业集群，各个价值环节之间的联系也可以归结为地方产业集群之间的联系。随着互联网技术应用范围的扩大，产业活动分工与合作在更大的空间尺度上进行，产业集群发展出现新的特征，不同国家和地区的集群以不同的方式嵌入全球价值链，扮演着各自的角色。

发达国家的产业集群仍占据全球价值链的高端。成功的产业集群在其发展和演化过程中不断调整自身结构，处在价值链高端的发达国家的领先公司，根据自身优势获得外部丰富的信息与知识，将本企业的资金与技术专注在某个或者某几个优势领域，把非核心或附加值低的部分外包给其他的公司。继而在该区域该公司周围聚集了许多相似企业，这些企业通过核心企业的知识溢出竞相模仿，出现了集群整体产业活动基于全球产业链的垂直分离。大量的集群间、集群与区域外经济行为主体进行生产、贸易、技术、信息和文化的交流，基于同一个产业的不同区域集群得以构建起空间联系，形成了基于全球价值链的产业集群整合(文婧和曾刚，2005)。互联网技术的影响下，会促进产业集群的交流与合作，处于价值环节高端的产业集群也因互联网技术的发展寻求新的合作对象。

发展中国家的集群，作为在全球产业价值链中的一部分参与全球分工，处于全球产业网络中的低端环节。因为仅依靠廉价的劳动力、土地要素等的集聚获取低利润，这些产业集群长期处于低端竞争，很难在全球市场上有效地参与高端经济活动。例如，巴基斯坦东北部 Sialkot 的医药器械产业集群、墨西哥的制鞋业产业集群等，这些南亚和拉丁美洲的集群，纷纷在全球竞争中衰落(Schmitz and Hubert，1999)。在互联网技术的影响下，这些制造业企业仍趋于集聚，但是需要在价值链上突破低廉加工的角色，可以通过互联网构建网上销售平台，拓展自己的价值链领域。

二、互联网对全球价值链的重构

1. 价值链增值环节增加，上下游关系变化，产业边界模糊

随着技术进步和社会分工更加细化，特别是互联网等信息化手段的出现，使得价值链的增值环节变得越来越多，结构也日趋复杂。信息通信技术的不断发展，不仅促进了价值链的分解与融合，也使得价值链上下游关系发生变化，产业边界逐渐模糊化。互联网的出现推动了产业集群向高集聚、高科技、高附加值转变，提升了产业集群的创新能力和核心竞争力，不断推动集群由外延式数量扩张向内涵式质量增长的转变。除此之外，互联网也改变了价值链的着重点，使注重物质价值制造转向服务价值制造。

传统的价值链分工主要是上下游一对一的链式结构，在这种结构中，随着分工越来越细化，其各个部分之间的相互联系程度也越高，各部分对整条价值链的影响加大。因此，传统价值链上的各价值环节，在合作中必须要求各部分的行动要具有高度一致性(李平和狄辉，2006)。而在价值链重构过程中，互联网有可能直接绕过或去除原有价值链中的关键节点，直接把消费者与生产者及设计者联系在一起，这样就减少了中间成本，进入更大的消费市场。同时，互联网还能作为一个新的中介进入价值链，甚至在个别案例中完全取代价值链中的某些节点。这就使企业可以及时获得市场与顾客的信息，根据具体情况进行设计、加工，减少对外部企业的依赖，有利于产业集群的转型升级(刘城和林平凡，2015)。

2. 打破传统"一对一"的链式组合,推动价值链网络化

互联网影响下价值链重构的一个重要现象是出现了虚拟价值链(virtual value chain),传统的"一对一"的链式组合方式逐渐被打破。"虚拟产业链"的概念是由 Jeffrey F. Rayport 和 John J. Sviokla 提出的,主要是指以信息为基础,以电子商务为平台,在互联网上进行供货、订单、面向顾客需求的生产、网上营销和在线服务等基本信息增值活动,还包括了信息通信技术平台、第三方物流、网上培训、技术开发和网上采购等(图 4.4)。

虚拟价值链的出现丰富了传统价值链的内容。虽然虚拟价值链具有独立性,虚拟价值链的每个环节都可以不受其他环节的影响而创造自己的价值,但它并不脱离实体的价值链,它与实体价值链有分工与合作关系。一般说来,虚拟价值链是实体价值链中的一个或多个价值环节,通过互联网等信息化平台构建的。事实上,虚拟价值链延伸了价值链。目前,在我国电子商务的出现就充分体现了这一点,实体价值链通过互联网将销售变为虚拟价值链中的一部分,商家可以根据顾客的需求进行设计、加工制造、销售产品,诞生的售后服务业成为虚拟价值链的重要组成成分。

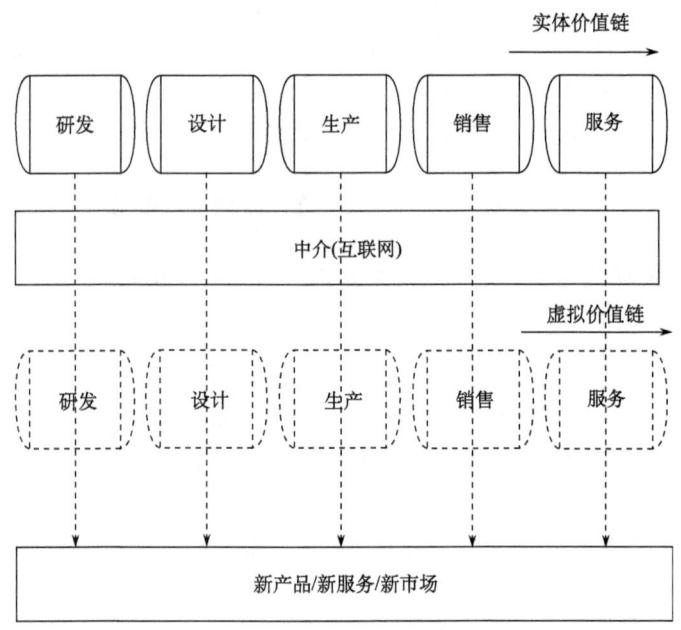

图 4.4　虚拟价值链

虚拟价值链使得传统价值链的边界逐渐模糊化。除了在原本的价值链中获取利益外,还可以获取相应的延长价值,也包括之前外包给其他公司的产品或者劳务,如国内电子商务巨头——京东公司作为一个销售平台,同时也拥有自己的物流系统,增加了它的价值链长度。延长的价值激发了产业链之间,以及特定产业链的内部环节的创新活力,进一步增强创新资源的配置能力,吸引集群外部创新资源(人才、资金、企业)的集聚。此外,边界的模糊化也使得互联网推动价值链网络化,使价值链变得更复杂。互联网的出

现增加了各条价值链的联系，使之出现交互影响的现象。因此，地方产业集群已经不能在封闭和孤立中发展，必须积极加强外部联系，利用互联网技术加入全球价值链中与全球产业网络，不断获取价值，并通过"升级"求得发展。

第三节 信息时代产业集群的转型

一、传统产业的互联网化

1. 传统产业互联网化的基本特征

1）传统产业互联网化的内涵与本质

传统产业互联网化的内涵包括三个方面：一是各行业信息获取的互联网化，如成品与原材料价格信息，行业动态等信息；二是运用互联网技术进行上、下游产业及客户的联系；三是传统产业企业网站、网店的建设，包括内部局域网和对外网站、网络广告，以及网络商店等。

传统产业互联网化的本质是传统产业的在线化、数据化，同时也是传统产业转型升级的过程。这既是传统产业自身空间组织和外部环境的自主性创新过程，也是一个优化资源配置方式、提升整个传统产业价值增值能力和竞争优势的过程。

2）传统产业呈现"逆向"互联网化特征

过去十年来，传统产业呈现出"逆向"互联网化的特征。在价值链层面上，表现为产业纵向互联网化：从消费者在线开始，到广告营销、零售，到批发和分销，再到生产制造，一直追溯到上游的原材料和生产装备。从产业链层面看，表现为产业横向互联网化，即从广告传媒业、零售业，到批发市场，再到生产制造和原材料（阿里研究院，2015）。从更深层次看，传统产业的互联网化的深刻变革在于，互联网作为一种新的要素，直接或间接推动了传统产业转型升级。传统产业互联网化也意味着知识跨界流动的速度不断提高，知识创新呈现出更加明显的跨界协同特征，知识创新效果和网络化溢出效应也将更加明显。

2. 信息技术对传统产业空间组织的作用

1）信息流对物质流具有导引作用

信息流对物质流具有引导作用，图 4.5 集中体现了信息通信的作用形式。Gramham 和 Marrin（1996）将 ICTs 与信息产业对城市的作用概括为四种效应：一是协作效应，指网络空间和地理空间同时存在、相互影响和共同发展；二是替代效应，指信息流替代物质流，网络空间替代地理空间；三是衍生效应，指信息流可以衍生出新的物质流和信息流；四是增强效应，指 ICTs 的潜在应用改善由公路、铁路和航空网络所构建的物质网络的容量、效率和吸引力。

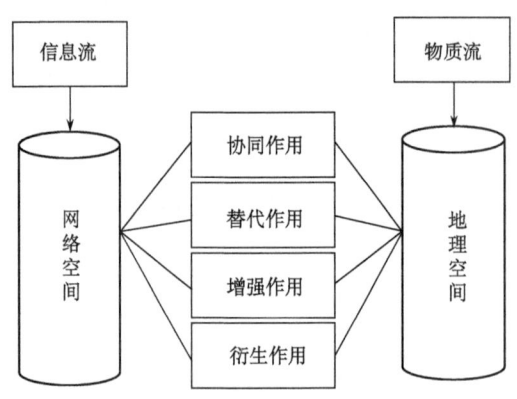

图 4.5　信息流对物质流导引作用图式

资料来源：路紫，2006

2) 互联网成为传统产业活动空间布局和空间联系的新方式

互联网化为传统产业活动的空间布局和空间联系带来全新的要素和方式。与技术、资金、劳动力等传统区位因素不同，互联网化一方面拓广了产业活动的地域范围，使潜在的消费者大量增加，要求传统产业对市场变化做出快速响应。因此强化了互联网基础设施的重要性和即时生成、定制生产、订单生产等柔性生产方式的推广。从互联网基础设施共享和提高生产效率、缩短生产流程来看，这可能会带来生产活动的集聚。另一方面，高效的物流配送则要求销售环节的集聚，同时也可能会导致接近消费区位的生产分散化（刘卫东，2002）。

3) 产业空间联系逐渐由地理邻近、社会邻近向信息空间邻近转变

在信息化和互联网的冲击之下，以往基于地理邻近、社会邻近等传统产业集群的空间联系方式也在发生新的变化，并向信息空间邻近的互联网型产业集群演化，催生出诸如虚拟集群、E-集群等新型产业集群。

一方面，互联网直接作用于人力资源、资本、物质、知识、制度与政策要素，可以提高各类资源要素的性能。信息数据成为最核心、最重要的产业要素；物质、资本、劳动力等虽是必要资源，也是产业发展的核心资源，但其作用已被削弱。互联网的快速发展和应用极大地提高了采购、生产、服务等价值链环节的空间联系的数字化、在线化和智能化水平，增强了企业在生产方式、研发设计等方面的能力，进而推动产业空间组织再造。

另一方面，互联网能够间接影响传统产业的空间组织，调整传统产业与外部环境的互动关系，推动了传统产业空间组织模式的改变。传统产业互联网化将传统的线性空间组织模式改变为非线性，注重系统分析和顶层设计，注重优势互补与沟通合作。这也意味着整个产业的空间组织边界在地理空间上越来越模糊，组织结构呈现出越来越明显的分布式、柔性化、开放型的特征，地理空间的邻近可能逐渐让位于信息空间的邻近。

二、互联网推动传统产业集群转型的路径

互联网是推动传统产业集群转型的外部因素。纺织、服装制造等传统产业集群转型过程是一个集群内部资源禀赋与外部环境(特别是区域经济政策)双重作用的过程。互联网技术作为一种经济空间的外生变量,是科技创新因素推动传统产业集群转型的外部因素。由于外部因素的不可控性,以及不同类型产业集群资源享赋和价值增值模式的差异性,不同地区、不同产业的集群转型具有不同的模式。对于经济地理学而言,传统产业集群转型的关键是如何借助互联网技术,提高产业空间组织自身结构的柔性化程度,突破集群在地理空间方面所受的约束,在信息空间中整合不同企业和组织的竞争优势,形成规模优势和外部经济效应。在这个过程中,传统产业集群通过企业内部、企业之间转型升级、当地或国家内部转型、国际性区域转型等不同空间尺度,不断提高跨行业、跨区域、跨界融合水平,以及全球资源协同配置能力,增强集群的价值优势(汪明峰和卢姗,2011)。传统产业集群的价值网络复杂,包含诸多环节,因此互联网技术与传统产业集群结合的切入点会有差异,如从营销环节、生产环节或研发环节。从目前实践来看,互联网化推动传统产业集群转型更多的是从营销环节和生产环节切入,并形成了以下三种主要路径:一是电子商务驱动;二是工业 4.0 型;三是构建在线产业带。

1. 基于电子商务的传统产业集群转型升级路径:先外部后内部

电子商务驱动的转型路径大多先是源自于地方关系的调整——即从外部市场变化响应开始,再进行集群内部结构的调整,最后提升在全球价值链中的位置。首先,依托电子商务平台建立 B2B、B2C 等电子商务模式,突破地理界限的束缚,拓展传统产业集群的营销及供应的渠道。调整集群与地方市场之间的关系,使客户范围和市场规模在区域、国家乃至国际等空间尺度不断扩大。其次,调整产业集群内部空间结构,建立新型空间组织模式。在该阶段,受到地方互动关系的影响,集群内部的企业和各类组织间的空间联系发生改变,并推动供应链、产业链的重组,导致整个集群与外界物质、能量、信息、资本等联系关系和模式不断被优化。特别是随着移动互联网、大数据和云计算等技术的广泛应用,产业集群的生产、研发、销售等空间组织环节不断发生改变,最后构建起新型的产业集群空间组织。电子商务、物流、网络广告等各种行业在跨界融合中相互交织,使传统产业集群内价值链进一步分化与重组,价值链各端的专业化程度进一步提高,在全球价值链中向高端移动的能力进一步提高。

2. 工业 4.0 型传统产业集群转型升级路径:先内部后外部

与电子商务驱动型的"先外部,再内部"的转型模式不同,工业 4.0 型产业集群转型模式的路径是"先内部,再外部"。首先,通过产业集群内部和供应链的物联网建设,提高生产制造的智能化水平,从而推动内部空间结构变革,优化空间组织。其次,借助互联网和物联网,削减价值链的中介环节,与地方消费建立起更直接的空间联系,进而建立并拓展产业活动的地域范围。最后,在新的空间组织模式基础上,向全球价值链的

高端移动，完成产业集群的一个转型周期。

3. 在线产业带加速产业互联网化进程，促进传统产业集群的转型

目前学术界关于在线产业带的基本概念还没形成统一的认识，阿里研究院在2014年发布的《在线产业带：为中国制造赋能》研究报告中提出，在线产业带是以线下传统产业带或专业市场为基础，构建在第三方电子商务平台上的在线生态圈，是传统产业带和专业市场借助互联网实现联网的一种映射和延伸。它汇集生产厂家、渠道商、分销商、消费者、政府、第三方服务商等多种角色，可以帮助传统专业市场提升竞争力，帮助消费者与生产商取得跨空间联系，从而降低整体成本。

由于互联网具有跨地域、无边界特性，架构在互联网之上的在线产业带也具有跨地域分布、在线协同的特点。当线下产业受到各省市、区域、地方等空间分割严重的局面无法短时间改变时，互联网通过其时空压缩效应，减少地方化制度与基础设施的影响，弱化地方经济发展水平的差异性，形成了事实上的无差异性虚拟空间。这里的"无差异性"，指的是同一准入条件、交易规则、信用制度、金融及物流体系等。互联网实现了海量需求和供给信息地高效、实时、全局匹配，也驱使各类信息数据在互联网平台上自由流动。

随着在线产业带的发展，中国已经成为目前全球最大的网络零售市场，线下批发转向在线批发交易成为传统产业集群新的空间组织方式。根植于地方的传统产业集群开始形成区域性生产网络。同时，由于超过90%的网店没有工厂，因此寻找高品质的货源地，减少中间商的需求也愈发强烈。目前我国在线产业带和专业市场已超过142个，其中101个产业带和专业市场已在互联网开设专区登陆，覆盖广东、江苏、浙江等19个省市地区，涵盖服装、母婴用品、数码设备、食品、百货、原材料、机械、包装等16个门类[①]。2015年，具有"世界超市"之称的义乌传统产业集群也成功转型成为在线产业带，与义乌产业集群类似，从线下转型上线的区域集群还包括虎门女装、南通家纺、温州鞋帽、保定箱包、无锡茶具、深圳数码等传统产业集群。

在线产业带不仅促进了传统产业集群的区域生产网络，也反过来加速了传统产业的互联网化进程，促进了传统产业集群的转型升级。传统的销售模式是在产业集群附近建设实体专业批发市场，但互联网冲击下，批发市场贸易范围逐步缩小，增速趋缓，企业的竞争压力加大。与此同时，受国际金融危机影响，国内众多外向型的制造业企业外贸订单减少，传统的加工型产业由于处于全球价值链低端，陷入贸易网络收缩的局面，转型实体销售又成本过高。因此，在线产业带不仅为传统批发市场提供了更为便捷的产业组织平台，也为传统产业通过在线网络突破地理界限，构建出新的国内贸易网络，这也从整体上推动了传统产业集群的转型，更为不少区域内传统产业集群的空间整合与组团提供了新的可能，从而带动区域经济的发展。

在线产业带面临的一个重要问题是线上与线下的空间关系问题，即实体空间与虚拟空间的关系问题。信息时代商品、人和交易行为迁移到互联网上，实现"在线化"，形成巨量的反馈数据，同时又被实体空间随时调用、挖掘、利用，形成相互联系的线上与线

---

① 数据来源：阿里研究院. 在线产业带：为中国制造赋能. [2015-03].http://www.doc88.com/p-1008586544835.html.

下空间。传统零售群越来越多采用在已有的实体零售网络之外，同时运营在线的网络商店的方式。为获得竞争优势，传统产业集群既需要内部各成员的工序、服务和产品的数字化，也需要建立采购与分销的互联网渠道和互联网化的供应链。实体空间的性质、类型和作用已经发生了变化(Davidovic，2013)。

从线上与线下产业集群的空间分布比较来看，线上产业集群的分布密度与线下具有较大的一致性，浙江、江苏、广东、福建等省作为传统产业集群发达地区和优质货源地，在线产业带所占的比例较高，尤其是浙江省，在线产业带数量达30个，占据绝对优势。但也存在差异性，有些区域传统产业集群发达，但是在线化程度较低，与产业地位不相称。例如，山东，在传统产业集群规模上，山东位列全国前四强，但山东的在线产业带仅有3个。在线产业带的空间分布与各省的电子商务发展水平有一定的重合性，以电商货量为例，广东、浙江、江苏三省快递业务量超过全国的50%，其中广东省名列第一，约占到全国快递量的1/4。

三、互联网与新兴产业及虚拟集群的兴起

1. 互联网化的新兴产业特征

除了在线产业带，以互联网为基础的新型经济形态还将新的商业模式与各产业相结合，催生出新兴产业，即由互联网引发和支撑的新产业。传统产业中运用信息通信技术将产品数字化或运营方式信息化进行产业创新，形成融合信息通信技术与传统业务为一体的产品形态，并引发产业结构变动和产业边界融合而形成新兴产业。新兴产业的形成一般有两种方式：一是高新技术嫁接，即全新技术(如人工智能、虚拟现实、信息通信技术、新材料新能源、物联网等)或研究成果产业化形成的新兴产业；二是由传统产业通过技术升级或替代产品产业化所形成的新兴产业。

互联网化的新兴产业的有三个基本特征。

第一，新兴产业主要分布在智力富集区。技术进步是新兴产业发生和发展的直接动力，因而新兴产业对智力要素供给状况具有高敏感度。新兴产业最先在智力要素富集区域萌发、涌现，而创新活动并非均匀分散于广大的地理区域，它明显地呈现出集聚形态、集中地发生于少数地区。因此，新兴产业的出现与发展主要集聚在智力密集的地区。

第二，新兴产业融合了信息通信技术与传统产品服务。作为一种新的技术，互联网改造了传统产业，使传统产业以一种新的状态继续发展。改造传统产业是新兴产业发生和发展的现实动力。传统产业升级与新兴产业发展之间是一个良性互动过程，这种关系呈现一种螺旋式上升趋势。传统产业与新兴产业紧密相关且相互促进，传统产业升级可以形成新兴产业，而新兴产业的培育可以为传统产业升级提供支撑(陆立军和于斌斌，2012)，传统产业与新兴产业的互动可以分为三个阶段：第一阶段，传统产业改造与新兴产业培育发展进行相互适应阶段，这一阶段，两种产业从无融合到低度融合发展。第二阶段，传统产业与新兴产业良性互动、相互融合，处于协调发展时期。第三阶段，传统产业与新兴产业出现分化排斥，传统产业发展水平不断下降，而此时新兴产业继续发展(图4.6)。

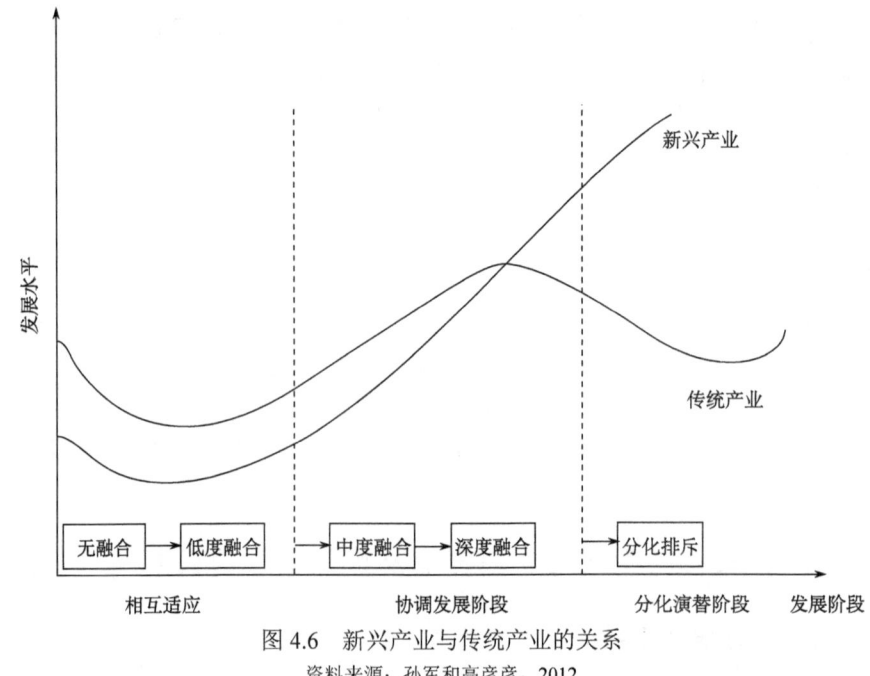

图 4.6 新兴产业与传统产业的关系

资料来源：孙军和高彦彦，2012

第三，主产业和相关支持性产业在信息通信技术驱动下互相渗透、分化和融合，产业边界变得模糊。新兴产业的发展逐渐影响社会经济的各个领域。在影响过程中以渗透的方式向其他领域即传统产业部门融合渗透，形成一些新的高新技术产业和新兴产业集群，这个过程一方面能促进传统产业升级换代；另一方面也渗透到社会经济生活的各个方面，对社会结构、生活方式、思维方式甚至观念意识均产生影响，催生出新的产业、新的生活方式和消费方式。

新兴产业代表新时期新环境下对经济系统整体产出的新要求和产业结构转换的新方向，同时，它也代表着科学技术产业化的最新水平。新兴产业依靠全新的创新技术打造了一个全新的市场，为拥有技术或资金的产业构建了一个新的平台，而互联网的出现加速了新兴产业的发展。

2. 虚拟产业集群的兴起

互联网在改变传统企业及产业集群的同时，也催生了一批新型的企业与产业集群，如虚拟产业集群。虚拟产业集群是快速构建与运作虚拟企业的基础平台，是由具有一定专长的企业组成的集合体。虚拟集群由虚拟企业（virtual enterprise，VE）发展而来："虚"是指虚拟企业不同于实体企业，它主要以信息驱动销售、物流等环节的运行；"实"是指虚拟企业所实现的企业功能是完整的，这一点与实体企业是相同的。虚拟产业集群是以组织邻近代替传统的地理邻近，能结合产业集群和虚拟企业两者的优势，以核心企业为中心，具有共性和互补性的相关企业或组织为节点，基于信息通信技术及网络技术的一种新型产业集群（图4.7）。其本质是某一核心企业利用信息通信技术实现对研发、生产、销售、管理、财务、售后服务等整条供应链的掌控。

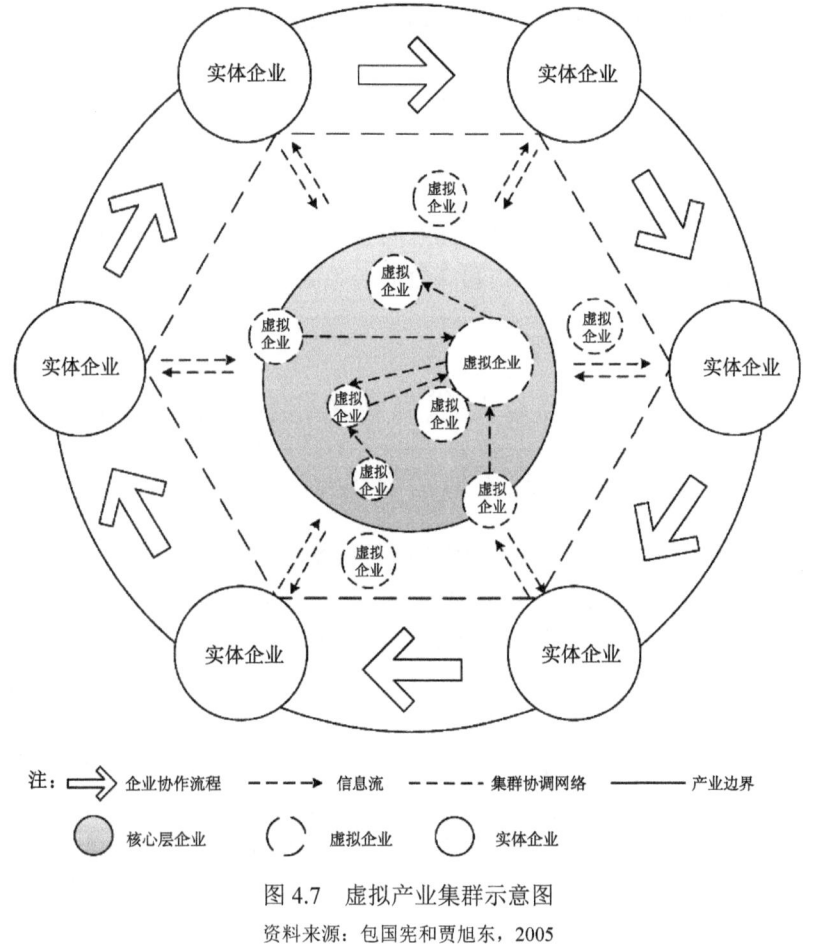

图 4.7 虚拟产业集群示意图
资料来源：包国宪和贾旭东，2005

相比于传统的产业集群，虚拟集群具有以下特征：

第一，虚拟产业集群受到地理距离的影响较少，依托先进的网络和通信技术进行集群空间联系，可以是不同区域内甚至也可以是全球化的。传统产业集群中企业机构是混合的，它们之间具有清晰的合作关系，大部分的企业所扮演的角色也是确定的，文化、工作环境相似，极少有变动。而虚拟产业集群成员之间的合作主要是柔性的契约关系，角色定义不明显，变动性较大。

第二，先进的信息通信技术和信息网络，是联系虚拟产业集群成员企业的技术平台。虚拟集群大量应用计算机技术、网络技术和通信技术来实现企业之间的信息共享和动态联盟。联盟成员之间往往通过 ERP 系统、电子商务系统和网络进行沟通，而不是集聚在有形的实体空间内。企业的订单、样品传递、物流等业务环节也大量利用信息通信技术来完成，虚拟化程度高。

第三，虚拟集群空间组织呈现动态化特征。由于进入或退出集群的障碍较小，虚拟产业集群总是处于不断发展变化之中(陈剑锋和唐振鹏，2002)。集群内部的合作关系是动态的，集群空间组织能即时反映市场的动态。可以随时根据市场需求和环境的变化，增加或者减少联盟企业，随时动态地改变集群的空间组织边界。

第四，空间组织结构扁平化。相比传统产业集群典型的垂直型多层次结构，虚拟集群则多采取一种扁平化的空间组织结构。虚拟集群的中间管理层被大幅削减甚至完全消失，决策层与执行层的交流更加直接、频繁。虚拟集群内部是平等的合作关系，不是传统的管理与被管理关系，联盟企业具有高度的独立性和较强的决策权限。这种扁平化空间组织结构具有简单、灵活、反应快和高效输出等优点，更能适应信息时代快速变化的市场需求。

第四节 信息时代产业集群的空间重构

一、信息时代地理邻近性仍发挥作用

信息革命加剧了产业集群空间组织的两种转变趋势：一是弱化产业活动的地域限制，各种服务可以从生产地点被轻松供应到全球；二是产业活动空间联系的编码化，产业活动的上游与下游联系、贸易联系、研发合作等均可通过信息传递，知识也能被简化成一种可以被普遍获取的信息形式，信息还原成比特，使得产业的空间联系以"数字化存在"。

在信息时代，地理邻近性仍是产业集群空间组织的重要因素。尽管信息通信技术的发展加快了信息传播的速度，拓宽了信息传播的范围，但是信息化只能加速显性知识的传播，而隐形知识的传播还需要依赖于个人的面对面交流。信息革命并不能代替面对面的交流，特别是隐形知识由于深受地理环境的影响，具有独特的空间根植性，其传播仍然受到地理距离的约束，本地化的学习交流在集群创新的过程中必不可少，地理邻近性仍然具有重要作用。

在信息流的背后是大量的物质流，网络交易依旧离不开物质产品的配送过程，需要大量的物资运输(原料燃料、半成品及零部件、各种设备工具、产品、废料)和人员的位移。由此，交通费用和交通成本是永远不能消除的。对于地理学者来说，地球远不是"平的"，各种范畴的区域亦然，均存在一定的地理结构。

尽管信息革命改变着产业运作的方式，但相关的地理法则没有大的改变。特别是对于传统产业而言，手工业品、劳动力、运输设备等并不能摆脱物质而存在。信息革命下，产业集群空间组织的关键点是要解决生产对消费者的时间和区位问题(Murphy, 2003)。因此，地理邻近性在产业集群空间组织中依旧发挥作用，只是其形式发生了变化。另外，物质产品的网上交易与配送也受到地方政策的约束，大多数产业集群的空间组织也仍局限在特定的地理范围内。

二、产业价值链重组与产业集群网络结构演进

1. 信息通信技术重组产业价值链

信息通信技术重组了产业价值链，呈现出大区域分散与小区域集聚并存的趋势，改变了地方产业集群的空间格局，但全球产业集群的空间等级体系并未因此而改变。

互联网改变全球价值链的空间布局。信息通信技术的发展推动了制造业与服务业的跨界融合，价值环节的空间布局也随之改变。表现为研发、设计、加工生产、销售、售后服务等全球价值链环节在空间上扩散与集聚并存的格局(Ernst，2005)。越来越多的高价值环节扩散到发展中地区。全球价值链的扩散程度依零部件或服务环节所处的价值链的位置而决定，离最终产品越近、扩散程度越高。互联网在其中所起的作用非常关键，它通过降低通信与学习成本、增加了知识扩散的范围来改变价值链的布局。一方面产业的互联网化，使得卖方可以更快地获取更广范围的市场。新产品、新的市场信息也可以更高效地在广阔的地域范围内传播，增加了地方开发高附加值产品的可能性。另一方面互联网使远程控制的组织形式得以实现，生产、研发、销售等环节可以更加充分地选择低成本区位，而又可以快速联系起来。上述这些变化导致了价值链的不断分散，也形成一种更加开放的产业集群空间组织形式。

价值链高端的研究与设计活动仍然集聚在发达地区。地理的非均衡发展在全球价值链中起到重要的作用，尽管价值链的一些环节正在全球范围内扩散，但关键的高端环节依旧保持在发达地区集聚(Ernst and Kim，2002)。不同的集群接受不同程度的高价值扩散，这取决于它们的专业化程度。全球价值链的空间等级体系也没有因为信息革命的发展而改变。发达国家的产品引介中心在开发产品原型和新产品规模生产线上处于领先地位，而低成本的地区很难获得先进的技术支持。因此高端产品的研发和多样化而小批量的生产仍然集聚在发达国家，大规模标准化生产则趋于分散在各个低成本地区。此外，关键部位的研发设计和制造单位也在发达国家集聚。全球价值链在空间垂直分离后所形成的一个重要的区域空间特征，就是地方产业集群之间的空间等级体系。各个地方的产业集群还是依据其所占据的价值环节附加值高低来决定其自身等级，全球价值竞争法则仍在起作用。这一点在信息革命时代依然没有改变，全球产业集群发展的不均衡性依旧存在。这种现象在中观尺度也勾勒出地方产业集群之间的等级关系，与地方的经济发展水平具有密切的联系。

2. 产业集群内部结构演进阶段及特征

1) 产业集群网络结构的演进阶段

产业集群的本质是网络，产业集群的发展过程也是不同网络结构的演化过程，可以从空间维度与网络维度来认识产业集群的发展阶段(韩莹等，2015)。如图 4.8 所示，在集群的演化过程中，按照先链状、后网状，最后向集群外不断扩张的规律，分阶段嵌入到不同类型的集群网络中。集群企业先以供应链关系为主导，形成供应链网络；之后，

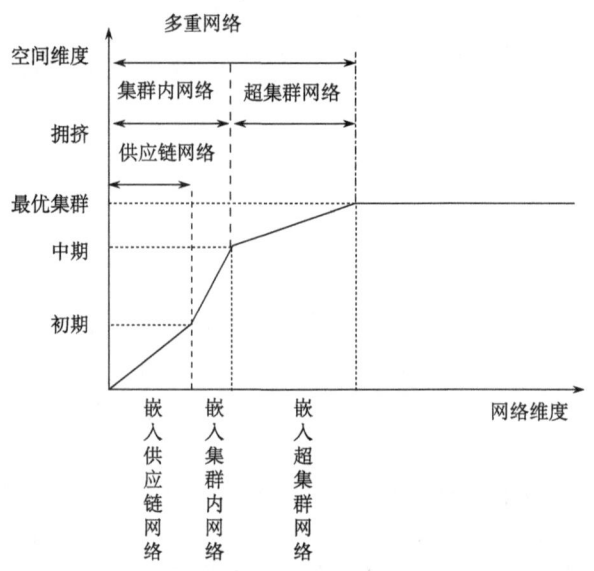

图 4.8　产业集群网络结构的演进阶段示意图

资料来源：韩莹等，2015

集群企业间基于地理相近，不同供应链的企业存在跨链间竞争与合作，并和游离于供应链的大量企业和组织互补，形成集群内网络；随着互联网的不断发展，集群企业与集群外企业和组织基于组织临近，不限于集群地理范围，通过联系互动，形成超集群网络。随着时间的推移，不同要素的聚集程度增加，集群企业逐渐嵌入供应链网络、集群内网络和超集群网络组成的多重网络当中，聚集程度趋于稳定。并且，在此过程中，集群企业不断与集群内外的其他个体，如政府部门、科研机构、中介机构等发生相互作用，推动了产业集群网络的演化过程。

2) 不同阶段产业集群的结构特征

产业集群具有萌芽、成长、成熟和衰退不同的生命周期，在不同的生命周期和发展阶段，产业集群的网络结构呈现出不同的特征(江山等，2012)，如图 4.9 所示。

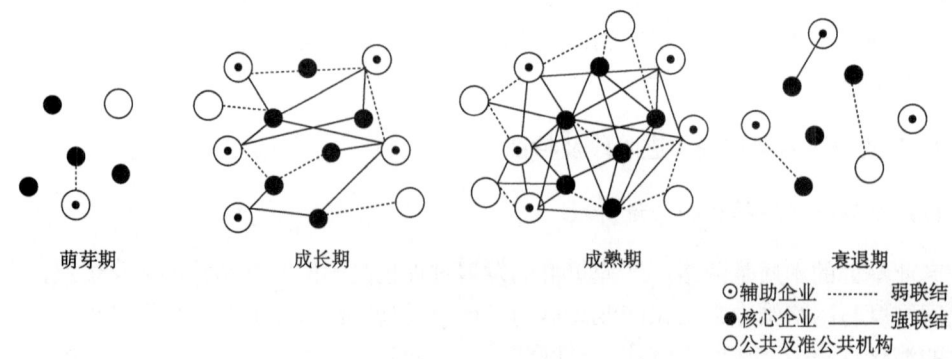

图 4.9　不同发展阶段产业集群的网络结构特征

资料来源：韩莹等，2015

萌芽期是产业集群形成的初始阶段。原材料和关键生产要素的可得性、交通条件、特殊历史事件、本地或邻近地区的支持性相关产业、具有创新精神的领军企业、地方政策及其他偶然事件，是产业集群形成的关键驱动要素。在这些要素的吸引下，一些生产同类型产品的企业聚集到一起，但由于缺乏上游研发、设计及下游市场营销的支持，企业之间完整的产业分工与合作链条并没有形成。尽管一些企业会在无法完成生产任务时，将一些操作简单的业务分包给其他中小企业，但企业间的水平合作相对较少，同时，集群内缺少相应的科研机构与中介服务机构。从网络视角来看，此时集群网络内结点的数量和种类较少，结点间的联结比较稀疏，以弱联结为主，中心结点的地位并不突出。

随着萌芽期的发展，集群的集聚力逐步增强。直接生产同种产品的众多企业聚集在一起，形成集群的核心层。随着核心层的实力增强和规模扩大，吸引了大量与本产品加工相关的企业、中介服务机构、科研服务机构集聚在核心层外围，逐渐形成的配套产业链，标志着产业集群进入成长阶段。随着集群规模增大，核心企业的中心地位愈加突出，实力快速成长，市场影响力迅速扩大。当其生产任务持续增加，并日益超出自身的生产能力时，开始将比较复杂的业务有计划地分包给供应商，辅助性企业由原来的简单零件专业生产者演变成复杂部件的专业生产者，核心企业与供应商之间的关系变得更加稳定。在这一阶段，集群内的互动关系主要集中在产业链的上下游企业之间，水平互动相对较少，同时，中介服务机构与科研机构的职能并不完善。从网络视角来看，此时网络内结点开始多样化，结点之间的联结比萌芽期更为密集，企业结点间出现强联结，核心企业结点的中心地位开始显现出来。

产业集群经过成长期后，规模逐渐稳定，形成比较完整的产业链条，开始步入成熟阶段。在产业链体系中，相关企业的劳动分工更加明确，大多数核心企业将核心能力定位在设计和装配方面，与有经验的供应商合作开发整个产品，外购绝大多数的产品零部件。主要供应商在生产任务不断增加的情况下，开始向其他供应商进行业务分包。相关企业之间既有竞争又相互合作，彼此之间的联系更加密切，依赖关系不断增强。与此同时，产业集群内各类行为主体的作用得到充分发挥，主要体现在：科研机构成为技术创新知识的源头；中介服务机构协调产业集群内部企业的生产活动，为企业、科研机构之间的合作节约大量的交易费用；政府不仅投资教育，而且直接对一些科研机构及企业进行技术创新补助，同时，制定各种鼓励政策。从网络视角来看，此时产业集群网络内部的联结遍布于各类结点之间，十分密集，中心结点的地位十分突出。在网络内部的大量联结关系中，企业结点之间以强联结为主，而与其他类型结点间的关系则以弱联结为主。

衰退期是指产业集群网络承担了知识转移活动的组织功能，在集群形成阶段是促进创新的要素，但也可能导致区域的锁定，阻碍区域发展。在成熟期的后期，知识转移效率的提高促进了产业集群创新能力和持续竞争优势的培育，使得各行为主体间的互动更加密切，而当网络密度升高到一定程度后，便转化成影响知识转移的负面因素。首先，网络内知识和技能的高度外部溢出性使大多数企业都能坐享创新外溢的好处，企业间技术模仿的倾向加大，创新精神丧失。其次，密集的网络关系逐渐使产业集群内部形成相对封闭、稳固的信息圈，削弱了企业到网络外部获取新信息的动机和渠道，导致产业集群的创新能力和对市场需求变化的应对能力下降。最后，一个稳定的网络一旦形成，往往会出现路径依赖及区域锁定效应,同时,形成带有强烈本地特色的网络氛围。从网络视角来看,网络结点大量减少,相互间的联结愈加稀疏,联结强度减弱,网络重被隔离成互不相连的部分。在此阶段,虽然主体间存在着强烈的技术模仿意愿,但知识共享规范在过度竞争中被破坏。随着信任感的丧失和知识转移渠道的封闭,知识转移行为也大量减少,并呈现出无序的态势。

三、信息通信技术与产业集群空间形态重塑

信息时代产业集群空间组织形式 West 将其重新定义为物流和服务的一个经济组合(West and Clarke,1999)。互联网的纵向发展,改变了产业组织形式,从小作坊生产到大工业生产,再到大规模定制,到近年来兴起的个性化定制,带来了产业集群空间形态的巨大变迁。这些内外部环境的变化,导致价值环节扩散与集聚、网络化生产、集群网络去中心化等特征表现得日益明显。产业集群空间形态具有了过去所没有的一些特点。

第一,从区位因子看,信息技术引起传统区位因子的变化,通过影响微观企业的区位选择,进而影响产业集群的空间组织。国内外一些地理学家对该领域进行了探索性研究。例如,Graham 和 Marvin 指出信息通信技术使企业区位选择更具弹性(Warf,2001)。信息通信技术可以将各个地方的生产活动联系在一起,不管是位于城市中心的高端研发设计,还是位于边缘地区或新兴工业化城市的生产加工,或者作为转运中心和出口加工区的物流、海港和机场枢纽等都可以通过信息通信技术即时连接起来,从而使产业经济活动的全球扩散成为可能。信息通信技术使资本能够在空间自由流动,促进产业各个部门在全球进行自由的区位选择(Dunning,1998)。信息网络带来传统区位因子的转型,影响企业区位决策,从而影响集群空间组织。信息因子、知识因子、创新因子等成为信息时代空间结构新的影响因子,而技术是决定社会经济空间结构的重要因子,这背后更深层次的原因在于信息时代,时间成本对产业运作具有决定性的作用。

第二,从集群网络结构来看,以往产业集群主要是基于地理社会关系和交易关系的分工协作网络,是一种垂直线性的网络结构,产业链上下游的企业是单向、线性的关系,更加具有等级性。这种网络在相对明显的边界范围内具有紧密的关系,而对外却显出相对的封闭性。而信息时代产业集群是去中心化的网络结构。集群的空间关系表现为网状、去中心化、多向化、实时与协同性。这与以往基于地域关系的相对封闭性集群网络有很大不同:一方面由于信息与知识在更大地域范围内获取和互动交流,产业集群的创新网络变得更加开放,创新功能获得快速提高;另一方面,由于信息革命、互联网经济的影响,集群的虚拟组织不断出现,跨国公司的网络遍及全球各地的产业集群,产业间的融合正在加深。这些因素从根本上改变着产业集群的网络属性和关系结构,从而使得集群的关系网络和经济联系的边界趋向模糊。这意味着产业集群的传统空间结构在地理上接近或集中的基本形式可能已被改变。整体上看,产业集群网络结构的属性和空间体系正在从原先局限于地域性的封闭型结构逐步向更加开放式、多元化的网络结构转变,这一转变会重塑产业集群的空间形态,对集群的空间功能产生影响。

第三,从集群空间形态来看,传统的产业集群突出专业细分,产业价值链分解产生

的专业细分更多是基于成本考虑。而互联网时代,产业更强调跨界融合,市场需求导向逐渐取代生产导向。基于用户需求的跨界融合取代专业细分,成为产业集群空间组织的重要表现。信息化进程在促使产业分工更加细化的同时,又在更高层次上促使产业趋向一种融合。这种变化无疑会重塑传统产业集群的空间形态,对传统产业集群的地理边界和地理集中性都产生实质性影响,同时也使得产业集群的相关领域大大拓展,从根本上改变产业集群的空间形态。它虽然可能仍然是以某一(类)产业为核心,并包含所有紧密连接的厂商、机构、企业等,但这些单元形成的集群,已并非都属于单一产业,也不一定都是依托地理邻近性的集中,而是在产业和组织空间及形式上都有更大的拓展。这意味着产业集群在拥有更加多元化的相关产业、更多类型的专业化供应商和更广泛的辅助性机构的条件下,有可能会形成"新型的竞争协同关系"和"复合效应"。

第四,互联网对产业集群空间形态的重塑还体现在实体空间上,特别是对于传统产业集群而言,仓储空间与物流空间在以电子商务为主体的传统产业集群空间功能中显得尤为重要,其规模大小由经营的产品类型与发货速度决定。这种实体空间的重塑,正在经历从办公、生产、仓储及居住混合使用的空间形态到生产-居住分离的空间形态演变。电子商务发展初期,传统产业集群店铺多以民宅作为办公、生活、生产等空间。而随着产业规模的不断扩大,局促的空间容量已经无法容纳大商户的发展需求,成为制约电子商务快速发展的重要瓶颈

第五节 小结与展望

一、研究小结

经济地理学者对产业集群及其空间组织的关注由来已久,21世纪科技进步和信息技术发展日新月异,信息通信技术作为一种新的要素,正在对企业联系及产业集群的空间组织产生影响,信息时代集群的组织和空间结构正在发生深刻变化。在这种变化中,互联网和信息技术所扮演的角色和作用是什么?对企业和产业集群的空间重构产生何种影响?这既是在信息化和新经济背景下,经济地理学迫切需要回答的理论问题,也是当前政府和学界关注的热点。

本章在系统梳理产业集群概念、类型及特征的基础上,分别从微观的企业层面和中观的产业层面入手,分析信息时代企业区位要素、经营环节及组织结构的变化特征,探究互联网对产业集群组织方式和空间模式的影响;比较传统价值链与信息技术影响下全球价值链的结构差异,进而探究信息时代产业集群的转型路径和空间形态变迁。本章研究得到以下主要结论:

第一,信息时代企业组织形式的变化。企业是产业集群的微观主体,信息技术和互联网对企业生产、营销和研发设计环节均带来深刻影响。从生产环节看,带动柔性生产方式的普及,增加上下游生产企业、企业生产部门的区位选择弹性,使生产的远程控制成为可能,带来了集聚与分散并存的空间布局;从营销环节看,催生新的营销模式(线上线下双渠道营销、电话营销及社交网络营销),形成新的营销空间(电商集聚区、在线产

业带），扩大营销市场范围，融合网络空间与实体空间。从研发设计环节看，弱化了设计三级市场之间的空间障碍，形成虚拟的设计部门，缩短研发设计周期。

第二，信息时代产业集群的价值链重构。信息通信技术重构了全球价值链，促进了价值链的分解与融合，价值链的增值环节不断增加，也使价值链上下游关系发生变化，产业边界逐渐模糊化。互联网打破了传统的"一对一"的链式组合，重塑了产业集群的组织流程，催生虚拟化的组织结构——虚拟价值链。相比于传统的多层级的组织结构，虚拟组织具有明显的去中心化和扁平化的特征。

第三，互联网和信息技术的广泛运用，使产业集群按照新的信息技术流程重构内部组织的时空结构，构建出"以系统流程为核心"的空间组织模式。与传统的集群空间组织相比，表现为三个突出特征，即空间布局上"分散的集中"、时间依赖性、组织结构的虚拟化。互联网化为产业活动的空间布局带来全新的要素和方式。在信息化和互联网的冲击之下，以往基于地理邻近、社会邻近等传统产业集群的空间联系方式也在发生新的变化，并向信息空间邻近的互联网型产业集群演化，催生出诸如虚拟集群、E-集群等新型产业集群。产业空间联系逐渐由地理邻近、社会邻近向信息空间邻近转变。

第四，信息时代时间成本对产业运作具有决定性影响，信息、知识、创新因子成为影响产业集群空间结构新的影响因子。产业集群的传统空间结构在地理上接近或集中的基本形式可能已被改变。从整体上看，信息时代产业集群网络结构和空间体系正在从原先局限于地域性的封闭型结构逐步向更加开放式、去中心、多元化的网络结构转变。尽管信息通信技术加快了信息传播速度，拓宽了传播范围，但隐形知识仍需要面对面的交流，地理邻近性仍发挥作用。信息技术重组了产业价值链，呈现出大区域分散与小区域集聚并存的趋势，改变了地方产业集群的空间格局，但全球产业集群的空间等级体系并未因此而改变。

二、研究展望

"互联网"作为一种新兴的技术和经济形态，其对产业集群空间组织的作用和影响目前国内学术界，特别是经济地理学领域的相关研究还有待丰富。该研究领域较新，涉及的因素较多，研究具有多向性，不确定性，研究范式、研究框架等还有待完善。作为一种探索性的研究,囿于互联网信息技术空间影响因素的复杂性和调查数据获取的难度，目前更多地采用了定性分析的方法去剖析问题，今后需要加强不同类型、不同发展阶段产业集群的案例研究和定量分析。本章尝试性地分析了信息通信技术对产业集群组织结构和空间组织的影响，但研究的理论深度还不够，信息通信技术对产业集群空间组织的影响机理分析还有待深化。

参 考 文 献

阿尔弗雷德 A. 韦伯. 1997. 工业区位论(中译本). 李刚剑等译. 北京: 商务印书馆.
包国宪, 贾旭东. 2005. 虚拟企业的组织结构研究. 中国工业经济, (10): 97-99.
陈剑锋, 唐振鹏. 2002. 国外产业集群研究综述. 外国经济与管理, 24(8): 22-27.
韩莹, 陈国宏, 梁娟. 2015. 产业集群网络结构演化研究. 科技管理研究, 14: 153-159.

江山, 刘锐, 高菲. 2012. 产业集群的网络结构及内部知识转移演化规律探析. 科技与创新, 2: 26-29.
雷爱华, 谷人旭. 2004. 论信息化与企业空间组织的演变. 经济论坛, 19: 65-66.
李平, 狄辉. 2006. 产业价值链模块化重构的价值决定研究. 中国工业经济, 09: 71-77.
刘城, 林平凡. 2015. 传统产业集群产业链和创新链融合升级的模式——来自广东中山古镇灯饰集群的经验. 南方经济, 05: 120-126.
刘卫东, Dicken P, 杨伟聪. 2004. 信息技术对企业空间组织的影响——以诺基亚北京星网工业园为例. 地理研究, 06: 833-844.
刘卫东. 2002. 论我国互联网的发展及其潜在空间影响. 地理研究, 21(3): 347-356.
柳洲. 2015. "互联网+"与产业集群互联网化升级研究. 科学学与科学技术管理, 36(8): 73-82.
陆大道. 1979. 工业区的工业企业成组布局类型. 地理学报, 34(3): 249-263.
陆大道. 1990. 中国工业布局的理论与实践. 北京: 科学出版社.
陆立军, 于斌斌. 2012. 传统产业与战略性新兴产业的融合演化及政府行为: 理论与实证. 中国软科学, 05: 28-39.
路紫. 2006. 信息经济地理论. 北京: 科学出版社.
吕坚, 孙林岩, 马新莉. 2003. 企业集群与虚拟企业组织模式比较及发展研究. 中国机械工程, 13: 37-40.
马歇尔. 2013. 经济学原理(中译本, 上卷). 北京: 商务印书馆.
庞俊亭, 游达明. 2011. 我国区域产业经济发展风险规避路径研究——基于虚拟产业集群视角. 经济地理, 05: 805-809.
仇保兴. 1999. 小企业集群研究. 上海: 复旦大学出版社, 231-249.
宋周莺, 刘卫东. 2012. 信息时代的企业区位研究. 地理学报, 04: 479-489.
宋周莺, 刘卫东. 2013. 信息技术对产业集群空间组织的影响研究. 世界地理研究, 01: 57-64.
孙军, 高彦彦. 2012. 产业结构演变的逻辑及其比较优势——基于传统产业升级与战略性新兴产业互动的视角. 经济学动态, 07: 70-76.
汪明峰, 李健. 2009. 互联网、产业集群与全球生产网络——新的信息和通信技术对产业空间组织的影响. 人文地理, 02: 15-17.
汪明峰, 卢姗. 2011. 网上零售企业的空间组织研究——以"当当网"为例. 地理研究, 06: 965-976.
王缉慈. 2001. 创新的空间: 企业集群与区域发展. 北京: 北京大学出社.
王珺. 2002. 论簇群经济的阶段性演进. 学术研究, (7): 5-9.
魏后凯. 2008. 中国产业集聚与集群发展战略. 北京: 经济管理出版社.
魏心镇. 1982. 工业地理学. 北京: 北京大学出社.
文嫮, 曾刚. 2005. 从地方到全球全球价值链框架下集群的升级研究. 人文地理, 04: 21-25.
亚当·斯密. 2014. 国民财富的性质和原因的研究(中译本, 上卷). 北京: 商务印书馆.
阎小培. 1996. 信息网络对企业空间组织的影响. 经济地理, 16(3): 1-5.
曾忠禄. 1997. 产业群集与区域经济发展. 南开经济研究, (1): 28-30.
甄峰, 曹小曙, 姚亦锋. 2004. 信息时代区域空间结构构成要素分析. 人文地理, 05: 40-45.
Bergman E M. 2002. Industrial cluster sustainability at Austria's accession edge: Better or worse than regional sustainability. Environment and sustainable development in the new central Europe, Austria and its neighbors, 19-21.
Davidovic M. 2013. Building E-clusters. Business Logistics in Modern Management, 13: 211-223.
Dunning J H. 1998. Location and the multinational enterprise: A neglected factor. Journal of International Business Studies, 29(1): 45-66.
Ernst D, Kim L. 2002. Global production networks, knowledge diffusion and local capability formation. Research Policy, 31 (8/9): 1417-1429.
Ernst D. 2005. The new mobility of knowledge: Digital information systems and global flagship networks. In Latham R, Sassen S. Digital Formations. Princeton: Princeton University Press, 89-114.
Graham S, Marrin S. 1996. Telecommunication and the City. Electronics, urban places. Routledge, London.
Humphrey, J, Schmitz H. 2002. How does insertion in global value chains affect upgrading in industrial cluster. Regional Studied, 36(9): 1017-1027.
Knorringa P, Meyer-Stamer J. 1998. New Dimensions in Enterprise Co-operation and Development: Form Cluster to Industrial Districts, Contribution to ATAS bulletin XI, New approaches to science and technology cooperation and capacity building, published by UNCTAD, Geneva.
Murphy A J. 2003. Resolving space and time: Fulfilment issues in online grocery retailing. Environment & Planning A, 35(7): 1173-1200.

Porter M E. 1998. Clusters and the new economics of competition. Harvard Business Review , 76(6) : 77- 90.

Rabellotti R. 1997. External Economies and Co-operation in Industrial Districts: A Comparison of Italy and México. Basingstoke: MacMillan.

Rosenfeld S. 1997. Bringing business clusters info the mainstream of economic development. European planning studies, (5): 111-122.

Schmitz H. 1995. Small shoe makers and Fordist giants : Table of a super cluster. World Development , 23 : 9- 28.

Schmitz H. 1999. Global Competition and Local Cooperation: Success and Failure in the Sinos Valley, Brazil. World Development, 27 (9): 1627-1650.

Warf B. 2001. Splintering Urbanism: Networked Infrastructures, Technological Mobilities, and the Urban Condition. Annals of the Association of American Geographers, 93(93): 246-247.

West J C, Clarke T H. 1999. Global Electronic Commerce: Theory and Case Studies. General Information, 1: 181-85.

第五章　互联网技术与运输物流网络重构

现代物流是生产力发展到一定阶段的产物。历史上曾有过两个提供利润的领域：资源与人力，被称为"第一利润源"和"第二利润源"。后来，在资源领域和人力领域，"第一利润源"和"第二利润源"的空间越来越小。物流领域存在巨大利润空间，改进物流系统被称为须待挖掘的"第三利润源"，这促使实业界将目光集中在物流领域。物流则联结生产、交换、消费等环节，随着企业经营方式的变革，世界经济对供应商、顾客和物流企业进行重新分工。新生产管理方式的发展往往伴随着新物流系统的构筑，尤其是随着信息技术与网络技术的发展，现代物流开始迅速发展，重塑了其空间组织模式，并深刻影响了城市空间结构乃至区域空间结构。

第一节　现代运输物流与网络信息技术

一、现代物流发展历程

现代物流起源于美国，发展于日本，成熟于欧洲，拓展于中国，这是现代物流发展历史的公认轨迹(许胜余，2002)。

1. 物流概念的萌芽：第二次世界大战之前

物流在社会经济系统中的功能是随着生产力发展而不断拓展的。在早期的物流活动中，运输和仓储形成主体，但限定在生产和生活领域。20 世纪初，欧美国家出现了产品过剩、需求不足的经济危机，人们意识到降低物资采购和产品销售成本的重要性；同时单元化技术为配送提供了条件，这为人们认识物流提供了可能(李建成，2002)。美国学者指出"物流是与创造需求不同的一个问题"，并提到"物资经过时间和空间的转移会产生附加价值"(杨海荣，2003)。1918 年英国哈姆勋爵成立"即时送货股份有限公司"，把商品及时送到全国批发商、零售商及用户手中(王莉，1997)。把物流认识真正提升到理论高度加以研究的是 Clark(1926)，探讨商品流通形式对企业成本、效益和商品市场的影响，并将流通机能分为"交换机能、物流机能和辅助机能"三部分(王槐林和刘明菲，2002)。该时期，尽管物流开始为人们所重视，但地位上仍为流通的附属机能，物流企业所进行的纯粹是建立在功能基础上的后勤工作，对所存在的综合物流没有概念或理论。

2. 物流概念引入产业界：1950~1970 年

20 世纪 60 年代开始，人们需求个性化，生产进入小批量、多品种阶段，企业竞争由成本为主转变为以客户服务为主，要求回归主业，这使第三方物流迅速发展。物流理念从美国走向全球,尤其是在日本得到发扬光大,不仅实践发展迅速,而且理论研究进展较大。使物流真正引起人们关注的是德鲁克的论说,物流是降低成本的最后领域,在实业界产生巨大震动。1964年日本设立"物的流通委员会",次年发表《运输白皮书》强调"物的流通"的重要性。

1950~1978年,中国专业物流得到发展,初步建立了流通网络系统,如按经济区统一组织市场供应等,物资、商业、供销、外贸等流通部门相继建立了储运、仓储等附属于专业公司、批发站的"商物合一"型、兼营型的物流企业。1955年商业部提出统一办理运输的决定,随后全国各地的仓储公司与联合运输站合并成立了国营商业储运公司和物资储运公司。

3. 物流概念引入非生产领域:1971~1985年

20世纪70年代后期,欧洲产品向多品种和小批量方向发展,为了实现准时交货、满足库存和控制成本,企业只有缩短物流时间,并租用外部仓储,将部分业务转向物流企业(霍红,2003)。人们把利润目光转向非生产领域,作为第三利润源的物流受到企业界重视(王斌义和李冬青,2003)。1975年左右,美国物流活动的经营环境发生了巨大的变化,出现了第三方物流公司,专门为企业负责内部物流(刘彦平和王述英,2003)。70年代末,美国运输市场逐步自由化,为物流企业的发展提供了广阔空间,物流真正走向现代物流。1980~1990年,企业将物流委托给物流企业经营,该阶段为委外阶段。政府开始重视物流企业的发展,如日本对物流企业的扶持政策。北美物流企业的组织结构存在机构综合化、职能延伸化、结构动态化和管理集中化等趋势,经营管理上存在物流工作计划化、反映灵敏化、服务标准公开化和信息科学化等趋势。该时期,中国国营物流企业加强了建设,部分集体和个体物流企业开始发展,向社会化和专业化方向发展。

4. 传统物流向综合物流发展:1985年迄今

20世纪80年代,欧美国家对物流进行整合,首先整合企业物流资源,形成独立的企业物流部门,随后资源整合拓展到整个产业链,形成以供应链为核心的社会化物流系统,使物流从生产和销售领域分离出来,发展为专业化的经济领域,并由独立的物流企业来承担,这使物流成为社会分工的组成部分(彭望勤,1998)。越来越多的企业将非核心业务进行外包,合同物流在欧洲盛行,使用第三方物流的比例为76%,美国为58%,日本为80%;1996年欧洲物流市场的1/4由物流企业来组织,商业已从配送发展到店内物流,交由物流企业完成。80年代后期,计算机技术和物流软件发展加快,推动了现代物流的发展。现代物流的组织在宏观和微观经济中得到体现,可粗略地用柔性化和全球化来描述。"门到门""JIT"等物流服务理念的产生又要求物流服务的专业化水平和运作精度不断提高。随着经济发展,企业采购、仓储、销售和配送等协作关系日趋复杂,企业间的竞争不再是产品性能和质量的竞争,而是快速反应的竞争,即物流能力的竞争。这产生了专业化的第三方物流,物流业成为独立的专业化产业部门。

随着市场经济发展,物流受到重视。中国计划分配的物资逐渐减少,货代、联运、配载、信息咨询、理货、仓储等企业迅速发展,配送等现代流通方式在80多个城市试点,并出现了许多新型物流企业。国际物流企业已进军中国物流市场,1987年澳大利亚天地物流进入中国,1999年英国Exel在中国成立分公司,Fedx、UPS也先后进入中国(彭望勤和刘斌,2003)。

二、现代物流功能拓展

从功能的角度分析物流要素,是物流学较为普遍的分析方法。物流是物体从供应者向需求者进行位置转移的物理性过程,包括运输、配送、仓储、搬运装卸、流通加工和包装及信息管理等物流环节。物流克服了商品在供给者和需求者之间的各种间隔,包括空间间隔、时间间隔、形体间隔和信息间隔,创造了商品的空间价值、时间价值、形体价值和信息价值。在各种类型价值的创造过程中,不同的功能要素分别起主导作用,如图5.1所示。

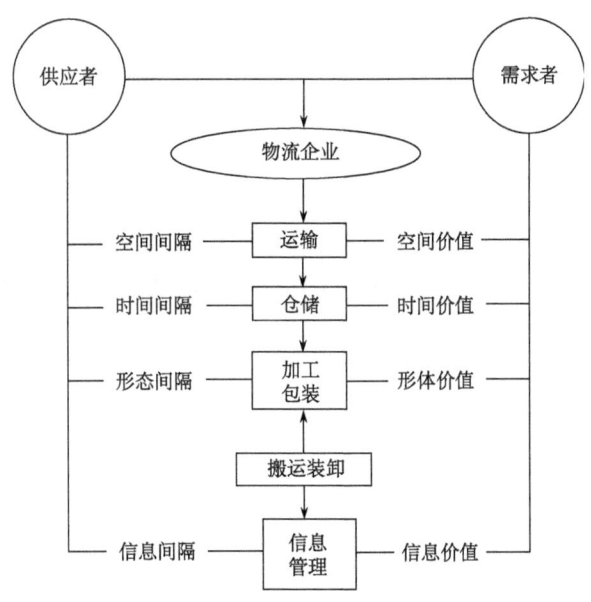

图 5.1 物流功能和价值创造的关系

1. 运输

运输是物体在不同地域间的载运,配送是从物流节点至用户的近距离送货形式,包括备货、储存、分拣、配货、分送,以上功能要素克服了供给者与需求者间的空间间隔,是物流创造空间价值的主要功能环节。

2. 配送

配送是"配"和"送"有机结合的形式,是指在经济合理区域范围内,根据客户要求,对物品进行集货、拣选、加工、包装、分割、组配、配货、运输等作业,并按时送达指定地点的物流活动。配送是物流中一种特殊的、综合的活动形式,几乎包括了所有的物流功能要素,是物流的一个缩影或在某小范围中物流全部活动的集成体。也有学者提出来,配送是一种"中转"形式的物流运动。配送活动的发展,促使空间上形成了配送中心、物流基地与物流园区及物流中心等大型物流节点,并在区域与城市空间结构的重塑过程中发挥了作用。

3. 仓储

仓储是对物资或商品进行堆存、保管、保养、维护等活动(丁立言和张铎,2002),仓储是连接生产、供应、销售的中转站,克服了商品的时间间隔,是物流创造时间价值的主要功能要素。最近几年中国仓储业发展迅猛,随着网络购物、网上支付、移动电子商户的数量急剧增加,越来越多的企业大举进军仓储业。2008 年年末中国仓储企业数量已达 17 416 个,2010 年新建仓库达 213 万 m^2。越来越多的物流企业认识到,没有强大的仓储资源网络,没有控制和管理物流仓库的能力,就难以成为有竞争力的大型物流企业。

4. 流通加工

流通加工是为了提高物流速度和物品的利用率及弥补生产加工过程的不足,在物品生产地到使用地的过程中,对商品进行必要的、一定程度的加工,如编码、分割、切剪、喷漆、染色等。以上功能要素解决了商品的形体间隔,是物流创造形态价值的主要功能要素。在运输和支线运输的结点设置流通加工环节,可有效解决大批量、低成本、长距离的干线运输与多品种、少批量、多批次的末端运输和集货运输间的衔接问题。

5. 包装

包装为在流通过程中保护产品,方便储运,促进销售,在采用容器,材料和辅助物的过程中施加一定技术方法等的操作活动。包装是实现商品价值和使用价值的重要手段。

6. 搬运装卸

搬运装卸是搬运和装卸的合称,在同一地域内(如车站、工厂、仓库内部等)改变物的存放、支承状态的活动为装卸,改变物的空间位置的活动为搬运,这两种活动普遍存在于其他环节(叶怀珍,2003)。在物流过程中,装卸活动不断出现和反复进行,其频率高于其他物流活动,每次装卸活动都要花费很长时间,所以成为决定物流速度的关键。在物流成本中的比例也较高,铁路运输的始发和到达的装卸费大致占运费的 20%左右,船运占 40%左右。为了降低物流费用,装卸是重要环节。

7. 信息管理

物流信息处理是指物流信息的收集、整理、加工、储存、服务等,并有效地运用人力、物力和财力等基本要素以达到物流管理的总体目标的活动。从创造价值的角度而言,最重要的是物流信息交易,解决了商品的信息间隔,是物流创造信息价值的主要功能要素。主要作用表现为：缩短从接受订货到发货的时间；库存适量化；提高搬运作业效率；提高运输效率；提高订单处理的精度；调整需求和供给；提供信息咨询等。

三、信息网络技术对运输物流的影响

20世纪90年代，以网络技术为核心的信息技术革命，改变了人们的生产、生活方式，引发有史以来对人类、对世界广泛而深刻的影响，改变着经济增长方式和产业发展的格局。其中，对物流行业的影响尤为深刻，网络技术对物流业的发展、产业的信息化、生产管理方式的变革、流程效率的提高等方面都产生了重大影响。

1. 促使物流业成为联系其他产业的纽带和桥梁

网络技术的出现和发展冲击了传统产业的发展，造成原有产业体系结构的裂变与重组。一类是实体行业，以制造业和物流业为主体；另一类是信息产业，包括服务、金融、信息处理业等。在实体行业中，现代物流从流通领域向生产领域、研发领域渗透。通过网络技术的推广，通过更多资源的汇聚与整合，越来越多的物流公司、贸易公司、船业公司、港口等企业参与网上物流的发展。物流产业演变为非常庞大而复杂的领域，成为联系其他产业的纽带和桥梁。

2. 有利于实现物流企业的基础信息化建设

与传统物流一样，网络技术条件下的任何一笔交易，都包含着信息流、商流、资金流和物流。网络技术的发展，促使物流业建设良好的基础信息处理和传输系统，建设四通八达的运输网络、配送网络，提升物流企业的运营效率，提供最佳的服务过程。物流企业利用互联网、电脑系统化等高科技手段，迅速建设自己的物流网络，实现企业内部的现代化管理，使自己的所有网点信息"网络化"。美国洛杉矶西海报关公司与码头、机场、海关信息联网，当货从各地起运，客户便可获得到达的时间、到泊的准确位置，使收货人与各仓储、运输公司等做好准备，使商品快速流动、直达目的地。美国橡胶公司的物流分公司设立了信息处理中心，接受世界各地的订单，通常在几小时内便可把货送到客户手中。

3. 促使物流业实现生产管理方式变革

网络技术应用可引起物流企业管理方式、生产方式的变革，实现运作过程的自动化，建设技术仓储设备、全自动立体仓库、无线扫描设备、自动提存系统等物流设备，尤为重要的是可建立网络信息交流平台，实现物流企业与公众、政府的在线信息交换。普通消费者可在网上商城购买所需产品；中间商可开展下订单、付款、验货、反馈等商务联系，随时了解货物位置、所处的运送环节和预计送达时间；企业可通过网络采购原料、接受订单、销售产品，并通过电子银行或利用电子货币进行交易。现代信息手段还保证了货物的安全和物流过程中的准确性，如条形码和无线扫描仪的使用，提高每天数以万计货物的运送准确率。

4. 有效提升物流业的生产水平

网络技术应用有效加强了采购的规范性，简化传统采购的复杂繁琐程序，缩短了采购周期，提高了采购质量，降低了采购成本；可以把库存转移给配送中心，使之成为"整个社会"的仓库，实现物流的"零库存"；可以实现运输单证的格式标准化和传输电子化，达到运输信息共享，提高运输速度。网络技术在物流中比较典型的应用就是物流标签的使用，用于记录产品行程、编列目录和产品追踪，以实现信息与实物一致，通过在网站设置选择、输入交货标签等页面，客户和供应商可在网络上直接操作、实时打印标签，在现货上粘贴条码标签，随即出货与交货，提高物流出货、到货验收的工作效率。

第二节 基于互联网的运输物流拓展与变革

一、互联网+农产品物流

1. 互联网与农业

互联网发展正在逐步改造农村，促使"农村消费都市化""产业在线化"和"就业本地化"。农业是传统的产业，一直遵循着传统的种植与销售模式，但互联网与电子商务对传统农业的渗透率和改造能力逐步增强。欧美信息化技术成熟较早，美国、英国、日本和韩国的农业电商较为成熟，基本走向资讯服务和交易平台两个方向。中国虽然地大物博、物产丰富，但农产品处于售卖原材料阶段，没有品牌、没有包装，附加值低。随着"互联网+"时代的到来，互联网与农产品紧密结合起来。2012年以来，国家多次出台政策支持农产品流通，鼓励利用互联网、物联网等信息技术，发展线上线下相结合的鲜活农产品网上批发和网上零售。国家对涉农电商更加重视，2015年中央"一号文件"明确支持电商、物流、商贸、金融等企业参与涉农电子商务平台建设。商务部发布了《"互联网+流通"行动计划》，力争在1~2年内创建200个电子商务进农村的综合示范县。农产品与互联网的融合，是传统行业与新思维的碰撞，颠覆了农业的传统营销模式。近年来，各式各样的农产品电商如雨后春笋般兴起，成为电商领域的新崛起力量。

各类社会化媒体及通信工具为农民提供了便利的营销入口，微博、微信、QQ等都是免费的资源。各地区纷纷谋求在淘宝、1号店等电商平台上开辟地方特产馆，许多农产品企业或农户开通了网上交易平台，通过线上线下推动农业发展。全国涉农网站超过3000个，农产品网络零售额达1000多亿元，2013年全国农产品交易市场超过5万亿元。2015年1~4月，全国网上商品零售额同比增长40.3%，高于社会消费品零售总额增速29.9个百分点。2014年天猫"双十一"交易额中，农村消费占10%，占消费总额的比例也在持续扩大。根据《中国淘宝村研究报告(2014)》，农村网购消费有巨大的增长空间，2014年达1800亿元以上。

目前，"互联网+农业"大致有三种模式：①平台化模式。在地方建立农产品特色馆，作为独特分销平台，集合了本地卖家，对上游货源进行统一整合并拟定采购标准，平台专业团队进行统一运营管理，线下则按照统一包装、统一配送、统一售后等标准化操作执行。②资源整合模式。成立了电子商务协会,主打地方特产,依托网店进行销售。③品牌化模式。农产品进行品牌化运作,直接进驻旗舰店,以专业的第三方主体进行运营,开展统一采购、统一包装、统一运营、统一配送、统一售后等标准化经营。

2. 农业电商与电商平台

"互联网+农业"电商平台是利用大数据、云平台、物联网等互联网技术,整合金融、物流等各类社会资源,实现农业产业链去中间化,提升农产品生产流通效率,是一种新型农业平台。阿里研究院发布了《阿里农产品电子商务白皮书(2015)》,2015年阿里平台完成农产品销售额695.5亿元,卖家超过90万个,其中阿里零售平台占比为95.3%,1688占比为4.7%。如图5.2所示,从阿里零售平台卖家的分布看,广东的农产品卖家最多,超过10万,其次是浙江、江苏;陕西的农产品卖家数量增幅最快,达56.4%,其次是山西、江西。农产品单品销售量的排名依次为枣类制品、乌龙茶、普洱、牛肉类、鲜花速递、代用/花草茶、纯牛奶、天然粉粉视频、绿植、松子、蜂蜜、海参、鸭类零食、猪肉类、燕窝、绿茶、梅类制品、大闸蟹和牛排等,其中枣类制品超过20亿元。农产品电商平台上集中了大量的农户与企业,2015年年底农村淘宝共招募1.2多万名合伙人。2014年2月云农场上线,拥有14家子公司,注册用户过百万,有400余家企业,在十几个省份拥有16 000多个村级站点,服务土地面积近3万亩[①](表5.1)。

表5.1 阿里零售平台上农产品销售的省(区、市)分布

农产品销售水平	省(区、市)
最低	西藏、贵州、青海、海南、甘肃、山西、天津、重庆、宁夏、江西、内蒙古、黑龙江、河北
较低	广西、陕西、吉林、新疆、辽宁、四川、河南、湖南、湖北
一般	云南、安徽、山东、北京
较高	江苏、福建
最高	浙江、上海、广东

3. 特色农产品物流及网络

信息网络与电子商务的迅速发展与普及,对塑造特色农产品品牌发挥了更积极的优势。许多农村地区发挥比较优势产业、特色产品等优势,大力推进"互联网+特色农产品"营销,精心打造农产品特色品牌。广东已建立快递农村服务网点1700多个,覆盖超过800个乡镇,乡镇覆盖率超过70%。茂名市设立了150多个村镇便民快递揽收点,方便村民就近寄递荔枝。2020年,中国要实现乡乡有网点、村村通快递的目标。

2013年5月,由阿里巴巴、顺丰、宅急送等公共成立菜鸟网络,采用互联网技术,打造遍布全国的开放式、社会化物流基础设施,为电商、物流公司、仓储企业、第三方物流服务商等企业提供优质服务。菜鸟网络在北京、上海、广州、成都和武汉建设冷链

---

① 1亩≈666.7 m², 下同。

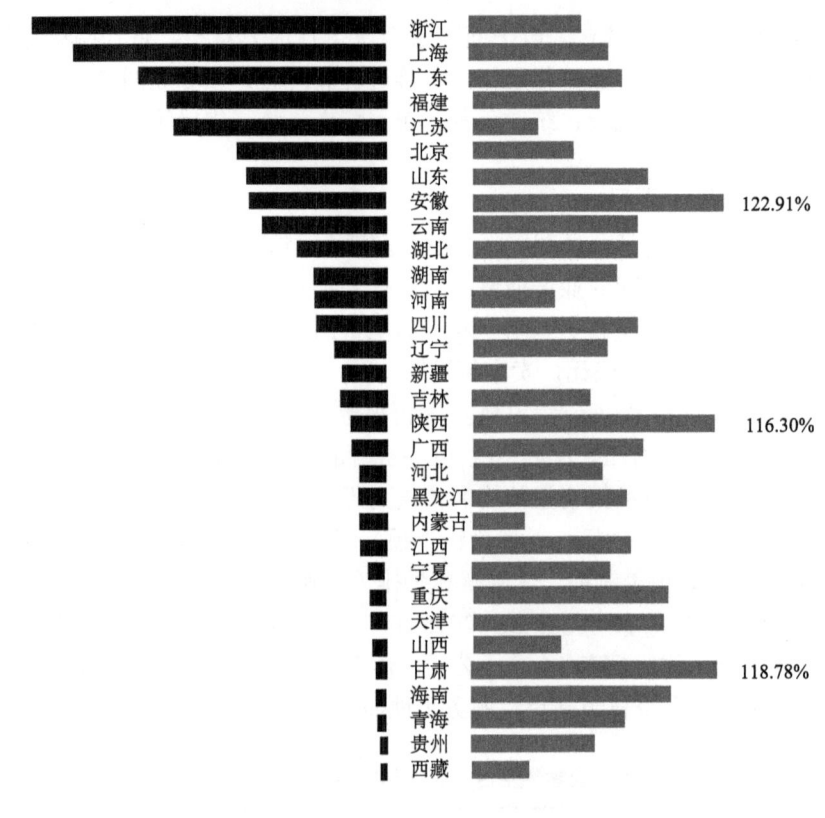

图 5.2 阿里零售平台农产品销售省(区、市)分布情况

分仓,分别服务于北京和天津、长江三角洲、珠江三角洲、成渝经济区、长江中游地区,组织冷冻/冷藏分区作业包装、合单出货,支持贴码、制冰、预包装等增值服务,扩大配送范围与深度,在 36 个城市实现 24 小时必达。

二、迅速崛起的电子商务物流

1. 世界电子商务与电子商务物流

生产销售模式的改变往往带来物流组织模式的革新。电子商务是一次高科技和信息化的革命,主要是指通过互联网等电子工具在全球内进行商务贸易活动,代表未来的贸易、消费和服务方式。电子商务把商务、广告、订货、购买、支付、认证等事务处理虚拟化、信息化,脱离实体而在计算机网络上进行处理。电子商务可分为企业对企业(business-to-business,B-B)、企业对消费者(business-to-consumer,B-C)和个人对消费者(consumer-to-consumer,C-C)以及企业对政府(business-to-government,B-G)四种模式。B-C 模式是比较具有代表性的电子商务模式。1997 年,温哥华第五次亚太经合组织非正式首脑会议上,克林顿提出各国共同促进电子商务发展的议案,电子商务开始发展,国际互联网逐步从大学、科研机构走向企业和百姓家庭,其功能也从信息共享演变为大众化的信息传播工具,成为互联网应用的最大热点。在欧洲,电子商务营业额占商务总额的 1/4,2003~2007 年年均增长率达 76%;在美国,电子商务营业额占商务总额的 1/3 以上,2000 年美国在线、雅虎、电子港湾等电商企业创造了 7.8 亿美元,IBM、亚马逊书城、沃尔玛超市等电商在各领域取得了巨额利润。目前,世界电子商务发展不平衡,主要表现为地区不平衡和行业不平衡。地区发展不平衡,以美欧日为首的发达国家占尽先机,但区域差异逐步缩小。美国是电子商务发展最早的国家之一,凭借网络技术、市场优势和商务基础而在全球网络贸易中占据优势,2012 年网络购物人数达 1.54 亿人,交易额达 2 255 亿美元,但全球市场份额从 2006 年的 48.8%降到 18.6%。其次是加拿大、日本、欧盟等发达国家。中国、印度、巴西等发展中国家电子商务异军突起,中东和非洲电子商务也发展较快,亚太地区成为"火车头",2013 年平均增速达 23%。行业发展不平衡,电子商务集中在第三产业特别是金融业、旅游业、电脑软件、音像制品和信息咨询等行业(图 5.3)。

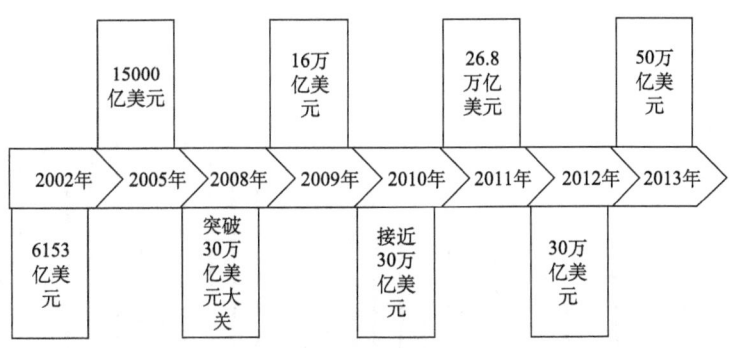

图 5.3 世界电子商务交易额

电子商务时代的来临,给全球物流业带来了新的发展动力。电子商务物流(electronic commerce logistics)又称为网络物流,是随着电子商务发展而出现的物流形式,以商品代理和配送为主要特征,并将物流、商流、信息流进行有机结合的社会化配送体系。与传统物流模式相比,电子商务物流具有如下特征。①信息化。电子商务物流有良好的信息处理和传输系统,如物流信息处理的电子化和计算机化、物流信息传递的标准化和实时化、物流信息存储的数字化等。条码技术、电子订货系统、电子数据交换、快速反应、企业资源计划、自动分拣系统、自动存取系统、自动导向车等技术得到普遍应用。②柔性化。柔性化物流是适应流通与消费需求而发展起来的新型物流模式,要求物流配送中心根据消费需求"多品种、小批量、多批次、短周期"的特色,灵活组织物流作业。另外,物流设施与商品包装的标准化、物流的社会化、共同化也是电子商物流的新特点。③全球化。由于电子商务的出现,消费者不受时间、空间和传统购物的诸多限制,可随时随地在网上交易,加速了全球经济的一体化,一个商家可面对全球消费者,而一个消费者可在全球的任何一家商家购物。

2. 中国电子商务与电子商务物流

伴随着信息化进程的加快,特别是互联网的高速发展,电子商务在中国快速兴起,如图 5.4 所示。中国电子商务的发展始于 20 世纪 90 年代初，1999 年 8848 等 B-C 网站开通，网络购物进入应用阶段，21 世纪以来进入持续发展阶段。随着网络的日益普及，电子商务发展迅猛，产业规模迅速扩大，信息、交易和技术等关联服务企业不断涌现，通过网络进行购物、交易、支付等的电子商务模式发展迅速，2008 年网络购物用户达 6329 万人，电子商务站点的用户达 9 800 万户，2011 年电子商务交易额达 5.88 万亿元。近几年中国电子商务交易规模一直保持较快增长，年均增速为 GDP 增速的 2～3 倍。自 2010 年突破 4 万亿元以来，电子商务交易额每年以 2 万亿元的增幅增长，成为拉动经济增长、促进传统产业升级的重要动力。2014 年中国电子商务市场交易规模达 12.3 万亿元，其中网络购物占 23%。大型电子商务网站有当当网、京东商城、淘宝网、QQ 商城、卓越亚马逊、红孩子、拍拍商城等。

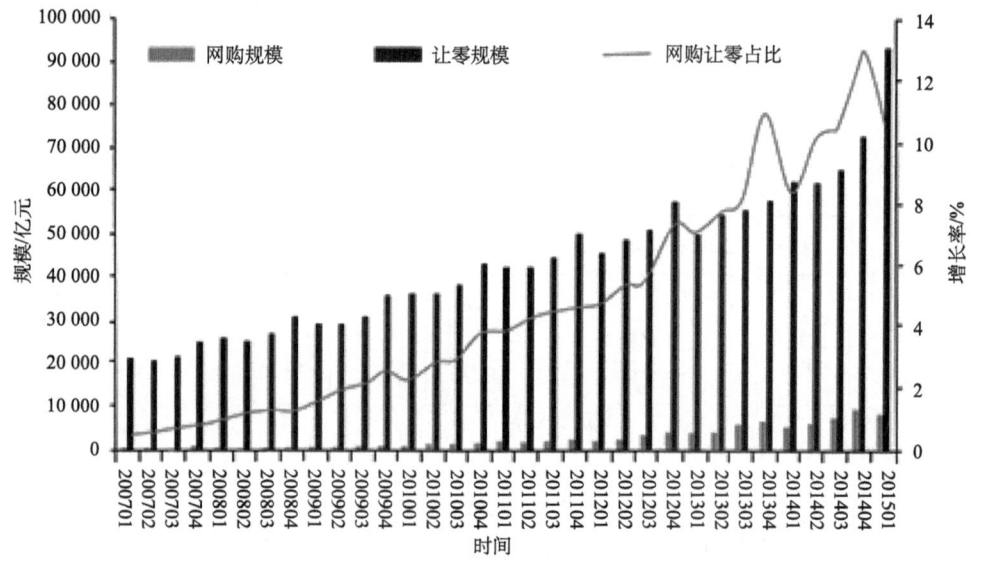

图 5.4　2007～2015 年中国网络购物规模及增长率

数据来源：证券公司研报

随着中国电子商务尤其是网络购物的爆发式增长，电子商务物流业尤其是快递服务业迅猛发展，成为商品流通的重要渠道。据统计，与淘宝网合作密切的圆通、申通等快递企业，60%成以上的业务源于网络购物。网络购物异军突起给快递业带来发展机遇，2010 年中国快递日业务量突破 1000 万件，进入世界前三位，邮政企业和全国规模以上快递企业业务收入累计完成 1276.8 亿元。快递市场呈现爆发式的发展，目前中国规模不等的快递企业有 2 万余家，快递业务量每年以 60%～120%的速度增长。物流一直是电子商务发展的瓶颈，随着电子商务近几年爆发式的发展，两者间的差距扩大，电子商务发展速度是 200%～300%，而物流增速只有 40%，物流发展水平远不能满足电子商务发展的需求，尤其在节假日，快递物流企业频频出现"爆仓"现象。目前，各种物流配送虽均跨越了简单送货上门的阶段，但仍是传统意义的物流配送。

第三节 基于互联网技术的运输物流网络组织

一、物流企业网络与物流组织

1. 物流企业网络模式

物流企业作为跨区域组织物流活动的实体,企业行为主要是空间行为,脱离企业空间网络,物流企业无法完成物流服务,其空间网络特征远比制造业明显。任何物流企业的某部门都只能完成一项或几项企业功能或物流功能,任何物流企业都存在一定的功能缺陷或空间局限,物流企业活动由不同部门或同类企业在不同阶段或地域共同协作而实现。物流企业需要在城市、区域、全国甚至全球内,布设具有不同企业职能和物流职能的网络单元,以形成企业空间网络。物流企业网络是指在不同企业组分间由于劳动分工、经济联系所形成的企业空间网络或企业地理结构,不同的物流企业或企业组分往往具有不同的主导功能或主导活动空间,这是一种技术分工或社会分工或地域分工,这促使不同物流企业或企业组分间的联系是功能性联系或空间联系,推动它们趋向于不同的区位,形成职能分工和区位分离,物流企业的空间网络得以形成。物流企业的空间网络反映了物流企业间和企业内部的一种空间关系和组织模式。

企业空间网络可细分为物流企业城市网络和区域网络。其中,城市网络主要是由于垂直性联系而形成,而区域网络则主要是由于水平性联系和垂直性联系共同作用而形成。两者是基于不同尺度的地域而形成,同时是基于企业间不同的经济联系而形成。

物流企业的城市网络主要由三种单元组成,分别为总公司、营业点和配送中心。不少物流企业的城市网络由四种组分组成,即总公司、分公司、营业点和配送中心,其中分公司和营业点两者的职能不同,但区位选择没有明显的差别,具体如表 5.2 所示。

表 5.2 城市网络的地理结构和经济联系

项目	组分		
	总公司	营业点	配送中心
空间区位	城市中心商务区	车站、货运场、港口、机场、商业区	近郊区
职能	营销、谈判、协调、指挥、信息	揽货、收货、集货	储存、加工、组装、包装、配送
价值链位置	第一位置	第二位置	第三位置
数量	一个	比较多	一个
交往对象	客户企业的决策部门	客户企业的物流职能部门	客户企业的销售部或生产部及消费者
实现过程	商流、资金流	物流	物流
价值创造	商业价值和信息价值	空间价值	空间价值、时间价值、形体价值

区域网络主要由以下五种单元组成,分别为:①企业总部;②区域分公司;③地方分公司;④办事处;⑤业务受理点。五种网络单元在区域网络中承担类似但又不同的企

业功能和物流功能，而且有不同等级和规模；空间上又趋向于布局在不同城市。不同的物流企业，由于网络规模的差异，其网络结构有所不同，包括单元类型和数量结构。对于跨国物流企业而言，区域网络会更复杂，形成总部、区域总部、区域分公司、地方分公司、办事处、业务受理点等六种网络单元。中海集团的物流企业网络如表5.3所示。

表5.3　中海集团的物流企业网络结构

物流运营区	区域分公司	下辖分支机构		
		地方分公司	办事处	业务受理点
华东运营区	上海	宁波、南通、南京、常熟、苏州、杭州、张家港、镇江、扬州、温州、芜湖、昆山	武汉、无锡、泰州、湖州、太仓、宜昌、长沙、合肥、盐城、绍兴	黄石、襄樊、椒江、萧山
北方运营区	大连	锦州、营口、丹东	长春、沈阳、哈尔滨	大庆、海城
华南运营区	深圳	广州、昆明、湛江、汕头、防城、江门、海口	中山、顺德、肇庆、惠州、珠海、东方、儋州、东莞	南海、洋浦、河源、揭阳、贵阳、南宁、潮州、佛山
华北运营区	天津	北京、唐山、沧州、秦皇岛	保定、石家庄	塘沽、胜芳、文安、静海
山东运营区	青岛	烟台、龙口、连云港	济南、潍坊、淄博	临沂、日照、郑州
福建运营区	厦门	泉州、福州	漳州、莆田、九江	鳌峰、马尾、石湖、福安、南平、福清、罗源
中西部运营区	重庆	成都、重庆	西安	

2. 重要节点功能分异

1) 城市网络

物流企业的城市网络主要由三种单元组成，分别为总公司、营业点和配送中心，分别承担着不同的企业功能或物流功能，并有着不同的区位选择法则和布局模式。

总公司　　总公司是物流企业城市网络的核心，一般具有信息中心、指挥中心、谈判、协调、市场营销，以及物流操作等功能，尤其是信息中心、指挥中心和协调、谈判的功能非常明显，协调和控制着整个物流企业的运转，一般不承担和组织具体的物流活动。空间布局倾向于城市中心区，尤其是城市内部的交通干道及商务办公楼集聚地区。

营业点　　营业点是具体负责物流活动的企业职能部门，具有搜集和承揽物流业务，并组织和操作具体的物流活动等功能。营业点数量较多，并分散分布在城市的不同区位，但往往倾向于城市内部物流活动较为集中或物流市场较为发达的地域，或是商业区或是工业区或是交通设施地域，包括城市内部的火车站、机场、港口或汽车站、货运站、批发市场、商业中心、商业街及工业企业集中的地域。

配送中心　　配送中心是物流企业基于物流合理化和市场拓展需要而发展起来的一种职能部门，是物流领域中社会分工细化和专业化的产物。配送中心是物流企业组织物流活动的地域或网络单元，包括仓储、流通加工、包装、搬运装卸、配送和运输等物流活动。该类物流节点一般在市区环线、高速公路口、城市近郊区等区位。在欧美国家，配送中心已由城市中心区转移至城郊、临近高速公路之处，呈现郊区化的趋势。

2) 区域网络

区域网络主要是指在不同地域上设置物流网点以形成物流活动统一运作的整体，这些网点多是相互独立的企业组织，相互间存在一定的等级，从而使不同单元间的功能也略有不同；不同的企业单元由于其等级和职能不同，其布局倾向于不同的城市。

企业总部　　企业总部是核心，核心功能是促进物流企业各项资源，包括有形资源(如人力资源、物质资源和资金等)和无形资源(技术、信息、经营经验、品牌效应等)。主导功能是策划和制定影响整个企业发展的规划和战略决策，以及在整个企业网络中的信息传递，具有规划中心、决策中心、指挥中心、信息中心的地位(李小建，1999)。企业总部倾向于布局在区域或国家的特大型和大型城市，尤其是大型经济中心城市或政治中心城市，包括上海、北京、广州、杭州等特大城市和大型城市。

区域分公司　　是介于企业总部和地方分公司的中间组织形式，这种中间性促使区域分公司兼有地方分公司和总公司的部分职能。区域分公司不但独立开展物流业务的组织、营销和财务等活动，同时具有管辖下属分公司的信息中心、指挥中心及协调、控制等功能，在区域网络中具有战略性地位(郑京淑，2002)。大连和沈阳、北京和天津、青岛、上海和南京、厦门、重庆和成都、西安和兰州、广州和深圳、武汉等城市是区域分公司设置的首选区位。但不同类型的物流企业在设置区域分公司时有所侧重，以海运为主导的物流企业往往在港口城市设置。

地方分公司　　地方分公司是具有完整企业功能的组织单元，物流操作、市场开发、客户服务等具体的企业功能及财务结算等相关功能；负责其他分公司或区域分公司及公司总部在本地的物流中转，并组织本地物流向其他地区的转移工作。地方分公司出现四种区位：①省会城市；②重要中心城市；③重要交通枢纽；④总部周边城市。其中，这些区位又往往叠合。

办事处和业务受理点　　这两种单元都是分公司的前身，是一种尚未完全具备企业功能的网络成员。办事处侧重于协调、谈判和市场扩张等功能，同主要客户及政府、市场调研和咨询及广告等机构开展联系和交际等工作，功能相对复杂。业务受理点主要侧重具体物流活动的操作，尤其是协助物流企业在某地域完成物流活动的组织，功能较为简单。

3. 物流组织

物流网络是物流节点和运输路线所形成的集合体。物流网络的运营效率，决定于物流企业网络的空间形态与内部关系，物流网络的运作机制是组织整合和过程整合的综合。物流网络大致形成五类构成要素：信息中心、物流运营区、物流节点、运输专线和信息通道，共同实现空间-时间-功能的整合，以形成物流网络结构，目标是将无序的物流流动形成有序的物流运动，降低物流网络的运营成本。总部与物流信息中心是物流网络的信息中心和指挥中心，控制着物流网络的信息流动；物流运营区是指相对独立的物流企业运营空间,而区域分公司和区域性配送中心往往具有相同的区位;地方分公司与城市配送中心具有相同的区位,在公司总部和区域配送中心之间形成信息通道和运输干线,形成物流网络的主体;运输干线形成于公司总部和各区域配送中心之间或各区域配送中心之间的运输专线,运输支线形成于区域配送中心与城市配送中心之间或形成于各城市配送中心之间的运输专线。

城市配送中心通过运输支线对区域配送中心进行物流量喂给,以支撑运输干线;同时,以城市配送中心为目的地的物流量,也要通过区域配送中心进行疏散。区域配送中心成为中转站,物流量较少的城市配送中心间不构建直接运输,而采用中转运输把物流量运送到邻近的区域配送中心进行集中;然后由区域配送中心根据流量和流向对物流重新组织和分配,通过区域配送中心间的干线运输及区域配送中心与城市配送中心间的支线运输进行中转。通过上述过程,物流企业完成了物流活动的空间组织和运营,物流量在全国内实现了枢纽节点与支线点间的集聚与扩散。运输干线一般数量比较少,是物流网络的骨干,配置较高密度的班次,采用大型工具进行载运。运输支线一般数量较多;安排较低密度的班次,采用中型工具进行载运。这种物流模式以区域配送中心为核心,通过区域配送中心和城市配送中心的运输衔接,刺激并集散干支线的物流量,提高了物流网络的覆盖能力和通达性。

二、城市物流网络与空间优化

1. 传统城市物流模式

城市是区域产业和人口的主要承载空间,大量的人口和产业促使物流活动集中于城市区域,但规模性的发展始于20世纪70年代。一般而言,城市物流包括生产物流和生活物流及废弃物流,流量大。由于服务对象多,城市物流分散,多批次、小批量、多品种、多流向、密度高。城市物流多发生于市区及近郊区,活动半径小,以公路运输和配送为主。

城市物流容易对城市产生影响,如交通拥堵、环境恶化和能源消耗。城市物流网络是对物流资源进行空间配置的一种形式,具体是指以物流活动为核心,以市区和近郊区为活动空间,由物流活动路线、设施、节点和承担者及需求者所构成的网络体系,同时包括发生在网络内部的各种经济联系和信息。其中,物流路线包括城市内部和外部交通线,物流设施主要指运输工具、搬运装卸设施等,物流节点包括车站、码头、货运场、物流中心和物流园区等,物流承担者主要指物流企业,物流需求者指工商企业和终端消费者。城市物流网络不仅是以上要素的简单集成,还包括各种物流资源间的空间作用和组织关系及运作机制(谢五届和李海建,2005)。

传统城市物流网络主要呈现如下特点。如图5.5所示。①由于城市的形成和发展与大型物流设施(如港口或车站)有密切关系,这使物流设施(如车站、货场、码头)主要布局在市区且较为分散,这在多数城市有普遍地体现;②物流企业(配送、运输和仓储等企业)分散布局在市区而未形成集聚,同物流设施未形成空间结合,同工商企业未能近距离布局;③工业企业分散布局在市区,大型商业企业如商场、超市、百货等相对集中在城市商业区尤其 CBD，批发市场相对分散，小型商场、超市的布局分散；④物流供需关系形成于市区，包括市场载体(如货站和车辆)、市场客体(商品)、市场主体(工商企业和物流企业)和管理机构(主管部门)。这决定了物流运营空间集中在市区，形成以城市内部地域为载体的物流网络。城市物流功能和其他城市功能相混合，大量物流活动的组织干扰了城市的正常运转，造成交通拥挤，带来了环境污染和城市景观破坏，物流设施(如码头、仓库)占用大量土地，促使原本稀缺的城市土地更紧张，物流用地、物流效益和城市景观及地租不协调。

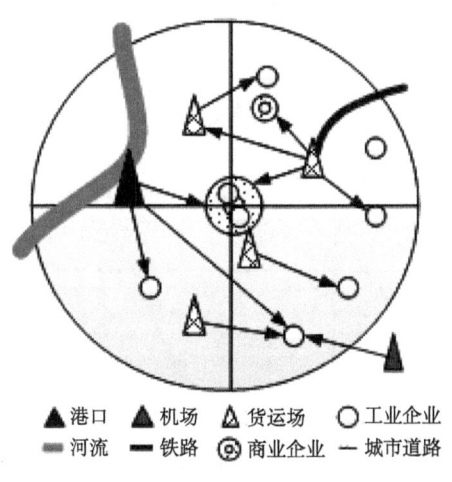

图 5.5 传统城市物流网络空间结构

2. 现代城市物流网络

随着现代物流的迅速发展，尤其是现代信息技术与网络技术的应用，城市物流网络的空间组织逐步改变。21 世纪以来，许多城市都制订了现代物流发展规划，如上海、天津、深圳和广州等，逐步发展城市物流的共同配送，努力将物流设施郊区化，促使城市物流网络形态进行优化重构。

第一，大型物流结点产生。物流设施如码头、货运场等纷纷从市区搬迁到郊区，同原有物流设施或交通区位相结合进行集中布局，形成港口型、机场型、铁路型和高速公路型等物流基地，城市物流形成规模化组织。例如，大连港口功能从老港区(中山区)迁移到大窑湾，货场迁移到甘井子物流园。

第二，物流需求形成空间分异。工业企业从市区搬迁出来，集中布局在郊区，形成开发区、工业园区或保税区；多数商业集聚在城市 CBD，但部分批发市场从市区搬迁到近郊区集中布局，形成物流中心。城市物流需求发生了市区和郊区的空间分异。例如，大连工业从市区迁移到甘井子的革镇铺、周水子、开发区等地域；批发市场从市区迁移到甘井子区，形成革镇铺(建材)、周水子(粮食)、南关岭(木材)等专业物流中心。

第三，物流企业形成空间分化和集聚，出现了总部和分公司的结构分化，出现了集聚和分离的空间现象，如大连许多物流企业总部布局在港湾街、天津街、青泥洼桥等地域,大量分公司和中小型物流企业(如仓储和配送)集中布局在甘井子物流园区,大型物流企业(如海运和集装箱)则集中在保税区和大窑湾物流园区,快递和空运物流企业集中布局在周水子物流园区。

第四,城市物流网络的空间载体发生从市区到郊区的转移。物流设施、物流企业和工业及部分商业从市区迁移到近郊区,即物流市场载体和主体发生了空间转移,市场供需关系转移到了近郊区,物流运营空间也主要集中在近郊区。

现代城市物流网络的重构,改变了传统物流的运作过程,采用轴辐模式的物流网络,形成更富有效率的物流组织,如图5.6所示。

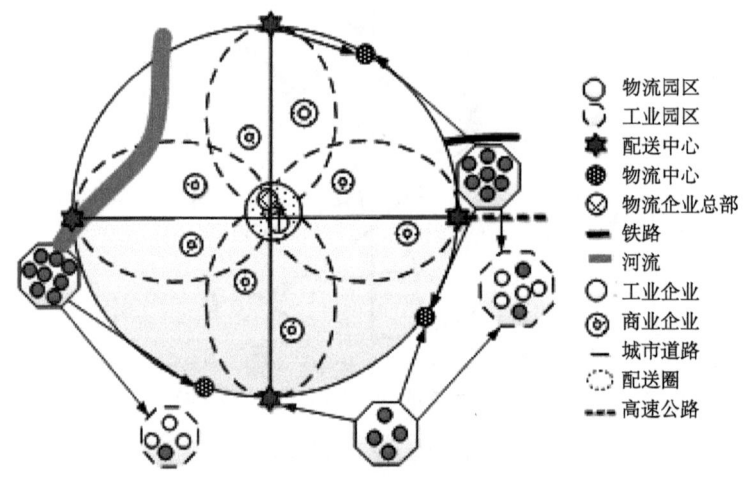

图5.6 现代城市物流网络空间结构

第一,将市区分散的物流设施和物流企业,集中布局在郊区的高速公路口、码头及编组站等附近,形成物流园区,使之成为衔接城市内外物流的枢纽型节点。物流园区成为城市物流网络的轴心,控制并集中了城市物流的运营。

第二,物流园区建设物流信息平台,通过信息平台将分散于市区的商业和终端消费者、郊区的工业及园区内的物流企业等联为一体,形成基于信息平台的物流市场,实现网络交易。

第三,从区域进入市区的大批量物流,首先集中在物流园区,化整为零,进行分载,按市区道路系统使用小型车辆统一分送;从市区出来的小批量物流,首先用小型车辆集中到物流园区,集零为整,再采用大型车辆进行合载,然后输送全国各地。这形成了轴辐网络中的"集聚与疏散"和"喂给与中转"的关系机制。

第四,对于市区的配送物流,首先将不同货主的货物集中存放在物流园区,集中组织存储、加工、包装、分拣、配货等物流活动,然后按不同客户需求,联合不同物流企业,采用共同配送模式,对市区内的商业企业进行定期或定量配送。

第五,物流服务域形成,物流资源的空间转移和集聚,在区域上形成由"配送中心—物流中心—物流园区"的节点体系,基于这种体系和城市道路系统,形成城市物流服务地域的划分,这类似于物流运营区。这种物流服务域以物流节点和CBD为起点和终点,以城市干道为轴,以沿线地区为服务范围。城市干道成为轴辐物流网络中的干线通道。

三、电子商务物流组织模式

1. 电商物流运营模式

电子商务时代,由于企业销售范围的扩大,企业和商业销售方式及最终消费者购买方式的转变,使送货上门等业务成为重要的服务,电子商务物流迅速崛起。电子商务物流配送在全球以空前的速度自由流动,许多地区的网民在点击购物的当天或第二天就收到商品。"得物流者得天下"成为许多电子商务企业的信条。

根据电子商务物流的特点,电子商务与物流的整体流程大致分为以下部分:"网络订单→订单处理→配送中心→货物出库→货物配送→客户签收→客户评价→退换货物管理",但物流核心环节是"货物配送"环节。电子商务企业和物流企业通过远距离的数据传输,将若干家客户的订单汇总起来,在配送中心里采用计算机系统编制出路径最佳化"组配拣选单"。

在电子商务发展过程中,配送物流与电子商务形成以下几种关系模式。

(1)垂直一体化模式。在电子商务萌芽时期,电子商务企业规模不大,多选用自营物流的方式,自行组建物流配送系统,从配送中心到运输队伍全由电子商务企业建设,经营物流运作过程,拥有自己的物流队伍、运输车队和仓储体系。目前,物流服务水平低,制约了电子商务发展,尤其是季节性的快递企业"爆仓"迫使许多电子商务企业自营物流,企业竞争已演变为物流竞争。典型企业有京东商城、苏宁电器等。2010年12月,京东商城宣布将5亿美元投入物流建设。2010年1月,阿里巴巴宣布拿出100亿元投资物流仓储,力争做到人们只要在网上下订单,8小时内货物送到家。

(2)第三方物流。部分电子商务企业将物流配送委托给专业物流企业来承担。具体分为两类。第一类是轻公司轻资产模式,电子商务企业做自己擅长的,如平台、数据,管理物流信息,把物流外包给物流企业,把公司做小,把客户做大。在美国,许多电子商务企业采取物流外包模式,典型案例是全球最大网上书店亚马逊,国内配送服务提供商是美国邮政和UPS,国际快递业务外包给海运企业。第二类是半外包模式,电子商务企业自建物流中心和掌控核心区域的物流队伍,将非核心区的物流业务外包。卓越亚马逊在北京、上海、广州和天津4个城市自建配送队伍,其他城市选择中国邮政EMS。物流企业既要把虚拟商店的货物送达用户,还要从生产企业及时进货入库,成为代表生产企业及供应商对用户的实物供应者。

(3)云物流云仓储模式。就是指充分利用分散、不均的物流资源,通过某种体系、标准和平台进行整合,相关概念还有云快递、云仓储。运输实现了"三化":一是社会化,快递公司、派送点、代送点等成千上万的终端均可为我所用;二是节约化,众多社会资源集中共享一个云物流平台,实现规模效应;三是标准化,一改物流行业的散、乱,建立统一的管理平台,规范服务的各环节。

2. 电子商务物流网络-京东物流

京东商城是中国 B2C 市场最大的 3C 网购平台，拥有丰富的商品种类，并凭借更具竞争力的价格和完善的物流配送体系等优势，赢得市场占有率，多年稳居行业首位。京东商城先后组建了上海及广州全资子公司，将华北、华东和华南三点连成一线，将配送网络覆盖全国大部分地区。

京东商城的物流模式主要有两种：自建物流体系与自建体系+第三方物流相结合。第一，自建物流体系主要指京东快递。京东快递有丰富的物流配送经验、专业的安全监控体系和货物摆放规则、高效的 5 小时逆向上门取件服务、对商家开放快递系统，2000 坐席的客户呼叫中心随时为商家提供咨询。配送站覆盖全国 200 座城市，均由京东快递提供物流配送、货到付款、移动 POS 刷卡、上门取换件等服务。第二，自建体系+第三方物流。随着互联网应用的深入，京东业务已扩展到三线城市甚至农村地区。如果在每个城市都建立自己的物流公司，成本过高。在北京、上海、广州之外的其他城市，京东商城和当地的快递公司合作，完成商品配送；配送大件商品时，京东选择与厂商合作，利用厂商的配送合作企业完成物流。

2009 年，京东网上商城陆续在天津、苏州、杭州、南京、深圳、宁波、无锡、济南等 23 座重点城市建立了城市配送站，目前配送站覆盖全国 200 座城市。此外，北京、上海、广州三地仓储中心也已扩容至 8 万 m^2，仓储吞吐量全面提升。京东分布在华北、华东、华南、西南、华中、东北的六大物流中心覆盖了全国各大城市（表 5.4），并在西安、杭州等城市设立了二级库房，仓储面积在 2012 年年底已超过 100 万 m^2，京东日订单处理能力达到 5 万单。

目前，京东快递的物流配送服务主要分为四种模式。一是 FBP 模式，由京东全权负责采购和销售。二是 LBP 模式，商品无需入库，用户下单后，由第三方卖家发货到京东分拣中心，京东开发票。三是 SOPL，商品无须入库，用户下单后，第三方卖家发货到京东分拣中心，但由商家开发票。四是 SOP，商家直接向消费者发货并开发票。

表 5.4　京东快递的物流中心与服务范围

物流中心	分布城市	辐射范围
华北物流中心	北京	北京、天津、河北、山西、内蒙古、山东、陕西、甘肃、青海、宁夏、新疆
华东物流中心	上海	江苏、浙江、上海、安徽
华南物流中心	广州	广东、广西、福建、海南
西南物流中心	成都	四川、重庆、贵州、云南、西藏
华中物流中心	武汉	湖北、湖南、江西、河南
东北物流中心	沈阳	辽宁、吉林、黑龙江

在京东商城预定物品之后，可以很快的速度送达。覆盖范围主要是京东商城仓库所在城市或周边的小城市，形成"211 限时达"和"次日达"服务，如表 5.5 所示。①"211 限时达"：2010 年 4 月，京东商城推出"211 限时达"配送服务，当日上午 11:00 前提交

的现货订单(天津、东莞、深圳、杭州为上午 10 点前,以订单出库后完成拣货时间点开始计算),当日送达;夜里 11:00 前提交的现货订单,次日 15:00 前送达,服务共覆盖全国 23 个城市。② "次日达":在当日一定截单时间前提交的现货订单,次日配送完毕,服务覆盖全国 151 个城市。

表 5.5 京东快递"211 限时达"服务范围

服务类型	"211 限时达"	次日达
区域	服务覆盖城市	服务覆盖城市
华北	北京、天津、廊坊	济南、德州、石家庄、任丘、承德、衡水、邢台、唐山、保定、秦皇岛、三河、高碑店、涿州
华东	青岛、济南、上海、杭州、苏州、昆山、南通、无锡、嘉兴、海宁、平湖、桐乡	南京、盐城、淮安、连云港、泰州、徐州、宿迁、扬州、江都、镇江、芜湖、衢州、乐清、丽水、温州、瑞安、金华、东阳、永康、义乌、台州、温岭、合肥、宣城、兰溪、临海、大丰、东台、泰兴、兴化、邳州、池州、淮北、六安、宿州、铜陵、淮南、滁州、阜阳、蚌埠、安庆、马鞍山、亳州、仪征、宁波、慈溪、余姚、奉化、舟山、启东、张家港、太仓、富阳、黄山、江阴、常熟、如皋、宜兴、嵊州、上虞、诸暨、靖江、丹阳、常州、溧阳、金坛、绍兴、湖州
华南	广州、深圳、佛山、增城	汕尾、揭阳、潮州、河源、汕头、清远、韶关、阳江、茂名、湛江、中山、东莞、从化、江门、鹤山、四会、云浮、肇庆、高要、珠海、开平、台山、惠州
西南	成都、都江堰、彭州、广汉	重庆、资阳、南充、遂宁、雅安、眉山、内江、宜宾、泸州、乐山、自贡、绵阳、德阳、崇州、邛崃、简阳、绵竹、什邡
华中	武汉	十堰、宜昌、襄阳、荆州、长沙、郑州、南昌、咸宁、黄石、黄冈、孝感
东北	沈阳	朝阳、阜新、营口、葫芦岛、丹东、锦州、盘锦、大连、凤城、长春、四平、东港、兴城、铁岭、本溪、鞍山、抚顺、辽阳

四、综合物流配送时域圈

20 世纪 90 年代,全球经济环境发生了巨大的变化。对于工商企业,市场竞争加剧,消费者需求呈现多样化和个性化,产品寿命周期不断缩短,企业面临缩短交货期、降低成本和改进服务的多重压力。工商企业需要对不断变化的市场做出快速反应,不断开发出满足用户需求的个性化产品,拥有比竞争对手更低的成本、更快的速度。进入 21 世纪后,企业间的竞争从产品性能和质量的竞争演变为服务快速反应的竞争,即物流能力的竞争。在这种背景下,工商企业为了提高快速反应的能力,将企业物流外包给物流企业来承担和组织。物流企业依赖于现代信息技术与网络技术的应用,提高服务反应能力,向客户提供快速反应的物流服务,保证工商企业客户实现零库存管理。

快速反应的要求,在物流企业的配送活动中得到了明显体现。许多物流企业积极规划快速反应的物流配送能力。2007 年,天地华宇被澳大利亚邮政收购后,推出了"定日达"服务,货物在规定日期和规定时间内到达目的地,提供欧美公路运输标准的物流服务。德邦物流推出了"卡车航班",在国内大规模布设网点,超过 1200 家;联邦快递在中国物流市场做出"准时送达"的承诺，推出"亚洲一日达"及"北美一日达"服务，多数物流企业也提出了城市配送即时化和区域配送快速化的承诺。2004年中国邮政发挥"全夜航"的网络优势，提出了跨区域"次晨达"服务，在指定的开办范围内当天收寄的EMS邮件在次日上午11:00前完成投递，重点覆盖长江三角洲、环渤海区域、珠江三角洲、东北地区、川渝地区。

这是物流企业满足工商企业物流需求的一种响应，并且是物流服务在时间和空间上的一种复合响应。这种广域空间上的物流配送促使物流配送圈层的产生，包括空间圈层和时间圈层，在不同范围内提供规定时间内的快速物流配送服务。配送时域圈就是物流企业向工商企业提供物流服务过程中的一种时间承诺，这种时间要求和空间范围相结合，便形成物流服务时域圈。目前，中国许多物流企业提出了"城市配送→城市区域配送→区域配送→全国配送→国际配送"的配送系统，形成了基于空间配送圈的时域圈，时间效益被物流企业置于重要地位(Hesse and Rodrigue, 2004)。目前，时域圈主要体现为物流企业的配送过程。

根据对部分物流企业的整理和分析，配送时域圈主要形成了以下分异：1小时圈、4小时圈、6小时圈、8小时圈、12小时圈、24小时圈、48小时圈和72小时圈，如表5.6所示。

表5.6 物流配送时域圈的时间-空间关系

类型	时间/小时	距离/km	空间
1	1	50	城市市区
2	4	200	城市区域
3	6	300	
4	8	400	省(区、市)
5	12	600	经济区
6	24	1200	
7	48	2400	全国范围
8	72	3600	国际范围

与距离和空间范围相结合，可以发现物流配送时域圈具有如下特征。

1小时圈 配送范围为城市市区，距离配送中心的服务半径在30~50 km，多为城市商贸企业和终端消费者提供物流配送服务，主要的运输方式为汽车运输。

4小时圈和6小时圈 配送活动主要覆盖物流企业所在城市的周边地区，辐射半径在200~300 km，一般不跨越省界。这种物流配送活动多发生在大都市区域，以大都市中心区的商贸企业和产业园区的大型企业为服务对象。主要方式为公路运输，尤其是高速公路和国道汽车运输。

8小时圈 物流配送活动主要覆盖省(区、市)范围，辐射半径在400 km左右，主要是对配送中心所在城市周边的中小城市及大型城市进行物流配送，服务对象既包括大型的工商企业或产业园区，也包括低层级的配送中心和配送点。物流配送活动仍主要通过公路运输来实现。

12 小时和 24 小时圈 物流配送活动组织的空间范围，主要覆盖经济区或物流运营区，服务半径在 600~1000 km，服务对象主要是大中型城市的低层级配送中心和配送点。物流配送活动通过公路和铁路两种方式进行组织，小件货物通过航空进行运输。

48 小时圈 物流配送的覆盖范围拓展到全国，辐射半径为 2000~2500 km，主要服务各大城市、中心城市及交通枢纽的配送中心。物流企业主要通过铁路和公路、航空的联运组织配送活动。

72 小时圈 物流配送活动跨越国界，进入全球范围，主要服务于部分国家特大城市的大型配送中心或物流分拨基地(如大型港口或机场的物流基地、自由贸易区、保税区与保税港、保税物流中心等)。物流企业主要通过航空、航运和公路等多种方式的联运来组织物流活动，许多电商企业的国际采购与商品国际配送均属于该范围。

参 考 文 献

丁立言, 张铎. 2002. 仓储规划与技术. 北京: 清华大学出版社.
霍红. 2003. 第三方物流企业经营余管理. 北京: 中国物资出版社.
李建成. 2002. 现代物流概论. 北京: 中国财政经济出版社.
李小建. 1999. 公司地理论. 北京: 科学出版社.
刘彦平, 王述英. 2003. 西方第三方物流理论述评. 中国流通经济, (8): 8-11.
彭望勤, 刘斌. 2003. 物流实务手册. 上海: 立信会计出版社.
彭望勤. 1998. 建立物流基地的战略思考. 商品储运与养护, (1): 14-16.
王斌义, 李冬青. 2003. 现代物流实务. 北京: 对外经济贸易大学出版社.
王槐林, 刘明菲. 2002. 物流管理学. 武汉: 武汉大学出版社.
王莉. 1997. 物流学导论. 北京: 中国铁道出版社.
谢五届, 李海建. 2005. 苏州市城市物流空间格局及物流企业发展路径. 世界地理研究, 14(2): 51-56.
许胜余. 2002. 物流配送中心管理. 成都: 四川人民出版社.
杨海荣. 2003. 现代物流系统与管理. 北京: 北京邮电大学出版社.
叶怀珍. 2003. 现代物流学. 北京: 高等教育出版社.
郑京淑. 2002. 跨国公司地区总部职能与亚洲地区总部的区位研究. 世界地理研究, 11(1): 8-13.
Clarke I. 1984. Spatial Organization of Multinational Corporations. London: Groom Helm.
Hesse M, Rodrigue J P. 2004. The transportation geography of logistics and freight distribution. Journal of Transportation Geography, 12(3): 171-184.

第六章　信息时代的区域发展及其空间结构

　　空间结构是由于自然或人类的活动引致的地球表层人口、社会、经济、生态等的空间排列及组织现象，主要是社会经济客体在空间相互作用及其所形成的空间集聚程度和集聚分布形态，是区域发展状态的重要指示器(陆大道，1995)。最早，德国人文地理学家施吕特尔在关于人类地理的"景观"论思想中提出空间结构理论的雏形。空间结构理论的基础是区位论，但两者又存在区别。区位论的核心是每个单体在空间中有其最佳区位，而空间结构关注的是客体在空间中的相互作用及其关系。空间结构是人文与经济地理学家思考问题的独特视角，重点分析各种社会经济活动在地表分布存在的不均匀性及其空间联系特征。

　　随着信息时代的到来，信息化、全球化、创新与研发、交通技术及治理结构等区域空间结构演化的新因素涌现。信息通信技术发展对区域空间结构在全球、国家、区域等不同尺度上均显现出影响。区域空间结构演变的影响因素日益复杂且相互交织，演化速度加快、网络化特征明显，管理和控制趋于集中化，生产过程趋于分散化，经济、社会、生态空间结构逐渐分异，人口胡焕庸线的影响依然存在。需要进一步从集聚与扩散、流空间与网络演化、功能联系与地方整合、产业集群与区域创新等角度深入理解区域空间结构及其演化机制。因此，本章旨在探讨信息时代对区域发展与区域空间结构的影响，归纳信息时代区域空间结构的演化特征与形成机制，并在此基础上归纳区域空间组织模式。以期丰富和完善在新的时期人文与经济地理学在区域空间结构理论方面的研究探索。

第一节　信息时代的区域发展

一、传统因素对区域发展的影响趋于下降

1. 自然条件

　　自然条件包括地形地貌条件、气候条件等，是人类生存的基础，也是区域发展不可缺少的自然物质基础和内在因素。但随着社会经济的发展，自然条件对区域发展的影响趋于下降(陆大道，2003)。主要体现在：一是随着生产力的提高、科学技术的进步，人类改造自然、利用自然的能力逐步增强，劳动资源和劳动条件都得到了改善，自然条件对人类生产生活的制约作用逐渐减弱；二是相对于社会经济条件，自然条件产生的影响是长期而稳定的。人类对自然条件的改造的能力有限，只能在一定程度上使之朝有利于人类生产生活的方向发展。在区域发展的过程中，通过创造多维度的社会经济条件，减弱自然条件带来的不利影响，进而推动区域发展，如改善区域的交通条件、提高区域的技术创新能力等。

2. 资源禀赋

资源禀赋是一个区域进行发展的本底条件，自然资源禀赋提供了区域产业的直接或间接的劳动对象甚至劳动资料。自然资源禀赋对于区域发展的影响也趋于下降，具体体现在以下两个方面：第一，自然资源的不均衡在全球范围内是客观存在的，这种自然资源分布的区域差异是劳动地域分工形成的自然基础。全球化背景下，各国可以充分发挥自身的比较优势推动自身的区域发展，如资源匮乏的国家可以从资源充裕国家进口原材料来发展相关工业，来减轻对本国自然资源的依赖程度。第二，一些自然资源丰富的地区曾依靠资源在经济上取得了较快的发展，但绝大部分自然资源都具有不可再生性，且在开发过程中带来了一系列严峻的生态问题。关键性自然资源的缺失(如煤炭、矿产、水)是资源依赖型地区的主要瓶颈，对其经济总量和经济结构造成的负面影响是巨大的。出于社会环境经济可持续发展的考虑，减弱对自然资源禀赋的依赖作用，积极推动产业升级与转型是区域发展的趋势。

3. 区位条件

区位综合地反映了一个地区与其他地区的空间联系，是传统的经济地理要素之一。区位条件的相对劣势可以通过交通运输条件的改善而得以弥补。一个地区的交通可达性改善和增强后，区域间人流、物流、信息流的传递更加顺畅，区域间分工合作进一步加强。同时，国家政策的倾斜与支持可以使一个地区突破区位条件的限制。地区特有的政策福利会对人才、企业产生较强的吸引作用，进而促成相关产业的集聚与发展。当该地形成以自身为核心的产业群或产业带后，对社会资源禀赋的吸引力会进一步增强，这种良性循环作用也会削弱区位条件的相对劣势。当然，综合区位条件评价会随着时代变化而变化，一个地区的综合区位条件仍然会在区域发展中发挥重要作用(图6.1)。

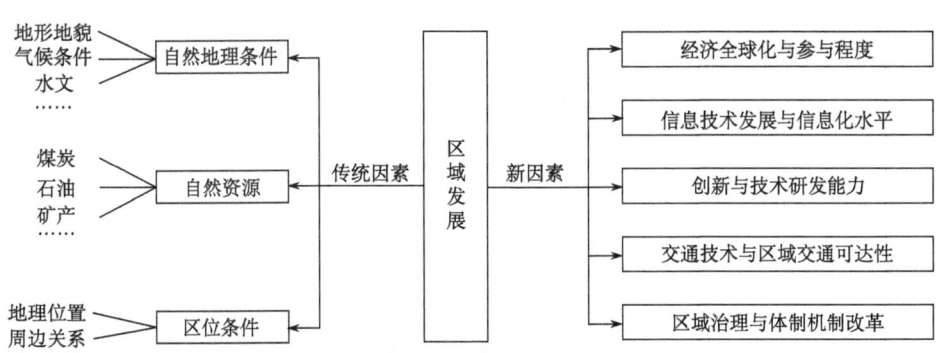

图 6.1 影响区位发展的传统因素与新因素

二、区域经济社会发展的新因素

1. 经济全球化进程

近十几年间，经济全球化对区域的经济和社会变化都产生了深刻影响，塑造了全球经济格局(刘卫东等, 2007; 刘卫东和甄峰, 2004)。经济全球化对区域发展的影响主要体现在以下四个方面：第一，外商直接投资为投资地注入了资本，改善了当地的基础设施，加强了区域的竞争优势。第二，跨国公司根植于本地，为区域提供了就业机会、技术支持，以及先进的管理经验。不仅为当地的经济增长创造了份额，促进其产业结构的调整和变化，更存在技术转移与管理效仿等溢出效应。第三，不同区域的区位、经济基础、对外开放政策决定了其在经济全球化中的参与度，各区域可根据自己的比较优势积极参与到全球劳动地域分工中来，同时获取回报份额。第四，经济全球化带来了知识与技术创新的扩散，扩大了创新网络的连接范围，提高了区域的创新能力，如跨国公司为了获得国外科学家及R&D的资源与技术，将更多的R&D转移到全球的各个国家，有利于发展中国家的知识及创新产业的发展(李小建等, 2000)。

2. 信息通信技术发展

信息化是区域发展的强大动力，信息通信技术已广泛应用于生产生活当中，信息化对加快我国区域经济社会发展具有重要意义。第一，信息化推动了区域可持续发展。工业化时期，区域发展以大规模消耗实物型资源为基础，经济增长的同时带来了较严峻的生态环境问题。与传统的资源要素相比，信息资源具备易更新、更节约、可再生等特点，对于传统资源有明显的替代和节约作用。以信息、知识为基础的技术密集型、低耗能型、清洁型产业可以代替传统的高消耗型产业，拓展了区域发展空间。第二，信息增加了区域产业的区位自由度。传统的区位因素主要是原料、燃料、运费、劳动力、资金等，信息化为产业的区位选择提供了更多的指向：产业发展需要智力资源、信息资源、社会资源等。第三，信息可以优化区域产业结构与增长范式，同时具有带动性。信息产业既可以作为支柱产业直接扩大区域经济的整体规模，同时又可与其他产业高度关联，依托前向与后向关联效应间接促进区域经济发展，如传统产业与信息产业相结合，有助于其实现自身的改造与升级。第四，信息可以增加区域的市场竞争力和国际竞争力。随着区域经济一体化的发展，信息资源已经成为争夺的热点，谁能更多更快地获取并高效利用信息资源，谁就能占据竞争平台的制高点。优先满足消费者对于产品信息化的需求，创造新的经济增长点成为信息时代区域发展的热点之一。

3. 创新与技术研发能力

科学技术与创新能力是区域经济发展的根本动力。对区域发展的积极影响具体表现在：一是科技发展与创新能力改善了要素的存在形态，提高了要素的功能作用。例如，人类运用先进的科学技术手段可以改善自然资源的存在形态，提高其利用价值，克服自然条件对社会生产的阻碍作用；有助于人力资源素质的提高，促使劳动者具备更多的知识与技能；使得资金的使用效率与产出总量有所提高，加快了资本循环与流动。二是实现了经济增长方式由粗放型向集约型的转变。依靠科学技术发展与创新的成果，减少产业发展中对实体要素的需求，提高劳动生产率和生产资料的利用率，在生态环境不被破坏的同时保持经济较快增长与发展。三是优化区域增长极与轴线的联系，实现区域的全面发展。在区域经济网络结构中，经济中心的科技与创新能力通常占有主导地位，通过通道与网络的连接来实现知识与技术的传播，为轴线上的其余区域带来经济发展活力。四是推动区域产业结构的变化。科学技术发展与创新通过引发产品、产业的更替，促使一些新兴产业不断发展壮大，部分原有产业地位逐渐下降甚至消亡，区域产业结构也随之更新。

4. 交通技术的快速提升

交通技术与手段决定空间相互作用的深度与广度，交通运输方式与技术的改进可以提高一个区域的经济的发展程度。交通技术的发展对区域发展具有重要意义。交通运输能力的提高，可以强化区域内外的经济联系，提高区域的对外开放程度和效率。区域交通条件的改善，加强了区域经济的集聚作用，强化区域经济子系统之间的既有联系，提高规模经济效益。

5. 区域治理与体制改革

促进区域经济发展的根本动力是体制创新，体制创新的程度直接决定了技术进步的快慢。体制创新对区域发展的影响体现在：多种经济成分并存的经济制度有利于激发区域的经济发展活力，形成合理的产业组织结构。外资企业、民营企业等共同发展，大中小不同规模的企业自由竞争，对区域经济的良性循环与发展将起到推动作用。完善开放的体制政策，有利于提高区域的对外开放水平，推动区域外向型经济的发展。适宜的政府管理体制有助于激发当地市场的活力，为区域发展提供优质创新的服务环境，调动区域创新的积极性与创造性(图6.1)。

三、区域发展观的演变

当前，区域发展已经成为被学术界和社会广泛接受的一个词汇，但是到底什么是区域发展仍然没有清晰的认识。区域发展中的主体和对象，从根本上讲不仅仅是经济的发展，更为重要的是"人"的发展，这里包括教育、医疗等基本公共服务的享受，物质和文化等生活水平的提高，以及人的价值取向的实现，凡是一切有利于人的发展的事物且与空间有联系的过程即应属于"区域发展"的内容。"人的发展"的内涵既关联到经济、社会，也关联到生态环境(陆大道，1995)。2014年3月，国家印发《新型城镇化规划(2014~2020年)》，标志着我国城镇化发展的重大转型，将城镇化重点转向实现"人的城镇化"。以陆大道牵头完成的城镇化系列咨询报告为标志性成果之一，以及人文与经济地理学者领衔的多学科学者在城镇化研究领域所取得的一系列重要研究进展，共同推动了国家"新型城镇化规划"的制定和出台。新型城镇化在人的发展方面的重视，与区域发展所强调的本质内涵是一致的。但是对于区域发展内涵的理解，在不同的发展阶段、不同的文化背景或是不同历史传统下也是持续变化的。

蒸汽机发明之前，人类一直处于农业文明时代。直到工业化的中期阶段，人类社会开始进入工业文明时代。工业革命时期，人类通过大规模地开采各种矿产资源，广泛吸收科技进步成果，来开展机械化大生产。在这个时期，区域发展被置于经济一维目标之下，区域主要谋求的是降低成本、增加利润和扩大生产规模，政府的工作目标也集中在增加就业、提高税收等经济目标。对一个国家或区域发展水平的评价，人均 GDP 基本上是最为关键的指标，甚至在很多时候成为唯一指标，如 1954 年联合国发布报告就以人均 GDP 指标衡量国家发展水平。区域发展仅被理解为经济结构演变过程中所实现的经济增长。

20 世纪 70 年代以后，社会因素（如地区竞争中的公正原则、发展机会均等原则、边远和少数民族地区要保证得到相应发展等原则）起到了比以往明显大得多的作用。此种情况下，在区域发展目标的决策权重组合中，经济因素起到的作用有所下降。社会经济区位决策不再只是考虑经济上的最优解，而是随着经济、社会两维空间进一步延伸。

1990 年联合国开发计划署（UNDP）进一步提出了一套度量人类发展水平的指标体系，即人类发展指数 HDI，成为评价人类福利发展的主要技术方法，现在被学术界、政策界等广泛使用于评价国家人类发展的时间过程变化，联合国每年发布一次世界各国的人类发展指数报告，表明 HDI 的提出取得了巨大成功，原因在于 HDI 使评价人类发展不再局限于经济增长指标，而考虑到其他重要因素，包括健康和教育，促使各个国家发展目标从经济增长向促进人类发展本身转变。HDI 的提出标志着对区域发展内涵认识进入二维目标时代，既包括经济增长，还增加了社会进步内容，强调人的健康、知识、教育等方面。

1983 年，联合国成立了世界环境与发展委员会（WECD），这个独立机构的主要任务是审查世界环境和发展的关键问题，并在 1987 年提出了"可持续发展"的概念，"既满足当代人的需要，又不对后代人满足其需要的能力构成危害的发展"，这一概念得到了广泛引用和接受，这是人类在探寻合理的发展道路和发展模式方面进行的努力和反思，可持续发展认识逐渐深入人心。在可持续发展理论的基础上，生态文明概念被提出来，这是人类社会从农业文明过渡到工业文明后的又一次升华，人类既认识到工业文明对社会大发展所作出的贡献，同时对工业文明所带来的生态危机进行反思并积极应对。生态文明的核心是摆脱工业文明中过分追求经济增长的发展模式，实现由单纯追求经济目标向追求经济、社会、生态三维目标的转变。区域发展的内涵也需要进一步深化和拓展，从一维、二维扩展到三维，不仅包括经济增长、社会发展的指标，也应包含生态指标（图 6.2），这样才能全面、准确、客观地评价一个区域发展的状态、效益和水平。

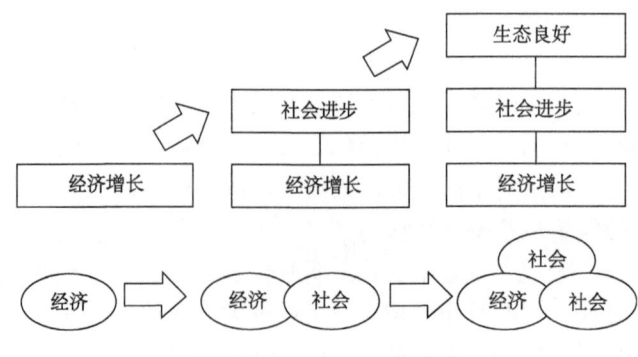

图 6.2 区域发展观的演变

生态文明是在农业文明、工业文明基础上产生的更高级的人类文明形态，从区域视角来看生态文明应具有丰富的内涵，既保障实现一定速度的经济增长，也更加重视社会和谐发展和生态环境质量。对区域生态文明发展水平进行评价的测度，应由区域的经济维度(发展阶段与经济生活水平)、社会维度(健康、教育等基本公共服务)及生态维度(资源环境状态、压力与生态质量等)等综合评价得出。

第二节 信息时代的区域空间结构

一、点轴系统空间结构理论

早在20世纪80年代，陆大道在国内外首次提出了"点-轴系统"社会经济空间结构理论，并在这个理论的基础上首次提出了我国国土开发和经济布局的T字形结构，即以沿海地带和长江沿岸地带作为我国生产力布局和区域发展长期重点的框架(陆大道，1986，2001，2004)。"点-轴系统"理论和"T"字形空间结构写入了国家第一个《全国国土规划纲要》，"T"字形空间结构战略在我国30多年来的国家和区域发展中得到了大规模实施，得到学术界和政府的肯定。"点-轴系统"理论是中国人文与经济地理学者贡献给社会的学术思想和模式，在国内学术界和政府部门产生了重要影响，现在已经成为制订国家和区域中长期发展规划的重要理论基础。

"点-轴系统"模型，是现实中社会经济客体经过较长时间的发展而形成的空间结构形态，这种模式形成的过程、机制及其特点、应用等是"点-轴系统"理论的主要内容(图6.3)。该理论的基本要点是：①类似于物体空间相互作用的基本原理，在区域或空间的范畴内，社会经济客体总处于相互作用之中，并且存在空间集聚和空间扩散的两种倾向。②在国家和区域发展过程中，大部分社会经济要素在"点"上集聚，并由线状基础设施联系在一起而形成"轴"。这里的"点"指各级居民点和中心城市，"轴"指由交通、通信干线和能源、水源通道连接起来的"基础设施束"。③"轴"对附近区域有很强的经济吸引力和凝聚力。轴线上集中的社会经济设施通过产品、信息、技术、人员、金融等，对附近区域产生扩散作用。扩散的物质要素和非物质要素作用于附近区域，与区域生产力要素相结合，形成新的生产力，推动社会经济的发展。在国家和区域的发展中，"基础设施束"上一定会形成产业聚集带。④由于不同国家和地区地理基础及社会经济发展水平的差异，"点-轴"空间结构的形成过程具有不同的内在动力、形式及不同的等级和规模；在不同社会经济发展阶段，社会经济形成的空间结构也具有不同的特征。这种特征差异体现在集聚与分散程度及社会经济客体间的相互作用等。⑤随着区域社会经济的进一步发展，"点-轴系统"必然发展成"点-轴-集聚区"系统。这里的"集聚区"也是"点"，是规模和对外作用力更大的"点"。"发展轴"具有不同的结构与类型，"点-轴-集聚区"空间结构系统还通过空间可达性和位置级差地租等对区域发展产生影响。

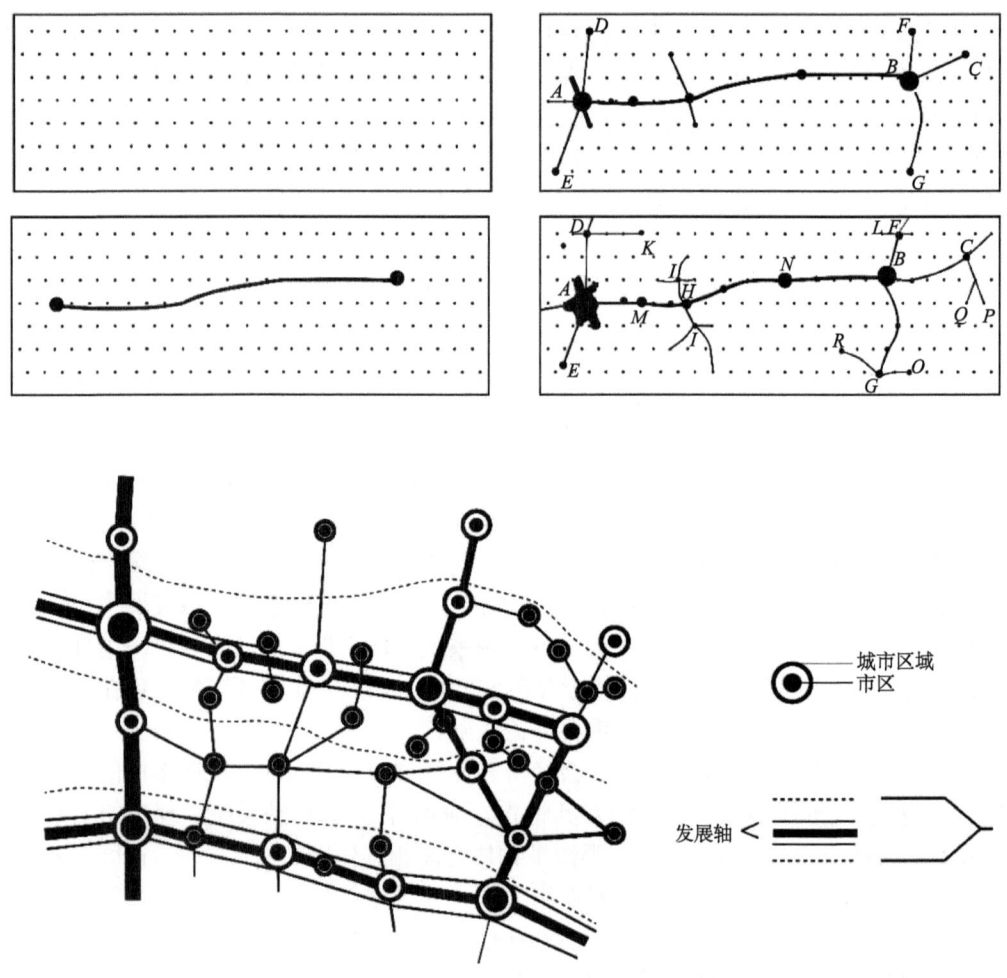

图 6.3 "点-轴系统"理论的形成

因此,"点-轴系统"理论的核心是关于区域的"最佳结构与最佳发展"的理论模式概括。也就是说:"点-轴系统"是区域发展的最佳的空间结构;要使区域最佳发展,必然要求以"点-轴系统"模式对社会经济客体进行组织。这个理论还回答了区域发展的发展过程和地理格局之间的关系:区域发展的过程中一定会形成某种空间格局,而一定的空间格局又反过来影响区域的发展过程。两者之间的融合和协调,即意味着区域的最佳发展。"点-轴系统"反映了社会经济空间组织的客观规律,是最有效的国土开发和区域发展的空间结构模式,目前仍然是信息时代下指导区域空间结构研究的重要基础性理论。

二、信息通信技术发展对区域空间结构影响

第二次世界大战以来,随着计算机的发明、应用普及,以及计算机与现代通信技术的结合,信息生产、信息处理手段高度发展导致社会生产力和生产关系等发生了一系列的变革,这被视为信息革命,也称作第四次工业革命。新信息革命建立在自 20 世纪 90

年代以来蓬勃兴起的、普及于全球的互联网的基础上，现代电子信息技术的巨大变革引起了一场新的技术变革，并对经济社会活动产生重大影响。新信息革命不仅为人类提供了新的生产手段，带来了生产力的大发展和组织管理方式的变化，还引起了经济社会活动、空间结构及其空间组织的巨大变化。这些变化将进一步引起人们价值观念、社会意识的变化，从而反作用于经济社会活动、社会结构和管理体制等。但是学术界对这一过程的思辨始终存在，一些分析家称之为"虚拟的美丽"，认为信息革命对组织变革所产生的影响并不像先前所估计的那样巨大，而且这种变化有不确定性，不必怀有过高预期。信息革命并非简单的通过技术升级来推动经济社会转型，新技术在多个层面上与经济活动、社会变迁等"嵌合"在一起，在这个过程中技术和已有的经济社会活动相互影响，最终以一种"复合"的互动机制推动经济活动和社会组织的转型，在企业、产业、区域及全球化等尺度上均产生了重要影响。

1. 企业信息化与区位空间重组

关于新信息革命对企业信息化及其区位空间重组影响主要有三个方面（图 6.4）：第一，企业的信息化战略与重组，信息化条件下的企业适应与战略选择。企业信息化是企业充分运用现代信息通信技术建立信息网络系统，并且在整体上对企业生产、经营、管理等流程的整合优化与提升，提高企业管理的信息化程度和效率水平，实现资源的优化配置与企业的市场竞争能力。第二，影响企业区位因素及其区位选择的变化，企业生产、研发、服务、总部等部门的不同地理分布。甄峰和顾朝林（2002）、阎小培（1995）等研究了信息时代企业区位决策中区位因子和区位弹性的变化。第三，引起企业运行模式和组织方式的重大变革，进而影响企业的空间组织，"即时生产"方式要求企业在空间上临近，因而会形成经济活动的空间集群。刘卫东和甄峰（2004）以手机产业为例研究了信息通信技术驱动的企业空间组织变化，认为信息通信技术在经济空间变化中起着越来越重要的作用，信息通信技术可以将如下生产活动联系在一起：位于郊区的研发活动，位于一些全球城市中的公司总部和金融服务部门，位于正在兴起的"数字集群"的文化、新闻及多媒体部门，位于边缘地区或新兴工业化城市的制造工厂，位于世界各地的新兴电子商务"飞地"的客户服务中心、数据处理和电子商务管理中心等，在矿区、林区、油田和渔场的资源开采活动，作为转运中心和出口加工区的物流、海港和机场枢纽等。

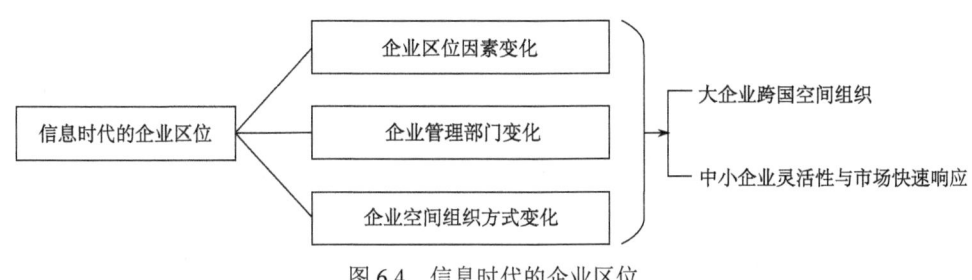

图 6.4 信息时代的企业区位

从企业规模来看，早期研究主要关注信息通信技术对跨国企业和大企业的影响。对跨国公司来说，信息服务活动的可移动性增加，而且，信息的投入和产出均在公司网络上进行国际流动,从而不存在关税限制,这些都增加了跨国公司在全球范围内的区位弹性。例如,服务业的生产和消费一般在同一地方同时发生,因而表现出严重的贸易障碍。然而,经由跨国计算机通信系统的交互通信改变了这种状况。通过时空耦合,交易能够在不同地点同时发生。因此,某些服务行业具有了可贸易性,并对诸如银行、保险、会计、设计、法律服务、管理咨询,以及数据服务本身等关键服务行业产生了越来越大的影响(阎小培,1996)。近年来,随着产业集群研究的兴起,对企业研究的尺度不断扩展至中小企业,信息通信技术对中小企业的区位选择、发展战略等产生重要影响。一般认为,缺少内部技术能力和市场信息渠道是中小企业生存和扩张的主要障碍。新的信息通信技术可以使企业减少交易成本、增加生产率,从而培育了灵活生产模式。信息通信技术可以使中小企业通过网络共享技术、市场信息和专家等单个企业的稀缺资源,帮助企业减少交易成本、提高企业的灵活性和快速响应能力。另外,由于信息通信技术的发展,知识与信息传递的空间摩擦降低,使中小企业空间联系的范围越来越大、时间成本逐步下降(宋周莺和刘卫东,2013)。

信息通信技术的广泛运用使得传统制造企业产生了新业态和新现象,促进了其改造提升,如业务外包和虚拟企业。由于信息、资源和条件的各种限制,单个企业不可能对购买、制造、库存、销售、服务等每个环节都具备优势。因此,制造企业可以把价值链中部分不擅长的环节交由其他企业来完成,集中力量来经营自己擅长的环节,以赢得竞争优势,这就是业务外包。有的企业零部件生产不理想,它便可以将零部件生产外包给专业从事零部件生产的企业。台湾宏基是一个典型的成功外包案例,该公司进行了业务流程重组,台湾生产系统负责生产主板、外包装和监视器等关键零部件,其他部件则外包给市场地厂商生产,然后在市场地进行组装销售。虚拟企业则是业务外包模式不断发展形成的一种较为极端的新企业形态。例如,PPG 总部位于上海市,企业没有厂房和流水线,也没有终端店铺。企业的服务器和内部紧密契合业务的信息通信技术管理平台就是 PPG 最重要的资产。在 2 年的时间里,PPG 销售规模增长了 50 多倍,2007 年销售额将近 15 亿元。PPG 曾在 2007 年 9 月的"商界论坛最佳商业模式中国峰会"上获第三名,其经典获奖评语是"服务器"服装公司模式。PPG 实质上是通过企业内部信息系统及互联网等信息通信技术组织起的一个产供销的联盟,利用信息流的快速流转指挥着这个联盟中不同公司。主要采用"即时(just-in-time)+定制(build-to-order)"生产模式、直销模式、供应链的实时管理模式。这其中,信息通信技术在极大程度上促使产业价值链重构并得到效率和利润的提高。由于新的信息通信技术使信息传输十分便利,一个地理空间点上的消费者可以得到的相关商品的信息是海量的,这使消费者的选择余地空前加大,而对于生产者而言则是市场变化加快,对越来越快的市场变化的响应则驱动着企业变革其管理模式(丁疆辉等,2009)。企业面对多变的市场建立生产者、销售者与购买者之间的快速连接,而互联网成为有效的连接工具,快速缩减设计、生产、配送的周期,时间因素在生产链空间组织变革中发挥价值,从而使产业快速升级成为可能。

2. 产业信息化与产业区位变化

信息通信技术产业发展极大地影响着国民经济。甄峰等（2004）认为信息通信技术在生产过程中的应用改变了传统的生产方式，促使传统产业结构重构与空间转移。观察欧美发达国家的产业信息化发展过程，随着信息通信技术大规模产业化，以及在各行各业的广泛应用，产业结构快速调整，信息产业迅速发展，在国民经济中的地位不断提高，并成为主导产业部门，信息产业区位也发生了很大变化。福特式生产和积累的工业化方式正在被后福特式的弹性生产和积累的信息化方式所取代。信息化条件下更加强调以弹性生产过程、弹性劳动力市场、着重工序的需求生产，以及寻求外部规模经济为特色。在发达国家，信息经济已取代工业经济，进入了经济发展新阶段。信息通信技术产业的区位选择同时出现两个明显趋势：一是集中区位，专门进行信息通信技术产品从构思、设计、样本制作、实验性生产及产品的关键零部件生产，形成了一些新的增长中心；二是分散区位，主要进行装配工序生产。集中和分散区位的结合形成了新产业空间分布。

信息通信技术进步是推动产业升级的最活跃因素。信息通信技术的不断创新与扩散、发展、融合，带动了一系列关联产业的产生与变化。从产业类型来看，首先是信息通信技术产业本身不断发展壮大和空间区位选择的过程。其次信息通信技术产业的边界是模糊不清的，不同国家、不同地区和不同学者给出了不尽相同的定义和标准。但是，作为一种渗透性和融合性很强的技术行业，信息通信技术具有技术进步快、经济效益好、增长速度快和产业关联度强等特征，其边界还在不断变化和扩大，信息通信技术产业在一个国家经济中的地位越来越突出。近年来，在国家相关产业扶持政策的推动下，我国信息通信技术产业步入新的快速发展阶段。据 2015 年国民经济和社会发展统计公报数据，我国固定互联网宽带接入用户 21 337 万户，移动宽带用户 78 533 万户，移动互联网接入流量 41.9 亿 G，互联网上网人数 6.88 亿人，其中手机上网人数 6.20 亿人，互联网普及率达到 50.3%。软件和信息通信技术服务业完成软件业务收入 43 249 亿元，比上年增长 16.6%。这表明互联网、信息通信技术对人们生产生活带来的巨大影响，信息通信技术产业对整体经济增长的拉动作用也在迅速增强。有研究认为在宏观经济进入通货紧缩和增长衰退时期，其他部门经济活动缓慢增长的情况下，信息通信技术产业却并未受到经济下滑的明显影响，继续保持了快速的增长速度。这也是近年来重庆经济跨越式发展的重要经验。

信息通信技术可用来改造和提升传统制造业。我国是典型的"两头在外"的世界工厂，存在许多大进大出式的加工制造业。在这个过程中，我们赚取微薄的利润，却制造了严重的污染，耗费了最多的资源能源，出口创汇是依靠传统制造业中劳动密集型产业的劳动力低成本优势取得。然而这种优势也面临着我国劳动力成本的不断上升，以及其他国家和地区带来的挑战。用信息通信技术改造传统制造业等产业，充分利用信息资源和信息通信技术对传统产业进行设计、研发、管理和市场的一系列创新，用信息通信技术改造传统产业可提高设备和产品的科技含量，从而提高经济增长过程中全要素生产率的比例，提高传统产业的加工深度，加长产业链，改变以生产初级产品为主体的产业格局，实现产业结构的高加工度化。同时，信息通信技术产业与现代服务业紧密关联，对物流产业发展具有重大影响,以关键信息通信技术及其相关产业的技术融合研发为核心,有助于在物联网、智能传感器技术等方面创新,从而助推我国战略性新兴产业的发展。

在信息通信技术重构产业发展过程中,新的区位因素出现并影响产业区位选择(图 6.5)。一是信息流丰度。信息通信技术的广泛应用使得城市的信息化程度与城市的经济发展水平高度正相关,大城市往往是高度密集的信息源和信息消费地。城市特别是大城市,成为各种信息产生、交流、释放和传递的高度聚合点。而对产业发展和企业区位选择而言,信息流丰度正在成为一种和人力、资金、社会关系等同等重要的战略资源。二是创新和技术研发水平。创新是信息通信技术产业发展最重要的因素,谁先获得有关创新的新技术,谁就在竞争中处于有利地位。创新和研发主要源自于科研机构和知名大学,以及大企业的研究与开发机构。因此,信息通信技术产业多在接近大学与科研机构,以及各种研究与开发活动区域。三是金融资本聚集程度。信息通信技术产业的发展在很大程度上依赖于具有创新性产品的生产和提供,而创新产品的产生在很大程度上依赖于风险资本的投入。因此,金融基本聚集程度、能否获得风险投资,以及风险资本的投资区位成为信息通信技术产业选择区位因素之一。当前,各级政府积极支持发起各类创投母基金,引导社会资金进入创投领域,鼓励发展 PE、VC、天使投资等创业风险投资,并尝试成立知识产权交易所,探索知识产权与金融市场的有效嫁接模式。

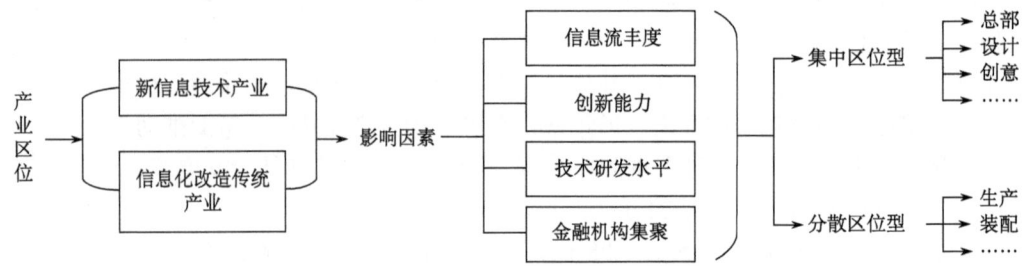

图 6.5 信息时代产业区位的变化及影响因素

3. 区域空间组织变化与创新型区域

对于传统的地理空间,距离起着主要作用,不同地点有不同的"价值"。伴随"非地理空间"即网络空间(cyberspace,赛伯空间)的出现,区域建立于电子网络基础之上,跨越遥远距离的高速传输使人们能即时联系全球任何地点,使用者之间通过电信服务进行着有效交流,取代了直接接触。在信息和数据交换等非物质领域,距离地理学和瞬时性接近的地理学之间的差异不小。由于信息通信技术的这种巨大进步,在"技术决定论"的潜意识下,一些学者开始怀疑地理(区域)的重要性。自 20 世纪 90 年代中期开始,有学者提出在信息时代"地理的死亡""地理的终结"等论断。当然,这种言论得到了多数地理学者的反对,信息化不会抹去地理(区域)的存在意义,但的确为区域社会经济发展带来了新的空间动力,增加了空间结构和空间组织的复杂性。对于区域空间组织重构而言,单一的信息通信技术发展很难能成为主宰,信息通信技术将通过增加联系的灵活性、合理性,对区域经济活动的组织和地区活力的激发产生特殊的影响,为地方公司的发展提供新的机会。最终,有效地促进先前逻辑(行为集中基础上的纵向综合)向新型逻辑(活动外在表现的网络组织)转变(巴恩斯和路紫,2000)。

信息通信技术在全世界范围内快速扩散,但与此同时,信息通信技术的非平衡扩散也引致出新的社会问题——"数字鸿沟"。作为一种新的贫富差距形式,已有学者认为"数字鸿沟"有可能成为区域不平衡发展的新根源。本应在去除中心、打破垄断上发挥巨大作用的互联网,面临数字鸿沟的撕裂。在国内,东西部区域之间、城乡之间和不同社会群体之间,互联网和信息通信技术的基础设施、相关产业技术发展,以及人均享有信息量很不平衡。从现实来看,数字鸿沟对不同区域发展的负面影响不仅存在,可能还在进一步扩大。数字鸿沟的存在将把不同区域划分为信息富集区域和信息贫瘠区域,而且这种贫富差距不断扩大,进而导致和加剧区域极化发展。

由"门户城市"及其腹地组成、具有密切劳动分工的"城市区域",正在成为全球经济竞争的基本单元。在这个背景之下,国家创新系统也逐步过渡到了"区域创新系统","区域创新系统"的概念由英国卡迪夫大学的库克教授于1992年提出,区域创新系统主要是由在地理上相互分工与关联的生产企业、研究机构和高等教育机构等构成的区域性组织体系组成,这种体系支持并产生创新。区域因素对于系统运行至关重要。区域创新系统由企业、科研机构、高等院校、政府、中介机构等要素构成,这些要素在区域创新系统中的地位与功能各不相同,既有分工,又有合作,形成一个相互促进的网络系统。其中,创新型企业是区域创新系统的中心要素,决定整个创新系统的创新能力,其他要素如大学、科研机构、政府为非中心要素。中介组织是连接区域创新体系各要素的纽带,在区域创新主体之间就需要专门从事中介服务的中介机构。创新型区域的形成,不仅取决于行业特征(如生物技术行业的知识密集型特点要求以大学、研究机构为中心),还受到区域经济、科技发展水平、政策制定等因素的影响。城市群是由若干大城市为核心,包括周边众多中小城市共同组合而成的集合型城市群区域。若干个创新型城市若能联合起来进行协同创新,则对区域经济发展的推动作用将产生乘数效应,更有利于形成创新型区域。我国的长江三角洲、珠江三角洲、环渤海等三大城市群地区应率先建设成为我国的创新型区域(图6.6)。

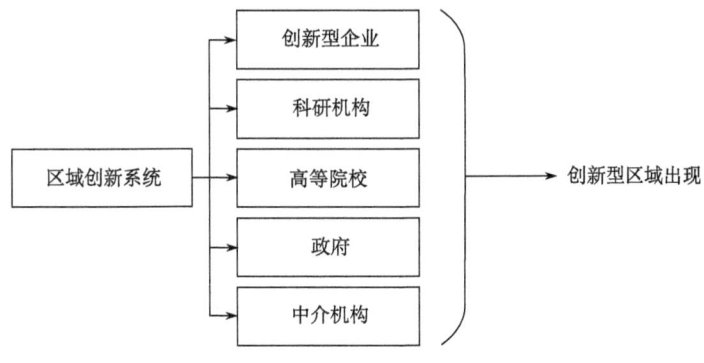

图6.6 区域创新系统及创新型区域

4. 经济全球化与全球生产网络

20 世纪 90 年代以来，信息化和经济全球化越来越明显地成为两大全球性的转变趋势。经济全球化主要表现为金融资本在全球范围内的迅速流动、跨国投资的迅速增长、跨国公司垄断势力的强化、产业链在全球范围内的空间重组、国际经济组织影响力上升等。这些力量使区域直接暴露在全球竞争之下，既为区域发展带来新的机遇，也对其提出了挑战。我国改革开放以后的经济高速成长很大程度上受益于经济全球化，而全球化力量也对我国区域发展及其空间过程产生了深刻的影响。经济全球化打破了传统的区域和国家界限，使原有空间体系已不能适应经济发展的需要。

这一轮信息化过程的出现要晚于经济全球化，但是它在加速经济全球化的进程中确实发挥了巨大作用。一是技术创新从核心发达国家向其他国家和地区扩散导致生产要素国际化，形成了世界劳动新的分工体系和世界城市网络体系。从国家和区域层次看，产业区位发生重大变化，出现了新产业空间和空间重构，一个典型的例子是宝马（BMW）在欧盟和东盟（ASEAN）的全球生产网络（图 6.7）。二是加快了资本的全球流，信息通信技术在金融领域的大量使用，使得传统的交易行为和方式不断受到冲击，提高了金融机构的运营效率，带动了一系列金融创新工具的出现，使得资本在全球范围内的优化配置成为可能。三是提高了跨国公司的生产效率，信息通信技术的迅猛发展使得企业运营中的信息获取、设计生产、市场营销等实现了经济全球化，有利于跨国公司在全球范围内进行人力、资本、技术等的最优配置。随着全球化和信息化的不断深入，国家或地区之间的经济联系变得更加密切且复杂多变。全球生产网络是指跨国公司将产品价值链分割为若干个独立的模块，每个模块都置于全球范围内能够以最低成本完成生产的国家和地区，进而形成的多个国家参与产品价值链的不同阶段的国际分工体系。这个概念源于经济地理学家 Neil Coe，后来杨伟聪等不断扩展和发展起来。以曼彻斯特学派为代表的全

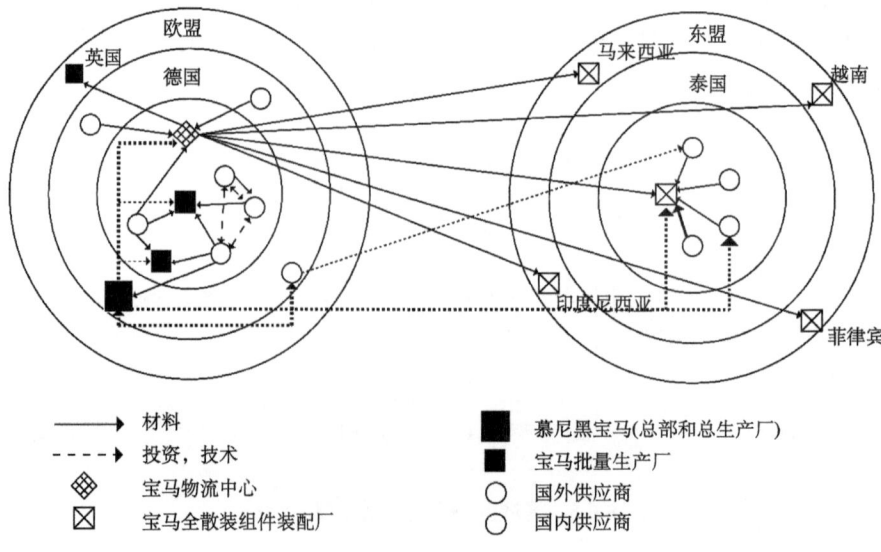

图 6.7 宝马（BMW）在欧盟和东盟（ASEAN）的全国生产网络（Henderson, 2003）

球生产网络(global production networks, GPN)理论(刘卫东和邹嘉龄，2014)以价值创造和补货、公司和制度性力量、地方嵌入、社会文化的根植性、全球和地方的战略耦合等为重点，主要从企业、部门、网络和制度等维度探讨不同尺度的经济活动及其与区域发展的关系。

第三节 区域空间结构的演化特征与形成机制

区域空间结构是一个动态的不断演化的过程，是经济、社会及资源环境各要素在空间上不断集聚、扩散、流动、整合的结果。在信息时代的背景之下，在经济全球化与地方化的多重作用之下，区域空间结构的形成与发展受到越来越多的因素的交织影响，表现出了更多的弹性与不确定性。但是，影响区域空间结构的各要素运动要遵循一定的规律，区域空间结构演化呈现出了一定的趋势性特征，在特征的背后也存在其特定的形成机制。

一、信息时代区域空间结构演变的主要特征

1. 影响因素日益复杂，因素间影响相互交织

由于信息通信技术及其应用的不断拓展，空间和距离、关系和联系都被赋予新的内涵，区域空间结构正处于一个不断变动过程中。但也要认识到，信息时代并不是抛弃所有传统要素，而是传统要素的影响发生了变化。新旧影响因素之间相互影响、动态变化并有着极为复杂的互动整合过程。信息通信技术不断进步，使得信息网络、信息资源对区域发展及空间成长的重要性持续增强。经济全球化、区域创新及区域政策创新等对区域竞争力起着越来越关键的作用。交通对区域发展及其空间结构仍然发挥着重要作用，尤其是当前交通技术与信息通信技术的结合正推动着交通运输向高速、灵活、弹性及网络化方向发展，进一步增强了空间的流动性特性。目前正处于一个快速变革的时代，在信息通信技术的影响下，知识、信息、创新、网络等被纳入了新的区域空间结构之中，使得区域空间结构处于持续演化之中，空间结构上的点、线、面等构成要素在内涵和外在形态上都发生了显著的变化(甄峰等，2004)。

2. 演化速度不断加快，网络化特征明显

信息通信技术条件下，区域发展更加活跃，经济社会活动的各项要素逐渐超越原有行政管辖边界的约束，走向更广阔的地域空间范围。区域已经不再是一个静态空间，而是一个在地域和功能等方面相互融合、相互包含的动态弹性空间。原有"核心-边缘"结构模式已被群体间快速演化的、复杂的、功能上更趋一体化的区域关系网络所代替，形成了多中心、多层次、组团型发展模式。信息通信技术的应用会增加基础设施网络的运作效率，信息化基础设施使信息流通更加畅通，信息服务的不断应用进一步增加人们有关商品和服务的新信息，提高和加快了社会生产、公众服务的效率，以及居民的生活节奏。因此，区域空间结构的演化进程也将会随着信息化的加剧而加快。城市在区域中的

地位和作用不再仅仅取决于其规模和经济功能,在很大程度上还取决于其作为复合网络连接点的作用。区域发展不仅仅取决于网络节点的规模与功能,还取决于网络节点间的联系类型,以及联系的复杂性。

在信息化和全球化的双重背景之下,世界城市网络面临着空间重构,区域空间结构也自然向网络化发展。生产、贸易、投资、消费和流通等经济活动及其组成要素在全球尺度上组织,并自由流动,表现是全球产业转移和新的国际分工(生产要素在全球范围内的大规模重新配置)。一方面,生产要素及其组合以空前的规模和速度在全球流动和扩散;另一方面,这些要素又在特定区域或地方集聚。区域成为参与全球竞争的基本单元,成为国家竞争力的重要来源。区域内不同城市在功能和空间上具有的创新和参与全球化经济活动的程度,以及在这些活动中所拥有的重要的控制协调和管理功能的程度将决定其在全球网络等级中的地位。

3. 生产过程出现分散化,管理和控制不断集中化

在经济全球化过程中,生产活动的扩散与生产管理的集中是两大趋势:一方面,生产活动在全球范围内扩散;另一方面,对生产活动的管理和控制则向重要的城市-区域集中,生产和管理在空间布局上呈分离趋势。生产的空间分散化使得为管理和控制新空间经济的服务节点集中化程度加强,这就赋予了特定城市-区域管理和控制全球经济网络的必要性和可能性。

信息通信技术的发展扩大了经济活动空间布局的选择范围,经济全球化为这一趋势提供了制度环境,其结果是经济活动布局的空间分散化。制造业企业的价值链上各环节——研发、产品设计、原材料采购、零件生产、装配、成品储运、市场营销及售后服务都可以实现空间分离。各环节对生产要素的需求不同,而不同区域的资源禀赋优势不同,因而每个环节都有其最优区位。企业可以利用不同区域的优势资源实现内部价值创造的最大化,这就导致经济活动在全球范围内的分散分布。其主要表现形式之一,就是作为经济全球化主要载体的跨国公司在全球范围内调整资源配置,使制造业生产趋于国际化,即把企业的生产基地、销售和服务基地、物流与配送基地等价值链的低端环节,配置在远离指挥中心的任何地方,而把价值链的高端环节——研发、管理、信息中心等布局在较发达区域和重要城市节点。

对金融业的主导由大型跨国银行转向主要金融中心。因为复杂的、竞争的、创新的、高风险的金融市场需要高度专业化服务的金融中心提供外部环境。经验表明,金融业的创新和管理等高端职能向少数金融中心的集聚是一个不可替代的趋势,重要的城市-区域必然成为全球金融中心。但是,服务业的分支机构可以呈现出国际化和分散化的趋势。

4. 经济、社会和生态等空间结构特征出现分异

区域发展的本质内涵不断得到新的理解和认知,在生态文明发展的新阶段,区域发展一定要摆脱工业文明中过分追求经济增长的传统发展模式,实现由单纯追求经济增长目标向追求经济、社会、生态三维发展目标转变。如何突出国土空间精细管理,走向大数据为支撑、科学研究为基础的区域发展管治阶段,也是不可回避的一个问题。在这样

背景之下，区域空间结构从经济、社会和生态等视角切入开展下一级尺度的精细化研究也是势所必然。在三维目标的要求下，区域发展不再仅仅是经济的发展，而是经济、社会、生态三者相互作用下的发展。在这样的区域发展过程中，经济发展曲线的轨迹特征，包括方向和过程都不同于单一经济目标要求下的情形。经济-生态-社会三维目标下区域发展目标体系提出只注重于经济效益的工业化和城市化是不可持续的，不可持续的核心在于资源环境上限的约束。本质上是在寻求"经济效益、社会效益及生态效益"三大效益综合较优的区域发展目标。十八大报告指出，优化国土空间开发格局，"要按照人口资源环境相均衡、经济社会生态效益相统一的原则，控制开发强度，调整空间结构，构建科学合理的城市化格局、农业发展格局、生态安全格局"。因此，三维目标下的区域发展学说实际上为十八大确定的优化国土空间开发格局原则"人口资源环境相均衡、经济社会生态效益相统一"提供了重要的科学依据。

党的十八届三中全会《中共中央关于全面深化改革若干重大问题的决定》中进一步提出"促进以生产空间为主导的国土开发方式向生产-生活-生态空间协调的国土开发方式转变，实现生产空间集约高效、生活空间宜居适度、生态空间山清水秀"。各地积极开展了生态文明制度体系、自然资源资产产权制度和用途管制制度等实践探索。希望能划定生产、生活、生态空间开发管制界限，落实用途管制，健全能源、水、土地节约集约使用制度。生产空间集约高效是重要原则之一，生产空间进一步专业化、集中化，进而为生活空间、生态空间的发展留出空间载体。城市群不仅在当前，而且在未来仍将是承载高强度人口和经济活动的区域，其生产生活生态空间利用矛盾将十分突出，树立"精明增长""紧凑城市"理念，严格限制和约束生产空间的盲目扩张。生活空间是人们吃穿住用行，以及日常交往的空间存在形式，宜居适度的生活空间既能满足人们生活实际需求，又是资源环境友好型的生活和居住方式等，是"三生空间"关系协调发展的重要纽带。生态空间山清水秀是"三生空间"协调发展的重要基础。"三生空间"是建设社会主义生态文明的主体功能结构，"生态-生产-生活空间"之间的比例关系一定是随着地理环境、发展水平和发展方式变化而变化的。但是，具体而言，区域空间结构演化中生产、生活和生态三生空间自身的空间结构特征，以及这三者之间的"比例关系如何、约束阈值范围大小"等都还是待解的科学命题。

5. 胡焕庸线稳定性长期存在，东西两侧人口集聚模式发生变化

人口和城镇的空间集聚模式是经济社会空间结构研究的重要内容之一。2014年11月底，李克强总理在国家博物馆参观人居科学研究展时，向社会和科学界提出了关于"胡焕庸线"的问题，很多媒体称之为"总理之问"，"胡焕庸线"也因此成为受到高度关注的一个热词，就此开展了热烈讨论并提出了截然不同的见解。对该问题讨论的标志性成果之一是国内知名地理学者联合开展的讨论和争鸣（陆大道等，2016），受到了新华社等主流媒体的关注，总体上认为胡焕庸线的稳定性将长期存在。数据显示人口城镇化和人口迁移并没有改变胡焕庸线确定的人口分布格局，人口东密西疏的格局在较长时期不会发生根本性变化，城市群主要位于胡焕庸线东南半壁的格局在较长时期也不会发生变化，胡焕庸线不可破的原因是由气候等综合自然地理条件决定的。胡焕庸线稳定性长期存在的几点理由：一是我国陆地国土分三大自然区，即东部季风气候区、西北干旱及半干旱区和青藏高寒区。青藏高原平均海拔 4 000 m 以上，除少量河谷地带以外，一般不适宜于人类日常的社会经济活动。"胡线"的西北半壁几乎包括了干旱及半干旱区和青藏高寒区。这种自然结构特点对人类社会经济活动的影响巨大，在很大程度上决定了"胡线"的稳定性。这不是人的力量所能明显改变的。二是人类社会经济活动受海洋的吸引是长期趋势。三是"胡线"缩小西北半壁与东南半壁人口和经济规模的差距所遇到的困难，还在于与国内外市场距离远、运输成本高的严重制约。运输能力可以提高，甚至是没有限制的，但运输距离长及引起的运输成本高这个因素的影响是难以改变的。此外，教育和文化水平也是制约西北半壁经济发展的因素。这个因素是可以逐步改变的，但是需要较长时期才能实现这种改变，是一个漫长的、渐进的过程。尽管已有研究成果表明全国尺度上胡焕庸线两侧人口分布格局保持稳定，但仍要使欠发达地区和发达地区之间公共服务逐步实现均等化(陈明星等，2016)。在西南和西北半壁内部的人口布局特征正在不断演化，东南半壁人口格局主要是由均衡状态向集聚状态转变，而西北半壁的人口集聚态势则有所减弱。

二、区域空间结构演化的形成机制

1. 集聚与扩散的两种力量

集聚和扩散是社会经济客体空间运动的两种倾向(陆大道，2003)。近代地理学产生以来，部分人文与经济地理学家就一直在研究社会经济客体的集聚现象、集聚过程及其所形成的空间格局。得出形成空间格局的过程可以分成两个趋向，即空间集聚和空间扩散。空间集聚与扩散的过程和现象研究是地理学理论的基础之一。在区域发展过程中，这种势能的扩散表现为产品流、资金流、人流、技术流、信息流、政策流等。这些"流"由中心点(区)向周围流动，在距中心不同方位和距离重新聚集，与当地原有的自然、社会经济要素相结合，形成新的集聚点。社会经济客体必然要在一个地域或点上集中起来，这就是集聚产生效益。但是，社会经济客体在一个点上的过分集聚就会不可避免地导致一系列副作用，如交通拥挤、水土资源供应严重不足及其导致的代价过高、生态环境恶化，以及带来的社会管理等问题。这是社会经济客体空间集聚和空间扩散规律的客观要求。

很多学者进而对信息通信技术可能引起的空间集疏效应进行了研究。远程通信技术助长了经济生活的空间扩散。远程通信设施存在着日益明显的不均衡发展模式，这实际上产生了新的非均衡的轮回，加重和强化了各个层面上不均衡的社会和地理发展，促进了更极化的和分割化的区域和城市发展，即主要的信息流仍集中在全球性的城市-区域。网络社会逻辑也认为利用远程通信和信息处理能力在空间上是有选择性的，由于生产地域的不均衡，全球将被分为清晰的不同空间，被不同的时间体制所定义。但同时人文与经济地理学家们也指出，远程通信技术助长了经济生活的空间扩散。新信息通信技术是否支持了进一步的集中的趋势并增加了区域差异，或者它们是否会导致一个更分散的或平衡的居住结构的争论是一个误导，由于新信息通信技术的弹性特征，空间的分散和集中都是可能的，然而这些现象并没有直接的因果关系。城市之间在光纤网络拥有方面的不平衡，被认为存在着双重化效应。因此，信息通信技术影响下的区域空间结构集聚与扩散的机制更加复杂，这也是信息时代区域空间结构演化的核心科学问题之一。

2. 流空间与网络化

计算机和数字通信及媒体技术的集成正在创造一个赛伯空间，它是一个数字网络的多媒体束，正在快速地融入到社会、文化和经济生活中。关于赛伯空间对地理空间的影响，仍存在着争论。有的学者从技术决定论出发，认为流空间将取代场所空间。一个功能和权力位置的等级构成了跨国和世界的地域，将生产、分配和管理功能隔离开来分别定位在最有利的地区，且通过通信网络将所有活动联系起来。但也有不少学者持反对意见，远程通信也可能不是面对面交流的替代物，而实际上是互补的两种信息传输形式。电子远程通信网络的出现可能会产生更多的、而不是更少的面对面的活动。由电子数据集合构成的赛伯空间从来没有取代实体空间，但通过提供节省时间和成本来支持真实空间（甄峰，2007；甄峰和顾朝林，2002）。

城市作为信息的集散中心，通过信息交流协调各种经济活动，一直是城市的基本经济功能之一。在赛伯空间之下，流的作用被更加凸现出来。重要的城市-区域往往是信息网络传输的节点。城市等级取决于其创造、处理和交换信息的能力，特别是高度专业化和特别享有的高端信息，高层次管理和高端服务机构通常会向这些节点城市汇聚。世界级的城市-区域应是全球网络体系的中枢或组织节点，它集中、影响甚至是控制着世界经济的发展节奏、方向，以及各种战略性功能，区域发展不仅仅是依靠它所拥有的东西，而是通过各种经济流、信息流、文化流等方式，建立以知识经济为基础的全球企业网络和空间节点组成体系，并在一定范围内的具有相当的控制力、辐射力和影响力等。同时，流空间使在全球范围内组织生产链前所未有的方便，而且也使世界各地及企业之间的相互联系更加紧密，即出现了所谓的"时空压缩"现象。

对于流空间而言，网络化的空间组织又称为其基本特征。网络是一系列相互联系的节点，它可能有一个等级，但没有绝对的中心。节点之间的关系是非对称的，但它们对网络的功能都很重要。大公司正通过地理空间联系的多样性塑造地域，而这些地域也是由网络所组成的。区域和城市的竞争力由其结合信息能力、生活质量和连接到国家和国际层面的主要的都市区中心网络的能力一起所决定。这些都需要建立起一种新的多样化、网络化的空间联系思维。信息时代下随着节点网络体系的建立，中心地模式下单向的等级式空间联系方式会逐步演化为网络模式下的多维空间互动式联系方式，这为区域空间结构提供了一种非常弹性的演化环境。

3. 地区间功能联系与地方整合

随着信息通信技术的不断发展，不同城市和区域之间的联系日益紧密，社会分工在更加广阔的范围内深入展开。由于不同城市具备不同的资源禀赋和比较优势，进而在区域发展的主体功能定位上存在一定差异，因此城市之间进行互相联系产生了客观需求，这种城市之间的联系就表现为城市流。主要通过城市间的人流、物流、资金流、技术流和信息流等城市流动的空间流转来表现，其实质是区域内具有密切经济联系的城市间和产业间的相互作用。在这个过程之中，一个极具争议性话题又出现了。在信息通信技术与全球化条件之下，地方逐渐被融入全球化之中，地方的重要性不断下降甚至是否存在？多数学者经过研究，认为地方经济基础和制度环境，以及由此形成的地方产业氛围对各种"流"有黏着作用，即经济全球化是嵌入在地方经济和制度环境之中的，地方依然是经济要素空间区位的重要基础。因此，全球化与地区发展之间是一种辩证关系。前者通过资金、商品和服务的流动改变着地区发展格局，后者则通过自身的经济和制度基础影响着这些"流"的格局并一定程度上决定全球化发生的空间过程。在此背景下，参与经济全球化的程度成为影响我国不同地区发展的重要因素，而经济全球化也对我国重要城市群的出现、发育及其空间过程产生了深刻影响。而另一方面，涉及区域经济、社会、文化的空间整合是提升区域竞争力的重要内容，既有利于那些在地理上紧密联系、文化上有共同渊源的区域形成更加紧密的空间实体，又可以通过区域合作网络将中心区域及其腹地紧密地联系在一起。

4. 地理邻近、产业集群与区域创新

在信息通信技术大发展的流空间、网络化时代，地理邻近往往容易成为被忽视的一个词。实际上，地理邻近是经济社会活动发生联系和相互作用的基础，是保证经济社会活动主体间顺利交流的条件之一。看似地理邻近越来越被忽略，地理邻近作用在逐渐消退。而事实并非如此，地理邻近仍然在区域空间结构演化中发挥着重要影响，只是其影响途径发生着变化，这种影响既有显性的，也包括隐性的。地理邻近发挥重要作用的原因主要在于渐进式扩散，这是社会经济客体在空间中扩散的主要方式。相邻地区扩散源扩散的结果使扩散通道相互联结，成为发展轴线。随着社会经济的进一步发展，发展轴线进一步延伸，新的规模相对较小的集聚点和发展轴又不断形成。产业集群现象在一定程度上也体现出了地理邻近作用及其渐进扩散过程，既有可能是由于内部规模经济或资源优势导致少数几个大企业在少数区域的集中，也可能是由于外部经济吸引大量中小企业而导致的地理集聚，大量中小企业的地理集聚形成了产业集群现象（贺灿飞等，2014）。

随着知识和技术在生产过程中作用的不断加强，区域研究也开始普遍关注区域创新网络的空间结构演化。区域创新形成了创新环境的核心。这样的背景加速了空间结构的重新塑造。将区域分为三种类型：创新型进口节点、中间节点和边缘出口节点。这种区域划分实际上表达了区域创新能力的空间差异。在创新网络研究中，地理邻近性是被普遍重视的。创新活动空间分析的三个框架，即簇、链和综合体。簇表现为高度相关产品的成群出现，它们源于或导出其他实体的发展；链则是从生产结构的角度，认为创新能力形成于生产的链结构；综合体则注重行为的综合性，这种综合可以看作是生产者、公共研究组织、用户、管制者四个行为者之间的正式或非正式合作网络。由于知识的根植性、区域发展的本地依赖及区域创新本身具有强烈的路径依赖和地方化特征，地理邻近对于学习、创新及区域的创新发展注定是重要的，也必然是区域空间结构演化的重要因素。

5. 基于报酬递增的新经济地理学解释

经济学领域的区域经济研究方向也进入到新空间经济学的发展阶段，以克鲁格曼等为代表所倡导的新经济地理学理论与模型方法的影响最大。发现"这些经济学理论只有落实到空间上才能得到实证"，进而激起了对"经济活动的空间区位"问题的研究兴趣，为经济活动的区位选择和经济空间发展过程进行科学解释，取得了卓著的成果。鉴于克鲁格曼在该领域及此前在国际贸易方面研究的贡献，瑞典皇家科学院授予其2008年度诺贝尔经济学奖。新经济地理学将厂商层次的规模收益递增、外部经济、"冰山"形式的运输成本融入迪克希特-斯蒂格利茨的垄断竞争模型并建立一般均衡模型，考察产业集聚、城市集聚及国际贸易的形成机理。通过离心力和聚集力的互动，来模拟集聚经济的形成过程。通过报酬递增、运输成本、产业联系及市场外部性之间动态、非线性的相互作用内生出经济活动沿地理空间呈倒U形轨迹演化的规律。经济活动的空间集中源于报酬递增，克鲁格曼指出：这种生产在地理上的集中正是某种收益递增的普遍影响的明证。新经济地理研究经济活动空间聚集所采用的方法主要有：一是将规模报酬递增和不完全竞争引入模型。采用某些技术技巧提出一个既包含规模报酬递增又包含不完全竞争市场的模型，来解释经济的空间结构。二是将固定比率的运输成本引入模型。克鲁格曼将萨缪尔森的国际贸易理论中的固定比率运输成本假设引入模型，使迪克西特-斯蒂格利茨的市场结构和固定比率运输成本很好地结合起来。三是将过程的演进性引入模型。新经济地理模型将要素移动看作是对区域进行选择的博弈行为，在此博弈中进行动态博弈分析（郭腾云等，2010）。

第四节 区域空间结构的组织模式

点、线、面是区域空间结构组织的基本要素。在信息时代大背景下，点、线、面这些传统要素仍然是区域空间结构描述和组织的基础，当然其空间表达方式有了新的内涵与创新，为刻画空间结构提出了新的视角。描述区域空间结构时常常使用节点、轴线、通道、流、网络等，在不同尺度区域不同构成要素表现的形式又各不相同。节点依次有工矿业集聚点、小城镇、区域性中心城市，以及国际性大都市和世界城市；通道也由过去的有形通道，逐步过渡到有形通道和无形通道并存的现象；流也从以物质流为主，过渡到以信息流、价值流、知识流等看不见的流为主，以及人口、物质等看得见的流；网络由单一方向的金字塔式等级结构逐渐演化为复杂性网络结构，由简单网络发展到复杂网络。不同尺度的空间组织是相互联系的，大尺度区域是各小尺度区域的综合，是其组合、结构、性质、功能，以及多样性的联系和相互作用的辩证统一。不管何种空间尺度的区域空间结构及其组织都是通过点、线、面等不同比例的组合来实现，因此本节内容分别描述区域空间结构中的点、线、面及其组合形态。

一、区域空间结构中的点

经济社会活动在空间上集聚形成点状分布形态,空间中的"点"是空间经济活动最密集、最活跃的地方,点要素结合可形成节点系统,如不同等级交通站点所形成的系统。在不同尺度的背景上,"点"的表征形态不同。以城市为背景,城乡居民点可抽象为"点"要素,若将尺度上升为区域背景,"点"则扩大为城市,在更大的尺度上,如从全球的灯光航拍角度,"点"就是连成片的区域。在不同尺度间切换时,"点"和"面"可称作不同层级的抽象客体,如在进行城市产业布局时,相较于布局点本身,城市则抽象为一个"面"要素,在进行全国生产力布局时,如"56项"和"三线建设"时期,城市作为次一级结构,则抽象为"点"要素。在全球化的背景下,全球经济结构的空间重构,突破了国界限制,任何一个城市或区域都有可能成为全球的一个节点来发挥作用。

空间"点"呈现集聚和分散的格局,空间集聚点的形成源于一开始的区域空间上极化效应,经济社会活动要素分布的空间不均衡,形成了区域上的空间竞争和合作关系,促进整个区域系统在空间上的非均衡发展。因聚落性质、规模和区位等的差异,节点具有不同的层级。在空间系统中,不同等级的"点"在特定的空间地域范围内,形成"点"要素的规模等级体系,是资源要素空间配置的基础。由于自然、经济、文化等多方面的差异,在一定范围内,首位城市在人口集聚度上远胜于第二位城市,这表明,空间系统中"点"很难形成空间均衡式的发展,而往往以极核式结构优先形成优势点位,获得资源禀赋的集聚,从而形成"点"的扩张。增长并非同时出现在所有地方,而以不同的强度首先出现在一些增长点或增长极上,然后通过不同的渠道向外扩散。因此,增长极的发展模式是由中心向腹地邻近扩散来实现的,核心-外围结构理论将视野扩大到区域的范围,实际上是基于中心点为基础提出的区域功能协调的等级体系。

信息化带来的虚拟空间对空间"点"要素的形成产生巨大的影响。例如,在信息时代网络购物的盛行,线上购买市场及发达的物流系统,许多工厂实行厂商直销,中间商及部分工厂直接倒闭,极大地改变了产业的空间布局,使原本空间布局中的实体点转变为虚拟点。同时信息化也增加了非传统定义下的"点",如采集手机信令数据的基站。大数据使我们从数据中观察人类社会的复杂行为模式成为可能,与传统空间数据相比,更多地刻画人的行为与数据的关系,使"点"要素的空间表达更为泛化和多元化,如基于位置服务(location based service, LBS)的识别各种个体的点的空间流动轨迹信息,点个体与线状流等密切联系了起来,成为新时期深入理解个体时空间行为轨迹的地理学特征的重要基础。

二、区域空间结构中的线

很多经济社会活动在地理空间中呈现线状的分布形态特征,如交通线、电网、河流、边界线等,线要素的集合形成网络设施系统,如交通网络、电力网络。交通网络不仅仅是节点之间的联系通道,更蕴含着空间相互作用的过程和强度。在要素的流通过程中"面"区域得以扩散,而不同强度的线要素又代表其完成空间相互作用过程的能力。在不同的尺度上，"线"要素同样可抽象为不同层级，现代交通线路是最为物化的"线"要素，不同等级的交通线，当在更大的尺度上，"线"要素可以是城市连绵带，如我国的东海岸地区。因此，"线"要素也被称为"轴"或"带"，"点"要素通过"线"要素的贯穿和连通，使社会经济效益得以扩散和流通，贯通地理空间上的增长点。同时，轴线本身对生产要素产生新的吸引力，形成新的增长中心。由线要素发展而来的发展轴模式，是区域内生产力布局的重要结构模式。

在信息化的视角下，信息及信息通信技术产品体积小、重量轻、可运输性强，运输因子的制约性小，对传统空间的线要素的依赖小，但信息流和物质流之间的关系并不是简单的替代作用，而是协同发展。"点"要素之间的联系不再局限于单纯的通过"线"要素的延伸，"点"与"面"要素也不再是静态空间，而是一个在地域和功能等方面融合的动态弹性空间。"线"要素将在互联网的发展下成为更为虚拟的流通线路，移动是个体层次空间行为最直接的外在表现，而在传统数据时代，社会经济活动的表达以实体"线"要素作为媒介，空间交互也是指两个场所间的联系。而信息时代下社会经济行为的表达更为空间化，所依赖的媒介更多的是光缆、虚拟网络等平台，信息的捕捉更多地刻画为空间语义，这些空间交互的方式使距离衰减效应在一定程度上减弱。

三、区域空间结构中的面

一些经济社会活动在地理空间中也会呈现面状分布形态，如三大经济区，区位要素的空间运行形式呈现区域相互作用或协调发展。按关联性与相似性标准，"面"要素可以划分为均质区域和功能区域（或枢纽区域）。均质区是以某重要因素为标准，按照特征相似性来界定的一群地区，如按照技术经济水平的相似性和地理位置，将全国划分为东、中、西三大地带。功能区是一群功能关系上紧密联系的异质区域，通常由一些不同规模的异质节点（含腹地）所构成的有机整体，形成一个核心和一个互补的外围地区。"点"和"线"要素是空间相对实体，而"面"要素作为"点"和"线"要素赖以存在的空间背景，具有确定的空间范围。"面"常常作为"点"和"线"的空间载体，是在一定标准下人为划定的特征性区域。空间"点"的扩展，往往受益于正向经济效应的积累，在资源优先配置的先决条件下，初现雏形的"点"通过线要素流通、集聚正向经济效果，形成包含空间关联的具有正外部性的经济地理结构，经济点位通过线要素的连接继而形成网络关系，将经济活动覆盖到更广泛的"面"上。

"面"要素的大小与所考虑的地理空间尺度密不可分，而面要素的特征与属性则是人文与经济地理学关注的重点。例如，空间管治时考虑发达地区和落后地区经济社会效益的差距，农业地区、工业地区产业要素和经济驱动力的差别，城市地区和农村地区发展本底的差异，这便是面要素不同的性质对区域发展及其相关政策制定等产生着重要影响。在信息时代，"面"要素更加趋于扩展，虽然物质空间趋于分散，但管理和信息交汇等功能在空间上趋于集中。信息时代亦使"面"要素的功能边界模糊，使功能的实现呈现出一定的虚拟状态，知识产业和高技术产业的发展带动了网络化要素与物质实体空间结构的整合与重组。

四、区域空间结构中的点线面组合

任何地域空间内，要素间绝非单一布局的空间形态，各个要素不论是以何种形态和质态存在，均通过相互作用形成一个系统，如城市内物质设施、经济活动、公共机构乃至社会群体，通过其形式和行为，整合成为一个具有一定组织规则，一定功能特点的实体系统。将区域系统分析归纳为六类：运动(movement)或相互作用(interaction)、网络(networks)、节点(nodes)、层级(hierarchies)、表面(surfaces)、扩散(diffusion)。微区位及周围地域之间相互作用产生各种流，通过线要素扩散和传播，客、货及信息轨迹的强化，经渠道化而形成交流网络，交流网络上汇聚连通的聚落，往往形成经济社会据点或交通节点，三者成为点线面的基础形成框架。由陆大道的"点-轴"系统催生的一系列区域空间开发模式，如"π"形、"菱"形，均贯彻了"以线串点，以点带面"的规划理念，并在全国不同尺度区域中得到了大范围的实践应用。信息化的发展使"空间距离"在要素发展中的作用大幅度降低，而要素间交流的方式大幅提升，扩展了对点、线、面的传统理解。

在传统的图式模型基础上，对点、线、面进行"矩阵"构造分析，区域空间结构和时空过程可概括为40种组合类型(图6.8)，点、线、面是空间结构的基本元素，单要素间根据其属性、空间位置及规则呈现不同的组织形态，点、线、面多要素间结合形成地理实体组合，是具有空间相互作用的空间系统，点、线、面的空间系统又可抽象为静态的、规则化的理论模型范式。可以从以下10个视角来深入认识空间结构及其组合模式。①片段：单要素碎片化分布的点、线、面，空间结构的基本定式。②网络：由于区位原生发展力的空间差异，经济活动在地域空间内呈现选择性"集聚"的不均匀分布，逐渐形成多个中心地(点)、线状基础设施轴(线)、经济活跃区(面)，微区位及其周围地域之间产生空间相互作用的各种"流"，地表过程逐渐向降低要素空间流动成本的趋势发展，形成网络化的空间结构，在网络结构内，以点、线、面为结构基元，呈各向异性的晶体状轴向排列。③规则：空间点、线、面呈现规则的几何排布，是空间结构的特殊形态，要素的属性变化不影响系统的整体结构，但是通常社会经济要素难以达到均质分布的状态。④熵：社会经济系统是一个具有时空复杂性的开放巨系统，地理要素呈现差异化的微状态，增加了空间系统的无序性，地理熵在交换时更多趋向于机会均等，在生产要素空间掠夺的过程中形成了"多核心"的空间形态。⑤层级：空间要素因属性、规模、区位等差异形成层级序列结构，如城镇等级规模体系、公路等级。以克里斯塔勒的中心地理论为典型，从抽象的视角分析，高一级中心与次一级中心之间通过线要素连接形成严格的级联网络体系，从全球空间尺度看，世界级城市是全球经济格局的网络节点，是第一层次的等级体系，但其同时也是全国性、区域性的首位城市，成为国家城市群第二层级体系的中心地。⑥引力：地域空间之间存在引力场，从而产生地区间生产要素(人力、资金、产业等)的空间掠夺，区域要素的空间运行形式呈现结节性发展，不同规模的异质节点构成有机整体，形成空间异质但功能联系密切的结节状区域，通常具有一个核心和互补的外围地区，形成核心-边缘的空间契合关系。⑦联系：空间要素是包含空间关联的

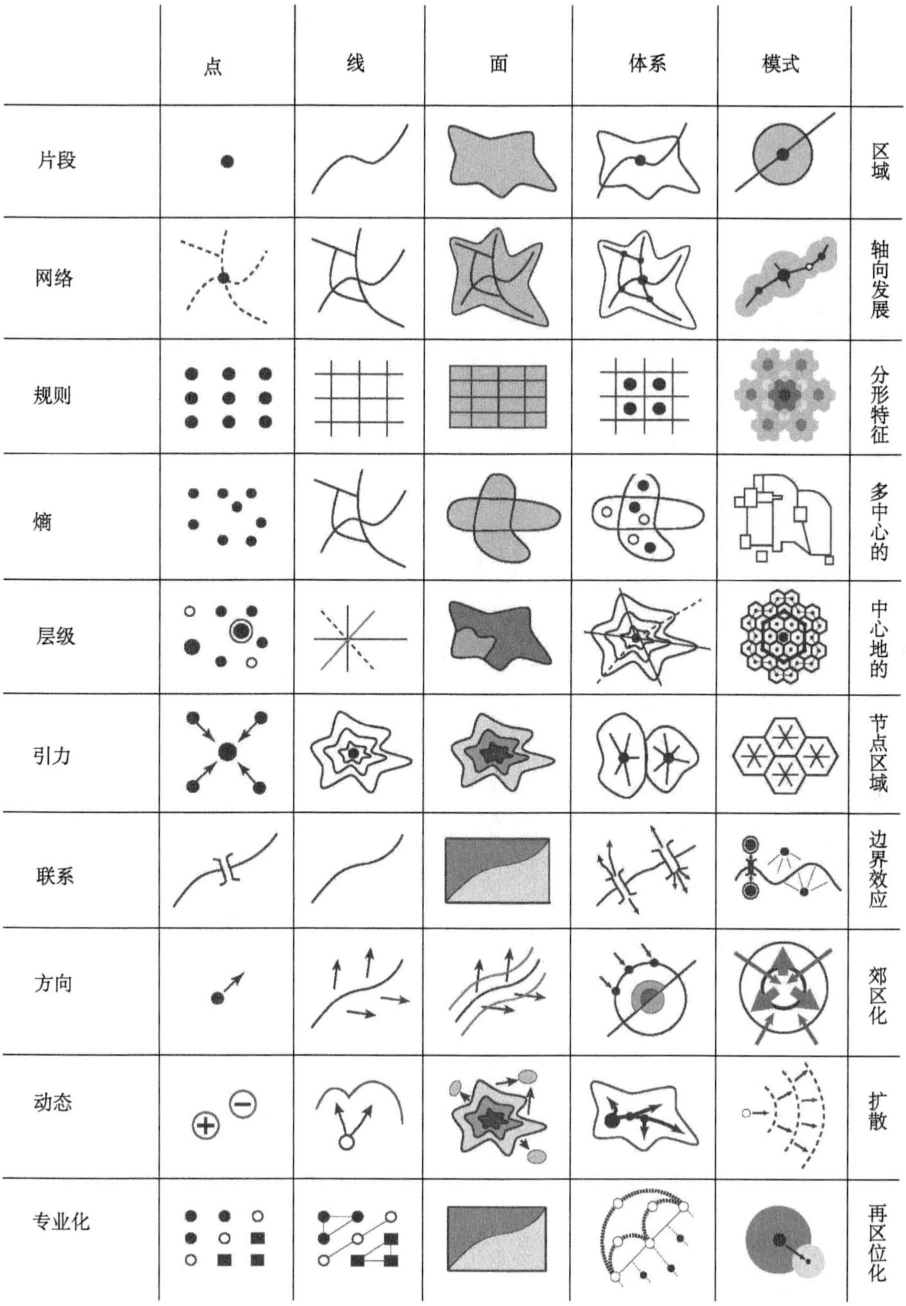

	点	线	面	体系	模式	
片段						区域
网络						轴向发展
规则						分形特征
熵						多中心的
层级						中心地的
引力						节点区域
联系						边界效应
方向						郊区化
动态						扩散
专业化						再区位化

图 6.8 空间结构类型与组合模式(引自 Halás and Klapka, 2009)

经济地理结构,空间邻近性往往产生外部经济效果,由于功能或属性的梯度性,在局部范围内产生要素相互作用的流空间,但社会经济要素的外部性存在距离衰减效应,空间流通印证了"空间差异存在历史依赖,但不是绝对"的地理学规律。⑧方向:渐次发展的空间要素产生郊区化过程,生产要素(人口、工业、商业等)先后从中心区向郊区迁移。⑨动态:社会经济要素渐进式扩散,在离中心不同距离的位置形成强度不同的新集聚,各种"流"(含客货流、资金流、信息流)沿着若干扩散通道,空间互动促进了点、线、面要素的涨落、新增及再组织,形成空间演变新格局。⑩专业化:地域空间的功能专门化的系统分工,是社会经济不断发展的产物,有益于促进系统高效运转及整体效益的最大化。

第五节 小结与展望

空间结构是区域发展的重要指示器,从空间结构角度来研究区域发展问题,是认识区域发展的一把钥匙,也充分体现着地理学家较为擅长的空间思维。"点-轴系统"理论的提出和成功地用于"T"字形国土开发格局的战略设计,使社会,特别是决策层认识到空间结构具有演变的规律性,空间结构的不同组织方式所产生的经济效益、社会效益和生态效益是不同的,如同产业结构调整和优化一样,是具有政策内涵和调控功效的。可以说,中国现代人文与经济地理学对决策层并通过决策而覆盖到全社会的最大影响的学术成果,莫过于"点-轴系统"理论引领并代表的空间组织学说的创新性发展和应用(樊杰,2016)。

进入20世纪90年代以来,信息通信技术对区域与城市社会、经济及文化系统影响迅速加深,从而使区域空间结构正经历着巨大的变革。区域发展的影响因素发生着重大变化,传统因素影响力趋于下降,新因素影响不断加深。在信息时代背景下,点、线、面这些传统要素仍然是区域空间结构描述和组织的基础,空间形态与组织方式却有了新的内涵,节点、轴线、通道、流向、强度、网络、层级、引力、熵等常用来描述区域空间结构。因此,空间结构既是经典的人文与经济地理学议题,又受到当前信息通信技术等新因素的重要影响发生了时代变化,有必要深入开展相关研究,促进对信息通信技术影响下的空间结构理论和组织模式等的新探索和新认知。人文与经济地理学者需要回答"比例关系如何、上限约束怎样","点-轴系统"的深化,以及在信息通信技术条件之下区域发展空间结构的新变化、新规律、新机制与新趋势。

具体问题包括:①由于全球化和信息通信技术及其应用的不断拓展,空间和距离、关系和联系都被赋予新的内涵,信息、知识等要素对社会经济系统的渗透,空间结构处于一种新的成长环境,并面临着新的影响要素的制约,如赛伯空间、流空间、区位再选择、创新、集聚扩散等,探索新时期区域空间结构的影响因素、过程、规律与空间组织规律的相关基础理论。②深化和完善新时期的"点-轴系统"理论,一些地区在应用该理论时具有一定的主观随意性,有些地区机械的理解轴的意义;如何系统地开展模型模拟空间结构演化的过程和模式,识别出空间结构演变的关键参数与阈值,更好地指导地方发展实践还需进一步探索。③需要继续系统跟踪国家和重要区域的发展态势,准确地把握影响信息时代下区域空间格局新变化,尤其是对不同发展阶段,区域的不同影响,防止出现过度的新空间极化和区域不平等现象。④区域发展具有经济、社会和生态三维效益特点,空间结构组织合理与否同样能产生和影响这三种效益的大小和比例关系,探讨生产、生活和生态三大空间的结构与区域的自然条件、发展阶段和功能类型的对应关系,逐步揭示空间结构有序化演进规律。⑤加强技术研究和模型模拟及其科学化表达,尤其是大数据支持下区域空间结构模拟研究。"大数据"概念近年开始广泛传播,大数据使得基于个体粒度的海量时空轨迹获取人类移动模式成为可能(刘瑜等,2014)。区域空间结构是包含自然和人文要素及其耦合作用,开展跨学科的综合集成研究,加强数据、模型、研究方法等学科发展的基础设施建设,提升人文与经济地理学科的科学水平和服务社会需求的能力。

参 考 文 献

巴凯斯, 路紫. 2000. 从地理空间到地理网络空间的变化趋势——兼论西方学者关于电信对地区影响的研究. 地理学报, (1): 104-111.
陈明星, 等. 2016. 胡焕庸线两侧的人口分布与城镇化格局趋势——尝试回答李克强总理之问. 地理学报, 71(2): 179-193.
陈明星, 等. 2016. 我国人文与经济地理学发展回顾与展望——变化大背景下我国人文与经济地理学发展高层论坛综述. 地理学报, 71(8): 1456-1471.
陈明星. 2015. 城市化领域的研究进展和科学问题. 地理研究, 34(4): 614-630.
丁疆辉, 等. 2009. 企业信息技术应用与产业链空间变化——以中国服装纺织企业为例. 地理研究, 28(4): 883-892.
樊杰. 2007. 我国主体功能区划的科学基础. 地理学报, 62(4): 339-350.
樊杰. 2016. 中国人文与经济地理学者的学术探究和社会贡献. 北京: 商务印书馆.
郭腾云, 等. 2010. 区域经济空间结构理论与方法的回顾. 地理科学进展, 28(1): 111-118.
贺灿飞, 等. 2014. 西方经济地理学研究进展. 地理学报, 69(8): 1207-1223.
李国平, 等. 2012. 中国区域空间结构研究的回顾及展望. 经济地理, 32(4): 6-11.
李小建, 等. 2000. 经济活动全球化对中国区域经济发展的影响. 地理研究, 19(3): 225-233.
刘卫东, 等. 2007. 经济全球化背景下中国经济发展空间格局的演变趋势研究. 地理科学, 2007, 27(5): 609-616.
刘卫东, 等. 2014. 中国区域发展报告 2013. 北京: 商务印书馆.
刘卫东, 甄峰. 2004. 信息化对社会经济空间组织的影响研究. 地理学报, 59(s): 67-76.
刘卫东, 邹嘉龄. 2014. 区域发展研究方向探讨. 地域研究与开发, 33(1): 1-5.
刘瑜, 等. 2014. 大数据驱动的人类移动模式和模型研究. 武汉大学学报: 信息科学版, 39(6): 660-666.
陆大道, 等. 1999. 我国区域政策实施效果与区域发展的基本态势. 地理学报, 54(6): 496-508.
陆大道, 等. 2003. 中国区域发展的理论与实践. 北京: 科学出版社.
陆大道, 等. 2016. 关于"胡焕庸线能否突破"的学术争鸣. 地理研究, 35(5): 805-824.
陆大道, 刘卫东. 2000. 论我国区域发展与区域政策的地学基础. 地理科学, 20(6): 487-493.
陆大道. 1986. 二○○○年我国工业生产力布局总图的科学基础. 地理科学, 6(2): 110-118.
陆大道. 1995. 区域发展及其空间结构. 北京: 科学出版社.
陆大道. 2001. 论区域的最佳结构与最佳发展——提出"点-轴系统"和"T"型结构以来的回顾与再分析. 地理学报, 56(2): 127-135.
陆大道. 2003. 中国区域发展的新因素与新格局. 地理研究, 22(3): 261-271.
陆大道. 2004. 关于"点-轴"空间结构系统的形成机理分析. 地理科学, 22(1): 1-6.
陆大道. 2015. 中速增长: 中国经济的可持续发展. 地理科学, 35(10): 1207-1219.
陆玉麒, 等. 2011. 中心地等级体系的演化模型. 中国科学: 地球科学, 41(8): 1160-1171.
陆玉麒, 董平. 2011. 区域空间结构模式的发生学解释——区域双核结构模式理论地位的判别. 地理科学, 31(9): 1035-1042.
陆玉麒. 2011. 中国区域空间结构研究的回顾与展望. 地理科学进展, 21(5): 468-476.
宋周莺, 刘卫东. 2013. 信息技术对产业集群空间组织的影响研究. 世界地理研究, 22(1): 57-64.
童昕, 王缉慈. 1999. 硅谷-新竹-东莞: 透视信息技术产业的全球生产网络. 科技导报, 17(9909): 14-16.
阎小培. 1995. 信息技术产业的空间分布及其影响因素分析——以美国、英国、中国为例. 地理学与国土研究, 11(2): 1-6.
阎小培. 1996. 信息网络对企业空间组织的影响. 经济地理, 16(3): 1-5.
甄峰, 等. 2004. 信息时代空间结构影响要素分析. 地理与地理信息科学, 20(5): 98-103.
甄峰, 等. 2007. 信息技术影响下的区域城市网络: 城市研究的新方向. 人文地理, 22(2): 76-80.
甄峰, 等. 2012. 基于网络社会空间的中国城市网络特征——以新浪微博为例. 地理学报, 67(8): 1031-1043.
甄峰, 顾朝林. 2002. 信息时代空间结构研究新进展. 地理研究, 21(2): 257-266.
Halás M, Klapka P. 2009. Grafické modely regiónov. Acta Geographica Universitatis Comenianae, 53: 49-57.

第七章 区域创新体系形成的动力与模式

信息时代，资本、人才、信息等创新要素在某一空间集聚将会形成一种创新节点，创新节点中呈现出各种主体的高频度交易和交流性，这种创新主体的良性互动是区域创新体系形成和演变的巨大动力。特别是企业作为创新主体，其在信息时代空间组织形式的变革是推动"创新节点"发展的重要动力。区域创新体系的形成对于创新环境要求更加苛刻，传统只重视硬件基础设施的建设已不足以支撑创新体系的形成与发展，还要高

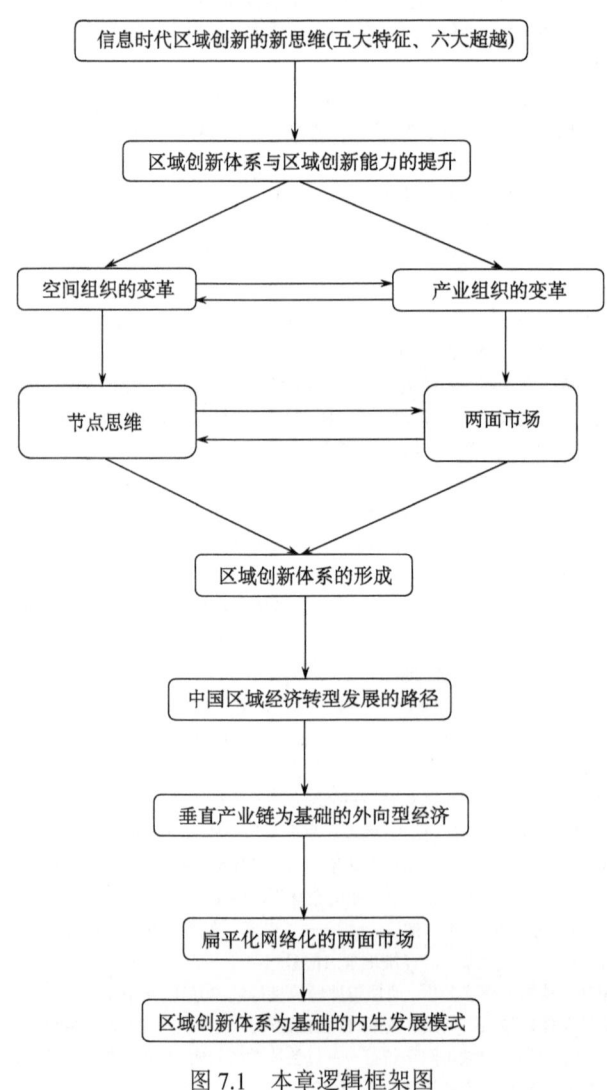

图 7.1　本章逻辑框架图

度重视文化、制度、规则等软性基础设施的建设。信息时代,创新空间将呈现出一些新的特点,即高链接性、高密度性、共享性、协作性、主体性等。企业作为创新主体,在信息时代其空间组织形式将会发生巨大变化,传统企业将以产品为中心转型到以价值为中心,形成以企业为核心,包括供应商、分包商、还有消费者相互互动与交流的具有竞争力的网络型空间组织结构,使其能对市场变化和技术变化迅速作出反应。这种灵活型组织结构既面对消费者同时又面对商户,形成两面市场的新型结构,这种新型结构是推动区域创新体系的形成和发展的巨大动力。两面市场推动网络型产业组织的形成,这对于改变我国传统的以制造业建立起来的封闭型、垂直型产业组织具有重要的作用。同时,以两面市场为主的新型组织更有利于推进产学研一体化,能够更好地整合大学、研究机构、金融机构等形成区域创新体系,并通过区域创新体系的建立不断地改变传统基于廉价土地资源和劳动力的出口导向型发展模式,推动开发区外延式发展模式的转型,对于建立一种基于内生创新体系的新发展模式具有重要的作用。

本章的逻辑框架如图 7.1 所示。

第一节 信息时代区域创新的新思维

信息时代,创新空间表现出高链接性、高密度性、共享性、协作性、主体性等特点,这些特点对于提升区域创新能力和形成区域创新体系具有非常重要的作用。

一、信息时代创新空间的特征

1. 创新空间的高链接性

网络经济形态相对于传统的工业经济形态来说,实现了从生产者到消费者的直接连接,不再需要通过传统经济中漫长的中间传输环节,形成了信息、资源、资金、产品、技术、服务之间的直接接触和传递。正是这种高链接性促进产业和企业组织模式发生了巨大变化,传统垂直型的科层组织模式逐步转变为以企业为核心,包括消费者、供应商、分包商等相互联系与互动的网络系统。

2. 创新空间的高密度性

创新空间具有创新要素高浓度和高密度集聚的特点。集聚对于创新具有重大的作用。人才、风险投资、信息、企业、供应商等在空间上的高度集聚、相互交流,共同推动了创新空间的发展和演变。

3. 创新空间的共享性

信息很重要的一个特点就是共享,只要实现共享,数据就可以无限放大。知识也有这样的特点,知识被更多人享受,也将会发挥更大的作用,知识的共享和溢出效应越来越重要。信息时代,互联网的快速发展,使得信息、知识的流动性得到增强,这样就可以在更大空间范围内实现知识、信息和资源的共享性,形成新的增长点,为经济注入强劲动力。

4. 创新空间的协作性

亚当·斯密很早就解释了分工对于国民财富增长的重要作用，后来马歇尔提出了边际分析的概念，也就是强调了规模经济的重要作用，偏离了空间分工的这样一个方向。但是可以看到，在信息时代，空间协作和分工又得到了进一步的增强。很多企业注重提高自身的核心竞争力，将很多业务和产品进行外包，从市场上进行购买。这种分工和协作大大推进了网络型空间组织的形成。

5. 创新空间的主体性

创新空间与传统经济空间最大区别在于其创新主体的重大作用。在创新体系的形成和发展过程中，不能忽视企业的作用，特别是企业家的作用。企业家在整合各种创新要素中发挥着不可替代的作用。

二、信息时代提升区域创新能力的新思维

1. 超越于标准化、规模化的工业化思维，树立差异化、小众化和个性化的后工业化思维

步入到后工业化和创新经济的新阶段，新阶段必须要有新思维，不能再沿用以前旧有的惯性思维。创新思维的根本在于创新生态系统的建设，在于环境就是竞争力的思维。创新必须要面对市场的多元化和差异化的需求。目前很多地区政府发展思维还没有得到根本的转变，路径依赖的惯性思维仍然对我们的发展观影响很深，典型表现就是一种狭隘的工业化思维。工业化思维是一种标准化、大批量、大众化、同质化的思维，而不是一种小众化、个性化、多元化和差异化的思维。后工业化社会，人们的需求更多呈现出一种个性化、差异化、多样化的特征，是一个消费主权和消费主导的时代，市场需求将由工业化时代的正态分布转向长尾分布的差异化模式。这种转变将倒逼刚性产业结构向着弹性产业结构转型，传统订单经济面临着严峻的挑战，经济发展和产业结构必须要主动适应这样的阶段性变化，实现订单经济逐步向定制经济的转型，推动产业结构的柔性化和弹性化。

回顾改革开放以来我国沿海地区的发展道路，属于典型的出口导向型发展模式，产业结构满足于订单经济，缺少必要的弹性和柔性。2008年金融危机后，欧美发达国家的市场容量和结构发生了重大变化，这种以出口导向为主的刚性产业结构将面临严峻挑战。国内现在实体经济存在的最大问题是产能过剩，但是在一些产品出现市场过剩的时候，另外一些产品市场上却出现了供应不足的问题。外向性产业结构也无法满足变化了的国内市场结构。

国内外市场结构的变化要求我们，需要更加辩证地看待供求两者的关系。需求决定供给，但供给也会创造需求，也会引导需求。特别是在后工业化阶段，要特别地强调供给创造需求和引导需求的战略意义。订单经济阶段，企业只要按照订单进行生产就足够了，不需要进行产品创新，而进入到了定制经济阶段，就需要按照市场本身结构性变化来使产业结构变得柔性化，同时，需要一种供给创新，通过产品创新和产业创新来引导市场需求。

2. 超越于单纯的技术创新思维，树立"三螺旋"的综合创新思维

在长期的发展过程中，存在着一种偏颇，那就是过于重视技术创新，仅仅将创新理解为单纯的技术创新，特别是将创新仅仅简单地理解为高科技，这在我国国家层面和诸多地区的发展过程中都是存在的，是一种典型的工程师思维。我们必须树立产业创新、产品创新和业态创新的思维，必须要将创新理解为一个实现市场价值的过程。有些产业和产品创新并不需要很复杂的技术，有些复杂的技术并不一定能够形成产品创新和产业创新。为此，必须要按照"三螺旋"的思维模式来推进创新驱动，政府一方面要高度重视技术创新，特别是加大带有共性技术创新的投入。另一方面必须要加快科技体制机制改革，实现与技术创新相匹配的制度创新。除此之外，要高度重视市场需求，无论是高端技术还是适用技术，最终都必须围绕着市场的需求，技术创新、制度创新和市场需求三者相互促进，才会促进产业的高端化，也才能促进产业创新、产品创新和业态创新。

技术创新、制度创新和市场需求构成的"三螺旋"结构是推动产业高端化的重要选择。政府在推动产业高端化的过程中往往不考虑市场的需求。同时，我国经济发展进入一个新的阶段，市场呈现多元化的趋势，政府根本无法了解到市场的真实需求，只有企业家才能真正了解市场需求。所以，要充分发挥企业在创新和产业转型升级过程中的主体作用，转型升级的根本动力在于企业家，要充分发挥企业家的创新作用(图 7.2)。

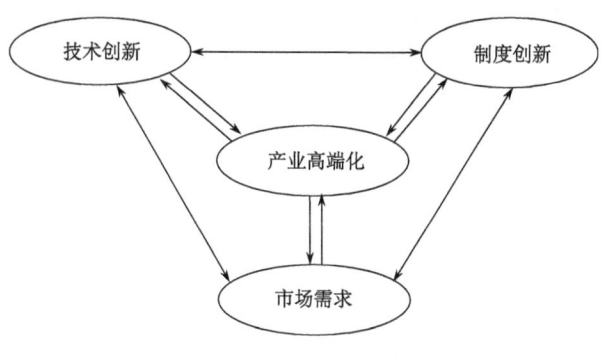

图 7.2　创新的三螺旋模式

3. 超越于单纯的物理空间和实体空间的思维，加快知识空间、网络空间、众创空间等新型空间建设

传统工业化时代，区域发展空间更多基于物质空间建设，促进物质要素的集聚性，而创新经济和知识经济发展阶段，则必须要强调创新要素的集聚性，创新要素则更多地表现出非物质性。因此，我们要高度重视知识空间、众创空间、网络空间等新型空间的建设。这些新型空间最大的特点就是强调不同主体之间的互动性，互动性是产生新思想和新创意最重要的土壤。创新载体固然重要，但更重要的是创新的内容性。在实践中，很多地区往往只重视创新的硬件载体，而忽视了创新主体之间的互动性。同时，要加快实施"互联网+"和"+互联网"战略,大力发展云计算、大数据等产业,高度重视数据经济的发展,要实现大数据、云计算这些新兴产业与制造业之间的有机融合。实施"互联网+"战略的过程,也是一种改革的过程,所以除了"互联网+",还应该有"改革+",同时,在这个过程中,还要充分发挥精英和草根的创新性,即"众创+"。因此,在中国新的发展阶段,我们应该强调三个"+",即"互联网+"、"改革+"和"众创+"。

总之,要抓住工业 4.0 这一历史机遇。工业 4.0 本质就是实体物理世界与虚拟网络时代的融合,产品全生命周期、全制造流程数字化,以及基于信息通信技术的模块集成等,必将形成一种高度灵活、个性化、数字化的产品与服务的新生产模式。工业 4.0 不是简单的技术革新,而将带来生产模式乃至于整个工业生态的转变,被称之为第四次工业革命。我国要从制造业大国转变为制造业强国,从制造向智造转变,必须以创新驱动推动工业 4.0,除此以外别无选择,否则将会错失历史机遇,面临被淘汰出局的危险。制订"中国制造 2025"计划具有重大的历史意义,智能制造是我们重要的选择。

4. 超越于传统存量经济的发展理念,建立一种新型流量经济发展理念

当今全球经济一体化快速发展,特别是随着网络经济的快速发展,要素的跨区域流动得到空前的加快,全球空间被形象地称之为流空间。在这个网络经济推动全球经济一体化的时代,全球节点城市的地位得到空前的提升,所谓的节点城市就是要素的集聚地,节点城市成为资金流、人才流、物流、信息流的集聚地。节点城市不仅仅是物理空间的有形流的节点,而且应该成为虚拟网络空间中流的节点,更准确地讲,应该成为实体空间和网络虚拟空间的耦合节点,只有这样才能成为一个流的节点。但目前我们还停留在从实体空间中看待制造业发展的阶段,所以必须超越于就存量经济论存量经济,以信息流、人才流、资金流等现代流的集聚改变我们制造业的存量经济,加快推进社会经济的转型升级。

5. 超越于线性纵向的产业链思维,建立一种非线性横向的网络型产业组织新模式

东部沿海地区的发展模式是典型的外向型经济,我们一直提出要迈向产业链的高端环节,但至今仍未从根本上跳出产业链的陷阱,"中国制造"也无法转向"中国智造",微笑曲线也很难转向智慧曲线。创新就其本质是一个区域化和本土化的过程。以深圳市为例,深圳创新能力的提升在于 20 世纪 90 年代末期实现了由外转内的过程。以华为、腾讯等一些大企业为核心,构筑了网络化的产业组织,在某种程度上跳出了线性的纵向的产业链陷阱,建立起了网络型的产业组织新模式。

从美国硅谷和美国 128 号公路两端的高新技术产业园的发展对比也可以看到,硅谷的企业与企业之间形成了良好的网络化分工与合作关系,但 128 号公路两端的企业却呈现出一种规模化的趋势,企业与企业之间缺少良好的分工与合作关系,企业管理模式呈现封闭的科层结构。事实证明,美国硅谷的创新能力和竞争能力远超 128 号公路两端的高新技术产业园区。如果把美国硅谷发展模式喻为"小狗经济",而 128 号公路两端的高新技术产业园区的发展模式形象地称之为"斑马经济",小狗战胜斑马最重要的在于其网络化的分工。

另外，超越于单纯的纵向产业链思维，树立网络型的产业组织模式也要求我们要树立大工业、大制造的系统思维，不应该将制造业或者工业简单地理解为一个产品制造的环节，如果这样狭隘地理解，中国工业和制造业将走向终结，就无法形成新的竞争力，廉价生产要素驱动的时代将结束。制造业或者工业的竞争力应等于"制造成本+交易成本+创新成本"，三者之和最小，制造业才富有竞争力，所以现在需要从降低交易成本和降低创新成本的环节来增强制造业的竞争力。融资成本的降低，以及通过相应的制度创新降低创新成本和风险也还有很大的空间。而构建网络型的产业组织新模式，加强企业之间的交流与合作，是有效降低交易成本和创新成本的重要途径，也是增强制造业竞争力的重要途径。

6. 超越于单纯的创新要素向区域的集聚，加快建立可持续发展的创新体系

我国许多地区都纷纷提出创新驱动战略，很多开发区都实施各种人才计划，包括加强引进"千人计划"等人才计划，还有各地都在打造各种孵化器，以及加强对各种高校和研究机构的引进力度。应该讲，从创新的要件上来看，各种创新要素都已经具备，但为什么创新能力并未提高，从根本上来讲，是因为没有理解创新的本质，创新从本质上来讲应该是一个生态系统。在一些国家级的开发区和工业园区，创新的要件都已经具备，最关键在于如何通过相应的制度和机制创新，让这些要件构成一个创新生态系统，这是建立可持续的创新能力的根本。

创新是一个生态系统，而且创新生态系统的建立是依靠市场来完成的，并非依靠政府建立起来的。只有单一的创新要素集聚并不一定能够形成创新生态系统，要形成创新生态系统，政府必须要转变职能，从对经济的直接干预转变到建立一个良好的创新环境。良好的创新环境就像一个贝壳，有一个好的贝壳，随便一粒微尘都可以成长为一颗美丽的珍珠。没有好的创新环境和好的创新生态系统，仅仅依靠政府的行政干预，只能造成创新要素的短期堆积，无法形成基于区域的可持续创新能力的提升。

以上在分析了信息时代创新空间特征的基础上，提出了信息时代提升区域创新能力的六大超越，六大超越的提出主要是针对工业化时代的惯性思维，特别是规模化和标准化的线性思维。要实现六大超越，首先，需要在思维观念上取得突破，特别是在供求关系上深刻理解供给创造和引导需求的重大战略意义。强调供给创造需求，就是强调企业家等主体的战略作用，强调企业家组织和推进创新体系形成的重要作用。六大超越中归根到底在于区域创新体系的建立。创新体系的建设要考虑到发展的阶段性，特别是多元化的市场结构将倒逼区域产业结构，使得传统垂直链式的产业组织形式向着网络型产业组织模式转变，同时，也推动着区域空间组织形式的巨大变化。网络型产业组织和空间组织形式的变革对于信息时代区域创新体系的形成具有重要的推动作用。创新体系一旦形成将会有效地集聚创新要素，将形成一种"创新节点"，"创新节点"将具有一种内生的演化性，它会有效地推进内生的区域发展模式的形成。

第二节 信息时代区域创新体系的动力与模式

区域创新体系是不同创新主体之间协同生成的综合体（可称之为"创新节点"）。"创新节点"具有创新要素高浓度、高密度集聚的特点，它具有典型的内生特点，这是区域创新体系生成和发展的重要动力，这与传统增长极具有不同的内涵。信息时代产业和企业组织形式将发生重大的变革，传统单面市场将转向两面或多面市场，企业与消费者、外包商、分包商将构成一个网状的生态系统。这种组织形式有利于企业创新体系的生成，进而推动区域创新体系的形成，区域创新体系的发展与完善又进一步推动"创新节点"的形成。

一、区域创新的空间组织

1. 区域创新体系形成的内生动力

约翰·弗里德曼提出区域发展的两个循环：区域财富创造和城市间贸易必须保持大致的平衡。受跨国资本驱动的出口生产不是自发产生的，故而无法走向一种可持续发展。城市-区域不可能期望从自身外部获得一种可持续发展。要获得一种可持续发展，就必须牢固基于自身的天赋资源。以垂直产业链为主的出口导向型发展模式是一种典型的外生型发展模式，约翰·弗里德曼把它称之为城市营销。这种模式是一种无情的零和游戏。他认为，奉献在跨国资本祭坛上的祭品通常是：低廉的工资、温顺的劳动力、灵活而敏感的地方政府，以及各种优惠政策——减免税收、免费土地、津贴等。这是对我国传统的发展模式最准确的概括，这种传统发展模式具有典型的不可持续性。

要改变传统出口导向型的发展模式，就必须要转型到内生发展道路上来，因此，必须明确区域环境扮演的角色。环境并非是一个人们从中获得供给的仓库，而是一个能够启动协同进程的综合体。从这个意义上说，环境不能仅仅定义为一个地理区域，它必须被视为一个有机体，是由在经济、技术上相互依存的个体所构成的复杂系统。这种个体协同所形成的综合体对区域内生发展起到越来越重要的作用，对于创新要素的集聚也起到重要的作用，其不同于传统的增长极，在于其具有典型的内生型。同时，在这种协同的综合体更多地表现出一种网络的特征。

增长极理论是 20 世纪 60～80 年代区域发展研究中非常流行的一个概念。法国经济学家弗朗索瓦·佩鲁（Francois Perroux）认为，如果把发生支配效应的经济空间看作力场，那么位于这个力场中的推进型单元——推进型企业或产业就可以描述为增长极，它不仅自身能迅速增长，而且能通过乘数效应推动其他部门的增长。佩鲁关于经济空间力场的观点，被布代维尔等转换到地理空间之中。增长极概念关注到经济空间和地理空间本质上的不均衡性，并试图利用这种不均衡性来实施凯恩斯主义的自上而下的政府干预政策，但增长极理论本身并没有解决推进型单元本身增长的内在动力问题，仅仅依赖于政府的干预和支持，并无法保证增长极本身的持续增长。

20 世纪 80～90 年代，伴随对资本主义从福特主义向后福特主义转型的争论和各种产业区研究的兴起，在新自由主义政策背景下，城市与区域发展问题成为学术研究的焦点。与增长极理论相比，新的城市与区域发展理论的建构，以制度主义和演化经济理论为基础，以如何促进城市和区域内生发展为核心，并出现"弹性专业化""新产业区""新产业空间""创新环境""产业集群""区域创新系统""学习型区域"等多样化的研究学派。从而形成一个以生产技术和组织变化为基础，以提高区域在全球竞争中的竞争力为目标的新区域主义的运动。

用新区域主义的视角来界定在信息时代具有内生性节点的内涵比用传统的增长极理论来界定更加准确。新区域主义强调自下而上、针对区域的、长期的和基于多元行动主体的、能够动员内生发展潜力的政策行动，强调政策的关键在于增强合作网络和集体学习，它将地方化的投入产出联系和学习创新作为理论建构和政策行动的两个基本支柱，将区域看作是通过新企业形成、学习、创新和增长来塑造产业绩效的一个积极的力量。新区域主义对于在信息时代节点形成和发展更具有解释力。当然这种节点具有不同的空间尺度，也具有不同的产业内涵。

可以用大量的案例来证明节点所具有内生的网络特征。具有全球意义的大城市群的中心城市或世界城市，其高级别的服务业机构一般都集中在核心区，这些核心区属于全球意义上的战略节点，如纽约的曼哈顿和华尔街、东京的银座、伦敦的金融城、香港的中环、悉尼的金融区等，它们都位于市中心，占地面积有限，但世界性的金融和商贸等机构非常集中，高楼林立密集。其中，在纽约的华尔街及其附近，集中了数千家企业，包括世界诸多国家和美国诸多的银行(美国最大的五家银行总部及数百家大大小小的银行)和非银行的投资、信贷、基金、证券、保险、黄金(交易)及商贸、中介、研发等机构，还有物流、财会服务、综合性的信息中心、专业化的信息机构、危机分析和监测机构、市场监测机构、与国家各有关政府部门及智库媒体等的联络机构等，甚至诸多的媒体、智库等就在这些庞大的综合体系之中。这显然比工业企业的成组布局及地域生产综合体、现代产业链的上下游和左右侧协作企业、工业企业集群的结构更加复杂。

这些高等级的现代生产服务业集群所形成的战略节点与那些从劳动分工视角强调产业集群中的物质联系和贸易相互依赖不同，它更重视非贸易相互依赖，特别是编码知识和意会知识的创造与扩散在区域演化过程中的作用。

一般而言，战略节点都是由重要集群所支撑的，除了上述的高等级的现代服务业集群所支撑的战略节点以外，一些重要的制造业集群也会形成区域发展的节点。霍尔在《文明中的城市》总结兰开厦郡、柏林、底特律、硅谷等城市的发展，提出了在不同时代这些城市创新共同的规律性："在任何情况下，当地网络不仅提供高度专业化的技术工人和服务，同时营造了一种创新的氛围，在这种网络之中，每个人都可以向其他竞争者学习；竞争-合作者将会是最好的术语表达。这样的网络是由许多小公司和个人构成的，他们共享技术知识，而这种知识也逐步成为了一种共享的无形资产。因此，正如马歇尔所言："贸易的奥秘成为了……没有秘密"。同时，他还提出了这些创新区域都有一种英雄主义的传统，都有企业家在区域创新体系和创新生态系统形成中发挥着重要的作用。而且在这些城市中都有平等主义的社会结构，他们不古板、没有阶级约束和等级限制。

基于以上思考，我们认为，创新体系是不同主体之间协同性的综合体，它具有一个高浓度高密度的创新要素集聚的特点，是大量具有创新性竞争性企业集聚地，它具有典型的英雄主义特点，也就是说在"创新节点"中有一些敢于冒险敢于探索的企业家的作用。同时，既然是创新的节点，它一定是有一个开放的结构，这个节点一定是处于一个更大的网络之中，离开了这个网络也就不存在这个"创新节点"。为此，笔者提出"点-网"系统理论。再次强调这里的点不是指传统意义上的增长极，而是在新区域主义视角下具有内生创新网络、合作网络和集体学习的节点。"点-网"系统理论很好地解释了信息时代的区域创新发展，并能够取得很好的实践效果。

2. "点-网"系统理论的实践效果

1) "点-网"系统能有效地实现内生动力和外部动力的统一

在信息时代，节点思维是非常重要的，节点思维就是内生发展的思维。在网络中要充当一个战略节点，就必须建立区域创新体系，否则就很难承担一个战略节点的功能，也很难集聚大量的创新要素，也不可能做到知识创造。同时，战略节点必须依靠外部网络，在信息时代，外部动力不但没有削弱，反而成为区域发展和区域创新的重要动力。所以，"点-网"系统理论很好地解决了节点思维和网络思维的辩证关系，就是正确地处理好内部网络和外部网络的辩证关系。

2) "点-网"系统反映了一种实体空间与网络空间之间的统一

传统工业化时代的区域空间结构理论基本反映出了在物理空间中要素的集聚与扩散的规律，反映了空间格局与地理之间的统一。但"点-网"系统理论不仅仅表现为物理空间中的要素集聚和扩散的规律，同时，也反映出了在虚拟的网络空间中信息流运动的规律，同时也促进了知识和信息的共享，这有力地促进了区域的创新发展。如果说物理空间中还存在着空间的交通成本等，那么网络空间就消除了空间的物理障碍，但网络空间交易成本仍然是存在的，主要表现为文化、制度、规则等软性成本，消除这些成本是城市和区域创新力提升的重要基础。

3) "点-网"系统将促进节点在网络中地位由功能型向战略型的转变

正如曼纽尔·卡斯特（Manuel Castell）所说的，强调的是它介入到全球的流空间中，其中涉及资金、货物、服务、信息、观念、文化等，以及促使经济繁荣的工人或公民。这种联系更多体现在一种功能性的联系。但在信息时代，基于国家未来发展的角度来讲，我们要从战略上来看待"点-网"系统的重要性。功能型的城市网络朝着一种战略性网络转变，在全球网络中的战略节点的地位越来越重要。欧盟很早就提出了跨国界的城市网络和创新网络，这对于欧盟整体的发展具有重要的作用。再比如，在回答如何从全球化的角度打造北部以黄海为中心的三角区，它将链接汉城、大连、沈阳、天津和大阪-神户等跨国的城市网络，以及在我国如何将长江三角洲、珠江三角洲、京津冀地区建成为全球城市体系网络中的战略节点，从而承担世界城市的功能等问题的时候也具有重要的作用。

4)"点-网"系统将成为信息时代城市与区域发展有效的空间组织形式

空间结构同产业结构一样,是区域发展的本质反应,它是区域发展的罗盘。任何时代都应该有自身发展的空间组织形式。在信息时代,"点-网"系统将成为城市和区域发展有效的空间组织形式。网络能够反映流空间的本质,而"节点"则反映城市和区域在网络中所处的功能。"点-网"结合应该成为一个统一的整体,任何其他的空间组织可能都不适合信息、数据、知识的运动特征和规律,不会有效地产生一种网络效应。另外,"点-网"系统理论也是一种有效的空间创新组织。创新相对于其他方面更要求一种扁平化的网络组织,更接近于网络的形态。科层结构在当今时代越来越不利于创新的发展。无论是大到城市跨国网络还是小到一个企业的创新组织。因此,必须要超越于互联网单纯的技术特征,要从互联网的空间组织形式,以及更高的互联网思维层面去审视城市和区域的发展。

5)"点-网"系统理论反映了一种区域发展的分工效应和协同效应

规模经济是工业化的逻辑,但在信息时代,网络化效应所推动的分工效应表现更为突出。在信息时代,网络化效应将会取代规模效应,对于城市和区域发展具有决定性的作用。网络效应促进主体的互动与协作性,体现着内生的演变性和协同性,体现了一种集体学习,这种内生的协同性和演变性恰是区域可持续发展的最重要的动力所在。在工业化时代,经济组织往往采取一种链式思维,这种链式思维强调的是规模经济,但进入信息化和后工业化时代我们必须实现思维的转变,即从规模化的思维转向网络化的思维,充分发挥网络效应,促进城市和区域网络化分工,推动城市和区域内生发展。

综上所述,"点-网"系统理论的提出实际上回答了区域创新体系形成的动力。作为一个区域的战略节点必须是一个创新节点。创新节点则必须有区域创新体系的支撑。"点-网"系统理论所蕴含的节点思维和网络思维揭示了空间由交流所带来创造知识,以及将知识化为生产力的动态性,也清楚地揭示了在信息时代知识空间的生成性,以及知识空间随着其交流网络的演变性,表现在区域网络化分工不断地增多。所以"点-网"系统的形成与不断发展完善将构成创新体系的内生动力。空间组织形式的变革会推动区域创新体系的形成,空间组织的创新要求我们必须要树立节点思维,但节点又是由创新产业和企业所构成的,所以创新体系的建立与产业组织和企业组织又存在着不可分割的关系,从产业和企业组织变革的角度去分析区域创新体系的生成是一个必要的选择。

二、区域创新体系的模式与动力

在信息时代,区域创新体系与工业化时代的创新体系必然存在着很大的区别,甚至存在着根本的不同。工业化时代的产业链式的创新更多是基于福特主义的大批量、同质化、规模化的发展模式,但进入新的发展阶段,市场结构朝着多元化、个性化、差异化方向发展的趋势会对这种垂直产业链式模式起到釜底抽薪的作用。我们必须超前谋划,深入研究信息时代区域创新体系的特点,以通过区域创新体系的发展和完善,改变我国传统的基于垂直产业链的出口导向型的发展模式。

1. 垂直产业链模式不利于区域创新

作为世界工厂，我国是大批量福特制流水线的实践之地。不可否认这种大规模的工业化生产对于推动中国社会经济发展起到了重大作用，它有效地利用了中国廉价生产要素等比较优势，使我们参与到世界工业化生产体系中来。但是在看到巨大成就的同时，也必须看到这种垂直链式结构对于中国可持续发展所带来的负面影响。其将生产锁定在制造环节，仅仅利用中国廉价劳动力和廉价土地资源、环境资源，不利于创新要素的空间流动和集聚。作为企业，只是订单生产的模式，既不考虑消费者的多元化需求，也不与上游环节的主体之间进行信息交换，不能有效地建立起消费者、供应商、分包商相互交流的网络体系，不能实现创新发展。这种垂直产业链驱动下的规模化的"恐龙"思维，深深影响了我国地方政府的行为。地方政府的 GDP 导向进一步地推动了这种产业规模扩张的冲动。例如，在笔者所在的苏南地区一些地方政府的"十三五"规划中，提出要在"十三五"期间打造千亿级的产业基地和 100 亿级的企业等，这些都是这种追求规模化链式思维的表现。

2. 区域创新体系的模式

1) 两面市场与企业创新体系

这里主要借鉴斯坦福大学管理科学与工程系教授谢德荪提出的一个概念，即企业发展的两面市场。一个产品的价值链分为上游和下游，企业从上游开始，在价值链中的各个环节为产品增加价值，当产品送到顾客手中时，顾客所获得的价值是增加价值的总和，也就是说价值链中的产品价值是从上游到下游的过程中增加的价值总和。那么"下游"代表接受企业所提供价值的客户，而"上游"代表为企业创造客户价值而提供资源的商户，那么企业的价值链就有固定的上下游，这是价值链商业模型。

在传统的概念里，企业是为客户提供价值的，但如果企业不只关注提供价值给客户，同时也关注提供价值给商户，这时，企业就面对着两面市场的客户，这就是两面市场商业模式。这个模型没有固定的上下游，企业是两面市场的平台。价值链的战略着眼点是组合上游资源及能力来给下游提供价值，而两面市场的战略着眼点是组合一面市场成员的资源及能力来为另一面市场的客户提供价值。在两面市场的商业模型中，客户不单是企业卖产品或服务的对象，而且是延伸到支持企业生态系统的所有成员。企业通过两面市场的运作，给生态系统内所有成员提供价值，所以企业应该把它们当作客户。企业可利用的资源不单是企业本身的资源，还包括生态系统内所有成员的资源。

两面市场本来是对于企业发展的一个模式，但我们可以引用到区域创新体系中来，主要是针对我国长期以来企业没有成为一个区域创新主体而言的。企业如何才能成为一个创新主体无疑成为构建区域创新体系最难以解决的问题，也成为区域创新体系构建的核心问题。本章提出的两面市场就是针对这样的思考而提出的一个创新模式，也就是没有企业创新体系的形成，区域创新体系就是一种空中楼阁。企业要想成为创新的主体，首先就必须要成为一个创新的平台，链式思维企业最终目标是以产品为中心，把产品销售出去，但两面市场的企业应该不再以产品为中心，而是以价值为中心，企业不仅要考虑消费者利益，还要考虑供应商、分包商的利益，是企业、商户和消费者共同构成一个创新生态系统。在此还要强调两面市场的内生演进性，而产业链的思维是无法实现创新的，也是无法实现内生的演进性，是无法建立起一个企业创新体系的(图 7.3)。

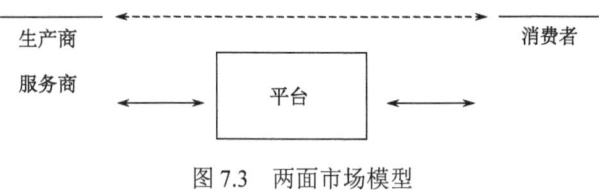

图 7.3　两面市场模型

2) 创新平台与区域创新体系

在互联网时代，区域创新体系是与平台关联在一起的，上文所谈到的两面市场实际上是企业搭建的一个平台。平台中各种主体关系更多地是呈现一种网络关系。纵观好的企业，都可以看到它们起到了一个平台的作用。那么对于一个区域来讲，如果有一些核心企业能够起到平台效应，这些企业所搭建的平台叠加形成各类平台，这些平台将供应商、分包商和消费者关联起来，形成相互互动的网络，这就构成了在信息时代创新体系的重要内容。以下以美国硅谷为例来分析其企业创新生态系统的内生演变性。

通过 20 世纪 80 年代美国硅谷的创新平台和创新生态系统的演变性分析，我们会发现其平台一直处于不断发展的阶段，而这种发展更多体现了其内生的演变性，而不是一种自上而下的政府力量的干扰性。以美国硅谷为例，在这 10 年间，四个接连的两面市场浪潮：IBM 的 IBM PC 平台，Sun 的工作站平台，思科的网络和微软、英特尔、康柏对 IBM 的取代，这不仅把整个硅谷变为了网络计算的科技中心，而且使得硅谷取代了 128 号公路成为美国的科技中心，在这个过程中一个具有持续性的系统也在硅谷慢慢形成。硅谷建立了以斯坦福大学工程学院为中心的创新生态系统，以及以风投为中心的金融投资生态系统。他们的梦想是找到下一次以新科技触动的平台源创新。这个梦想在 90 年代互联网发展浪潮中得以实现，使硅谷进入更高的阶段。互联网的新科技很少由硅谷始创，但硅谷的创新生态系统促成了互联网的商业化。很多人认为硅谷主要靠高科技来成名的，但根本的原因在于强大的创新生态系统可以让任何高科技和任何创意在此得以商业化，这才是硅谷的独特优势。

要形成区域创新体系，需要各种类型的平台，各种平台促进了各种主体的交流和信息等要素的流动与共享，如信息平台、物流平台、供应平台、销售平台、人才平台等。有些平台是企业建立的，有些是社会组织，还有的是政府建立的，这些平台相互叠加与联系对于创新体系的形成具有重要的作用。

3) 网络型企业组织与区域创新体系

国内外大量的案例充分说明了网络型产业组织模式内生的创新力，如美国硅谷和

128号公路两边高新区。硅谷属于以两面市场将企业与分包商、供应商与消费者联系起来的网络型产业组织模式，而128号公路属于典型的垂直封闭的科层模式，不同产业组织模式导致了不同的竞争力，硅谷竞争力大大超过128号公路两边的高新区。安纳利·萨克森宁在《地区优势》一书中指出："比较硅谷和128公路地区的不同经验可以看出，以地区网络为基础的工业体系比那些实验和学习局限在个别企业的工业体系更加灵活，技术上也更有生气。硅谷不断地进行自我完善，因此它的专业厂商通过灵活的竞争和合作的形式共同学习，并调整互相之间的需求。与此相反，128号公路地区那些分散的自给自足的组织结构，由于在企业内部孤立地改进技术，妨碍了它的适应性"。

再以具体的企业为例，诺基亚自1996年以来，连续14年占据手机市场份额第一，在它兴盛时期，其占据的市场份额高达40%，研发投入一直都相当高。2010年，苹果在iPhone上投入的研发费用为7.72亿美元，占其销售额的2.7%，该年iPhone 4上市。而诺基亚2010年的设备研发费用则占该部门销售额的10%，加上诺基亚西门子网络公司，诺基亚2010年总研发费用为78亿美元，研发投入远超苹果公司，但却被苹果战胜。重点就在于苹果公司的组织结构符合信息化时代的要求，属于开放型的网络状结构，能有效整合各方面的资源，而诺基亚发展仍然黏附于工业化时代的曲线上，其组织结构属于封闭的科层结构，不能有效地利用外部资源，所以被苹果战胜。

在一些制造业集聚的区域，如以深圳手机生产为例，以华为为核心，建立起了手机的生产网络（图7.4）。华为公司不是华为，而是华为系，中国大概有生产10亿部手机的生产能力，其中有8亿就在深圳。深圳有2 000家和手机有关的公司，大家分工合作，形成了手机的生产网络。手机生产网络包括各种手机器件制造的分工，以及与设计、金融、物流、电商、人才、教育等相互之间的关联网络。例如，华为需要很多供应商，只要进入华为的供货体系，华为的生产标准就向该企业开放。华为的专利不断更新，技术标准不断提高，华为系企业同时享受到华为的同等技术开发，这就大大提高创新扩散的速度。这样一个呈现网络状的企业空间组织形式更有利于创新扩散。2015年，全球PCT专利申请排名前30名的企业中，深圳市有4家，占全国的48%，排在前列是华为和中兴。深圳PCT在2015年已经达到1.3万多件，其中仅华为就达到3 000多件。这些数据充分说明以大企业为核心的网络状的组织结构更有利于企业的创新。

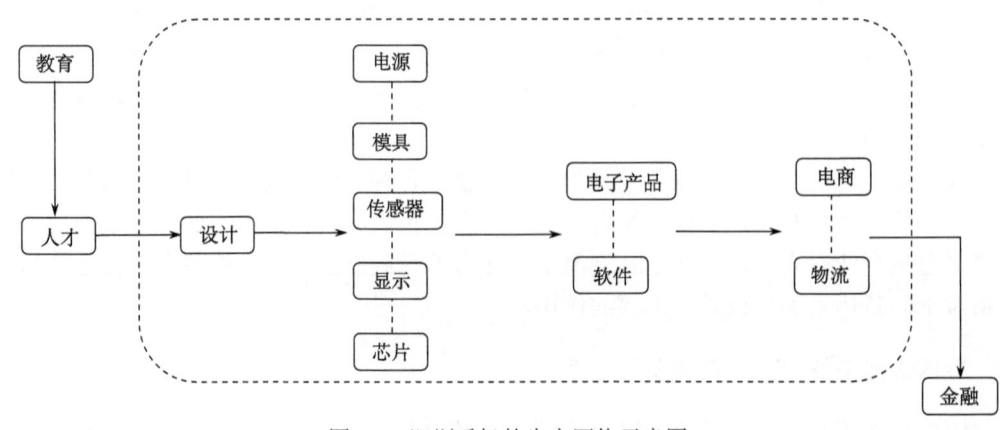

图7.4 深圳手机的生产网络示意图

深圳发展模式可与苏州模式进行比较，苏州以外向型经济为主，属于典型的垂直产业链为主的、很多企业属于科层结构的模式。不同的发展模式在一些关键数据上已经显现出了二者之间的差距。2015 年深圳全市财政科技类支出 209.3 亿元(苏州约为 88.33 亿元)；全社会研发投入约在 709 亿左右(苏州约为 388 亿元)，占 GDP 比例 4.05%(苏州为 2.68%)；PCT 国际专利申请 1.33 万件(苏州为 908 件)，占全国 46.9%，获国家科学技术奖 14 项，中国专利金奖获奖数占全国 1/5。苏州新三板企业数(377 家)，比深圳少 219 家企业。苏州新三板企业的总资产均值平均规模只有深圳 60%。以上用一些数据说明了两个城市之间的创新能力是不同的，其中产业组织模式的不同是导致创新力不同的重要原因。

现在我国进入经济新常态，实施区域创新驱动的战略，如果没有建立起来这样基于内生的以企业为核心的创新体系，区域创新体系只能是一种空话。在信息时代，如何通过两面市场构建以企业为平台的创新体系会变得越来越重要，因为在信息时代，企业要实现定制经济，必须要与消费者沟通，同时也必须要与其他商户沟通，企业竞争主要靠的是一个具有创新体系和生态系统的竞争力，企业不仅利用自身资源也要利用外部资源。我们今天提智能制造和"互联网+"，其中很重要的一点就是企业要从链式思维转变为"两面市场"的网络思维，即从价值链的思维转为价值网的思维。

4) 两面市场与区域创新生态系统

以企业为核心的创新生态系统的建立是区域创新生态系统生成的基础，这是因为企业直接是与市场关联的，而创新本身又必须创造市场的价值。所以，企业以两面市场和平台战略为核心所构筑的网络体系对于总体区域生态系统的生成具有基础和决定性的作用。如图 7.5 所示，作为最核心的企业如果形成了两面市场为基础的创新体系以后，就会由内向外进行整合，推动整体创新生态系统的形成。当然政府最主要的职能就是由外向内推动外部环境的构筑，其与核心企业由内向外的整合力叠加起来就会有效地推动区域创新生态系统的形成。在创新体系的形成过程中，我们应该看到企业家的战略作用。

5) 企业家与区域创新体系的形成

最早强调企业家作用是法国经济学家萨伊(Jean Baptiste Say, 1767~1832 年)，他在 1800 年时曾经说，企业家"将资源从生产力和产出较低的领域转移到生产力和产出较高的领域"，他将提高生产力和产出的职责赋予了企业家。马歇尔在其名著《经济学原理》中系统论述了企业家的作用。他认为，一般商品交换过程中，由于买卖双方都不能准确地预测市场的供求情况，因而造成市场发展的不均衡性，而企业家是消除这种不均衡性的特殊力量。对企业家进行最深入研究的当属奥地利经济学家约瑟夫·熊彼特(Joseph A. Chumpeter, 1883~1950 年)，他认为，动态失衡是健康经济的"常客"(而非古典经济学家所主张的均衡和资源的最佳配置)，而企业家正是这一创新过程的组织者和始作俑者，通过创造性地打破市场均衡，才会出现企业家获取超额利润的机会。

必须要深入地认识到区域创新体系形成中企业家的战略作用，企业家应该成为产业组织形式由垂直产业链向着基于两面市场网络型产业组织演变的重要力量，是区域创新

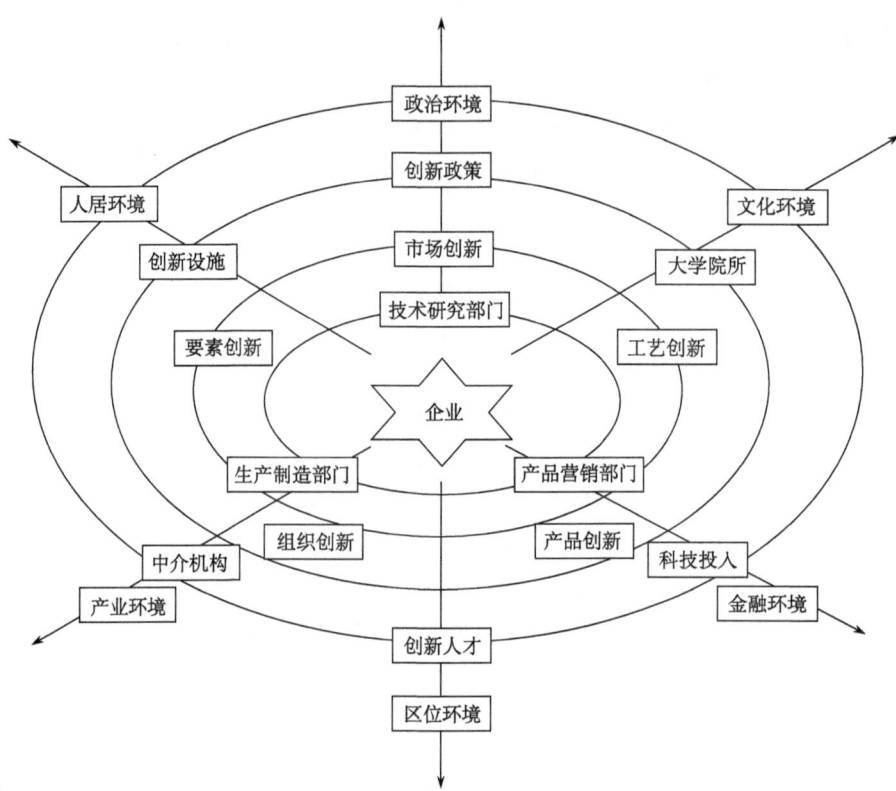

图 7.5　两面市场与区域创新生态系统

体系的形成和发展的重要动力。在信息通信技术发展背景下，外部环境呈现不确定性增强的特征，企业家成为市场机会的发现者，并成为创新平台和体系建立的有效组织者。从现有的我国发展好的企业来看，如上述所举的华为企业的任正非，以及阿里巴巴的马云等一些企业家，他们都善于发现未来的商机，并成为平台经济的创建者，建立这些创新平台，就成为了对各种创新要素和创新机构的组织者，在平台空间中形成基于两面市场的企业网络型的产业组织新形式。

企业由单面市场转向两面市场，实质上是推动企业的空间关系变化的动力，以前由单面市场所推动的可能更多的是价值链和产业链的概念，即从生产、营销到最终的产品等。但是两面市场一个重要的变化就是不仅仅是一个价值链，更重要的是变成了一个价值网了，变成一个网络系统，在上游商家所形成的系统中可以体现出企业的跨界和协同发展的理念。

三、区域创新体系与繁衍性的经济

著名经济学家布莱恩·阿瑟在《技术的本质》一书中提出了技术的演化和进化的本质，并据此提出了**繁衍性经济**的概念。经济正在变得更具有繁衍能力。繁衍经济关注的焦点已经从优化固定操作转变为创造新组合和新的可配置的产品了。当一个更技术性的经济走上舞台的时候（"更技术性"的概念我们可以理解当前迅速发展的信息技术），我们就从20世纪由工厂和投入-产出关系构成的机器态经济（machine-like economy）转换到21世纪有机的、相互联系的经济形态。因此，我们研究对象不再是所谓的均衡体系，而是一个进化的复杂系统。但传统的经济学包括地理学的理论是建立在可预测性、秩序、均衡，以及行为理性等基本原理之上的，与之相适应的应该是长时期保持不变或者进步很慢的大批量生产方式。地理学空间组织的思想如区位论、克里斯泰勒的中心地理论等经典理论就是建立在一种可预测性、秩序、均衡及行为理性等基本原理之上，这与经济学是相同的。但是随着经济发展更趋于组合型，技术也更加开放，新的原理就会进入，秩序、封闭、均衡作为组织解释的方式现在让位于开放性、不确定性及永恒的新颖性。我们认为，必须要适应信息时代的发展变化，促使理论的革新和发展。

上述所分析的两面市场、平台战略、区域创新生态系统等其实都是从20世纪由工厂和投入-产出关系构成的机器态经济转换到21世纪有机的、相互联系的经济形态的具体体现，而且网络型组织方式更具有内生性和演化性的特点。当前所说的智能制造、工业4.0等概念是相通的，这些都是与传统福特大批量的规模化生产是不同的，智能制造和工业4.0所带来的定制的思想，其实就是不断改造传统的福特制的流水线，由固定操作的完善向组合型的创新转变，以更好地满足市场多元化、个性化、差异化的需求。从这个意义上来讲，产业组织形式和空间组织形式的变革就是一种革命性的，它是适合在信息时代有利于企业和区域创新的最重要的组织形式。正如阿瑟所言，在繁衍性的经济中，竞争优势不是来自于资源储备及将这些转变为最终产品的能力，而是来自将深层的知识储备转移到新的战略性组合的过程中。

综上所述，在新的信息化背景下，无论是企业还是城市与区域，都必须要有系统化和战略性组合的新思维，企业要以两面市场整合消费者和其他商户生成一个创新生态系统，这个系统本身具有演变性，其内在的信息的流动性，以及相互之间的交流性，对于增强企业的创新力和竞争力具有重大意义。由多个企业创新生态系统的叠加和集群，以及以此为中心与其他区域主体的关联性形成更大的区域创新体系，对于整个区域创新能力的提升都具有重要作用。

第三节 区域创新体系与中国经济的转型与升级

中国经济发展面临全新的国内外环境，回顾这些年的发展，可以看到全球化是推动中国发展的重要力量，中国成为一个名副其实的世界工厂。这种发展模式可以概括为"中国制造、美国消费"的模式，支撑这种模式就是垂直产业链式模式。这种垂直链式模式无法实现中国经济的根本转型，与信息时代是格格不入的。中国区域经济转型升级必须要将网络化思维运用到区域经济实践中去，上面谈到的两面市场、平台模式、创新生态系统等都是值得借鉴的，特别是两面市场所驱动下的网络型产业组织形式是推动区域创新体系形成的巨大力量。如何实现工业化时代产业组织的科层化向网络化的转变，对于实现"中国制造"向"为中国制造"新模式的转变，具有非常重要的现实意义。

一、中国台湾新竹和印度班加罗尔的启示

1. 中国台湾新竹盛衰秘密

20世纪70年代,台湾经济陷入了萧条,因为它的低成本输给了世界其他地区,台湾当局提出了在台湾发展高科技产业,就是想把美国硅谷的模式复制到台湾,在这种背景下产生了台湾新竹开发区。

1980年,新竹科学工业园(HSP)按计划成立。当局为在该园区落户的高科技公司提供5年免税的优惠。当局还积极采取措施效仿硅谷成立风险投资基金,吸引曾在美国和其他地方受过教育的顶尖华人工程师、科学家回到台湾并在该地区建立高科技产业。1987年,张忠谋创立了台湾积体电路制造股份有限公司(台积电,英文简称TSMC),这是全世界第一家专门从事半导体制造的企业,牵头的投资者是台湾当局及飞利浦电子公司。台积电的成功引导台湾最早的半导体公司(联华电子公司,英文简称 UMC)也进入了半导体制造服务行业。这两大公司激烈竞争不但提高了外包服务的流程创新及质量,而且为新竹以后在集成电路、计算机及其相关行业的发展提供了基础设施的支持。

20世纪80年代末,个人电脑业务蓬勃发展,因有台积电服务,许多从台湾去硅谷的工程师大量返回台湾,成立与个人电脑业务相关的企业。许多个人电脑公司(如宏基公司)在台湾兴起,许多供应PC主板、显示器等零部件的公司也在新竹工业园成立,以支持台湾个人电脑业的发展。

1989年,玉山科技协会成立,使硅谷与新竹两个区域之间的桥梁关系更加正式化。硅谷主要提供了新产品创意和设计来源,HSP提供了世界一流的制造、灵活的集成及进入亚洲的市场途径。到2009年,HSP内共有423家公司,这些公司主要是集成电路、计算机一级计算机配件、电信、光电子、精密机械与材料、生物技术和其他领域的科技企业,他们总收入大约为295亿美元,其中主要是集成电路(68%)及光电子(19%)。从20世纪80年代中期到90年代中期,计算机及计算机配件是其最主要的产业(超过60%),在2000年收入达到最高的72亿美元,但从此便一直下降。到2009年,该行业的总收入只有21亿美元(7.2%),而且毛利润一直在下降。光电子行业在1995年开始快速发展,但从2006年便开始停滞,毛利润下降到13%,净利润也随之下降。生物技术虽有增长,但与其他地区相比增长得很慢。从2004年开始,集成电路相关行业的发展也出现了停滞。

我们可以清楚地看到,新竹的发展模式本质也是一种纵向的产业链模式,其主要是以产品为中心,其发展严重依赖于美国硅谷。虽然HSP生产的高科技产品,但面临的问题与其他制造业一样,主要依赖于廉价的生产要素,同时产业链模式的锁定效应,使得其非常难以建立创新体系,无法转型到以客户为中心的发展道路上来。

2. 印度班加罗尔的发展启示

印度班加罗尔与硅谷的联系与HSP非常相似,只不过班加罗尔主要是承接硅谷的软件外包,而HSP主要是承接硅谷的硬件外包,都是属于上游环节。其共同点都是利用与硅谷的人脉关系,另外一个因素就是还利用其是英语国家的优势与欧美企业打交道,建

立了一个可为硅谷高科技企业提供低成本的软件开发和生产的生态系统。但这些公司以软件服务外包业务起家以后,就为其他国家或地区的企业提供内部的信息服务,开发帮助企业提高工作效率的应用软件,进入信息软件产品和信息咨询服务的行业。因此,其与新竹开发区的最大不同就是突破了为硅谷生产软件的服务外包的产业链的锁定,突破了以产品为中心的产品制造的思维,而真正转型为以客户为中心,形成了基于区域特征的创新体系。

二、中国城市与区域转型发展的路径思考

以上针对我国台湾地区和印度班加罗尔的发展进行分析,可以得出,如果按照传统垂直产业链模式是无法实现区域的可持续发展的,硅谷和班加罗尔的经验充分说明企业通过两面市场建立创新生态系统对于区域转型发展的重要性。新竹的垂直产业链无法实现区域创新体系的建设,这些实际上对我国城市和区域在信息时代发展转型具有非常重要的启发性,这是因为在我国东部沿海很多地区的开发区都与台湾新竹的开发区有共同的特点,属于垂直的产业链。

垂直产业链的模式不具有自主创新的特征,在发展战略上属于典型的后发优势的特点。刘志彪教授总结了这种后发优势战略的主要特征是:在技术上主要是靠引进,或在研发上跟踪模仿国外先进技术,主要不是靠自主创新;在产业上主要是靠创造优良的投资环境吸引外国直接投资,承接发达国家产业转移或外包而不是主要鼓励本国公民、本国企业进行自主投资或者自主创业;在投入上主要是依靠低级的、一般性的生产要素而不是高级的、专业化的要素发展劳动密集型产业,或者承接发达国家转移的高技术产业的低端生产加工环节;在需求结构上主要依靠外需而非内需拉动,出口导向、出口创汇成为主要追求的发展目标;在比较优势上是用低成本要素而非依靠生产率提升参与国际分工和竞争,进入发达国家跨国企业控制的全球价值链的底部进行国际代工。因此,我国区域经济的转型就是实现由"后发优势"向"先发优势"的转变。

"后发优势"战略向"先发优势"战略转变,从根本上讲就是建立区域创新体系,形成一种基于内生的繁衍性经济。中国内生经济的形成必须要把企业作为最重要的主体,特别是重视企业家的战略作用。同时,要适应信息时代的要求,企业必须要由面对消费者单面市场转型到两面市场,不断改变传统所形成的垂直型封闭型的产业组织形式。如果没有突破这种封闭性产业组织,要形成一种适应信息时代的区域创新体系是不可能的。由两面市场所推动的网络型的产业组织应该成为我国许多区域发展的方向。

区域创新体系的形成与发展是推动"创新节点"发展的重要基础。我国传统发展模式更多地表现为大量廉价要素支撑的"开发区"蔓延式的"面状"发展模式,我们应该转向基于区域创新体系推动的一种"点状"发展模式,即高浓度高密度创新等要素投入的内涵式发展模式,以推动开发区的转型和升级。这种模式需要一种新的战略产业,以及新的产业和企业组织形式的支撑,即需要一种基于两面市场的网络状的产业组织形式的支撑。

区域内生发展模式的形成会推动城市和区域由传统的出口导向转型为进口替代发展

模式。企业要通过技术创新、政府的制度创新，深入研究消费者的多元化的需求，形成关键零部件的进口替代和核心技术的自我拥有，这是代替从国外进口，并消除国外垄断的根本路径，也是实现"中国制造"向"为中国制造"的转型。

在当前我国区域转型发展之时，根据两面市场建立以中国为主导的全球价值链是我国区域创新体系的建立重要选择。根据刘志彪教授的观点，我国发展出现以下重要趋势：第一，出口商品为主可能变为输出资本带动商品就地销售；第二，吸收外资可能变为主要吸收先进技术和高级人才；第三，利用别人的市场扩张经济可能变为利用自己的市场扩张经济；第四，以科技园区优惠政策吸收外商直接投资，可能变为向技术人员提供先进的制度平台、交流平台和硬件载体。以上是我国建立以内需为主导的全球价值链的重要基础，通过内需为主导的全球价值链的建立吸引全球高级生产要素尤其是人才和技术，从而推动区域创新体系的建立。

根据笔者在苏南很多地区的调研，发现已经拥有这样的进口替代型企业，很多企业依靠"互联网+"变革企业组织形式，形成双面市场。例如，在苏州吴中区的机器人领域内有个企业叫绿的谐波，就突破了减速器的核心技术，打破了日本的垄断，将机器人的制造成本大大降低，实现了关键零部件的进口替代。在转型中类似的企业还有很多，这些企业所形成的创新生态网络对于区域发展具有重大作用。因此，内生型发展模式和区域创新生态系统的建立，从根本上是为了促进城市和区域的进口替代模式的建立，是为了更好地满足于国内的消费者需求，以最终改变出口导向型的发展模式。

总之，经过这些年的发展，中国市场结构已经发生了非常大的变化，产业结构刚性化使得其无法灵活地适应这种市场结构的变化。所以，必须要扭转一种"中国制造、美国消费"的扭曲模式，从"中国制造"向"为中国制造"的转变。建立一种以城市和区域的创新生态系统为支撑的进口替代型的新发展模式，然后再进行产品的出口，这就是转型升级的基本路径。

第四节 小结与展望

"点-网"系统应成为信息时代区域创新的有效的空间组织形式。"点"就是网络中的"节点"，"节点"是一种创新要素的高浓度高密度的空间集聚，但这种集聚恰恰是通过网络型的创新体系来实现。所以"创新节点"本质上是一种创新体系。"节点"与传统增长极之间存在明显的不同，具有非线性的网络组织的特征，同时其集聚的要素也更多地表现为一些创新要素的集聚，"节点"的壮大和发展更多地表现为一种内生性的特点。

"节点"是大量创新要素的集聚，企业是创新的主体，从微观企业空间组织形式变革入手，是解剖"节点"的形成和发展，以及构建信息时代区域创新体系的重要突破口。信息时代，企业空间组织形式将由单面市场转向两面市场。企业由原来面向消费者的单面市场，逐步转型为一面连着消费者，一面连着商户，包括供应商、分包商等，形成了基于两面市场的生态系统。这是信息时代增强企业和区域竞争力的重要选择，也是形成企业创新体系的重要选择。

企业创新体系的形成、叠加与融合将构成了区域创新体系。区域创新体系的建设需要政府创造良好的创新环境，在此基础上要充分发挥企业的主体作用，特别是企业家的作用。企业家对于市场的直观判断，企业家对创新要素的整合，对于整体区域创新体系的形成具有不可替代的作用。

改革开放以后，外向型经济快速发展极大地推动了我国社会经济的快速发展，综合国力的大幅提升。但国内外宏观经济形势的变化，特别是传统基于正态分布的市场结构将转向长尾模式的差异化市场结构，这对于我国产业结构的转型具有重大的作用。基于外向性的垂直产业链属于典型的单面市场，这种单面市场将企业锁定在低附加值的环节，无法使企业形成一种创新体系。这在一定程度上也阻碍了区域创新体系的形成。如何逐步转变着中国垂直型的产业和企业组织形式，对于推进中国区域创新体系的形成具有重要作用。

区域创新体系的形成是推动我国城市和区域转型的动力基础。必须要逐步实现从由"后发优势"向"先发优势"的转变。必须要扭转一种"中国制造、美国消费"的扭曲模式，从"中国制造"向"为中国制造"的转变。建立一种以城市和区域的创新体系为支撑的新发展模式，这就是转型升级的基本路径。

信息时代区域创新体系的模式与动力是一个重大课题，本章主要从基于信息时代的企业和产业组织形式特别是两面市场作为突破口来分析区域创新体系形成，这只是一个初步的探索，当然其中涉及很多复杂的问题，需要进一步从经济、管理和地理等交叉的角度才能分析清晰，笔者希望在今后能够进一步协同研究，以更深入地探索这一重大问题。

参 考 文 献

阿莱克斯·彭特兰. 2015. 智慧社会. 汪小帆, 汪容译. 杭州: 浙江人民出版社, 25-76.
安纳利·萨克森宁. 1999. 地区优势. 杨宇光译. 上海: 上海远东出版社.
彼得·霍尔. 2016. 文明中的城市. 王志章等译. 北京: 商务印书馆.
弗里德利希·冯·哈耶克. 1997. 自由秩序原理. 邓正来译. 上海: 三联书店.
盖文启. 2002. 创新网络——区域经济发展新思维. 北京: 北京大学出版社.
简·雅各布斯. 2008. 城市与国家财富. 金洁译. 北京: 中信出版社.
李健, 屠启宇. 2015. 创新时代的新经济空间: 美国大都市区创新城区的崛起. 城市发展研究, 22(10): 85-91.
陆大道. 1995. 区域发展及其空间结构. 北京: 科学出版社.
曼纽尔·卡斯特. 2001. 网络社会的崛起. 夏铸九等译. 北京: 社会科学文献出版社.
苗长虹, 艾少伟. 2009. "学习场"结构与空间中的创新. 经济地理, 29(7): 1057-1063.
苗长虹, 魏也华. 2009. 分工深化、知识创造与产业集群成长——河南鄢陵县花木产业的案例研究. 经济地理, 89(4): 853-864.
苗长虹. 2006. 产业区研究的主要学派与整合框架: 学习型产业区的理论建构. 人文地理, 21(6): 97-103.
唐·泰普斯科特. 2007. 维基经济学. 何帆, 林季红译. 北京: 中国青年出版社.
王缉慈等. 2011. 超越集群. 北京: 科学出版社, 86-114.
维克多·黄, 格雷格·霍洛维茨. 2015. 硅谷生态圈. 诸葛越等译. 北京: 机械工业出版社, 194-235.
谢德荪. 2016. 重新定义创新——转型期的中国企业智造之道. 北京: 中信出版社, 218-246.
约翰·弗里德曼. 2015. "城市营销"与"准城市国家": 城市发展的两种模式. 国外城市规划, 20(5): 28-35.
朱岩梅, 陈强. 2011. 创新的力量——中国经济增长新路线. 北京: 中信出版社.
Polenske K R. 2009. 创新经济地理. 童昕, 王缉慈译. 北京: 高等教育出版社.

第八章 互联网影响下的城镇体系变动

在过去20年中，互联网已成为影响中国城市与区域发展的关键技术力量。无论在经济领域还是社会领域，这种新兴的信息通信技术日益改变了原有的城市格局和空间组织（汪明峰，2007，2015；甄峰等，2012）。本章旨在探讨信息网络的空间逻辑，解释互联网时代的城镇体系变动过程与趋势。一般而言，城镇体系是指区域或国家范围内城市的等级规模结构及城市功能特点及其相互联系（宋家泰和顾朝林，1988）。城镇体系的形成和发展需要区域性的基础设施系统作为其支撑，并组成为有机的整体。当前，信息通信技术网络作为新兴的基础设施系统，已经成为影响城市发展的关键性要素。

通过借鉴人文与经济地理学各领域的理论思想，本章旨在整合有关城市网络的空间概念与理论，为城市网络空间组织研究提供了一个概念性的理论基础，并进一步对中国城市体系进行实证分析。研究结果表明：一方面，城市的网络化进程加剧了互联网要素的空间集聚，造成城市体系中的空间极化趋势；另一方面，信息通信技术变革也提供了城市发展的机会窗口，一些中小城镇借助互联网正在崛起。而在这一进程中，全球连接已成为地方或城市发展的关键。

第一节 城市网络空间的产生及特征

一、城市网络空间的产生

信息化是城市网络化进程中最基础的支撑条件。从20世纪70年代初开始，新的信息通信技术环绕着由公司、组织与机构组成的网络，已经形成了一种新的社会-技术范式（Castells，1996）。信息通信技术的发展和融合最终促使信息化城市的形成。它们改变了人们的交流、学习和商务方式，使城市成为信息交换网络中的一部分。

任何地方的企业所拥有的创新力和竞争力，都是依赖于两个方面：一是根植于供应商的地方网络；二是连接外部市场网络。这些网络需要在当地的、区域的、国家的，甚至全球的不同空间尺度运行，以期通过社会交往获取知识，可以称之为"软网络"（Malecki，2002）。Taylor（2004）分析的"世界城市网络"（world city network）就是此类网络的研究范例。以Taylor和Beaverstock为首的全球化与世界城市（globalization and world cities，GaWC）研究小组收集了100家全球性服务业公司在全球315个城市的网络分布数据，进行了大量的世界城市研究[①]。这些跨国企业在不同城市之间的交互作用构筑了全球城市"软网络"的主体部分。当然，除了企业之外，城市之间的"软"关系还

[①] 参见网站 http://www.lboro.ac.uk/gawc/.

包括其他组织，如政府机构和非政府组织等。

然而，无论是对高科技产业还是传统产业，或者是公共部门的组织来说，竞争性的网络都是需要有技术支撑的。历史上，新的技术基础设施网络的形成，如水道、港口、公路、铁路和航空，往往可以重组区域范围内的物质和信息流动，促使新的城市增长（顾朝林，1992）。同时，城市经济的发展又进一步推动新的基础设施投资，两者相辅相成，不断地完善基础设施网络，提高经济活动的效率。交通运输网络是物质流的物理基础，而在当今信息时代，电子通信网络发挥着更为重要的作用。这些高效快速连接着城市的技术基础设施就是所谓的"硬网络"。同样，它们也一直是城市研究学者的关注点，如一些全球城市研究也往往会从航空网络和电子通信网络去切入分析。互联网作为一种新的基础设施网络，不仅把新经济的各种产品和服务（信息、知识和交流）从产地运送到市场，同时进一步缩短了城市之间的交互距离，信息交流更加密切。与以往的技术变革一样，互联网也在改变着城市和区域的发展模式。如此，我们现在所能见到的就是一个由网络城市组成的城市网络体系在全球范围的浮现（汪明峰，2007）。

二、城市网络空间的基本特征

1. "流动"界定网络空间

Castells（1996）指出必须从社会实践的视角来界定空间是什么。这意味着社会空间的产生并不是普遍性的，相反它具有历史特殊性。那么，我们现在所面对的新的空间形式和过程，其浮现和巩固背后也是联系着信息社会的特殊性。根据 Castells 的观点，社会实践需要至少两个人的交互作用，而空间作为其物质支撑，就是把同时发生的实践聚拢起来。传统的空间是建构在邻近性（contiguity）之上的，即交互主体在物理意义上是聚在一起的。但是，信息通信技术可以克服这种限制，于是在信息时代中同时发生的实践就能从空间邻近性中解放出来。因此，网络社会中主导的空间形式由地点空间（space of places）向流空间（space of flows）转变（沈丽珍，2010；修春亮和魏冶，2015）。在这种空间形式中，地点并未消失，而是被吸纳进网络，由它们在流动中的位置来界定。

2. "集聚"确立节点的地位

很多学者把流空间与世界城市或全球城市的概念联系起来进行研究，也就是把它作为全球城市网络中的核心节点。在网络概念里，普通节点和核心节点的地位是有差异的。我们可以把网络中任何一个参与主体称为节点，在城市网络中也就是城市节点。而核心节点则是网络中的汇聚点，它可以通过"核心效应"（hub effect）把网络中的流动汇聚在一起，由此产生规模效应，获取增长的机会。有研究表明城市网络的整体结构表现为小世界网络，网络中的边缘节点或者新节点都倾向于与高中心度的节点建立直接联系（吴康等，2015）。如此，网络中的节点会随之分化，少数几个成为核心节点，而大部分节点只是终端。通过这种核心节点的集聚效应，以及电子通信和航空运输运行的联系，所形成的"轴-辐"式网络为全球网络化提供了更好的柔性与适应性。

信息通信技术的进步是核心城市形成和发展的一个主要因素，因为它们提供了组织控制和协调远距离网络的手段,并建立了支配这些城市的先进服务业的信息产品分布体系。Sassen(1991)认为,经济活动的全球化大大增加了商务交易的复杂性,伴随着最先进的通信技术在这些城市的集中,也造成企业命令与控制职能的集聚。这种聚集性使全球主要的高级经济活动集中流动于少数且具等级关系的世界城市之中。这些城市不但占据了全球网络中重要节点的地位,并且很大程度上控制了世界经济得以运作所需的人员、货品、资金及信息等的流动,是产业指挥控制中心(企业总部)、金融机构及许多高级服务业的集中地,是将地方资源与经济活动纳入全球体系的中心地点,更是在全球化进程中影响地方经济发展的媒介中心(顾朝林和张勤,1997)。

3. "关系"决定节点之间的距离

从一般意义上讲,网络是一组相互连接的节点,节点是曲线与己身的相交之处。网络的拓扑结构决定了节点之间的距离和作用关系:一方面,在同一网络中的两个节点之间的距离要比不属于同一网络的两点来得短;另一方面,在一个既定网络中,流动在两点之间没有距离,或有相同距离。如此,既定点之间的距离在零(相同网络中的任一节点)与无穷大(网络外的任何节点)之间变化(Castells,1996)。然而,城市网络是一个"网际网",如前文所述,它是一个有许多技术网络和组织网络编织在一起的复合体。因此,现实中的城市节点之间还是存在着距离,这种距离不同于我们常说的物理距离,而是一种由"关系"决定的空间距离。

已有越来越多的研究采用关系型数据测量城市之间的流动状况,如Taylor(2004)基于46家全球化程度最高的跨国服务业公司的全球网络数据,测量了62个世界城市在全球服务业网络中的相互距离,即所谓的"全球服务业距离"。如果测量的结果数值越小,说明两个城市在全球服务业的企业综合体中的位置越近。在他们采用多维排列方法绘制的全球服务业网络空间的邻近性地图中,我们可以发现:全球服务业中心城市在这个空间中是趋向于中心分布的,它们基本上按照"核心-边缘"的形式排列,也即一小部分城市集聚在中心区,越往外环,城市数量密度越小。可见,正是交互的紧密程度决定了城市节点之间的距离。

第二节 城市网络的空间逻辑

一、从等级体系到网络体系的演变

1. 城市网络范式日益成型

根据理论地理学和城市经济学的教科书,规范地描述城市体系结构最好的分析模型是克里斯塔勒(Walter Christaller)和廖什(August Lösch)分别在20世纪30年代和40年代提出的中心地体系。然而,现实世界中的城市体系已经明显不同于这种嵌套式的中心和市场等级体系(Meijers,2007;Neal,2011;Shearmur and Doloreux,2015;Taylor et al.,2010)。运输成本的减少和消费者对"多样性"的需求打破了原有对孤立的、引力型的、不重叠的市场区域的理论假设。企业通过横向和纵向分工联系导致专业化中心的出现,这与从原有理论中推导出的典型非专业化模式完全相反。高等级的功能有时会出现在小的(但是专业化的)中心,而在原有模型中这些小城市只能够拥有低等级职能(Batten,1995)。所以,我们似乎需要一种新的理论模型来应对现实的挑战。Camagni(1993)最早提出"城市网络"范式,较好地解释了日益浮现中的新的城市体系组织结构形式。Camagni 和 Capello(2004)又进一步梳理了三种基于企业视角的空间行为逻辑,分别是领地型、竞争型和网络型,有助于我们更好地理解城市体系的范式转变(表8.1)。当然,上述三种空间组织逻辑仍然都是理想状态的理论原型,而不是现实的历史行为形式。

表 8.1 空间组织的三种逻辑

层面和方面	组织逻辑		
	领地型	竞争型	网络型
企业			
本质	当地市场企业	出口企业	网络企业
关键功能	生产	营销	创新
战略	市场区的控制	市场份额的控制	创新资产及其轨迹的控制
内部结构	独立单位	专业化的职能单位	点状整合型的单位
进入壁垒	空间阻力	竞争力	持续创新
城市体系			
原则	支配	竞争	合作
结构	巢状等级体系	专业化的	城市网络
行业	农业、政府、传统第三产业活动	工业:专业化的产业区和产业链	高级第三产业活动
效率	规模经济	垂直/水平整合	网络外部性
政策战略	无(规模决定职能)	过去:出口基础决定增长 现在:每个中心的竞争优势实力	城际合作:提供城际运输和通信网络
城际合作目标	无(除了军事或外交目标)	城际劳动分工	经济、技术和基础设施合作
城市网络	等级式的垂直网络	互补网络	协作网络
单个城市			
本质	传统城市	福特制城市	信息化城市
形态	内部相对均质性	单一功能区块	多中心城市
政策目标	权力和形象	内部效率	外部效率和吸引力
象征	宫殿、大教堂、市场	烟囱、摩天大楼	航空港、贸展会

资料来源:根据 Camagni 和 Capello(2004)中表16.1 修改。

2. 城市增长状况加速分化

由于城市职能特性和区域发展阶段的不同,现实中的情况往往是两种城市体系的综合体。在世界城市的研究文献里被广泛引用的 Campagni(1993)"城市网络等级体系"(the hierarchy of city-networks)就是类似的构想,他将三个层级的城市网络整合进传统的城市等级体系。如图8.1所示,它包括:

(1) 世界城市的网络，借助"高度协同"的先进运输和通信网络，相互竞争和合作；

(2) 由专业化的国家城市组成的网络，通过投入-产出关系和贸易彼此连接[如荷兰的兰得斯塔德(Randstad)地区、意大利的威尼托(Veneto)区]；

(3) 专业化的区域城市组成的网络，也是由投入-产出关系和贸易彼此连接的(如第三意大利地区)。

在这个体系中，各层级之间都会发生交互作用。各种要素不仅在城市层级之间自上而下流动，同时，低层级的网络也可以向世界城市销售它们的某些专业化产品。

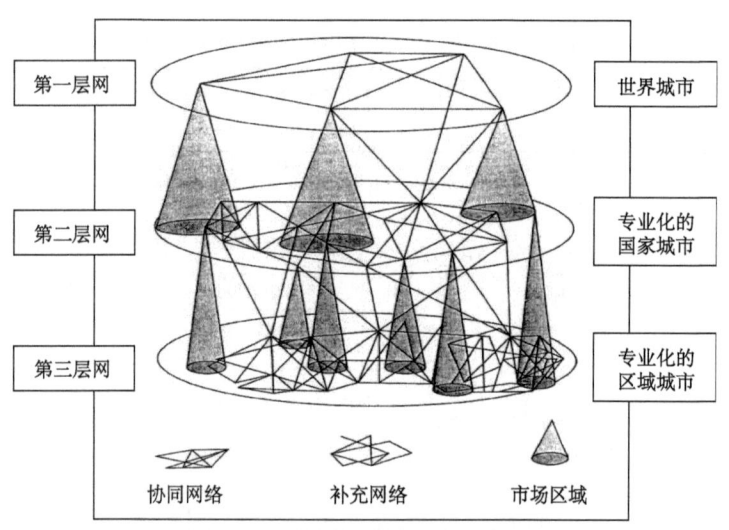

图 8.1　全球城市网络的等级体系

资料来源：Campagni，1993

再进一步来关注这种双体系里的城市增长状况（图 8.2）。中心地体系一般倾向于首位城市，即城市增长率与城市规模或中心性呈正比关系。由于城市之间的交流是垂直向上的，造成整个体系的管理职能趋向于集中。一些"稀有品种"的城市服务功能集聚于高等级的城市中心，而且它们的增长速度也高于那些一般性的职能。相反，处于较低层次的小规模市场中心经常会丢失它的城市地位，因为它们缺乏增长的源泉。如图 8.2 所示的下半个虚线三角就是中心地体系的增长范围，其中，大城市普遍处于较高的增长势头，而对小城市来说，尽管有些城市也能获得增长，但它们中的大多数处于低增长状态，甚至有些小城市是在衰退的。

图 8.2 的上半个虚线三角是网络城市的增长区域。这个体系里的城市职能分配具有柔性机制，城市之间的联系在很多情况下是双向、水平的，也就是说，网络城市之间形成的是相互合作和补充的关系。因此，增长会出现在整个体系之中，不仅大城市具有较高的增长率，规模较小的城市同样可以得到好的增长机会，甚至很多小城市的增长率远远高于规模较大的城市。所以，网络体系的一个主要特征就是不受规模的限制。

如果把两种系统综合起来考虑，就可以来解释实际的城市增长状况。首先，规模最大的那些城市还是可以拥有比较高的增长速度，而且无论在中心地体系还是在网络体系中,大城市的增长率都比较接近,如图 8.2 中两个三角重叠部分的右端所示。其次,随着规模的降低,同一规模等级的城市增长率的变化范围会逐渐扩大。也即规模越小,增长率之间的差异越显著(图 8.2 左端)。再次,城市的网络特征越明显,增长率就越高;而中心地特征越明显,增长率则越低。同样,这种分化状况也是在规模较小的城市中体现的比较明显。这就是为什么在全球或者是一些国家的城市体系中,大城市往往处于中等偏上的增长态势,而小规模城市则有的增长很快,有的却在急速衰退。

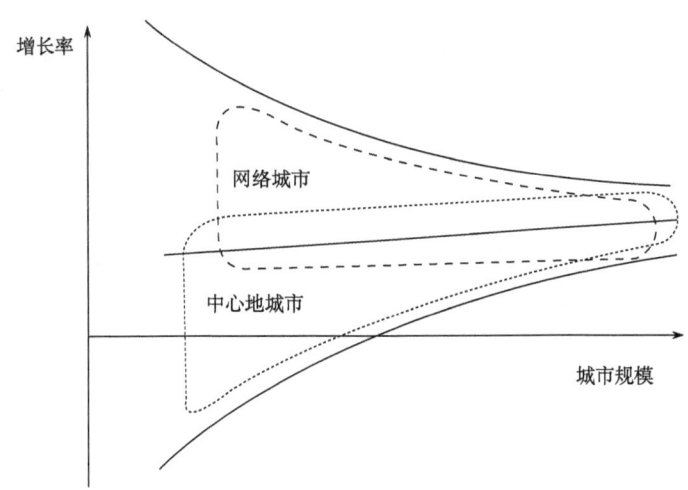

图 8.2　两种城市体系中增长与规模的关系

资料来源:Hohenberg 和 Lees(1985),图 7.5

二、城市网络的空间逻辑特征

社会是围绕着每个社会结构所特有的支配性利益而不均衡地组织起来的。虽然网络不是当代社会中唯一的空间逻辑,然而,它依然是支配性的,它对于当前社会里支配性的利益与功能之间的作用主要体现在三个方面。

1. 城市网络优势源于经济外部性

网络的空间逻辑首先来源于它的经济特征:外部性(externalities)。城市网络外部性是指城市根植和定位于相互关联的城市网络之中,企业和家庭从中受益产生外部经济(Burger and Meijers,2016)。至今为止,网络外部性在其他一些领域被广泛研究和实证,尤其是在产业经济学理论和实质网络(如电信网络)的应用过程的分析中。这些经验研究关注于所谓的"需求方网络外部性"(consumption network externality)概念,以解释网络参与者相互依赖所产生的效用函数。网络的价值会随着网络里节点数目的乘方而增加,其核心思想可以说就是"物以多为贵"。网络的正外部性会产生正反馈,而正反馈使强者更强、弱者更弱,引起极端的结果。这种效应在信息基础设施市场中极为普遍,在最极端的形式中,正反馈可以导致赢家通吃的市场。当然在另一方面,增加的节点或者用户也会造成网络的拥挤，导致负面外部性。"供应方网络外部性"(production network externality)则是指一个供应商的利润所得往往受到其他供应商行为的影响。或者说，供应方网络的正外部性可以减少投入要素的成本，从而对产出起到正面效应。需求方网络外部性和供应方网络外部性在新的信息经济中往往是结合在一起的，其结果就是"双重作用"：需求方的增长既减少了供应方的成本，又使产品对其他用户更具吸引力，从而进一步加速了需求的增长，这就是正反馈效应的强烈表现(Shapiro and Varian, 1999)。对城市网络来说，城市既是供应方，又是需求方，其网络外部性是非常明显的。Capello(2000)曾对欧洲的一个"健康城市网络"案例进行研究，结果证实：通过实施有效的城市政策，网络参与可以提升伙伴城市的各自绩效；网络的密集使用能够增强网络的外部性；合作行为则能产生更强的网络外部效应。在一个城市网络内部，尽管不同的城市有不同的参加目的，它们在网络中采取的行为也不一样，但是通过合作行为可以获取最大的战略优势。

最近，城市网络外部性的作用机制被不少学者运用"借用规模"(borrowed size)概念来解释(Meijers and Burger, 2017)。这一概念最初由阿隆索(William Alonso)于1973年提出，用于描述"靠近人口中心的小城市或都市区表现出较大城市的特征"，即小城市可以借用邻近大城市的规模优势，或者说可以分享集聚经济带来的外部性。然而，随着大城市外部不经济的增加，弹性生产方式逐步替代大规模生产的福特制，以及交通和通信技术的快速发展使得交通成本的比例越来越低，这些变化使得外部性在空间上也发生了变化。外部性不再局限于地理边界，而是扩散到整个城市体系形成网络外部性，使得位于城市外部空间的小企业可以因为借用规模而共享大城市的外部经济(朱丽霞，2009；Phelps et al., 2001)。

2. 城市网络运作具有明显的选择性

然而，网络优势是一种"俱乐部"产品。这种网络化机制的空间过程造就的却是全球资源、活力和财富的隔离，进一步是世界人口的日益隔离，最终导致日趋不平等和社会排他的全球趋势。这种隔离表现出双向移动的特征：一方面，有价值的领域和人口区段连接上价值创造与财富获取的全球网络；另一方面，以网络里的价值观为标准，没有价值或不再有价值的一切事物和人口便脱离了网络，最后被抛弃。

那些最全球化的城市往往也是一些人口最多的大城市。因为很明显高级生产性服务业需要有一个人口规模的门槛值，所以有一些城市没有成为世界城市是因为它们规模太小。然而，并不是所有的大城市都能成为世界城市。Short(2004)做过统计，如果把300万人口作为门槛值来进行排列，全世界有35个城市达到了这一规模指标，但没有进入世界城市的行列。他进一步把其中的典型城市称为全球城市网络中的"黑洞"，并归结为四种类型：贫穷的城市、崩溃的城市、排斥的城市和抵抗的城市。首先是贫穷，如孟加拉国的达卡、刚果的金沙萨和苏丹的喀土穆，这些城市处于世界上最贫穷的国家，人们收入水平很低，尤其缺乏中产阶级群体来支撑和消费那些高级生产性服务业。如果贫困再碰上灾难，就是第二种类型——崩溃的城市，如前一种类型的后两个(金沙萨和喀土穆)。那些城市的市民社会已经完全崩溃，普遍处于混乱的无政府状态，从而被全球资本主义所抛弃。第三种和第四种脱离全球网络的城市与前两种类型不同，它们有些是主动排斥和抵制全球化进程的，当然部分原因是由于国家意识形态的认同差异所造成的，如朝鲜的平壤和伊拉克的巴格达既被排斥又有抵抗，而伊朗的德黑兰则是反对全球资本主义侵蚀的典型。

如此可见，网络体系并不简单的以城市(人口)规模为门槛，取而代之的则是网络中的价值观。Castells(2000)称之为网络的双重逻辑，即包容或者排斥。网络中的各种组成部分对于网络的存在都是有用的和必要的。从城市网络的视角来看，不在网络中的城市就是不存在，因此，它们必然是被忽视(如果它与网络目标不相关)或者被排斥(如果它与网络目标相抵触)。如果网络中的一个节点不能担当有用的职能，它就会被逐出网络，就如生物过程中的细胞一样，网络可以自我重整。

3. 城市网络组织以柔性应对变化

网络中的节点地位因为增值或贬值而随着时间变动，这使得国家、区域和人口也处于纷乱的连续变化之中。然而，由此所引发的不稳定状态却给一些区域提供了新的机遇。网络是开放的结构，或者说边界是模糊的，它能够无限扩展，只要能够在网络中相互沟通，就能整合入新的节点，当然，节点也可以离开网络。更重要的是，网络范式以柔性为特征，所有节点都有重新排列组合的可能。这种柔性逻辑使网络具有独特的重新构造能力，从而使节点连接状况不断改变，使网络组织结构周期性的重构(Leitner and Sheppard,2002)。通过调整基础设施和营运状况，网络柔性帮助网络适应外界环境和需求的变化。

新的、越来越具有世界性的社会、政治、经济和文化阶层依据流动性而不断地形成和重建，并由此导致空间组织模式的转变，城市体系也随之由传统金字塔形的等级组织形态，逐渐转向结构扁平化的网络式组织，从而使城市组织虚拟化，成为一个没有绝对控制中心、由节点相互沟通编织而成的柔性网络。网络具有去中心的绩效和共享决策的性能。有一些节点比其他节点更重要，但是只要它们共同存在于网络之中，它们彼此之间就是相互需要的。节点通过吸引更多的信息和更有效的处理信息来提升自身的重要性。如果它们的绩效下降，其他节点就会取代它们的位置。因此，节点的相对重要性不是来自它们的特征，而是来自于它们被信息共享网络信任的能力。从这个意义上讲，与其把主要的城市节点看作是 Sassen(1991)所谓的命令和控制中心，还不如更类似于一种"转换器"(switcher)充当网络中的中介(Smith,2003)。它们在整个结构中的职能更多的遵循网络逻辑，而不是指令逻辑。

第三节 城市网络的演化机制

一、城市网络空间的演化本质

面对新技术所带来的巨大影响力，一些学者和大众媒体习惯接受技术决定论的观点，即将技术摆放在决定性的位置，社会只能被动地、无条件地接受技术所引致的变迁。在互联网大规模普及的初期,技术决定论的观点是学术界探讨信息通信技术与地方空间关系的主流论述(Graham,1998)。这类论著旨在解释信息通信技术对空间造成的"冲击",基于一种简单的、线性的因果思维方式,将信息通信技术视为决定社会变迁的独立变量。其基本逻辑是创新导致新技术,新技术又会被应用和使用于社会领域,于是社会直接定型于技术发展,而独立于经济与政治进程。如此,社会与技术是两个完全不同的领域,前者由后者形塑而成。在城市和空间研究领域,技术预测者往往认为建立新的信息架构体系将促成一系列的创新,最终导致城市和区域经济运行的功能性转变。

但是,技术决定论显然把技术进步和社会发展的关系简单化了。Krugman(1991)曾特别强调在产业地方化中,历史和偶然事件起着决定性的作用。不少经典案例都表明,产业地方化往往起源于一个偶然事件。但重要的并不是最初的偶然事件,而是使此类偶然事件有如此大且持久影响的累积过程。Krugman(1991)认为这种累积过程无处不在,无论从时间上看还是从空间上看,硅谷都不是独一无二的,而只是传统现象的又一个引人注目的翻版而已。从长时间段来看,城市和区域发展往往呈现出典型的发展轨迹,是一个循环和累积的因果过程。Scott(2011)也认同这一动态增长过程。近几年,他在所关注的"认知-文化经济"(cognitive-cultural economy)研究中指出,集聚和创造地方就业的逻辑建立在双重时空过程中:一方面,是在复杂的生产体系中寻求削减成本的邻近性和增加收益的效应;另一方面,呈现的是一个有关创新、横向和纵向溢出、企业家精神,以及地方特色的竞争优势集体累积的路径依赖过程(Scott,2011)。整个城市增长的动态过程也依赖于对当地产品的持续外部需求。其朝向结构锁定的趋势,意味着地方化的生产体系的部门结构通常保持惊人的稳定性,很少随时间变化。这一点非常重要,支撑大城市化地区的经济基础的各种生产体系往往具有强烈的相互依赖性和滞后性的特征(Frenken and Boschma,2007)。因此,尤其是在分析技术进步的地理空间性、动态的竞争优势、经济重组和经济增长这样的问题时,引入一个演化的视角就很有必要(Boschma and Lambooy,1999)。

在经济学和经济地理学中,演化理论的核心是通过技术学习导致质的提升,并推进经济发展。演化方法建立在熊彼特(Joseph Alois Schumpeter)的学术思想上,解释技术的内生性特征及其对经济发展的贡献。我们所看到的不同发展形式可以解释为初始条件、路径/地方依赖、非线性动力机制,以及能力和行为的异质性在微观层面上的差异所造成的结果,从而在系统层面上反映出不同的突变特征(Morrison and Cusmano,2015)。异质性及其动力机制与多样性产生和选择的过程紧密相关,主要发生在微观(企业)和中观(区域)尺度上,但是因为经济活动的组成和空间分布及其相互作用都发生变化,其结果最终会导致结构性的变迁(Saviotti and Pyka,2004)。从这方面来看,演化方法为理解知识经济中发展模式的多样性和地理格局提供了丰富的概念框架。如此,在当前中国面临的宏观背景中,我们将把城市和区域发展置于动态演化的进程中加以探讨。

二、路径依赖与空间极化

网络系统在演变过程中具有路径依赖的特征,它是指网络中的一种状态一旦形成,无论是否有效都会在一定时期内持续存在并影响其后的选择。一般来讲，路径依赖又有两种类型：一种是某种状态形成以后，具有收益递增的效果，并进入了良性循环的轨道，这是一种正面的路径依赖；另一种是某种状态形成以后，随着事物的发展，开始阻碍系统的发展，系统被"锁定"在低效状态，这是一种负面的路径依赖(Boschma and Lambooy, 1999)。前者如第二次世界大战后欧洲(如第三意大利)和美国(如硅谷)的一些地区，垂直分解的大量企业在特定技术-产业领域集群分布，形成所谓的创新氛围，并通过集体学习，导致累积效应，最终产生其他地区难以复制和转移的比较优势。后者如大量老工业区的调整问题，由于路径依赖，这些区域和企业很难创造和采纳新的基础技术，导致在面对新事物时缺乏足够的学习能力。老工业区往往是一个相当同质的实体，具有特殊的技术产业结构和制度环境，它们的发展强烈依赖于原有的产业特征。这种路径依赖产生了负面的锁定状态。或者说，已经建立的工业区可能会锁定于刚性轨迹，因为它们过去的技术-产业遗产会腐蚀和弱化它们适应新技术的能力。

许多新兴产业如互联网产业的发展存在"大城市偏好"(图8.3)。越来越多的研究表明：互联网技术并没有像最初许多专家所预测的那样促进地理均衡，反而加剧了区域之间、城市之间的差异(Zook, 2001)。互联网活动具有明显的空间集聚性，这些活动在城市中的高度集中可以更好地与市场、与竞争性的产品和服务创新保持紧密联系。互联网内容生产集群化使一些城市和区域成为网络中的关键节点。在更小的空间尺度上，电子商务企业都偏好分布在最大的大都市区市中心和CBD地区。此外，从市场需求来看，一些国家的"数字鸿沟"问题的主要空间表现也是体现在互联网技术对大城市的"偏好"上(汪明峰, 2007)。因为对各种先进通信技术的需求往往都是由城市市场的增长来推动的，特大城市在推动各方面的新技术投资和创新过程中起着关键作用。

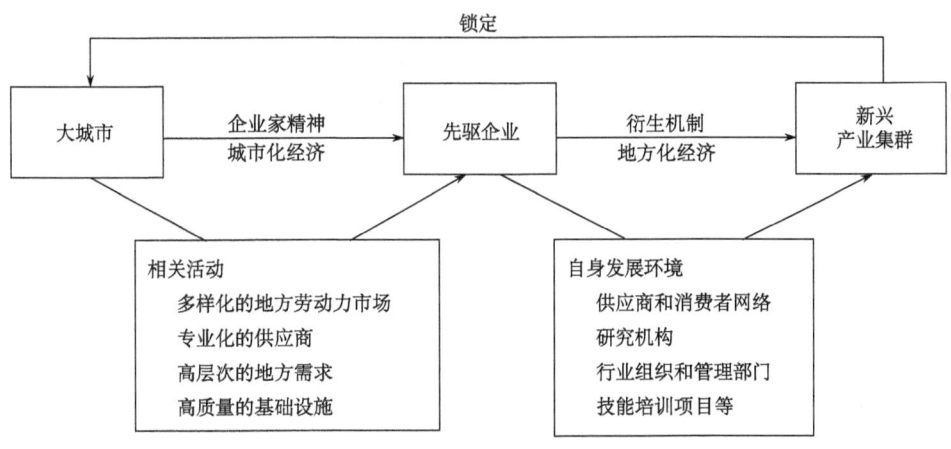

图8.3　新兴产业的空间演化机制

资料来源：汪明峰，2015；图5-1

全球层次的统计数据提供了各国在互联网内容生产上存在巨大差异的证据，而一些互联网产业集群正在形成之中。通过图示互联网域名在全球主要城市的分布格局，Zook(2001)分析了全球网络信息市场的生产和消费的动力机制，表明互联网内容的生产高度依赖于全球信息网络中的某些城市。Joint Venture：Silicon Valley Network 发布的一系列报告描述了 20 世纪 90 年代末互联网经济繁荣时期，互联网集群在全球层面尤其是美国的发展状况。在美国，除了众所周知的硅谷之外，还有芝加哥的"硅城"、西雅图的"硅林"、旧金山的"多媒体谷"、洛杉矶的"数码海岸"、奥斯汀/达拉斯的"硅山"、迈阿密的"硅滩"、研究三角地区的"硅三角"、亚特兰大的"新南首府"、华盛顿特区的"硅域"、纽约的"硅街"，以及波士顿的"128 公路"，都是互联网企业集中的产业集群区域。近几年，东亚地区的互联网产业蓬勃发展，日益受到学者关注。东亚国家，尤其是发展中国家内部的互联网内容生产的空间差异状况似乎更加明显。根据 Arai 等（2004）的调查，2001 年在日本有近 1/3 的多媒体和互联网企业集中于东京地区，并在几个特定城区形成企业集群。同样在韩国，首都地区（包括汉城、仁川和京畿道）所拥有的域名数量更要超过全国的 3/4 以上（Huh and Kim，2003）。

三、机会窗口与新兴城市

在全球化的网络经济中，以规模生产方式主导的老工业城市不断衰落。然而，新的城市化进程仍在急速推进。Boschma 和 van der Knaap（1997）提出的"区位机会窗口"（window of locational opportunity，WLO）概念可以用来描述新兴的产业借助于不确定性、创造力和偶然性所形成的空间格局。他认为在新产业出现时，区位机会窗口会打开，同时为先进和后进区域的产业发展提供机遇。这是因为新产业在增长初期的空间过程比较独立于原有的空间结构和条件。此时，空间的影响作用是不可预测和比较弱的，新产业所需的新要求并不一定得到满足。反而是一些非特殊区位条件的地方可以获得新产业的发展，因为新产业所具有的强大创造力可以弥补地方发展的区位劣势。因此，当技术进步形成新网络的时候，在全球城市体系中占据"先动优势"（first mover advantage）的那些城市往往可以从中获取更大的外部性和收益递增。

过去，许多有关网络技术能够弥补区域差异的说法在许多方面似是而非的（汪明峰，2015）。因为以往的网络技术在提升交流速度的同时，一般会增加交易成本，这就需要在中心城市区位建立垂直整合的企业组织。相反，今天的开放、协同的网络系统可以提供更多的功能，减少交互过程中的交易成本，从而使网络具有更好的柔性。标准的交互平台使扩散可以更快、更均衡，从而推动新的产品开发和创新。Castells（2000）认为，新的信息通信技术可以对交互系统中的复杂性进行协调和管理，能够最大限度地平衡柔性与任务执行之间的关系，从而达成协同决策与分散执行的同时进行。

当前，先进信息通信网络（尤其是互联网）的出现和发展已经深刻地影响了全球城市体系（汪明峰，2007）。一方面，原有的城市体系仍然在互联网区位中起着重要作用，世界城市充满活力，发展良好，如伦敦和纽约，在累积投资的集聚效应作用下，它们仍然保持着重要地位。但另一方面，新技术也导致了新的"扰动"，促使新群体的出现。由此可见，当互联网重构原有的城市商业和通信基础设施网络时，它也很大程度上改变了大都市区之间的关系结构。不像其他传统的通信方式，互联网没有严格的城市间信息交流的等级体系，它用不同于以往的方式部署着全球商业和信息资源，为各地城市发展提供了新的机遇。

目前,全球已经有许多国家政府、区域经济开发机构和地方政府将互联网产业看作是一个"区位机会窗口"。由技术变革所带来的新的市场机会已经拓展到广阔的地理范围,并创造了大量的就业机会。对城市来说,除了直接受益于就业和财政收入之外,互联网产业还为地方发展带来了其他间接收益(Naylor,1999)。首先,互联网企业对地方意象的塑造和实施地方营销战略具有积极意义,因为这些企业普遍被认为是高科技、"知识密集型"、具有创造力的、"清洁"产业。其次,开发机构总是希望地方性互联网企业的存在可以加速当地互联网的升级,帮助形成大规模的用户群体,并刺激当地在线服务业的发展。如此,其他的电信产品和服务也被逐渐推广使用,从而使得这些有关"学习型溢出"的要素能够不断被转变成为城市的竞争优势。

第四节　互联网影响下的中国城镇体系变动

一、互联网使用的空间数字鸿沟

自1994年中国正式接入国际互联网以来,这一先进的通信技术快速地在中国各地尤其是城市地区得到应用(汪明峰,2007;汪明峰和宁越敏,2004)。截至2015年12月,中国网民规模达6.88亿,互联网普及率已超过50%(图8.4)。按照创新扩散的一般理论,这一新技术的普及正在经历快速增长期,下一步增长速度会逐渐减缓,最终进入成熟发展阶段。

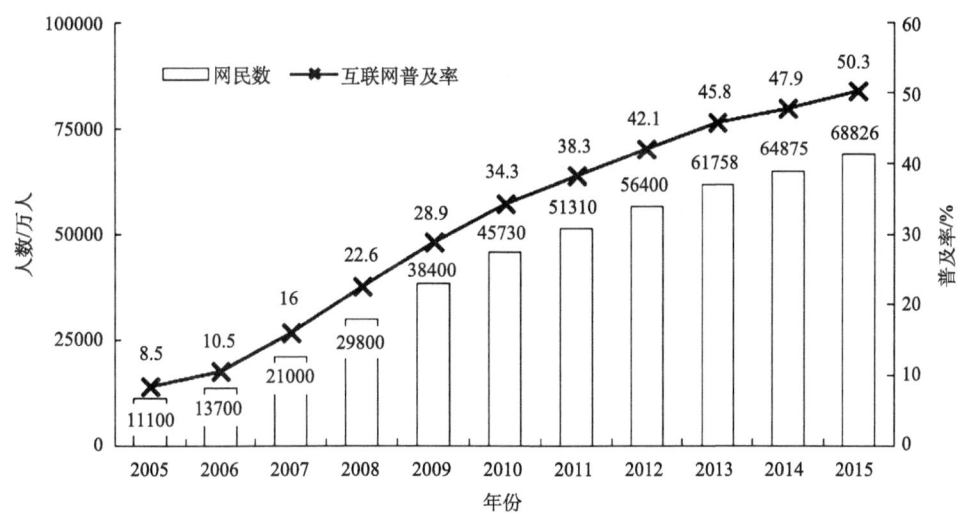

图8.4　2005~2015年中国网民规模和互联网普及率
资料来源:中国互联网络信息中心(2016年)统计报告

但在创新扩散的早期,对各种先进通信技术的主要需求往往都是由城市市场的增长来推动的。无论从网民规模还是渗透率来看,东部沿海地区都是中国互联网消费的核心地区。根据汪明峰(2005)的计量分析结果,这种空间差异的形成在很大程度上取决于地区的经济基础和技术基础,同时,对外开放度和受教育程度也对其有积极作用。相比较而言,尽管城市化率与互联网渗透率的相关性很强,但它对互联网渗透率的解释作用并没有很明显。事实上,互联网用户的城市集中度远远高于城市人口的集中程度。这种状况在中西部地区更加显著,网民的城市分布极不均衡,往往只集中于省(区)内的一两个城市之中。

中国互联网络信息中心的首次调查统计报告显示,在1997年,中国44%的网民集中在北京和上海两地。尽管这一比例逐年下降,到2003年年底仍然占到10.4%。这种变化趋势一定程度上说明了互联网技术在发展中国家首先是被最高等级的城市所采用,然后按城市等级自上而下扩散。表8.2进一步比较了全国前100位城市所占全国总人口的比例和所占全国网民总数的比例,结果也表明网民的高度集中性。2002年,占全国人口3.3%的5个城市占据了全国近1/4的网民,占全国人口5.1%的5个城市占据了全国近1/3的网民,占全国人口10.9%的5个城市占据了超过全国一半的网民。

表8.2 按网民规模排序的前100位城市占全国网民数量的百分比

城市位序	占全国人口的百分比(2000年)/%	占全国网民的百分比(2002年)/%
前5位	3.3	23.1
前10位	5.1	30.3
前50位	10.9	51.4
前100位	14.0	58.8

资料来源:汪明峰,2005。

不同规模城市之间的互联网渗透率差异情况如表8.3所示。渗透率平均值与城市规模呈正比关系,超大城市最高,特大城市次之,大城市明显低于特大城市,中小城市又低于大城市,但中小城市之间的差距很小。用平均数的 t 检验来两两分析不同规模组城市之间的差异状况。一方面,超大城市与特大城市之间的差异不显著,但它与其他规模城市间的差异都非常显著,达到0.001水平之上。同时,特大城市与较小规模组城市间的差异也很显著,都在0.05水平之上。另一方面,大城市与中小城市之间的差异均不显著,中等城市与小城市之间也没有显著差异。因此,中国城市互联网消费水平的差异主

表8.3 不同规模城市的互联网平均渗透率 (单位:%)

城市规模	城市样本数	最小值	最大值	平均值	标准差
超大城市	23	2.79	35.65	17.41	10.80
特大城市	32	2.38	48.95	13.90	11.38
大城市	69	0.09	37.16	9.56	7.10
中等城市	111	0.88	30.20	8.76	6.10
小城市	38	0.22	32.18	8.68	7.77

资料来源:汪明峰,2005。

要体现在超大、特大城市(≥100万)和大中小城市(<100万)之间。从城市化角度来看，特大规模以上的城市与其他城市和地区之间的差异才是当前中国互联网普及存在空间"数字鸿沟"的主要方面。

进一步，"数字鸿沟"不只是"有/没有"的问题，更大的问题是它会增加不平等的来源，以及在真实社会的互动过程中会造成更大的鸿沟，包括社会阶层、发展机会及资源分配上的不均。在中国，大城市在推动各方面的新技术投资和创新过程中均起着关键的作用。现代化的城市文化、密集的资本、较高的可支配收入，以及国际性企业机构的大量集聚都在推动这一进程。对一个国家来说，这种新的城市二元结构在过去20年中加速了国家的空间碎化，战略性的资源和活动往往在某几个城市集聚，这些城市与其他城市之间的不均分布加剧。如此，国家的城市体系正在或已经被部分分离，北京、上海等几个主要的城市则成为正在形成的新的跨国城市体系中的一部分(陆大道，2015；汪明峰等，2014)。

二、路径依赖与互联网经济活动的等级扩散

再分析互联网经济活动在城市体系中的分布格局。较早的研究已表明在互联网产业发达的省(区、市)中，重要的互联网企业几乎都分布在少数几个大城市中(汪明峰等，2007)。图8.5是近5年的中国互联网网站数量增长曲线①，基本反映了当前中国互联网发展的宏观趋势。截至2015年12月，中国网站数量已经达到423万个，比2010年同期增加了232万个，年增长率达到26.3%。表8.4比较了2007年和2016年中国互联网百强网站或企业的城市分布格局。从2007年中国百强网站数据来看，北京的地位异乎寻常，拥有近2/3的百强网站；上海的数量有14个，位居第二；排在第三的是杭州，有5个；广州和深圳各具4个，紧随其后；然后是香港2个；南京、武汉、福州和海口各有1个。此外，还有1个网站的总部则在国外。由此可见，互联网兴起的早期，相关的活动在空间上明显集聚在少数几个大城市，排序前5个城市的拥有量占总量的97%。

图 8.5　2010～2015 年中国网站数量增长情况

资料来源：中国互联网络信息中心(2016年)统计报告

---

① 尽管网站指标在计量互联网活动时非常有用，但必须承认的是，每个网站所对应的活动之间却存在天壤之别。例如，在互联网中，网站 sohu.com.cn 的内容肯定要比一个只注册而没有实际内容的网站来得重要的多。由于重要网站拥有较大的规模和较高的使用流量，所以，我们采用重要网站的统计数据来考察城市互联网产业活动的集中程度。

到 2016 年，从百强企业数量来看，城市集中度仍然很高，排序前 5 个城市的拥有量占总量的 67%。与 2007 年相比，前 4 位的城市名单完全一致。其中首位城市北京的百强数量或比例明显减少，2016 年为 25 个。随后的上海、杭州和广州的百强数量均有大幅增长。上海拥有 21 个百强企业，已接近北京。更多的城市，包括一些中西部的直辖市和省会城市，以及东部的地级市（如金华、苏州和温州）也拥有少量的百强企业。因此，互联网经济活动在城市体系中基本上遵循等级扩散的路径，从最早使用互联网的城市北京等少数几个东部城市，逐渐向中西部或等级较低的城市扩散。

表 8.4　中国互联网 2007 年百强网站与 2016 年百强企业的城市区位

2007 年			2016 年		
位序	城市	企业数量	位序	城市	企业数量
1	北京	66	1	北京	25
2	上海	14	2	上海	21
3	杭州	5	3	杭州	9
4	广州	4	4	广州	6
—	深圳	4	—	南京	6
6	香港	2	6	深圳	4
7	南京	1	—	福州	4
—	福州	1	8	厦门	3
—	武汉	1	—	长沙	3
—	海口	1	—	郑州	3
—	国外	1	11	成都	2
			—	金华	2
			—	苏州	2
			—	武汉	2
			—	香港	2
			16	贵阳	1
			—	哈尔滨	1
			—	济南	1
			—	昆明	1
			—	温州	1
			—	重庆	1
合计		100	合计		100

资料来源：1. 2007 年的数据为"2007 互联网创新领袖国际论坛"（2007 年 3 月 21~22 日）评选的 2007 年度"影响中国互联网的 100 网站"，该论坛由中国互联网协会主办，互联网实验室和聚网承办，指导单位是信息产业部。各网站的流量高低和网上调查得票数多少是影响其最终能否入选的主要因素。这些网站的地理区位通过上网调查获得，我们以拥有这些网站的企业总部所在地为准，确定网站所属的城市。尽管一些网站和企业具有复杂的空间组织，但这些企业的网站运营和管理工作往往是在总部进行的，因此在本书中，每个网站对应唯一的城市区位。

2. 2016 年的数据为"2016 年中国互联网企业 100 强发布会暨百强企业论坛"（2016 年 7 月 12 日）发布的中国互联网企业百强名单。该百强企业的评价由中国互联网协会与工业和信息化部信息中心联合开展。

上述结论还可以在电子商务活动的空间扩散过程中得到体现。这里以中国最大的电商企业之一"当当网"为例,分析其销售服务的空间组织状况(汪明峰和卢姗,2011)。当当网作为"纯鼠标"零售企业,其服务范围比国内其他"鼠标加水泥"企业广泛得多。在当当网的发展过程中,其空间扩张速度相当快,尤其是2005年左右,当当网曾对服务城市范围进行了一次大规模的扩张。从1999年配送范围仅限于12个大城市,发展到2005年为全国66个城市提供货到付款服务,2006年送货上门服务在全国已突破180个城市,2008年提供货到付款的城市达到360个,而目前提供送货上门服务的城市总数已超过800个。从城市体系来看,当当网的扩张版图已从一、二级城市延伸到三级城市。

进一步分析当当网空间扩张的主要影响因素,可以发现主要受到城市人均GDP、城市等级和人口密度三个因子的影响。首先,人均GDP代表了一个地区的经济发展水平。作为一个综合指标,整体上反映了网上零售业赖以生存的诸多相关要素的发展状况。电子商业作为一种零售业的新形式,其发展势必需要有一定的经济基础作为保证。此外,一般新技术的扩散规律也是由经济发达地区向欠发达地区蔓延,地区之间的技术应用水平差异最终取决于经济差异。其次,当当网配送城市范围的空间扩张与城市等级的关系密切,总体上是从直辖市开始蔓延到副省级市和主要省会城市,进而向一些主要地级市扩散,最后覆盖县级市。在中国,城市的发展条件与城市的行政等级有着非常密切的关系。特别是,城市等级高的城市意味着拥有较好的信息和交通基础设施,可以为网上零售业提供有效的支撑。再次,人口密度也是当当网选择配送城市要考虑的重要因素。因为市场决定销量,当当网的扩张应以足够的市场需求为基础。人口密度高的城市市场基数大,从而市场需求将会较人口密度低的城市高。同时,较高的人口密度也意味着可能降低配送成本。

当当网的空间组织概括起来有以下几个特点。第一,当当网的服务范围以中国国内为主。虽然通过全球邮政系统,当当网也为海外地区服务,但是配送时间需要花费1~2个月,且运费为总计商品原价的50%。因此,很少有海外消费者在当当网上购物,当当网主要还是针对国内市场。第二,分销体系以六大物流中心所在城市为重心,向邻近地区辐射(图8.6)。在2009年之前,当当网先后在销售能力较强的北京、上海和广州建立

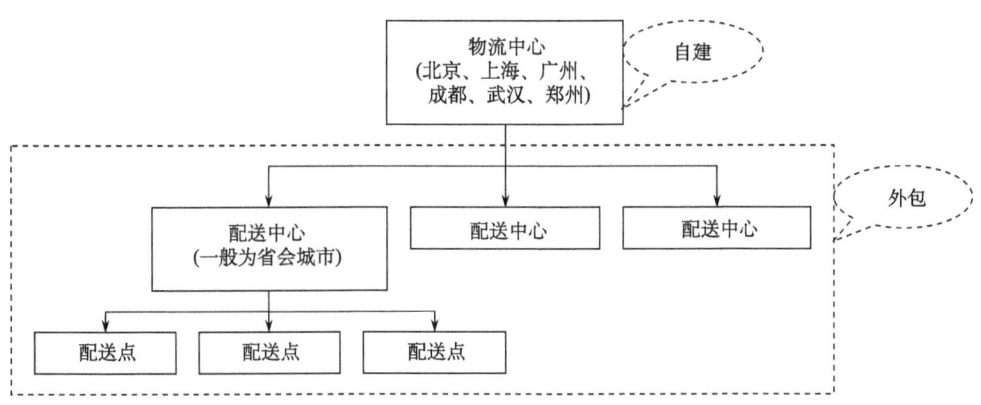

图8.6 当当网的物流配送结构

资料来源:汪明峰和卢姗,2011

了物流中心，并以此为基础为华北、华东和华南地区的消费者提供快速便捷的服务。从2009年至今，当当网又投建了成都、武汉和郑州三个物流中心，使中西部地区的货运速度显著提升。第三，当当网为东部沿海地区的城市基本都提供了送货上门的服务，而在西部地区则局限在一些省会城市。第四，当当网有选择地逐渐向三级城市扩展。对西部地区和县级城市而言，由于互联网的普及和居民的文化程度不高，再加上交通不便利，当当网在这些地区的扩张较为谨慎。在东部，当当网选择了一些经济相对较发达的县级市提供送货上门服务；而在西部，则主要集中在省会城市和某些较大的城市。

三、机会窗口和电子商务之都、互联网镇与淘宝村的产生

除了路径依赖式的产业集聚，互联网经济作为一种新兴产业，为地方发展提供了新的机会窗口。已经有一些城镇抓住了这一轮的新增长，使自身在城市体系中的地位上升（杜晓娟等，2016）。以下提供三个案例。

第一个案例是杭州。杭州是唯一一个由中国电子商务协会命名的"电子商务之都"，其电子商务经济发展水平处于全国前列，在网站数量、B2B、C2C、B2C、第三方支付等方面都遥遥领先，并涌现出了一批全国甚至世界有名的电子商务企业，如阿里巴巴、网盛科技、浙江盘石等。中国电子商务的成交额有2/3是在杭州创造。杭州发展电子商务具有较为明显的优势（汪明峰，2015）。首先，杭州是国家电子商务、电子政务和信息化试点城市，电子商务建设起步较早、基础较好。杭州市委、市政府早在十余年前，已把打造"电子商务之都"纳入杭州"十一五"发展规划和信息化"十一五"专项规划。其次，杭州及周边地区的经济实力较强、企业活力充沛，特别是拥有大批民营企业，成长性很好，发展电子商务潜力无限、市场巨大。注册在浙江的不少大型产业网站（如中国化工网、中国纺织网等）均依托浙江已有的产业优势，背靠大型实物产品交易市场，以服务企业、方便商家作为生存发展的立足点。再次，杭州拥有良好的工作和生活环境。作为"天堂硅谷"，城市软、硬环境不断改善，时常被评选为中国商业投资环境最佳的城市。最后，杭州人杰地灵，文化积淀深厚，拥有浙江大学等一批高等院校、科研院所，是全国IT产业人才集聚程度较高的城市之一。马云在回答"为什么要将阿里巴巴的内地总部设在杭州？"的问题时，是这样表述的："杭州是一个充满灵气的城市，阿里巴巴在这里不仅能受到浙江人民的爱戴，还能得到浙江第一流高校人才支持——浙江的第一流人才，应该不会比北京、上海的二流人才差吧！"

第二个案例是浙江的乌镇。2015年12月16日至18日，来自全球120多个国家（地区）和20多个国际组织的2000多位代表，共聚第二届"世界互联网大会——乌镇峰会"，中国国家主席习近平以及来自政府、企业、学界、民间团体、技术社群和国际组织的领导人与高级别代表出席了此次大会。一个是江南千年古镇，一个是前沿的科技产业，这两者怎么就搭上界了？国家互联网信息办公室主任鲁炜曾对此作出解释，专家组在全国寻找会址时，曾提出了三个条件：一是互联网经济比较发达；二是最好能找一个小镇，像达沃斯那样的小镇，然后赋予它互联网的魅力；三是它能代表中国几千年的传统文

化①。后来,专家们在很多地点中反复比较后一致认为,乌镇是举办世界互联网大会的最佳选择地,可以作为永久会址。

第三个案例是淘宝村。淘宝村是由阿里研究院最先界定提出的,是电子商务集聚区的一种存在形式。根据阿里研究院的界定,2016 年,全国共有淘宝村 1311 个,分布在浙江、江苏、广东、河北、福建和山东等 18 个省(市)②。从全国淘宝村核密度空间分布来看,淘宝村的区位呈现两种类型:一种是在经济发达的省会及直辖城市邻近区域,体现出创新扩散的空间效应;另一种则是在一些偏远地区,尤其是在不同省份交界的区域,如河北与山东、山东和江苏、福建与广东等。这些地区原有经济基础相对薄弱,但在当前互联网新经济的背景下,利用互联网技术有效的带动了地方经济的发展,如浙江省西南部的丽水市,一直以来是长三角地区重要的绿色农产品生产基地。辖区内以中山、丘陵地貌为主,受困于交通、信息等基础设施限制,丽水市发展呈现典型的山区经济特点。近几年来,丽水市探索发展电子商务,电子商务的发展为丽水市注入了新的活力,取得了显著成效。特别是电子商务网商培育成效显现,一大批优质网商成长起来。截至 2014 年 11 月,丽水市电商企业(网店)7486 家,从事网络创业人数达 21 752 人③。网商基于原有的村庄或者社区,形成具有规模和协同效应的网商集聚(表 8.5)。2015 年 2 月,浙江省委、省政府正式摘掉了丽水 9 个县(市、区)"欠发达"的帽子。这也意味着丽水区域的追赶实践成效明显,实现了欠发达地区脱贫致富的路径突破。

表 8.5 丽水市淘宝村概况

集聚区	位置	主要产品	首次被认定时间
北山村	缙云县壶镇	户外用品	2013 年 12 月
西山村	松阳县大东坝镇	家具	2013 年 12 月
南秦村	龙泉市剑池街道	青瓷、宝剑	2014 年 12 月
村头村	龙泉市龙渊街道	青瓷、刀剑、内衣	2014 年 12 月
筏铺村	松阳县古市镇	服饰、茶叶	2014 年 12 月

资料来源:中国淘宝村研究报告(2014 年),阿里研究院。

总结上述案例的发展经验表明,借助互联网与其他区域甚至全球建立各种联系,为地方发展带来了新的机遇。通过新技术的有效整合,地方发展面临的区域尺度发生重组,进而通过一系列尺度上推策略融入到更高尺度的区域分工体系中。因此,"连接"已经成为地方或城市发展的关键。

第五节 小结与展望

本章探讨信息网络的空间逻辑,解释互联网时代的城市体系变动。在全球化的信息

---

① 高逸平:世界互联网大会为什么选择乌镇?今日早报,2014-11-12,A0002 版:首届世界互联网大会特别报道。
② 阿里研究院:中国淘宝村研究报告(2016)。
③ 陈重:让父老乡亲过上品质生活,浙江日报,2014-12-25,第 10 版。

时代，城市之间的权力分配不全是等级化的，而更多体现网络化的特征。它们所拥有的权力反映了它们在网络中的通达性，这种通达性就是城市与世界其他地方接触和联系的范围与质量。在网络中，权力同时呈现出集聚与分散的趋势。一方面，路径依赖机制导致关键要素的空间集聚，城市之间的空间极化现象愈发突出。但在另一方面，每个节点城市作为网络整体再生产的一部分，都有各自的生存空间。也就是说，节点之间的互补关系比竞争关系来得更为重要。毕竟，城市网络的发展与繁荣更多的是通过行动者之间的协作来实现的。

建立"连接"的实质在于帮助城市增强网络能力，以构筑网络优势。这种连接不仅是要建立地区内部的地方性网络，更重要的是把地方经济整合入全球市场，也即连接上外部的非地方性网络。当然，无论是对高科技产业还是传统产业，或者公共部门的组织来说，竞争性的网络都是需要有技术来支撑的。除了投资传统基础设施网络之外，推进新的基础设施建设和使用更是各个城市增加全球通达性的主要途径。只有这样，发展中的城市才能打开它们所需要的"区位机会窗口"。

在中国，市场经济体制的建立促进了城镇网络优化，政府和企业的行为均在其中扮演重要的角色(宁越敏，1993)。作为完善城镇体系的重要手段，城镇体系规划的核心任务是协调不同行政单元、不同利益主体的发展，协调的重点在于城市与城市发展的协调、城市与区域发展的协调，以及城镇体系所在区域与周边区域发展的协调(刘玉亭等，2008)。在当前信息时代，新的技术进步影响社会经济空间组织的同时，也为城市发展的各个层面、各个环节的协调提供了创新支撑。在城镇体系网络化进程中，既发挥中心城市的带头作用，又挖掘中小城镇的增长潜力，两者对于整个区域健康持续发展均至关重要。

参 考 文 献

杜晓娟, 甄峰, 常恩予. 2016. 基于电子商务势能的中国城市体系格局与形成机制——以阿里巴巴集团为例. 经济地理, 36(9): 49-57.
顾朝林. 1992. 中国城镇体系——历史·现状·愿望. 北京: 商务印书馆.
顾朝林, 张勤. 1997. 新时期城镇体系规划理论和方法. 城市规划汇刊, (2): 14-25.
刘玉亭, 何深静, 魏立华. 2008. 论城镇体系规划理论框架的新走向. 城市规划, 32(3): 41-44.
陆大道. 2015. 京津冀城市群功能定位及协同发展. 地理科学进展, 34(3): 265-270.
宁越敏. 1993. 市场经济条件下城镇网络优化的若干问题. 城市问题, (4): 2-6.
沈丽珍. 2010. 流动空间. 南京: 东南大学出版社.
宋家泰, 顾朝林. 1988. 城镇体系规划的理论与方法初探. 地理学报, 43(2): 97-107.
汪明峰. 2005. 互联网使用与中国城市化——"数字鸿沟"的空间层面. 社会学研究, (6): 112-135.
汪明峰. 2007. 城市网络空间的生产与消费. 北京: 科学出版社.
汪明峰. 2015. 互联网时代的城市与区域发展. 北京: 科学出版社.
汪明峰, 卢姗. 2011. 网上零售企业的空间组织研究——以"当当网"为例. 地理研究, 30(6): 965-976.
汪明峰, 宁越敏, 胡萍. 2007. 中国城市的互联网发展类型与空间差异. 城市规划, 31(10): 16-22.
汪明峰, 魏也华, 邱娟. 2014. 中国风险投资活动的空间集聚与城市网络. 财经研究, 40(4): 117-131.
吴康, 方创琳, 赵渺希. 2015. 中国城市网络的空间组织及其复杂性结构特征. 地理研究, 34(4): 711-728.
修春亮, 魏治. 2015. "流空间"视角的城市与区域结构. 北京: 科学出版社.
甄峰, 王波, 陈映雪. 2012. 基于网络社会空间的中国城市网络特征——以新浪微博为例. 地理学报, 67(8): 1031-1043.
朱丽霞. 2009. "借用规模"与非都市区企业的发展. 经济地理, 29(3): 420-424.

Arai Y, Nakamura H, Sato H, et al. 2004. Multimedia and Internet business clusters in central Tokyo. Urban Geography, 25(5): 483-500.

Batten D F. 1995. Network cities: Creative urban agglomerations for the 21st century. Urban Studies, 32(2): 313-327.

Boschma R A, Lambooy J G. 1999. Evolutionary economics and economic geography. Journal of Evolutionary Economics, 9(4): 411-429.

Boschma R A, van der Knaap G A. 1997. New technology and windows of locational opportunity: Indeterminacy, creativity and chance. In: Reijnders J. Economics and Evolution. Cheltenham, UK: Edward Elgar, 171-202.

Burger M J, Meijers E. 2016. Agglomerations and the rise of urban network externalities. Papers in Regional Science, 95(1): 5-15.

Camagni R. 1993. From city hierarchy to city network: Reflections about an emerging paradigm. In: Lakshmanan T R, Nijkamp P. Structure and Change in the Space Economy: Festschrift in Honor of Martin Beckmann. Berlin: Springer Verlag, 66-87.

Camagni R, Capello R. 2004. The City Network Paradigm: Theory and Empirical Evidence. In: Capello R, Nijkamp P. Urban Dynamics and Growth. Netherlands: Elsevier B. V., 495-529.

Capello R. 2000, The city network paradigm: Measuring urban network externalities. Urban Studies, 37(11): 1925-1945.

Castells M. 1996. The Rise of the Network Society. Cambridge, MA: Blackwell.

Castells M. 2000. Materials for an exploratory theory of the network society. British Journal of Sociology, 51(1): 5-24.

Frenken K, Boschma R A. 2007. A theoretical framework for evolutionary economic geography: Industrial dynamics and urban growth as a branching process. Journal of Economic Geography, 7(5): 635-649.

Graham S. 1998. The end of geography or the explosion of place? conceptualizing space, place and information technology. Progress in Human Geography, 22(2): 165-185.

Hohenberg P M, Lees L M. 1985. The Making of Urban Europe, 1000-1950. Cambridge, MA: Harvard University Press.

Huh W, Kim H. 2003. Information flows on the Internet of Korea. Journal of Urban Technology, 10(1): 61-87.

Krugman P R. 1991. Geography and Trade. Cambridge: MIT Press.

Leitner H, Sheppard E. 2002. "The city is dead, long live the net": Harnessing European interurban networks for a neoliberal agenda. Antipode, 34(3): 495-518.

Malecki E J. 2002. Hard and soft networks for urban competitiveness. Urban studies, 39(5/6): 929-945.

Meijers E. 2007. From central place to network model: Theory and evidence of a paradigm change. Tijdschrift voor Economische en Sociale Geographie, 98(2): 245-259.

Meijers E J, Burger M J. 2017. Stretching the concept of 'borrowed size'. Urban Studies, 54(1): 269-291.

Morrison A, Cusmano L. 2015. Introduction to the special issue: Globalisation, knowledge and institutional change: Towards an evolutionary perspective to economic development. Tijdschrift voor economische en sociale geografie, 106(2): 133-139.

Naylor R. 1999. Multimedia and uneven urban and regional development: The Internet industry in the Netherlands. In: Braczyk H J, Fuchs G, Wolf H G. Multimedia and Regional Economic Restructuring. London: Routledge, 183-217.

Neal Z. 2011. From central places to network bases: A transition in the US urban hierarchy, 1950–2000. City and Community, 10(1): 49-74.

Phelps N A, Fallon R J, Williams C L. 2001. Small firms, borrowed size and the urban-rural shift. Regional Studies, 35(7): 613-624.

Sassen S. 1991. The Global City: New York, London, Tokyo. Princeton, NJ: Princeton University Press.

Saviotti P P, Pyka A. 2004. Economic development by the creation of new sectors. Journal of Evolutionary Economics, 14(1): 1-36.

Scott A J. 2011. A world in emergence: Notes toward a resynthesis of urban-economic geography for the 21st century. Urban Geography, 32(6): 845-870.

Shapiro C, Varian H R. 1999. Information Rules: A Strategic Guide to the Network Economy. Boston, MA: Harvard Business School Press.

Shearmur R, Doloreux D. 2015. Central places or networks? Paradigms, metaphors, and spatial configurations of innovation-related service use. Environment and Planning A, 47: 1521–1539.

Short J R. 2004. Black holes and loose connections in a global urban network. Professional Geographer, 56(2): 295-302.

Smith R G. 2003. World city topologies. Progress in Human Geography, 27(5): 561-582.

Taylor P J. 2004. World City Network: A Global Urban Analysis. London: Routledge.

Taylor PJ, Hoyler M, Verbruggen R. 2010. External urban relational process: Introducing central flow theory to complement central place theory. Urban Studies, 47(13): 2803-2818.

Zook M A. 2001. Old hierarchies or new networks of centrality: The global geography of the Internet content market. American Behavioral Scientist, 44(10): 1679-1696.

第九章　智慧城市发展及规划管理

　　智慧城市强调在信息通信技术全面应用的基础上，实现社会经济等要素的合理流动与优化配置，而这些也能够促进社会经济空间组织的优化。因此，将智慧城市发展与城市规划、管理实践结合起来具有重要意义。本章在明确与辨析智慧城市概念、内涵和构成要素的基础上，从智慧经济、智慧交通、智慧公共服务、智慧管治四个方面梳理了现有智慧城市的发展模式，并进一步概括出智慧化空间组织所具有的特征；实践应用层面，在厘清智慧城市发展对城市规划影响的基础上，指出智慧城市规划的关键领域，并从国家层面、城市层面、社区层面提供智慧城市规划的实践案例；最后强调在信息通讯技术深度应用背景下，应重新审视面向智慧城市的规划与管理。进一步从智慧城市的顶层设计、人本导向的智慧城市规划与管理、基于可持续发展目标的智慧城市规划与管理、智慧城市空间规划与管理方法体系 4 个方面提出具体规划与管理的思想与方法。

第一节　"智慧城市"概念、内涵及其构成要素

　　智慧城市是城市化与信息化发展到一定阶段的产物，是城市未来发展的重要趋势。随着新一代信息通信技术、物联网、云计算等技术的深入发展和广泛应用，智慧城市越来越成为城市建设和规划关注的重点话题。在梳理智慧城市提出背景与概念的基础上，进一步理解其内涵，归纳总结智慧城市的构成要素。

一、智慧城市的概念

　　随着互联网、物联网及相关信息通信技术的高度发展与深度应用，2008 年 IBM 首次提出了"智慧地球"的概念，引起地理、规划等学科众多学者对不同地理范围的智慧构想。其中，借助云计算、移动互联网、物联网、大数据等信息通信技术的进一步发展与应用，智慧城市理念应运而生。由于不同学科对智慧城市的差异化解读，目前尚无智慧城市的统一定义。

　　IBM 将智慧城市定义为"充分利用信息化相关技术，通过监测、分析、整合及智能响应的方式，综合各职能部门，整合优化现有资源，提供更好的服务、绿色的环境、和谐的社会，保证城市可持续发展，为企业及大众建立一个优良的工作、生活和休闲的环境"（汪芳等，2011）。显然，这个概念更加强调物的智能，而忽视了人的智慧的作用。与此类似，很多学者从技术维度将智慧城市的概念界定为"一种充分利用城市信息系统对城市基础设施和服务进行规划、设计、投资、建设、管理和运作的城市"（Harrison and Donnelly，2011）。也有部分学者将信息通信技术与城市的经济、社会、生态等融合，认

为智慧城市在关注信息通信技术与网络的同时,还应关注城市公共服务与治理、环境与可持续发展等方面,平衡信息通信技术在商业、政府、社区等领域与城市普通市民之间的应用状况,以及经济发展和可持续发展的平衡(Holland,2008)。从动态的角度来看,智慧城市不是一个城市"智慧"程度的状态,而是促使该城市变得"智慧"的各种努力(张小娟,2015)。总体来看,智慧城市是在充分运用信息通信技术的基础上,将城市中人、商业、运输、通信等城市运行系统的各个核心系统连接、整合起来,以更智慧的方式运行,进而创造更美好的城市生活。

二、与智慧城市相关的概念

随着信息通信技术的发展及其在城市运行系统中的应用,出现了诸如数字城市、知识城市、虚拟城市、信息城市、智能城市、生态城市等城市新概念。这些概念与智慧城市既存在区别,又有着密切的联系,了解这些概念有助于更好地认识智慧城市(表9.1)。

表9.1 智慧城市的相关概念(作者自制)

相关概念	提出时间	关键技术	应用发展与实践领域	建设的典型国家或城市
数字城市	1998年	以计算机技术、多媒体技术和大规模存储技术为基础,宽带网络技术为纽带,综合运用3S技术(遥感RS、全球定位系统GPS、地理信息系统GIS)、遥测、虚拟仿真技术	其实质是对原有实体城市的信息化,在城市规划、城市建设和城市管理中具有重要的应用	美国、英国、澳大利亚等
智能城市	1984年	主要依托物联网、各种传感技术	其实质是将城市各类信息系统连接起来,实现各类信息系统的兼容、互操作性,在城市管理和基础设施的智能化方面得到广泛应用	西雅图、波士顿、纽约、多伦多、温哥华等
知识城市	20世纪80~90年代	主要依托信息与通信技术	其实质是将知识管理和智力资本规划相结合,促进知识传播和创新,为创造高附加值的产品和服务提供可持续的城市大环境	伦敦、曼彻斯特、巴塞罗那、斯德哥尔摩、纽约、波士顿、代尔夫特、慕尼黑、里斯本、匹兹堡、蒙特利尔、都柏林、东京、新加坡等
创新型城市	21世纪初	主要依托信息、技术、人才、品牌、知识等创新要素的融合发展	其实质是把知识作为一种重要的创新资源,结合信息、人才等其他创新资源建立城市的创新系统,使城市实现以创新为核心驱动力的持续发展	美国、英国、法国、德国、日本、芬兰等
创意城市	20世纪70年代	主要依托技术创新、文化智力、文化技术、技术组织等	其实质是一种推动城市复兴和重生的模式,主要应用在城市复兴领域	纽约苏荷、伦敦南岸、洛杉矶、北京798艺术区等
生态/宜居/低碳城市	20世纪70年代	侧重于从城市的经济、社会、政策、文化、环境、减少碳排放等多个角度规划	其实质是为城市居民提供生态、低碳、宜居的生产与生活空间	斯德哥尔摩、波特兰、温哥华、新加坡等

这些概念分别从技术、经济、社会、文化、生态等方面反映或表达了智慧城市建设与发展的理念诉求。与这些概念相比，智慧城市以城市的全面可持续发展为目标，依托物联网、大数据、云计算、移动互联网、感知等技术推进城市经济、社会、文化、生态等多个领域的信息共享、资源整合、互联互通、协同运作，激发各类创新应用，一方面提高城市运行效率，提升不同领域城市发展水平；另一方面，有助于人们深刻认识城市运行状态，把握城市发展规律，从而优化城市要素与空间布局。

三、智慧城市的内涵

与依赖信息通信技术初级形态的信息城市不同，智慧城市是基于物联网、云计算等新一代信息通信技术而提出的，其内涵更为丰富与翔实。同时，与过度强调技术主义的智能城市相比，智慧城市更强调了城市"人本"与"技术"智慧所给予城市发展的推动。Giffinger、Fertner 等认为，智慧城市包含六大主要维度：智慧经济、智慧交通、智慧环境、智慧居民、智慧生活及智慧管治（Giffinger et al., 2007）；IBM 认为，智慧城市是运用先进的 ICTS 技术，将人、商业、运输、通信、水和能源等城市运行的各个核心系统整合，从而使整个城市作为一个宏大的"系统之系统"，以更为智慧的方式运行，进而为城市中的人创造美好生活，促进城市可持续发展（IBM 商务价值研究院，2009）。以上述两种阐述为例，当前关于智慧城市内涵的研究大多以城市系统细分为基础逐个击破，从而整合成"系统之系统"。简单而言，智慧城市的内涵就是城市各子系统协调运行而形成更"智慧"的城市——依托但不止于技术主义，更重要的是贯穿其中的城市人文因素。

四、智慧城市的构成要素

现有研究中，对智慧城市要素构成的典型探讨主要有三要素说（Nam and Theresa，2011）、六要素说（Giffinger and Gudrum, 2010）和八要素说（Chourabi and Nam，2012）。其中，三要素说认为智慧城市要素是由技术-组织-政策组成，且三者之间相互联系、相互作用。而 Giffinger 等（2007，2010）将智慧城市界定为在经济发展、个体发展、社会参与和治理、交通和信息通畅性、自然资源和环境、生活质量六个方面均有良好表现的城市。因此，将智慧城市要素分解为智慧经济、智慧人民、智慧管理、智能移动性、智慧环境、智慧生活六个方面。八要素说具体从管理和组织、技术、治理结构、政策、人和社区、经济、ICTS 基础设施和自然环境八个要素提出了综合分析框架。总体而言，学界对智慧城市要素的探讨主要集中在技术、组织、管理、政策、人、经济、环境等多个方面，在重视各个要素的重要地位和作用的同时，也强调要素之间的相互作用关系（图 9.1）。

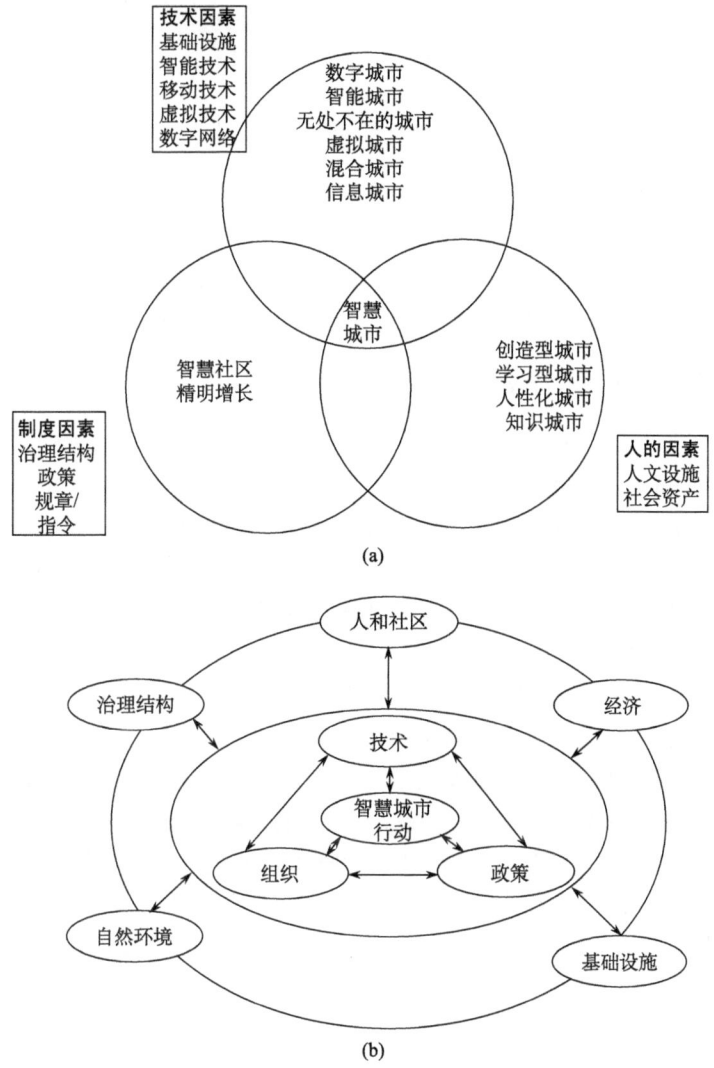

图 9.1 智慧城市的三要素组成(a)和八要素组成(b)

资料来源：张小娟，2015

第二节 智慧城市的发展模式与智慧化空间组织

智慧城市的建设与发展能够转变粗放式的城市化发展模式，提高城市运行效率，提升城市居民生活质量。因此，自智慧城市理念一提出，便受到多个国家政府及学界的重视，形成以发展智慧经济、智慧交通、智慧公共服务、智慧管治等为主的城市新型发展模式，使得城市各要素在空间上的组织与流动越来越智慧化。

一、智慧城市的发展模式

1. 城市产业的智慧化发展与"智慧化"调试

信息时代,传统以资源密集型、劳动密集型为主的城市经济产业面临日益衰退的趋势,在此背景下各国纷纷借助信息通信技术置换城市产业、促进产业转型,智慧经济发展模式得以形成。智慧城市产业经济伴随着新一代信息通信技术的深化而不断产生深刻的嬗变,具体主要表现在"智慧产业"形成与发展、传统产业"智慧调适"两大方面。

1) 智慧产业成为城市经济发展的新模式

早在 20 世纪 90 年代初,美国就强调制造业信息化,提出先进制造技术(advanced manufacturing technology,AMT)计划。新加坡提出了建立"智慧岛"的宏伟蓝图,并制订"信息技术 1500(IT1500)"战略规划。韩国提出"核心先导技术开发计划"(即"G7项目计划"),选择对提高韩国主导产业在世界市场竞争力有显著作用的技术作为主要发展对象。中国台湾推出"亚太营运计划",着重发展资讯业和高科技产业,兴建若干"智能型工业园区",加速其"科技岛"的建设。马来西亚也试图通过打造"多媒体超级走廊"发展本国信息通信产业。在各国智慧产业实践过程中,形成了大批智慧城市,如美国的硅谷、印度的班加罗尔、中国台湾的桃园市等。

总体来看,这些智慧产业城市提供了一个集知识型经济、创新型经济、学习型经济等为一体的新型发展模式,旨在促进互联网和信息通信技术(ICTS)产业的发展。具体城市空间布局上,一般会构建完整的信息和通信技术产业集群,包含来自不同行业的企业:软件开发、商业服务、电子商务、顾问、销售和营销等。同时,又致力于引领地区新兴信息通信技术发展趋势,逐渐成为产业发展的驱动器,为其建设以知识为本的"磁场",吸引更多本地或其他地区高新企业和"创意阶层"在此集聚。"智慧人才"与"智慧产业"结合,构建成"智慧产业"发展的主体,辅以现代感极强的标志建筑容器、精致的城市绿地景观,展示城市发展历程中颇具独特性的典范。

2) 传统产业的"智慧化"调适

传统制造业、服务业在信息革命推动下一直注重代际更新及转型升级,以物联网、云计算等为代表的新一代信息通信技术调适传统产业发展"模式"在当下被广泛实施。国内外传统产业园区建设都体现了此种倾向。例如,南京"软件谷"是在传统软件园区(雨花软件园)基础上进行总体趋"智慧化"的产物——成立园区智慧管理中心,建成中科院软件所、省云计算产业服务中心等诸多国家级实验室与团队,对传统产业进行高端化、智慧化转型。需要指出,智慧管理中心承担着协调园区企业发展、优化园区整体资源配置以提高整体运行效率的作用。因而,无论是产业本身的提档升级,还是园区企业间"智慧竞争",都是传统产业"智慧调适"的结果。

同时,移动信息技术的应用与普及对城市服务业活动产生了深刻的影响,它不仅影响和改变消费者的传统消费理念与信息渠道,还改变了商业服务企业的成本收益格局,以及批发零售业与住宿餐饮业的空间布局(甄峰等，2014)。当前，国内以淘宝、亚马逊等为载体的网络购物，以美团、糯米等为代表的团购平台，都是对传统零售业、住宿餐饮业的补充与提升，形成服务业企业、城市居民及政府管理"共赢"的局面。从城市产业内部来看，传统服务业是接受新信息通信技术最为广泛的行业，是传统产业"智慧调适"具有代表性的领域。

2. 城市交通的智慧化运营

城市交通一直是全球范围内城市科学研究的重要领域，同时也是诸多城市问题中较难逾越的现实课题，很多国家试图借助信息通信技术解决城市交通问题。以世界旅游名城瑞典的斯德哥尔摩为例，为改善该市交通拥挤的现状，从2006年开始利用智能交通系统，仅三年时间就达到交通堵塞降低25%，城市污染下降15%，排队时间降低25%的效果，成为全球智慧交通的典型范例。斯德哥尔摩"智慧交通"主要是借助可视字符识别软件这一高新技术创新交通收费系统，根据时间和日期而直接向高峰时间在市中心道路行驶的车辆驾驶者征收不同费用，以影响交通流量和拥堵程度。同时，也鼓励了更多的斯德哥尔摩市民出行采用拼车、步行、骑自行车等较为低碳的出行方式。

总体来看，"智慧交通"的实践模式为：在借助物联网等信息通信技术对城市交通系统实时感知的基础上，利用信息通信技术为城市出行者提供多样化的信息服务，进而提升城市的运行系统，减少交通拥挤和冗余。其次，针对不同的情景相应地组织"智慧"型的局部交通，在交通拥堵时及时诱导出行者按照规划预案变更出行路线，或者采用信息系统根据进入城市中心区的车辆数量实行情景性收费，通过"软"性管理措施诱导出行者适时改变出行方式以实现流量控制。再次，关注城市居民的出行需求，在交通流量情景模拟及预判的情况下，采取技术手段增加交通设施的供给，并强调与交通管理层面上的衔接(赵渺希，2014)。

3. 城市公共服务的智慧化建设与管理

智慧公共服务是随着智慧城市建设、现代公共服务理论进一步发展成熟基础上衍生出来的管理和技术创新(赵子博，2015)。国外在养老、教育、医疗、环保等公共服务设施智慧化建设与管理方面取得了较大的成就。例如，2006年韩国首尔市推出的U-Seoul计划，重点强调信息通信技术在城市公共服务和智能管理中的应用，目标建立一个能够让公众享受高质量生活的都市，其中就包含六大服务领域(社会公共福利、文化、环境、交通、产业和行政)，并采取实时型服务、智能型服务、个性化服务和整合型服务四项推动策略。之后，于2011年又推出"Smart Seoul 2015"计划，试图通过构筑社会公共安全网、"智慧办公"，在生活、福利、公共行政等领域以"信息通信技术"服务城市居民。此外，新加坡的智慧医疗通过健康信息交换计划、保健连接整合计划，实现了无缝信息交换，生物医药科学发现与临床方案的相互转化，向公众提供了个性化医疗方案。博尔扎诺的智慧生活也通过安装传感器，对老人的身体状况进行远程监控，进而控制中心可备份和分析老人的身体状况，给予老人健康指导，提供运动和出行的建议。

4. 城市管治的智慧化管理与服务

自20世纪90年代以来，城市管治成为国内外学术界持续管治的热点问题之一。在智慧城市建设过程中，城市管治也呈现出新的特征，即趋智慧化。从空间实践来看，欧盟地区城市是城市管治出现此种转型的典型地区，因为欧盟城市间相互联系即有趋网络化的特征，而这种特征又极其契合智慧管治的内在本质。

20世纪90年代，欧盟地区大多数城市管理模式大体可分为四大类：以盎格鲁-日耳曼地区、荷兰等为代表的混合模式，以法国为代表的法律主导模式，崇尚自由与效率的英美市场导向模式，以及北欧地区的市民导向模式。而随着全球化、新公共管理运动，以及信息通信技术应用的不断深化，传统的四种城市管理模式之间差异日益消弭，大体形成趋同的、以电子管治为初级阶段的智慧管治模式。以巴塞罗那为例，其智慧城市管理由城市多部门及非政府组织所构成，各部门各司其职且整体协调，目标是采用多种信息通信技术将公共管理过程加以转变。同时，巴塞罗那在城市各片区设置智慧设施，使得城市管理委员会、普通市民及非政府组织（包括规划企业）之间都能有效协调与合作（图9.2）。

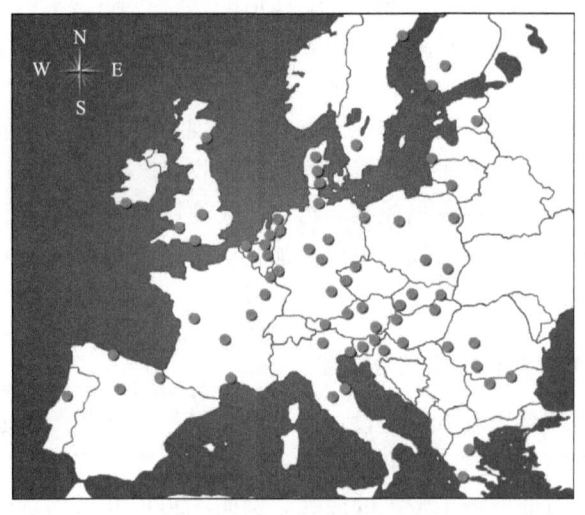

图9.2 欧洲地区智慧城市分布示意图

在北京、上海、南京等国内城市，城市管治也经历了电子政务、电子管治到智慧管治的类似转变，较为突出的是公众参与领域。传统的政府单向型决策模式正处在向市民共治模式的转变过程中，且深为政府与市民所认同。城市总体规划、控制性详细规划是我国城乡规划体系中最为核心的规划，长期以来，大多数规划由政府，以及下辖的城市规划研究院共同编制。当前，大部分城市政府与规划院改制分离，且加入评审稿公示，以充分尊重利益相关者的参与权。而信息通信技术，尤其是新一代信息通信技术，在此过程中为市民等相对弱势群体的信息获取与参与提供便利。总体而言，智慧管治仍处于初级阶段，有待政界、学术界共同探讨进一步深化的框架与路线。

二、智慧化的空间组织

智慧城市发展可以满足可持续发展的技术创新。通过新一代信息通信技术，以及物联网、互联网、云计算等技术的集成和应用，进行"三网融合"、大数据平台建设，形成智慧城市创新技术支撑系统。智能应用和智慧经济发展可以提升社会服务效率，促进生态、低碳经济发展。依托智慧城市的创新技术支撑系统，提高城市基础设施和社会服务的智能化水平，有利于提高城市基础设施的管理水平，降低能源资源消耗，改善生态环境质量，有利于提高社会的整体服务质量、效率，通过效率提升来节约能源，引导城市向更加生态低碳发展。通过技术创新来提高城市智慧管理水平，实现社会管理、社会运行成本的节约，从而提升整个社会的发展水平。将这些方面建设与发展映射到一定尺度的城市空间上，可以实现城市不同功能区的统筹和协同发展，优化整体城市空间的功能结构，实现空间的智慧化发展(图9.3)。

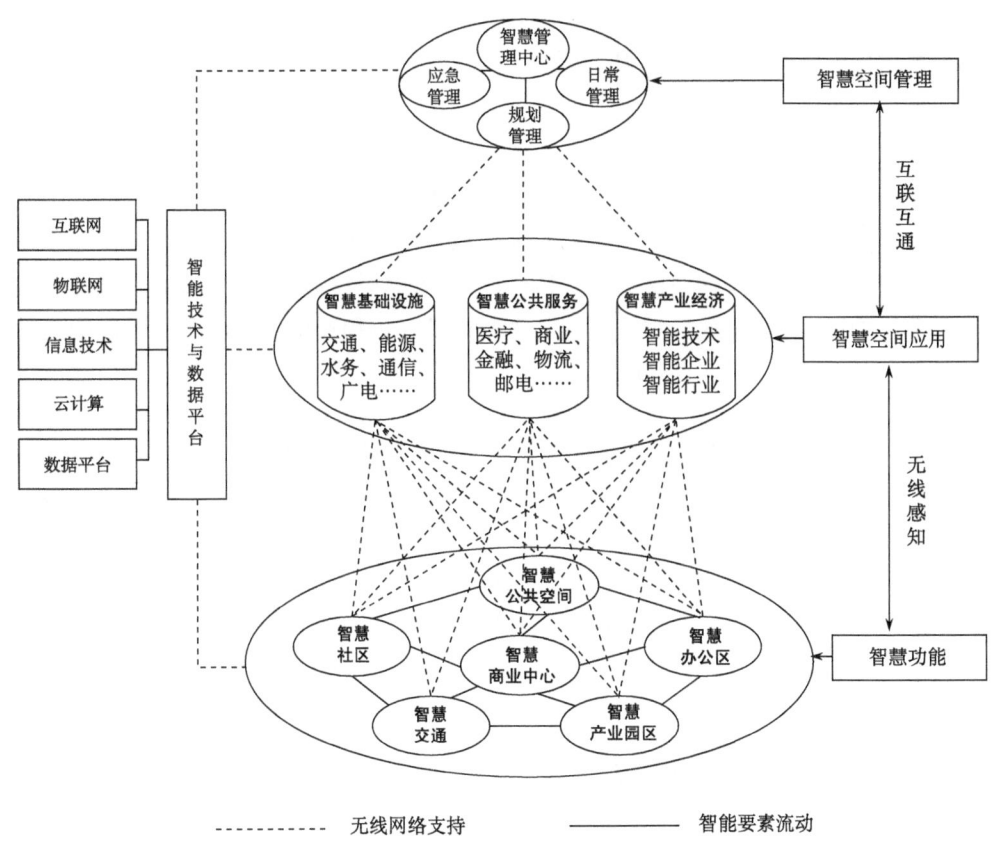

图9.3 智慧城市空间组织示意图

1. 新的空间组织范式：技术-社会经济-制度-空间的多元复合

无线通信、GPS、无线射频、物联网等技术的结合所带来的从有线连接到无线接入的重大进步,以及高速铁路的普及,带来了地理空间的剧烈转型。之前的基于信息通信技术的数字城市框架正向一个融技术、经济、社会、空间于一体的智慧城市演变。相对于工业化城市而言,智慧城市是一个全新的城市形态,也是信息城市的高级形态。Castells提出了基于信息通信技术的流动空间概念,认为在人流、物流、资金流、信息流等各种"流"的作用下,功能化和等级化的网络节点将生产、分配和管理功能定位在最有利的区位,并通过电信网络将所有活动联系起来(Castells, 1996)。智慧城市则代表了更加全面的要素流动、更加紧密的时空联系,成为当前新的城市空间组织范式。这种新的城市空间组织范式以互联网、物联网、无线通信技术,以及海量数据处理平台为基础,进行城市基础设施和公共服务设施网络的智能化连接,发展智慧型的产业和对传统产业的技术改造,改进城市规划管理、城市应急管理方式,达到技术、社会经济、制度、空间之间互联互通、多元融合和关联协同发展。这种基于智能技术的空间结构范式,有助于提升整体社会服务和管理水平,形成绿色高效的能源和空间利用方式,从而实现城市的可持续发展。

2. 智慧化的城市要素流动和功能联系

信息时代围绕生产组织和行为活动产生的人流、物流、信息流、活动流等各种流要素构成了居民的流动性,流动性特征在很大程度上代表了"流空间"的空间组织结构和特征。智慧化的要素流动是信息时代要素流动更高级方式,对"流空间"的空间组织结构产生巨大的变革。物流、金融、电子商务、信息等的智能化流动方式出现,促使城市商业中心、产业园区、居住社区等的实体空间向虚实结合的空间形态转变,相互之间空间联系结构产生相应的变化。智能交通、电子商务、远程通勤等不断革新居民的活动方式,并对城市活动空间组织结构和对应的实体空间结构产生不同程度的影响。无线感知、传输技术和智慧城市时空信息平台,构成城市要素和功能联系的各种无线网络,对产业、基础设施、公共服务设施等空间分布的节点和整体系统进行感知、信息传输和远程控制,实现对各种城市系统的远程协作与智能管理。远程协作正是一种基于网络的非空间集聚的生产方式,不断改变着传统的城市功能空间互动模式。通过智能化的无线网络实现城市基础设施、公共服务设施的远程控制,在更大范围进行城市公共资源的优化配置,智能电网、交通、给水等网络的远程连接,可以提高社会公共资源利用效率,实现绿色、低碳发展。智慧医疗、学校、社区的应用,为居民提供更加智能化、便捷化和公平公正的社会服务。

3. 智慧化的城市空间组织形态

智能化的要素流动和城市功能连接,一方面拓展了城市空间相互联系和作用的空间距离,使得城市空间相互联系的网络化程度更高;另一方面大大缩短了活动的时空距离,使得空间之间联系更加便捷和密切。这些变化促使传统基于实体空间联系所形成的城市等级结构逐步转向虚实空间互动的城市网络结构,并且随着城市要素和功能节点的互联互通程度加强,城市网络结构将向更加扁平化、均质化的网络空间形态演变。

沈丽珍等(2010)认为,节点、线和面3个层面构成了流动空间的结构模式,这3个层面同样是网络化城市空间结构的构成形式。城市各种基础设施和公共服务设施分布的网点，通过无线感知和互联互通，可以认为是网络化智慧城市空间结构中的节点，节点的远程协作和共享服务，成为智慧城市功能提升的基础。公共交通、无线网络等构成智慧城市空间联系的物质和技术支撑。面主要指城市的各种功能区，但与传统意义上的城市功能区相比，智慧城市功能区在内涵、功能特性和相互联系方式等方面发生变化。物联网、无线传感器和互联网信息技术正在加速改变城市实体空间，新的虚实结合的空间不断出现，城市空间的功能逐步转向多元化和复合化，城市居住、就业、休闲等活动空间的边界日益模糊。这赋予传统空间新的内涵和活动形式，如智慧社区成为居家生活、网上购物、在家办公、休闲等功能于一体的复合空间，网络购物消费带来的消费环节的空间联系和相互作用方式的重构。

与此同时，区域空间结构和城乡空间关系也呈现出新的形态。物联网和信息通信技术发展，改变着区域内部的城市地位和相互联系程度，从而影响着区域空间结构组织。智慧农业、电子商务发展，对城乡生产、生活要素联系也产生一定影响，通过发展智慧农业，对农产品的生产、加工、配送进行全过程监控，为居民提供放心、安全的食品保障；农民借助于乡村电子商务平台，可以直接与城市消费者建立联系，这些将不断重塑新的可持续发展型的城乡关系。

第三节 智慧城市发展对城市规划的影响

智慧城市建设与发展，对城市生产、生活要素布局和空间组织产生了变革性影响，这对城市规划理念、城市规划目标、城市规划方法和内容等将带来新的要求。在可持续发展和健康城镇化发展背景下，如何将智慧城市发展理念融入已有的城市规划体系和内容，进行协同规划设计、规划思路与方法创新，为智慧城市建设提供科学、公平、人性化的规划，成为当前国内城市规划创新的首要任务。

一、智慧发展理念融入城市规划体系

当前国内的城市规划体系主要包括战略规划、总体规划、分区规划和详细规划等方面，可以将智慧发展的理念融入到不同层面的规划，构建智慧城市的规划体系(图9.4)。在城市战略规划中，在对城市社会经济发展条件和外部环境变化客观分析的基础上，研究智慧城市建设的可行性、建设重点，以及智慧城市的顶层设计。总体规划层面，确立智慧城市建设目标与规模、落实智慧生产、智慧生活、智慧生态等空间布局，按照"宜居城市""生态低碳城市""可持续发展城市"等要求，进行基础设施、公共服务设施和智慧产业等专项规划，并且与城市总体空间布局、社会文化、自然生态等相协调，最大限度满足居民的实际社会生活需要；按照因地制宜、技术适用的原则进行智慧城市的近期建设规划。分区规划层面，主要考虑商业中心、居住社区、产业园区、绿色开敞空间等功能区规划，从功能优化、品质提升的视角规划各类智慧功能区。详细规划层面，重点落实智慧城市的技术和空间指标、容量控制、设计意向等内容。总之，智慧城市发展

理念不仅需要融入到不同层面的规划中，而且可以逐步突破现有的城市规划体系，围绕"智慧技术、生态、生活、生产"等核心发展要素，拓展新的城市规划类型，如进行智慧宜居生活城市规划。

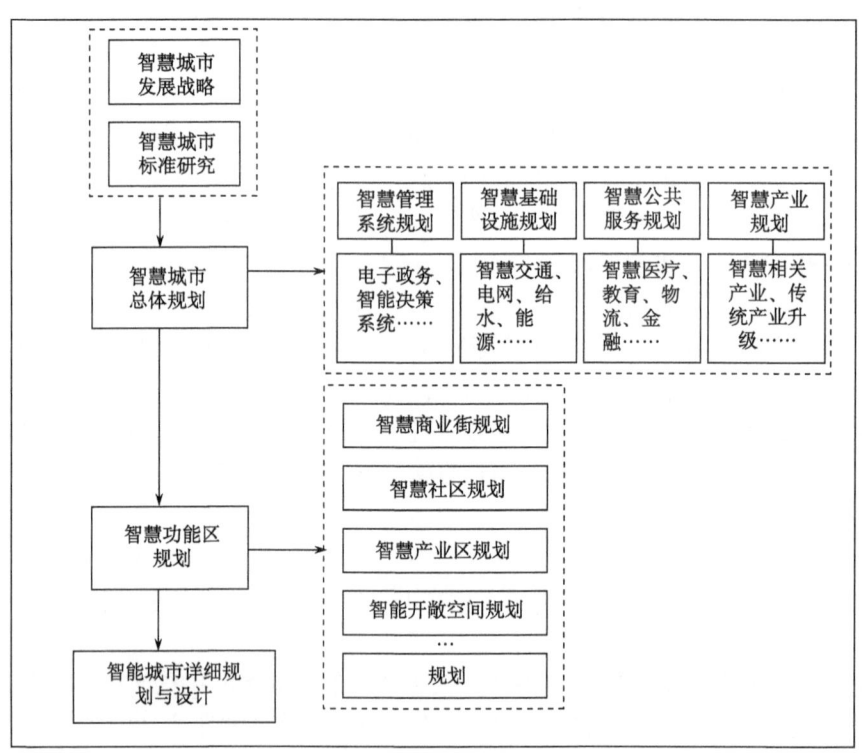

图9.4 智慧城市规划体系

二、智慧城市协同规划设计

智慧城市建设，涉及数据与信息平台、资源环境、社会文化、设施布局、空间结构、城市管理等众多内容，以及政府、企业、市民等不同主体，因此需要进行协同规划与设计，实现基础平台共享、不同主体协作规划、多元功能复合、空间融合建设和一体化规划建设管理。构建城市基础数据和信息平台，满足不同主体的平等使用和信息共享要求。城市社会经济发展中的不同参与者，包括政府、社会、市场间的沟通和协同努力，不同层级、类型的规划之间的合作与协调，以及区域内部不同城市之间、城乡之间的协同互动，将有助于解决制约城市可持续发展的重大结构性问题。城市的重要节点、有线和无线的流动要素，以及不同功能区的空间复合和融合建设，将大大提升城市的运行效率。一体化的城市规划建设管理，实现城市规划过程、城市建设实施、城市日常管理的协同发展。

三、智慧城市规划方法与技术创新

智慧城市规划方法创新，可以从规划公众参与、基础数据调查与获取手段、城市空间模拟和空间结构优化等方面进行。可以利用社交网络平台（如微博）、电子政务等信息时代的互动平台和智慧城市数据中心，满足城市规划的公众参与要求，进行规划的反馈和评价，增加城市规划的社会透明度。利用大数据应用等技术手段，获取居民活动、交通流量、生态环境等时空间数据，为城市规划提供更加全面、精准的基础数据。同时，通过位置服务 LBS、GPS 等技术方法对城市系统的时空动态规律进行分析，尤其是对居民行为的时空分布进行研究，由物质空间规划转向强调社会生活的综合性空间规划；利用云计算等技术手段，对城市空间布局、空间演变趋势进行模拟与可视化。

第四节 智慧城市规划

一、智慧城市规划的关键领域

1. 构建智慧化多规协同体系

目前，中国的城市发展是在多种规划指导和多部门领导下进行的，由于受行政管理体制的影响，现有规划已经出现诸多问题。例如，数据保护、规划体系错乱、规划编制各自为政、规划内容交叉重叠、规划成果局限空泛、规划实施滞后低效等，严重制约了城市的健康发展。其中，国民经济与社会发展规划、城乡规划、土地利用规划之间的矛盾尤为突出。为了应对这一难题，许多地方政府也提出过"两规合一""三规合一"甚至"五规合一"的规划策略，但总体实施效果不佳。

针对智慧城市空间资源的复合型利用诉求，ICTS 支撑下的智慧城市规划应该可以进行有效的应对。一方面，智慧城市规划可以充分利用先进的技术手段去考虑不同规划之间的整合，构建政府各相关部门规划公共平台，从而形成协同规划、共谋发展的合理机制；另一方面，ICTS 也可以将"多规协同"规划成果进行整合，"智慧"地展示、实施规划方案。总体而言，构建智慧化的协同规划体系需要以"数据、业务（体系）、系统（机制）"三大协同为抓手，找出各类规划亟须解决的共同问题，并通过城乡总体发展规划将各类规划重点关注内容落实到城市空间。

2. 重构智慧城市空间规划体系

智慧城市空间规划是智慧城市规划的核心环节，智慧城市发展的每一个目标最终都是通过空间资源的分配和布局进行落实。由于 ICTS 的进步加速了知识、技术、人才、资金等的时空交换，流空间逐渐成为区域、城市及居民活动的主要载体。传统以场所空间为研究对象的城市空间体系已经不适应智慧城市空间发展的要求，需要重新构建新的空间规划体系。因此，以大数据时代城市空间研究转型理念为指导，根据多规协同对城市空间发展的总体控制，充分利用城市大数据和统计分析、舆情分析、质性分析、空间分析、行为分析及系统分析等方法,智慧化调整和布局城市产业、交通、社区、公共服务等承载空间。具体可以从城市空间发展的战略、评价、预测以及布局等四个方面来构建智慧城市空间规划体系。

空间战略的制定侧重对区域城市要素联系的网络分析和政府、企业、居民等主体对城市空间发展愿景的舆情分析,可以科学确定城市未来空间发展方向。

空间发展评价重点关注基于主题网站或社交网络数据的空间评价指标体系构建和城市现状各类空间发展质量的综合分析,找出现状空间发展的关键问题及成因,进而对城市居民生活宜居度进行评价。

空间发展预测主要利用智能手机、主题网站、土地利用等数据分析城市历年人口和用地规模变化,并合理预测支撑未来智慧城市发展的合理容量。

空间布局方法抓住城市居民、企业及政府活动对城市场所空间的影响,深入挖掘网络数据,通过对活动类型和结果的综合分析来判别城市现状土地利用的实际功能和效率,并结合传统社会调查和城市空间规划编制手段来优化和安排具体用地布局。

3. 以挖掘特色为目标的智慧城市规划与建设重点

一般来说,城市主要在产业、交通、社区、基础设施等四个方面需要特色化和智慧化的设计。

智慧产业规划需要在充分把握城市产业发展现状基础上,深入分析区域产业发展趋势、转移方向及产业政策的影响,结合城市资源优势,综合确定产业发展类型、定位和目标,促进一批新兴产业和智慧服务业(智慧金融、电子商务、文化创意、信息通信等)的发展,并合理安排产业发展功能片区和各类智慧产业园区布局。同时,还需注重区域创新网络规划和综合管理平台建设,改变企业生产和营销模式,监控企业生产和管理整个环节来提高劳动生产效率,分析供应商和客户消费行为,有针对性地进行企业营销服务,从而促进产业集群发展。

智慧交通规划结合城市现有交通网络的空间安排,以"居民出行便捷、城市运行效率提高"为出发点,通过对交通监测数据、社交网络及智能手机记录的居民出行数据的综合分析,合理规划或改造城市交通干线走向,并重点设计城市居民智慧出行系统(如"七彩云南"智慧出行系统)、智慧公交服务系统(如镇江智能公交、昆山公交智能调度系统)、智慧物流引导系统(如宁波智慧物流体系)及停车诱导系统(如武汉智慧停车公共服务平台)等,从而解决城市交通拥堵、环境污染、交通安全等问题。

智慧社区规划主要通过充分了解居民日常生活圈和生活规律,综合确定各类智慧社区的主要服务功能,合理安排社区周边配套服务设施和社区内部智能系统或设施(智能社区管理系统、智能公共服务系统、智能家居系统等)。例如,维也纳的数字化历史街区建设、葡萄牙帕雷德斯市的智能建筑监测、阿姆斯特丹的气候街道项目等都是国外智慧社区规划某一方面的成功代表案例。同时,还需要注重对居民社会关系网络进行梳理和引导,结合社区空间品质的定性评价讨论智慧街区的综合建构策略。

智慧基础设施规划主要是分析城市现状基础设施服务范围和服务质量,重点规划建设城市信息基础设施、智能管网及智慧防灾系统,并注重不同类型基础设施之间的整合与协同，结合城市重要或特色功能空间来合理安排设施布局，从而实现城市公共服务智慧化。例如，阿姆斯特丹是欧洲智慧城市建设先驱，主要通过数据和系统整合来构建11个不同的控制中心，从而高效管理城市电力、水、供气、公共交通、气候调节等基础设施；巴塞罗那的智能垃圾收集系统也颇具特色——通过在垃圾箱安装感应器，根据其发出的信号来安排、分配垃圾运输车的出行频率和路线。

4. 以有效实施为保障的智慧城市规划体制与机制创新

体制与机制创新是智慧城市规划有效实施的重要保障，是智慧城市建设与管理的关键环节，也是区别于传统城市管理、发挥智慧城市优势的主要部分。智慧的体制或机制设计需要在城市年度发展计划和重点建设项目确定的基础上，通过对城市居民活动、企业经营状况、政府管理水平的分析，提出有利于城市资源集约利用、资本有效运作、组织简单高效的体制或机制框架。

资源利用机制强调城市发展各项资源要素（人才、土地、原料等）的综合开发利用，这就要求掌握资源的来源、类型、总量、存量、利用效率等基本情况，并进一步分析资源深入开发或替代的可能性，科学合理分配关键资源，从而创新性地建立一套以提高劳动生产力、增加生活宜居度为目标的城市制度管理体系。

投融资机制需要对城市经济运行情况进行系统分析，了解和预测城市资金流具体类型、规模、风险及流向变化，选择政府、企业及社会资本在规划区智慧城市发展过程中发挥作用的最佳组合模式，并建立有效的融资运营管理平台。

运营管理体制需要以促进人才集聚、增强城市创新能力为目标，以部门利益和业务协调为重点，充分发挥多规协调机制在智慧城市管理中的核心作用，建立统一的数据共享平台来提高运行管理效率，并合理精简行政管理层级，积极促进社会力量参与城市管理，如建立智慧城市管理委员会、智慧城市产业联盟等。此外，还要制定相应管理政策或制度来保障智慧城市建设。

5. 以综合研究为基础的智慧城市规划框架构建

总体来看，智慧城市规划建立在对城市问题和规律综合研究的基础之上，通过对居民、企业及政府的行为与活动的时空汇总分析，发现整个城市活动-移动系统的时空特征及存在问题，进而对城市空间结构进行优化和调整已经成为城市研究的新范式，这也是构建智慧城市规划框架、实现规划预期目标的基本立足点。具体而言，通过对城市各类主体的舆情分析找出城市在公共服务、运行效率、社会空间、生态环境等方面存在的关键问题，明确合理的智慧城市定位和发展目标，并对已有多种规划从体系和机制方面进行协调来确定智慧城市空间发展总体要求，从而合理引导城市空间发展战略制定、空间质量评价、空间发展规模预测及空间发展布局方案，最终提出智慧城市规划的重点领域（智慧产业、智慧交通、智慧社区、智慧基础设施等）、建设示范项目、年度实施计划，以及保障规划有效实施的体制与机制创新要点（资源利用机制、投融资机制、运营管理体制）。

二、智慧城市规划实践

近年来,欧洲、美国、日本、新加坡、中国等开始在各个尺度上通过智慧城市建设来解决城市问题,从公共安全到交通治理,从市政运营到社区改造,各种尺度的智慧城市产品均对公共政策和个人生活产生了重要影响和改变。

1. 注重智慧城市的顶层设计

国家层面智慧城市规划与战略布局主要强调智慧城市的顶层设计,出现了伦敦 Smart London Plan、日本的 I-Japan 战略等经典规划案例。以日本的 I-Japan 战略为例,其目标是实现日本网络化的整体建设。该战略推出最早是在 2002 年,其目的是为了解决日本的网络需求迅速上升和当时网络设施匮乏的问题,并制订了 e-Japan 计划。之后,为了提高网络的使用率又推出了 U-Japan 的战略,包括鼓励开发商使用公用的网络平台,支持人际交互界面的研究,以及针对不同人群开发定制服务措施等内容。2009 年,为了突破阻碍数字技术适用的各种壁垒,确保信息安全,最终通过数字化和信息通信技术向经济社会的渗透,打造一个网络无处不在的活力日本,推出了 I-Japan 计划。在日本的 I-Japan 战略实施过程中,日本政府主要扮演推动者和协调者的角色。政府极力将企业推到前台,发挥企业的积极性,充分利用企业拥有的先进技术和管理经验。而政府的作用是总体规划,确定发展智慧城市的重点区域和重点项目。这一做法保证了政府能够根据智慧城市发展的可持续性、科学性和先进性,从全局、长远的视角把握智慧城市的顶层设计,突破城市各部门协作与信息共享困难、数据制作标准不一等问题,从而保证城市在实践过程中实现真正的智慧化建设。

2. 强调城市管理与城市系统及其空间运行的监测

与国家层面智慧城市规划与战略布局不同,城市尺度上智慧城市应用,更加强调城市管理与城市系统及其空间运行的监测。以新加坡的 LIVE Singapore 为例,该研究项目是由新加坡-麻省理工学院(MIT)研究与科技联盟主办,由 MIT 的感知城市实验室(SENSEable City Lab)执行,旨在收集、分析运用,并展示实时信息,为人们提供一个公共信息服务平台,通过信息查询,人们可实时了解城市运行状况,把握实时城市信息,从而根据其所在环境的真实状态实施决策。实时信息在公安、交通领域已经有了较长时间的应用,但将该技术应用于民间却是实时新加坡的创新。虽然还处于实验阶段,但实时新加坡为智慧城市应用如何造福大众提供了很好的方向。近年来,智慧城市成为我国需要重点发展的领域,2014 年 3 月公布的《国家新型城镇化规划(2014~2020 年)》明确指出要"推进智慧城市建设"。各个城市也相继开展了智慧城市建设,建设的重点主要集中在由 IT 和电信服务商主导的技术环节,而与城市规划相关的如城市基础数据库建立、部门融合等方面依然较为薄弱。

3. 注重民众的参与

社区层面智慧规划与实践直接涉及社区居民生活领域的各个方面，与社区居民的利益密切相关。因此，社区层面的智慧规划与实践应更加注重民众的参与，并探究其参与机制，国外很多规划案例提供了很好的借鉴，如旧金山 ImproveSF 社区问题解决平台。它是由旧金山市政府、议会、市科技局、市长社区服务办公室及旧金山本地的非盈利组织旧金山规划与城市更新会(SPUR)共同建立的一个让政府和市民能共同协作，为社区问题找到解决方案的网络平台。ImproveSF 的运作模式是由社区组织或机构在 ImproveSF 网站上创建一个基于具体社区的项目，对项目执行有发言权的社区领袖会在项目页下阐释问题、主持并促进社区成员们对于问题的讨论，征集问题解决方案，最后，社区领袖将评估各项方案，选出最优方案并实施。而提供最终实施方案的个人会被奖励积分，积分能换取旧金山特有的一些奖品，如跟旧金山最著名的大厨学做饭，获得旧金山棒球队投手签名的球等。

第五节 面向智慧城市的规划与管理

当前，智慧城市作为新型的城市发展理念与范式，迅速成为全球城市发展与规划领域关注的焦点。而如何在信息通信技术深度应用背景下，结合智慧城市的概念、内涵、构成要素、发展、规划实践等，重新审视面向智慧城市的规划与管理变得日益重要。可以从智慧城市的顶层设计、人本导向的智慧城市规划与管理、基于可持续发展目标的智慧城市规划与管理、智慧城市空间规划与管理方法体系 4 个方面进行规划与管理。

一、智慧城市的顶层设计

在当前智慧城市建设的高潮时期，尤其需要冷静地去思考，从全局观视角出发，做好智慧城市的顶层设计，协调整合好各方面的资源，从而避免仅仅从信息化建设或者投资商机的狭窄角度去理解和建设智慧城市，真正实现智慧城市的科学规划、有序建设和高效管理，做到让政府、企业和市民都满意。

1. 顶层设计的方向

首先，应关注当前城市发展面临的问题与智慧城市建设诉求。城市化的快速发展带来了交通拥挤、环境恶化、房价上涨、公共安全等方面的问题。能否解决好这些问题，关系到能否保障城市可持续发展战略的全面落实，而这些问题的解决需要信息通信技术的协助，智慧城市的提出提供了美好的愿景。但在智慧城市建设过程中，由于缺乏科学的顶层设计，导致信息孤岛、重复建设、资源浪费及政绩工程等问题普遍存在，忽略了城市规划在智慧城市发展过程中的引领作用。其次，智慧城市顶层设计应重点考虑以智慧城市建设促进城市可持续发展，构建多规融合的城市协同规划体系，制定步调一致、统筹协调的智慧城市建设思路与路径，通过公共信息平台建设实现信息整合与数据共享等问题。

2. 智慧城市顶层设计框架

智慧城市的顶层设计应满足城市主体的需求、发挥信息通信技术和大数据的基础作用、注重基于职住平衡的城市空间整合等原则。在满足顶层设计原则的基础上，设计其框架体系。主要包括数据平台层、业务应用层、空间规划层、实施保障层。

数据平台层主要关注网络设施、多网融合、数据中心及公共信息平台四个方面的建设。业务应用层，在面向满足城市发展主体需求的公共信息平台建设基础上，重点关注城市产业与空间、交通与出行、社区与服务、文化与景观及生态与环境等主要功能的大数据应用，并通过对应信息子平台的建设来科学研究和智慧管理城市各类功能空间。空间规划层，需要建立在多规融合基础之上，以"数据、业务、系统"三大协同为抓手，找出各类规划急需解决的共同问题。一方面，关注国民经济与社会发展规划、城乡规划、土地利用规划等城市总体层面的规划协调问题，利用大数据找出规划急需协调的主要领域和规划要素，提出城市空间发展的总体要求；另一方面，对产业、交通、社区、文化、生态等城市各类子空间进行智慧协同规划，重点通过对居民活动和需求大数据的挖掘与分析，评价城市各类空间的发展质量，研究城市土地利用的实际效率，预测未来空间增长的趋势和规模，进而科学布局信息基础设施、协调优化城市各类空间布局。智慧城市建设还需一系列政策或措施进行支撑和保障，实施保障层应包括区域合作模式、智慧城市评价标准、人才政策、运营平台、融资机制、信息安全等方面。

二、人本导向的智慧城市规划与管理

智慧城市是人本城市与信息城市有机结合的产物，"以人为本"始终是智慧城市发展与建设过程中的重要目标。但与农业时代、工业时代相比，信息通信技术影响下的城市空间对居民的约束作用越来越小，居民活动的时空灵活性、移动性不断增强，出现了流动的时空观和区位，城市居民与空间的关系持续重塑。因此需要在厘清新型人地关系的基础上，构建智慧城市规划与管理的新模式。

1. 新的人地关系

新型人地关系，越来越强调人地系统协调共生与耦合优化、人地关系的系统构成，系统综合、动力学模拟、"3S"技术等新方法与新手段不断应用于人地系统研究（方创琳，2004）。在新的人地关系系统中，对"人"的理解从理性经济人转向以人为本、情感关怀等视角，而对"地"的认识也从自然环境、资源组合转向对要素流动、地域创新能力、时空关系等方面新的理解。新的人地关系是生态文明、可持续发展、宜居城市建设的重要理论基础，通过人地关系协调来促进人与自然、人与社会、人与群体之间的和谐，成为推动生态文明建设，引导绿色、低碳、生态宜居城市建设的重要途径。智慧城市建设，则是以信息时代更加全面、系统、协同的新型人地关系系统为目标。智慧城市是信息城市的高级阶段，智慧城市的建设使得处理人地关系的方法和技术手段更加深入，通过物联网、移动互联网和新一代信息通信技术等手段,利用大数据与传统数据的结合,实现更加精确的人、自然、社会和经济等要素的模拟、分析计算和优化配置,从而提升更高层次的人地关系系统协调、和谐共生,构建信息时代新的人地关系(图9.5)。

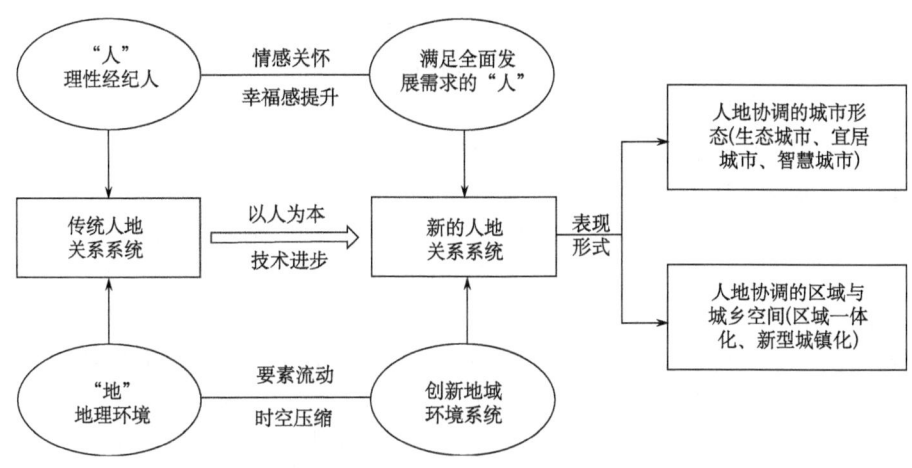

图9.5 新的人地关系及其表现形式

2. 人本化的智慧城市规划与管理

第一,充分重视全球化、科技发展、创新能力提高等新兴发展要素在影响城市空间格局和过程中的重要作用,特别是信息通信技术快速发展所带来的城市地域空间结构、产业组织、人类活动与行为等方面的诸多新变化,并利用多元数据和定量与定性结合方法充分挖掘影响特征和内在形成机制。第二,突出信息时代城市研究核心:人类流动性。关注信息通信技术影响下的人类流动和迁移空间模式及其对产业组织、城市地域空间、经济发展、社会文化生活等方面的影响;将城市空间距离、道路交通网络、自然地理环境及虚拟网络空间等相结合,探讨多空间尺度下地理区域间的人类流动模式及其影响因素,构建人类流动性预测模型。第三,以流动空间分析框架为指导,借助多时态和多元空间数据来分析城市地域功能生成与演化规律,借助人类活动大数据来探讨人类时空行为与不同尺度城市地域空间的互动过程、模式及格局,以及正确处理城市地域生产、生活及生态空间之间的复杂配比关系和开发强度。第四,创新信息时代人类情感与城市空间互动研究新理论。在深入挖掘人对城市环境的感觉、体验等情感时空数据的基础上,分析人类思想、文化及技术空间传播的影响模式,掌握城市社会空间格局和分异机制,评价不同城市地域空间发展状态、问题及质量。第五,加大多时空尺度人类行为数据的获取、分析建模、可视化与模拟方法研究,以及融合传统研究数据及方法的集成技术创新,全面构建应对复杂、不确定性及地域开放背景下智慧城市发展与建设过程的人地互动理论体系。

三、基于可持续发展目标的智慧城市规划与管理

城市可持续发展可以通过智慧城市建设来实现。具体来说,智慧城市可以从技术、经济、社会、管理、空间等不同角度实现城市的可持续发展。这是因为"智慧城市"作为一个包含人、企业、政府、社会和环境等所有现代城市生产要素的战略概念,体现了信息通信技术、社会和环境资本对于增强城市竞争力的日益重要性,致力于实现城市的经济、社会、环境的和谐可持续发展。因此,可以通过以下4个方面智慧城市的规划与管理实现城市可持续发展。

(1)通过智慧城市规划与建设满足可持续发展的技术创新。通过新一代信息通信技术,以及物联网、互联网、云计算等技术的集成和应用,进行"三网融合"、大数据平台建设,形成智慧城市创新技术支撑系统。

(2)通过智能应用和智慧经济发展提升社会服务效率,促进生态、低碳经济发展。依托智慧城市的创新技术支撑系统,提高城市基础设施和社会服务的智能化水平,进而提高城市基础设施的管理水平、降低能源资源消耗、改善生态环境质量,从而提高社会的整体服务质量、效率,通过效率提升来节约能源,引导城市更加朝生态低碳发展。

(3)通过技术创新来提高城市智慧管理水平,实现社会管理、社会运行成本的节约,从而提升整个社会的可持续发展水平。

(4)通过智慧空间的建设实现城市不同功能区的统筹和协同发展,优化整体城市空间的功能结构,进而实现空间的可持续发展。利用物联网、互联网技术,实现人、空间、生态、基础设施的协调和一体化发展,促进资源配置的公平性,进而引导社会公平公正。

四、智慧城市空间规划与管理方法体系

智慧城市具有"集约、智能、绿色、低碳"等诸多特征,可以说是各种新型城市形态的综合体,对其研究与规划必须吸收这些新型城市发展的新理念。具体来看,在理念或方法论层面出现了更加关注空间的流动、土地的混合利用、居民活动的微观模拟及空间的相关性等新变化。因此,也应相应地变革传统城市空间发展战略制定、质量评价、规模预测及功能布局等的编制方法(图9.6),具体如下:

1. 智慧城市空间规划与管理方法论

(1)空间流动论成为主导研究范式。一方面,在信息通信技术的影响下,信息处理和过程创新的重要性日益突出,作用到城市空间上出现了流空间、"时空压缩"等理论。另一方面,伴随着城市快速交通基础设施的建设,距离已经不再是阻碍城市内部或区域要素流动的主要因素,传统的城市空间也被赋予了承载物质和共享数据或信息的双重功能,使得各类空间的利用效率大大提升。在空间流动论的指导下,如何通过对要素流动大数据的获取与分析来最大地发挥商业、居住及产业等子空间在城市整体流动体系中的地位和作用将是未来城市空间规划的首要目标,也是空间发展智慧化的前提。

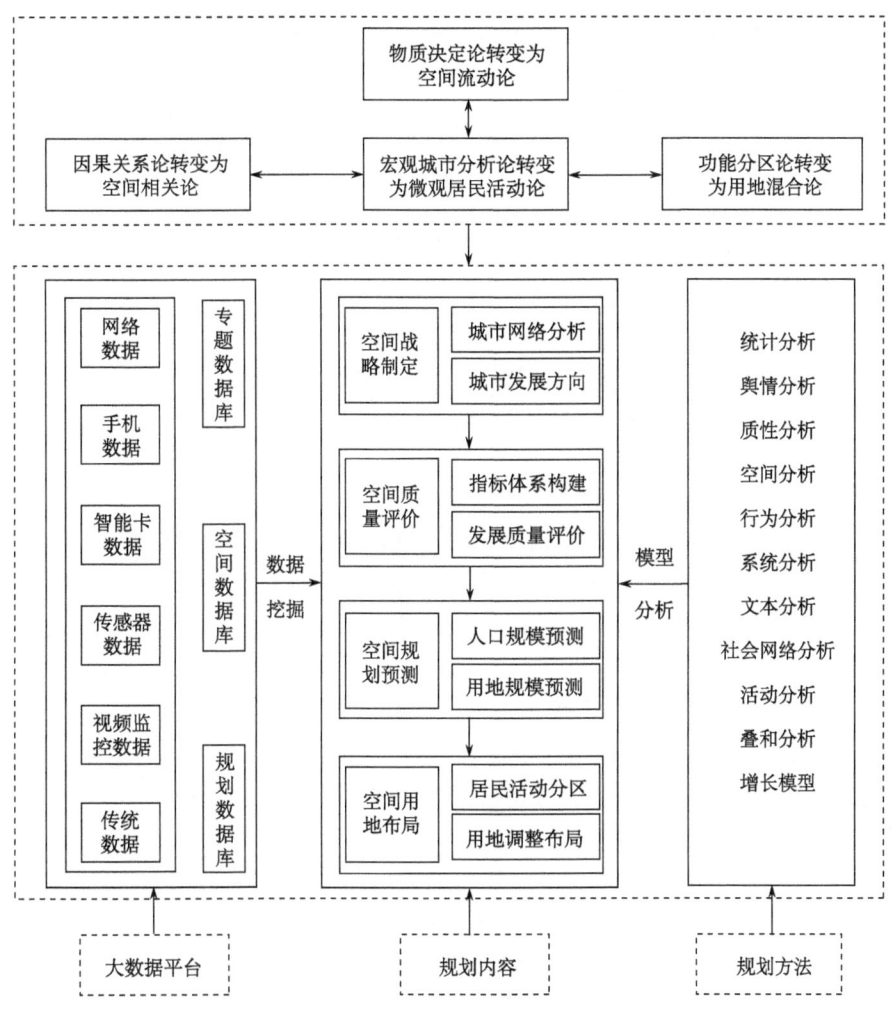

图 9.6 基于大数据的智慧城市空间规划方法体系

(2) 土地混合利用成为主要规划方向。由于信息通信技术影响下的城市空间要素流动性增强，具有多种服务功能和信息交汇节点的空间越来越成为城市发展主体活动的主要场所，使得传统的城市居住、工作、商服及休闲等空间不断交叉和融合，这也是解决城市交通拥堵、碳排放增多、土地浪费等诸多问题的重要途径。因此，智慧城市空间规划就需要关注新时代背景下的空间发展趋势和居民需求，打破传统的功能分区思想，通过对土地功能的混合安排来营造智慧的空间形态，从而有效地解决粗放土地利用所带来的若干城市问题。

(3) 居民微观活动研究成为焦点。随着居民行为活动对城市空间组织的影响日益增加和移动信息终端的普遍使用，基于传统宏观层面的统计数据分析严重忽视了城市居民对各类空间安排的需求，使得个体微观数据开始成为规划师追逐、关注和研究的重点。规划师可以通过对居民就业、出行、迁居等行为数据进行时空汇总分析，发现整个城市居民活动-移动系统的时空间特征及存在问题，评价传统空间发展质量和利用效率，从而对城市空间结构和用地布局进行科学优化与调整。因此，智慧的空间规划必须建立在充分的居民活动和需求分析基础之上，这也是规划以人为本目标实现的重要途径。

(4)空间相关关系分析成为新手段。大数据时代的到来，为受信息通信技术影响而日益复杂的城市空间研究提供了强大的数据支撑。基于全样本微观数据挖掘的要素间相关关系研究可以把握发展总体规律，发现传统小数据样本分析下难以得出的潜在现象，将成为未来城市研究的新方向。但是，大数据在解释因果关系及精准研究方面，还需要借助多手段的数据获取，不能忽视传统数据和方法在大数据时代所发挥的作用。智慧城市的空间将会是各种要素交汇、大量信息交融、多种空间交叉的复杂综合体，对其研究与规划就必须掌握空间内部各系统之间的关系和变化趋势，找出城市发展潜在的威胁和问题，充分挖掘大数据和小数据组合后的研究价值。

2. 智慧城市空间规划与管理方法

(1)空间战略制定方法。智慧城市空间发展战略制定需要以流空间理论为指导，重点从区域层面来评价和分析城市间的内在联系，找出特定城市的网络地位和发展潜力，并结合城市政府、企业、居民等主体对其空间发展现状和未来意向来把握城市发展趋势，从而科学确定城市的定位及空间发展战略目标。一方面，可以利用网络域名、专业网站页面结构、网络用户数量等数据来模拟城市间的联系方法(Zook, 2001; Wang et al., 2003; 汪明峰等, 2006)，拓展以社交网络和手机通话数据挖掘为主的新的研究方向。另一方面，网络舆情分析是判断城市大事件发展和舆论导向的主要工具，也是了解城市政府、企业及居民发展意愿的重要途径(甄峰等, 2014)。通过对社交网络、网上论坛、政府门户网站、相关规划等文本、语音、图像及位置数据的挖掘，发现政府出于经济增长和公共服务目的的空间发展设想、企业为了摆脱困境或增加利润的空间诉求、居民追求生活便捷和宜人环境的愿望，进而综合多方需求来确定城市空间未来发展战略。

(2)空间质量评价方法。空间发展质量评价是对智慧城市各类空间现状及潜力的综合分析，需要改变传统基于城市统计数据和土地利用数据的空间要素评价方法，即注重对要素的空间分布现状评价(属性特征、分布特征等)，缺少对其发展质量和存在问题的探讨(秦萧和甄峰, 2012)。其中，构建科学的指标体系是质量评价的关键。传统研究主要基于统计资料和土地利用数据，从社会文明度、经济富裕度、环境优美度、资源承载度、生活便捷度等方面构建指标体系来进行城市宏观层面的统计性评估，忽视了微观层面的城市主体对建成环境的感知或满意度，较难客观反映城市空间综合发展质量。

智慧城市空间质量评价可以选择具有场所位置、属性、用户评价的主题网站作为研究数据的主要来源，将居民个体对建成环境的感知作为评价空间发展质量的重要指标，利用统计分析、文本分析及空间分析等方法模拟居民个体意向在城市空间中的分布与变化，从而通过与城市土地利用进行叠合分析找出空间现状发展存在的问题。同时，还需结合问卷调查和访谈等方法对问题区的形成机制进行深入研究。

(3)空间规模预测方法。城市空间规模预测主要包括人口规模和用地规模两个方面。人口规模预测一般是利用城市历年人口统计数据，结合城市未来发展目标和人口增长变化趋势，较多使用自然增长率法、综合法、产业集聚增长法、城镇化率法等方法进行预测，其结果往往缺少对城市人口内部结构及空间动态变化情况的准确把握，可能会造成预测结果远远大于实际的现象。智能手机、社交网络及智能交通卡出现和普及使用之后，定位和记录城市内部每一个居民日常出行与活动成为可能，不仅有利于掌握城市内部各街道人口历史变化和街道间的人口流动情况，还可以通过用户属性数据的分析来判别常住人口与外来流动人口或青少年人口与中老年人口的比例，达到实时模拟城市人口变化规律的目的(冉斌等，2013)。同时，在传统人口预测模型的基础上，还需融合挖掘人口大数据的聚类分析、空间分析、文本分析等手段，从而保证城市未来人口规模目标设定的科学性。

用地规模预测一般是在用地潜力评价基础上，结合城市未来人口发展目标，利用统计分析的方法计算城市未来一段时间内的用地总量，并根据城市近远期用地发展需求来确定增长边界。这是典型以用地需求为导向的编制方法，较少考虑城市可建设用地容量的限制问题。智慧城市空间发展规模应该建立在国民经济发展规划、土地利用规划及城乡总体规划等多部门规划协调基础之上，协调各类规划的用地分类及技术体系，建立统一的城乡用地大数据库(勘测数据、相关规划数据、案例数据、政策数据、居民意愿数据等)，并有综合利用统计分析、空间扩展模型、CA模型等手段来模拟城市不同年份用地现状和变化情况(李新运，2005；龙瀛，2011)，从而科学划定未来的城市增长边界。

(4)空间用地布局方法。空间用地布局可以将城市空间发展战略、评价结果及规模设想落实到具体空间，是城市空间规划的关键环节，主要涉及空间结构、功能分区及用地优化布局三个层次。智慧城市空间布局本质目的就是让政府、企业及居民平等享有和便捷利用城市空间，通过土地的高效和混合安排来满足不同群体的空间发展需求，这就需要对这些群体的日常出行与活动进行模拟分析，从而调整和优化城市空间布局。

具体来讲，以居民活动作为划分城市功能的关键指标，重点利用社交网络数据(用户位置、活动文本、图像、用户情感等)，通过描述统计、时空棱柱、活动分析等方法对居民的活动路径、活动类型、活动密度及活动结构进行模拟，并与城市土地利用相耦合来判断城市空间的总体结构和功能区。

信息时代不仅可以对城市的空间结构和功能分区进行重新划分，还可以利用智能手机、社交网络、GPS及传感器等数据更精确和深入地了解城市具体空间问题，并借助数理模型、文本分析、空间分析、质性分析等方法对城市重点地块进行有针对性的调整。

第六节 小结与展望

智慧城市建设是新一轮信息化建设的重要方向与内容，它强调在信息通信技术全面应用的基础上，实现社会经济等要素的合理流动与优化配置，进而促进社会经济空间组织的优化。智慧城市的基本内涵是在充分运用信息通信技术的基础上，将城市中人、商业、运输、通信等城市运行系统的各个核心系统连接、整合起来，以更智慧的方式运行，进而创造更美好的城市生活。一般包括智慧经济、智慧人民、智慧管理、智能移动性、智慧环境、智慧生活六大要素。现阶段智慧经济、智慧交通、智慧公共服务、智慧管治是其主要发展模式，并在城市规划领域有所实践。因此，可以结合智慧城市的规划实践，在强调优化社会经济空间组织的基础上，从智慧城市顶层设计、人本化和可持续化的发展目标，以及空间规划与管理方法论、具体方法等方面进行规划与管理。

当前，国内外智慧城市建设均强调了信息技术在城市管理、公共服务、社区生活及企业经营等方面的应用，三网融合设施、数据资源中心、公共信息服务平台等核心信息基础设施和智慧政务、智慧交通、智慧产业、智慧医疗、智慧教育等重点专项已经在多数试点城市开始建设。智慧城市建设对更新城市基础设施、带动就业、吸引投资、提升城市竞争力等方面初显成效。同时，智慧城市规划和建设也存在一些问题亟须解决。首先，现有的智慧城市顶层设计重点关注信息系统和基础设施建设，忽视了对城市特色的挖掘，以及对城市公共服务、运行效率、社会空间及生态环境问题的把握，以及对政府、企业及居民活动与需求的人本化综合研究。因此，难以科学处理信息基础设施建设与城市空间高效利用之间的关系，加之专项规划注重具体项目选择、缺乏与顶层设计的衔接和科学的城市需求分析，导致顶层设计往往难以切实指导城市建设。其次，当前智慧城市规划和建设的主体以 IT 企业为主，这些企业热衷于做智慧城市项目运营商和顶层设计，知识体系的不足导致他们不能综合全面地了解城市、发现问题、科学兼顾城市空间的公平与效率。最后，现有智慧城市建设缺乏特色，重项目轻统筹，导致信息孤岛、重复建设、资源浪费等问题突出。

基于以上，人文与经济地理学科可以为智慧城市建设的持续发展提供学科理论支撑和实践经验的指导。在理论支撑方面，人文与经济地理学提供了流动空间与新的流动范式、新的人地关系系统、时空协调与布局优化等理论。在规划与建设实践方面，智慧城市规划建设，首先要进行系统协调和人本化的智慧城市顶层设计，引导智慧城市顶层设计的重点由技术、项目安排向要素统筹、居民需求满足转变。其次，通过智慧城市空间规划与建设，实现商业空间、办公空间、休闲空间的智慧化发展，有助于提升城市公共空间的运行效率和发展质量。第三，推动智慧基础设施的整合规划，在优化基础设施布局网络的基础上，实现不同类型基础设施之间的整合与协同布局。最后智慧城市为城乡规划及空间管治提供了新的技术支撑和工具。

参 考 文 献

方创琳. 2004. 中国人地关系研究的新进展与展望. 地理学报, 59(增刊): 21-32.
沈丽珍, 顾朝林, 甄峰. 2010. 流动空间结构模式研究. 城市规划学刊, (5): 26-32.
汪芳, 张云勇, 房秉毅, 等. 2011. 物联网、云计算构建智慧城市信息系统. 移动通信, 35(15): 49-53.
张小娟. 2015. 智慧城市系统的要素、结构及模型研究. 华南理工大学硕士学位论文.
赵渺希, 王世福, 李璐颖. 2014. 信息社会的城市空间策略——智慧城市热潮的冷思考. 城市规划, 38(1): 91-96.
赵子博. 2015. 智慧公共服务评价指标体系研究. 电子科技大学硕士学位论文.
甄峰, 翟青, 陈刚, 等. 2012. 信息时代移动社会理论构建与城市地理研究. 地理研究, 31(2): 197-206.
Castells M. 1996. The Rise of the Network Society. Cambridge, MA: Blackwell Publishers.
Chourabi H, Nam T. 2012. Understanding Smart Cities: An Integrative Frame-Work. Ralph H. Sprague, Jr. Proceedings of the Forty-Fifth Annual Hawaii International Conference on System Sciences. Maui, Hawaii: CPS conference Publishing Services, 2289-2297.
Giffinger R, Fertner C, Kramar H, et al. 2007. Smart Cities: Ranking of European Mdium-sized Cities. Centre of RegionalScience

(SRF), Vienna University of Technology.
Giffinger R, Gudrum H. 2010. Smart Cites Ranking: An Effective Instrument for the Positioning of Cities. ACE: Architecture, City and Environment, 4(12): 7-25.
Harrison C, Donnelly I A. 2011. A Theory of Smart Cities. Available at: http://journals.isss.org/index.php/proceedings 55th/article/view/1703, 2011.
Holland G. 2008. Will the Real Smart City Please Stand Up. Cities, 12(3): 303-320.
IBM 商务价值研究院. 2009. 智慧地球. 上海: 东方出版社.
Nam T, Theresa A. 2011. Pardo. Smart City as Urban Innovation: Focusing on Management, Policy, and Context: Proceedings of the 5th International Conference on Theory and Practice of Electronic Governance. Tallinn, Estonia, 185-194.

第十章　乡村经济社会空间组织革新

　　乡村空间组织是乡村聚落、乡村企业、商业贸易网点等社会经济客体的结合、相互作用及地域集聚。从原始农业文明社会到社会经济飞速发展的现代社会，乡村地域空间系统不断发生动态演化。信息技术的飞速发展深刻地改变着社会和经济生活方式，使乡村地域的社会经济空间组织被重塑。

　　本章将阐述不同历史时期乡村空间组织的特征及其动态演化、乡村信息化的发展态势，并从乡村企业、农民的社会交往及活动空间等方面剖析信息化驱动下乡村经济社会空间组织变革的机理。

第一节　乡村空间系统的演变

一、乡村聚落空间

　　乡村聚落是乡村居民长期活动和区位选择的结果，是自然因素与人文因素的综合反映(金其铭，1989)。气候、植被、地形地貌等自然本底因素影响着乡村经济、社会和文化活动。反之，乡村社会组织、经济发展水平和文化习俗等人文因素也作用于乡村聚落景观。乡村聚落产生于原始的农耕社会，并逐步形成乡村聚落空间系统。在社会经济发展的驱动下，传统的乡村空间系统在格局、结构和功能等方面逐步发生演化，并形成与各个历史发展阶段相适应的乡村聚落空间(张小林，1999)。

1. 原始农业社会时期——乡村聚落空间的萌芽

　　人类文明的产生伴随着乡村聚落空间的形成。由于时间的久远，人们对原始文明时期乡村聚落空间的认识仅仅局限于历史及考古资料，制约了综合研究的发展。原始社会时期人类主要进行的是维生型生产活动，利用简单的生产工具来满足其居住、温饱等最为基本的需求，如利用石器和骨器等从事农业劳动、打鱼和狩猎等活动(张小林，1999)。当流动性的渔猎活动转变为以农业劳动为主的定居生活，乡村聚落开始形成。他们常选择毗邻河流、地势较高、土地肥沃，地理位置条件十分优越的位置居住，以躲避洪水与野兽的威胁。原始聚落空间分布散阔，规模差异较大，初步形成大、中、小不同等级规模的聚落体系。聚落功能呈现多样性，满足了当时人类生产、居住、公共活动和安全防卫等多种需求，使乡村聚落成为一个封闭的以满足原始农业生产功能为核心的高度兼容的多功能聚居体(张小林，1999)。

2. 农业文明时期——镇村的产生与发展

农业是该时期最主要的经济部门，自给自足的自然经济处于统治地位。城市与乡村并不是农业活动与非农业活动明晰的空间分割，城镇中存在着商业活动、手工业活动和农业活动的混合发展。在此时期，乡村村落发生较大的发展。作为国家和地区最基础、最重要的社会经济单元，村落处于整个社会聚落体系的最低层，是国民经济发展的支柱。村落在生长的过程中，产生了裂变分化，在数量上越来越多，在区位上具有明显的亲水、亲山和亲景的特点，在空间分布上，从不均匀走向均匀。

3. 工业文明时期——乡村聚落变革加剧

工业文明开始于18世纪中后期，给人类社会的生产生活方式带来巨大变革。大规模的生产取代传统的单一个体生产。农业生产由传统的生产模式向专业化、规模化方向发展，并逐步形成集种植、加工、销售等于一体的经营体系。在工业化持续推进的同时，乡村聚落分化加剧，区位条件优越的乡村得到较快发展，逐步演化为集镇（张小林，1999）。区位优势较差，工商业活动较少的乡村地区逐步消亡。集镇的规模不断扩大，部分开放程度高、集聚能力强的集镇进一步发展成为城市。聚落功能呈现多元化，逐步分化出农业主导型、工业主导型、商贸主导型、文化主导型、旅游主导型和生态主导型等多种具有地方资源特色和竞争优势的功能结构类型。聚落之间的联系更为紧密，交通工具的进步、通信工具的出现及基础设施的完善为聚落间的联系提供了更为便利的条件，促进了人力、资本和信息等要素的流动。

4. 现代文明时期——新型聚落空间产生

现代文明不同于传统的农业文明与工业文明，是一种全新的文明形态，更加关注经济社会的可持续发展。生态化的生产方式既保留了工业化时期经济社会的高速增长，又兼顾了人与自然的协调发展。社会生活方式也由传统的农业文明时代的"黄色"生活方式和工业文明时代的"黑色"生活方式转变为现代社会的"绿色"生活方式。乡村聚落的功能定位趋于合理，兼容性与协作性逐步增强，更加强调居住、休闲、旅游等功能，集镇的服务功能更加突出。乡村居民的互动也不再局限于传统的地缘互动、血缘互动、姻缘互动，经济互动、资源互动、技术互动和政策互动等新型互动增多（金其铭，1990）。

二、乡村生产空间

1. 乡村农业生产空间

乡村农业空间产生于原始社会时期，刀耕火种的生产方式可以满足原始时期居民的基本需求。随着耕作技术的进步，农业开发进入了新的时期，如苏南地区水利工程建设的发展，改善了水网地区的农业生产条件。牛耕技术及先进生产工具的出现加快了荒地资源的开发利用，农业生存空间逐步扩大，农业经济快速发展。农业活动是传统社会最主要的经济活动，6000多年的农业文明一直是以拓荒耕作、锄耘耕种为基础的。

现代社会的乡村空间系统已经发生重大变革，呈现农业生产空间压缩、种植空间趋同等特征。人口增长及城镇化进程中城乡建设用地大幅扩张，耕地资源被大量占用，耕地非农化加剧。农村人口的增加及人民生活水平的提高使农村宅基地需求增加，向居民点周围扩张，占用优质耕地。在比较利益的驱使下，农村劳动力大量涌入城市，从事非农产业，弃耕、撂荒现象日趋严峻。耕地面积的缩减直接导致农户生产活动空间的缩减。市场导向的农业结构调整在实现农业增效和农民增收的同时，也是导致农业主产区空间变化的主要原因。乡村居民为寻求利益的最大化，经济作物种植面积增加，粮食作物种植面积减少，养殖业用地面积增加，在农业中的比例也提高。同时，农业专业化水平较高的地区，种植业空间呈现趋同现象。在某些区位优势不足，基础设施、地质及水利设施条件均较差的地区，投入越低，产出越低，形成所谓的"马太"空间。乡村在转型发展的过程中，立足于自身的资源禀赋，在能人带动、政策支持、外部支持等因素的影响下实现乡村生产空间的变革。乡村社区中农业生产服务性活动空间半径逐步增长，空间分散度降低。农产品销售空间呈现自行销售距离增加、销售地距离快速增大和销售空间逐渐集聚等特征（乔家君，2011）。

2. 乡村工业生产空间

农业产生以后，逐步成为古代自然半自然经济时期的主导产业，但同时工业劳动也存在于农业劳动之中。以生物产品和矿产品为原料的家庭手工业在自然经济条件下可以维持人类最基本的生活资料需求。中国2000多年漫长的封建统治严重制约了乡村工业的发展。资本主义萌芽时期民族工业在城镇地区集中，而乡村地区仅有传统的手工业有所发展。民国时期，一些具有区位优势和良好发展基础的乡村在传统手工业基础上兴办起工厂，形成了新的工业组织形式。此时的乡村工业仅局限于部分地区，处于起步阶段。

20世纪50年代初期至70年代初期，乡村工业的发展较为坎坷。起初，农业生产合作社和社队企业得到普遍发展。受制于制度、技术等方面的因素，乡村工业在空间布局上高度分散，绝大部分员工来自附近的乡村社区。部分具有发展基础的乡村依靠其自身优势形成一定规模的集体企业。随后，"大跃进"、"人民公社运动"和"三年自然灾害"等严重制约着乡村工业发展，对乡村企业实行"关、停、并、转"，仅保留农机制造及粮油加工等企业。20世纪70年代初期，虽然在工农比较利益和对"农业工业现代化"的追求等因素的驱动下，乡村地区有着强烈的发展乡村工业的意愿，但在相关政策的约束下，乡村工业并未得到迅速发展。

1978年之后，社队企业数量增多，并逐步在探索中发展。家庭联产承包责任制的实行使农村剩余劳动力大大增加，更多农民加入到乡镇企业建立中。20世纪90年代中期，乡镇企业逐步壮大，部分乡镇企业由劳动密集型向资金和技术密集型转变。发展较好的部分企业也试图寻找新的发展空间，谋划建立新的销售基地或生产空间。乡村企业的布局在政府主导下也呈现集聚趋势，形成"专业村"和"专业镇"等形式。1997年亚洲金融危机之后，中国乡镇企业经历了一段低迷时期。近年来，在新的经济发展形势下，乡镇企业在产值及规模上不断壮大，部分优势企业融入现代工业体系，产业集群化和工业园区化凸显。乡村工业空间总体上呈现"低水平均衡-局部规模增长-空间集聚-空间适度分散"的明显过程。

3. 乡村商业活动空间

乡村社会的商业活动空间起源于原始社会氏族或部落间偶然的以物易物行为，这种剩余产品的原始交换促进了社会分工的产生和社会生产力的发展。部落及私人之间商品交易活动的增加催生了固定贸易场所——市场的出现。原始社会的简单商品交换多发生于部落附近，具有场所简陋、范围有限和随机性强等特点。

农业技术的进步推动乡村居民向农业资源优越的地区集聚，形成乡村聚落。乡村商业活动可以满足乡村居民的日常需求，因而乡村商业网点的布局必然依附于农村居民点，形成分散的分布格局。乡村居民商业活动受制于闭塞的交通，流动的集贸市场成为满足农村居民日常购买活动的主要场所。乡村社区内部分布着规模较小和规范化组织化程度较低的杂货铺等，以满足乡村居民日常生活中调料和饮品等需求。

随着生产力的进步，乡村生产日趋多元化，从传统农作物的单一生产向经济作物的多种经营转变。农户等行为主体不断融入到市场化进程中，交易活动日益频繁，交易客体多样化，农户既可以是商品的卖者也可以是商品的买者，商业空间逐渐复杂化。科学技术的进步使农民可以充分利用农业科技优势增加农产品产量，提升产品质量，增强产品的市场竞争力。交通工具的发展及道路等基础设施的完善，拓展了乡村居民的商业活动空间，由传统的集贸市场拓展到县城或大城市等商业中心。农业技术的进步推动了规模化和机械化生产，农村剩余劳动力增加，大量农民涌入城市从事非农产业。在城市文明环境中，部分乡村居民的消费观念也发生改变，更加注重消费质量、服务态度等方面，从最初的维生性需求向精神层次转变。同时，青年人与老人的消费场所逐步改变，老年人由于其传统观念和身体健康等因素依然钟爱传统的集贸市场等场所，而年轻人更热衷于县城或大城市的商场(图10.1)。乡村商业活动空间随着社会经济的发展而不断改变。

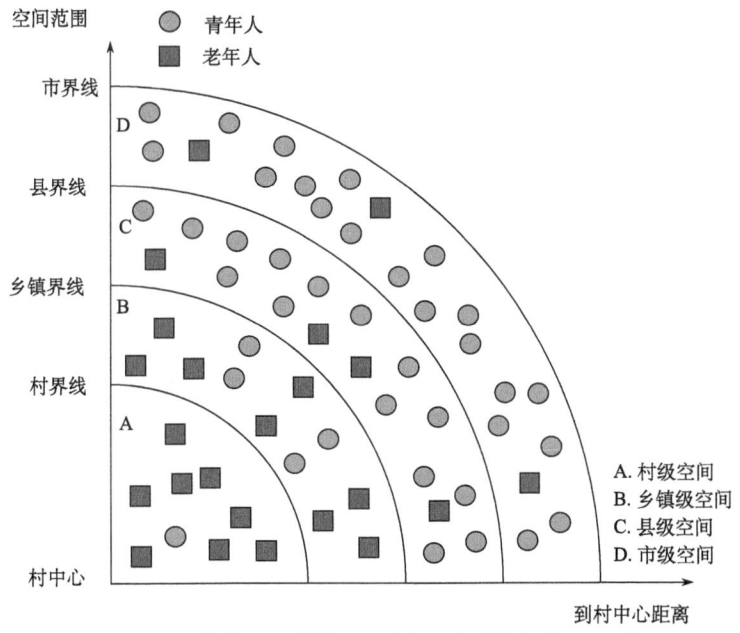

图 10.1　乡村社区购物活动空间圈层(乔家君，2011)

在社会经济发展低水平时期，乡村商业活动活跃度较低。在社会经济发展水平较高的阶段，生产方式、价值观念、交通工具和技术进步等因素推动着乡村社区商业活动向更广阔的地域扩张。

三、乡村社会空间

传统的自然经济时期，在社会制度、文化观念、空间位置分散性和经济上的自给性的制约下，乡村社会空间呈现明显的孤立特征，农民与外界的交流局限于封闭的乡村聚落内部。乡村聚落的规模随着内部人口的增长而发生改变，当耕地无法满足生产生活需求时，部分居民便会外迁，开辟新的聚落空间。血缘、地缘关系是维系传统乡村聚落社会交往空间的重要纽带，邻里之间你来我往，共同的文化及社会关系背景形成了乡村居民均质化的生活方式。此外，受制于生产力水平及商品经济仍处于萌芽阶段，以贸易为基础的传统乡村社会空间基础较为薄弱，以集市贸易为基础的经济网络尚未形成。

乡村工业的发展及交通基础设施的完善为乡村社会空间的拓展提供了必备的条件。乡村社区交流空间不断扩大，聚落间及城乡间的联系日益紧密，交流联系网络迅速扩展并呈现多元化特征。生产力水平发展的同时，大量的农村剩余劳动力涌入城市，农民就业空间由传统的农业向非农产业转移，职业构成模式多样化，农民将在大量的新型产业中寻求就业空间。

商品经济的发展使乡村居民的就业选择多元化，形成以业缘关系为基础的乡村居民职业群体。农民主体社会活动和社会交往的增强使乡村社区社会空间逐渐由封闭走向开放，经济、生产和商业活动上的交流得到重视。随着生活水平的提高，城乡联系日益紧密，城市文明也不断向乡村地域渗透，乡村居民也开始追求服装、饮食和服务等精神层面的追求，使交易空间不断扩展。城乡间从单纯的交通上的联系扩展到信息、通信、物质和文化等诸多方面。

四、乡村空间组织革新的新动力

随着计算机网络技术的飞速发展，网络技术已成为推动乡村地区生产发展和社会进步的重要动因。网络已广泛渗透于乡村居民的生产生活，使乡村经济社会空间发生深刻变革。

近年来，以信息技术为核心的互联网产业的发展为农业升级、农村发展和农民增收带来了新契机。"互联网+"与农业、农村的深度融合为农村创业创造了广阔的生存空间。农村电子商务以"线上线下"同步销售的"O2O"（online to offline）经营模式使农产品的流通、交易突破了传统产品交易对特定时间特定场所的限制。以"电子商务"为核心的乡村企业迅速发展，为农村创业及剩余劳动力就业提供了良好的平台。"互联网+创业孵化园"以良好的创业环境及优质的创业服务吸引农村青年、农民工和高校毕业生返乡创业。2005~2014年，从事私营企业及个体经营的农村人口数量持续高速增长（图10.2）。

据阿里研究院的统计数据，2016年中国"淘宝村[①]"已达1311个，直接带动大量乡村人口就业，并间接带动物流、包装等相关服务型行业的就业人数增加。农村企业迎来新的发展契机，如纺织业、制造业等乡村产业同样可以利用信息技术的优势来获取供求信息、掌握市场动态、拓展销售渠道和改变经营方式。

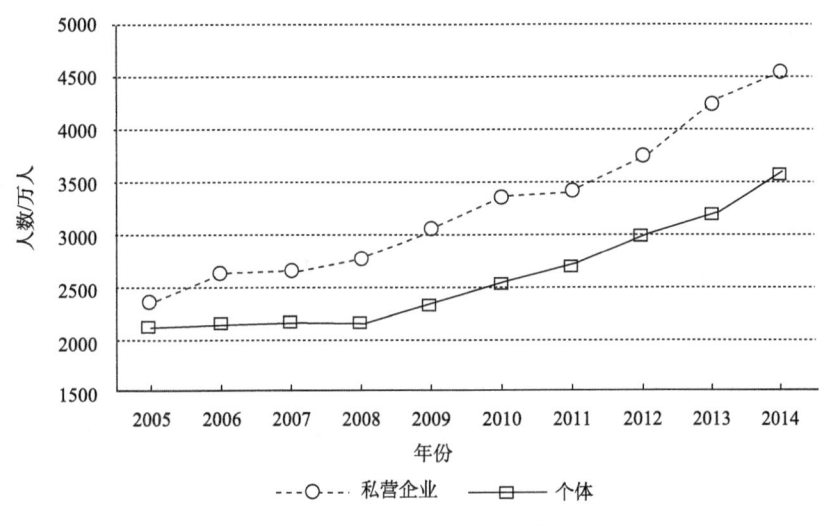

数据来源：《2015中国统计年鉴》

图10.2 2005~2014年中国农村私营企业及个体从业人员数

截至2015年年底，中国农村网民的数量已达1.95亿，即时通信已经成为农村网民中使用率最高的应用。随着乡村经济的发展，农村网民的上网终端也逐渐多样化，为农村网民交往空间的拓展提供了便利。依靠网络技术可以跨越空间阻隔的优势，传统的以地缘、亲缘和业缘为主体的交往模式逐步发生改变，以"网缘"为基础的交往方式正逐步兴起。

信息技术在改变传统的乡村经济社会空间的同时，劳动力、技术、土地、资本和信息等生产要素在城乡间的转移与配置发生变革。信息，已经逐步成为生产要素流动的新载体和影响生产要素配置的新因子(陆大道，2003)。技术、人力和资金在城乡间的流动性加大，空间的集聚与扩散在信息技术的驱动下加速进行(胡序威，1998)。信息化的核心作用在于对知识的应用、扩散与创新，是区域经济社会发展最具活力的因素，推动传统的城乡间要素配置方式向新的模式演进。网络技术在乡村地区广泛应用于农业生产、经营管理、管理决策和资源环境监测等领域，使乡村的社会经济运行方式发生改变。农村信息化建设使中国农村信息基础设施拥有量快速增长，信息基础设施的逐步完善加快了信息资源在农村生产生活中的应用，为农村在信息获取、信息利用方面搭建了与城市平等的平台，推进了城乡信息均衡化。因此，农村信息化将打破城乡地域限制，促进城乡信息融合，缩小城乡间"数字鸿沟"。

---

① 阿里研究院的"淘宝村"认定标准：a. 交易场所，经营场所在农村地区，以行政村为计量单元；b. 交易规模，电子商务年销售额达到1000万元以上；c. 网商规模，活跃网店数量在100家以上或注册网店数量达到当地家庭户数的10%以上。

第二节 乡村信息化的飞速发展

一、世界及中国乡村信息化发展态势

1. 乡村信息化的内涵

"信息化"起源于20世纪60年代的日本,传播至西方国家后,于70年代被普遍采用。信息化是信息技术被高度应用使信息资源高度共享的过程(林毅夫,2003)。信息技术如今已在人类生产生活的方方面面得到渗透与应用,为区域经济社会发展带来了新的活力,促进了城市与乡村发生深刻的变革。农村信息化是时代发展的必然选择,是农业结构调整和农业农村发展方式转变的动力来源。农村信息化不是单纯的计算机技术的发展与应用,而是指互联网、通信技术、微电子技术、光电技术和遥感技术等多种技术在农村资源环境、农业生产、科技、教育和社会经济等领域的渗透(刘世洪,2005)。作为社会信息化的一部分,农村信息化涉及多学科、多部门的交叉融合,涵盖了农村电子政务信息化、农村电子商务信息化、农村事务管理信息化和农村教育信息化等各个方面(胡大平和陶飞,2005)。农村信息化的发展需要高技术支撑,从技术发展的角度,农村信息化包括农村通信设施和农村基础设施装备的信息化、农业机械的自动化、农产品的生产、销售和管理的信息化等。因此,农村信息化是一项综合集成相关资源,集综合性、技术性、创新性和复杂性于一体的系统工程。

刘世洪(2005)曾指出,农村信息化是以通信技术和信息技术为主要手段来开发利用信息资源,从而推动农业农村的发展与进步。有的学者认为农村信息化体现于信息技术在农业生产过程、农村经营管理、农业资源监管和环境监测等方面的应用,是信息技术在农村经济社会发展中的系统应用过程(梅方权,2001)。综合各学者的观点,本书所涉及的农村信息化是以信息技术为依托,以信息资源为核心,进行生产、生活、管理和教育等活动,以推动农村经济社会转型与发展的系统工程。

2. 世界乡村信息化发展历程

20世纪90年代以来,信息化引发全球经济社会系统发生深刻变革。信息技术在乡村地区广泛应用于农业生产、经营管理、管理决策和资源环境监测等领域。从全球范围看,农业和农村信息技术应用的发展大致经过三个阶段:第一个阶段是20世纪50~60年代的广播、电话通信信息化;第二个阶段是20世纪70~80年代的计算机数据处理和知识处理,农业数据库开发;第三个阶段是20世纪90年代以来网络和多媒体技术应用和农业生产自动化控制等的新发展。国家间的发展水平存在差异,以美国、日本等为代表的发达国家的农业和农村信息技术应用正在步入新阶段,形成了从农业信息采集、加工处理到发布的健全的、完善的农业信息体系。信息技术的应用不再局限于某一独立的农业生产过程、单一的经营环节或某一有限的区域,而是呈横向和纵向拓展。韩国、印度和印度尼西亚等国家推进农村信息化也有许多可供借鉴的经验。对于部分发展中国家而言,如印度尼西亚,采用多种手段推动农村信息技术应用,加大乡村地区的财政投入,

完善乡村信息基础设施,鼓励和动员社会力量参与农村信息化建设,加强乡村信息技术人才的培养,使印度尼西亚的乡村信息化快速发展。

各国推进农业和农村信息化的工作各具特色,形成了不同的发展模式。其中,美国等农业信息化相关立法完善、体系健全,并可以保证资金投入;日本、德国等国农业信息化基础设施完善、注重信息系统建设;法国、加拿大等形成了多层次农业信息服务格局,服务主体多元化;韩国、印度等政府投资建设农业信息化基础设施,制定农村信息服务优惠政策,重视农村信息化人才培训与国际合作(贺文慧和杨秋林,2006)。

3. 中国乡村信息化发展历程

与发达国家相比,中国的农业农村信息化建设相对落后,大体经历了三个阶段(郑全太,2007)。

1)起步阶段(新中国成立以后到1986年)

该阶段也被称为单机辅助管理阶段。20世纪70年代以信息技术开始进入农业领域为特征,标志着我国农业信息化进入起步阶段。80年代初,农业部提出强化计算机在农业管理、生产等领域应用的要求,并成立电子计算机领导小组。1979年,引进第一台大型计算机——Felix C-512,主要用于农业科学计算、数学规划模型和统计分析等。1981年建立第一个计算机农业应用研究机构——中国农业科学院计算中心。1987年农业部成立信息中心,开始重视和推进计算机技术在农业和农村统计工作中的应用。

2)发育阶段(1987年到20世纪90年代末)

20世纪80年代末,计算机和网络技术在农业领域的逐步推开,标志着我国农业信息化进入发育阶段。1992年农业部制定了《农村经济信息体系建设方案》,成立了农村经济信息体系领导小组,加强信息体系建设和信息服务工作的统筹协调与规划指导,农业信息工作被提到重要日程。1994年成立主管信息工作的市场信息司,随后各省(区、市)农业部门相继成立了对口的信息工作机构。1996年中国农业信息网建成开通,并为省、地农业部门和600多个农业基点调查县配备了计算机,实现了统计数据的计算机处理。1996年第一次全国农业信息工作会议的召开,标志着我国农业信息化开始进入政府推进、有序发展的新时期。

3)快速发展阶段(21世纪以来)

21世纪以来,以互联网技术、数字化技术等高新技术在农业领域的广泛应用和注重农业信息服务为特征,标志着我国农业信息化也进入快速发展阶段。2001年农业部启动了《"十五"农村市场信息服务行动计划》,全面推进农村市场信息服务体系建设。2003年建立了以"经济信息发布日历"为主的信息发布工作制度。2006年下发了《关于进一步加强农业信息化建设的意见》和《"十一五"时期全国农业信息体系建设规划》。2007年出台了《全国农业和农村信息化建设总体框架(2007~2015年)》,全面部署农业和农村信息化建设的发展思路。2016年,农业部发布《"十三五"全国农业农村信息化发展规划》。此外,金农工程、"三电合一"工程和"农村信息化示范"工程等重大项目的建设,成为全面快速推进农业农村信息化建设的重要支撑(表10.1)。

为推进农村信息化建设,中国政府出台了一系列政策保障农业农村信息化的发展。

表10.1 中国农业农村信息化政策演变

出台年份	相关政策演变
1992年	中共十四大明确要求各级政府加强"信息引导"工作。同年,国家农业部出台了《农村经济信息体系建设工作方案》
1993年	国家农业部成立农村经济信息体系建设领导小组
1994年	国家农业部成立了主管信息工作的市场信息司
1995年	国家农业部制订了《农村经济信息体系建设"九五"计划和2010年规划》。当年,《农业综合管理和服务信息系统——金农工程》问世,由国家农业部牵头组织实施
1996年	国家农业部第一次召开全国性的农村经济信息工作会议,主题报告是《提高认识,明确任务,努力开创农村经济信息工作的新局面》
1998年	中共十五届三中全会通过的《中共中央关于农业和农村工作若干重大问题的决定》中对农业信息工作提出要求:"完善信息收集和发布制度,向农民提供及时准确的市场信息"
2000年	中共中央、国务院关于2000年农业和农村工作的意见》要求:"农业行政主管部门要尽快制定农产品市场信息采集标准和规范,完善信息发布制度,建立及时、准确、系统、权威的农业信息体系"
2001年	国家农业部出台了《"十五"农村市场信息服务行动计划》,建立了初步的信息发布制度,形成了以"一网、一台、一报、一刊、一校"为主体的信息发布窗口
2005年	中央首次在1号文件中提出有关农业信息化方面的问题
2006年	中央1号文件指出:"要积极推进农业信息化建设,充分利用和整合涉农信息资源,强化面向农村的广播电视电信等信息服务,重点抓好'金农'工程和农业综合信息服务平台建设工程"
2007~2011年	中央一号文件均有提及发展农村信息化内容
2012年	中央1号文件尤其强调农业农村信息化,全文直接出现农业农村信息化的关键词"信息"达16次之多,直接阐述农业农村信息化政策达10处
2016年	农业部发布《"十三五"全国农业农村信息化发展规划》

目前,中国的乡村信息化已经取得显著成效。2005~2014年,农村网民数量由9169万人增加到17 846万人,农村网民占比由17.40%增加到27.50%。2014年,农村网民网络购物用户规模为7714万,是农村网民各互联网应用中规模增速最快的应用。农村网民搜索引擎用户规模已达1.3亿。

二、城乡"数字鸿沟"

"数字鸿沟"最早提出于美国。著名学者Hoffman等(2001)认为"数字鸿沟"产生于Lloyd Morrisett对"信息富人"与"信息穷人"之间差距的一种描述,主要指20世纪80年代对于Apple电脑在不同群体间的普及与应用差距。也有学者认为该词由美国前副总统戈尔在《国家信息高速公路》报告中首次提出(Conhaim, 2001)。

随着信息产业的迅速发展,对于信息的掌握和产业应用能力已经成为国与国之间、区域与区域之间竞争的核心。信息技术的飞速发展促使城市与乡村的有效信息拥有量及使用量逐步增加,推动着城市与乡村的转型发展,但城乡之间信息技术的普及与应用的差距拉大,"城乡数字鸿沟"日益凸显。"城乡数字鸿沟"最初指城市与乡村之间计算机和固定电话接入的差距。随后,这一内涵被拓展,不仅包含信息接入技术,还包括信息的利用层面(Heap et al., 1995)。

传统的城乡二元结构导致城乡间在经济、教育、信息基础设施建设和网络技术等方面发展严重失衡,使乡村地区在信息基础设施投入、信息技术人才培养等方面严重滞后。城乡网民数量在9年间均呈现大幅增加,但城乡网民数量差距呈拉大趋势,"数字鸿沟"日益凸显(图10.3)。2014年,全国互联网接入端口数量已达35945.3万个,互联网接入用户达18890.9万个,城乡宽带用户接入差距为9416.3万个。各省份的互联网接入端口数量空间分布存在明显的地域特征,由东南沿海向西北地区递减。

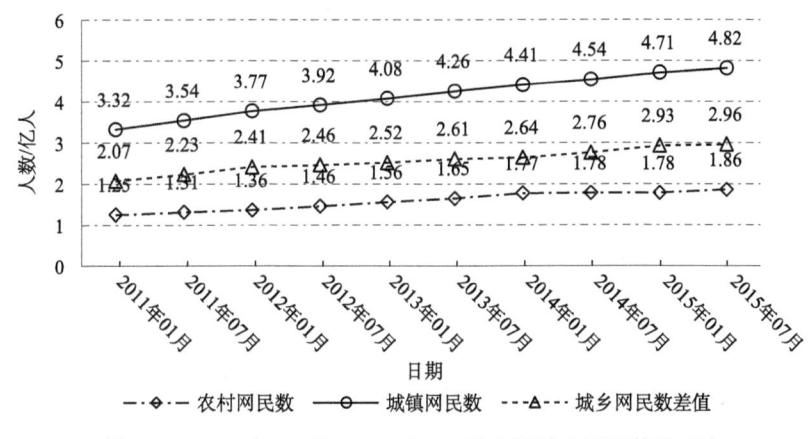

图10.3　2011年01月~2015年07月中国城乡网民数量对比
数据来源:2014中国农村互联网发展状况报告

三、乡村信息化的展望

目前,发达国家已经在农村信息化的潮流中走在前列,将引领农村信息化在农业数据库开发、网络和多媒体技术应用,以及农业生产自动化控制等方面进入新的发展阶段。发展中国家也将继续加强信息基础设施建设,形成完善的农村信息服务体系。信息技术将在农业生产、农村经济和农民生活等方面广泛渗透,全面、系统、实用和方便将成为网络设施及数据库建设的主要方向。此外,农业技术、遥感技术和计算机网络技术等技术的综合集成将促进乡村信息化向多元化、智能化和集成化方向发展(刘淑华等,2010)。

随着信息技术的发展及国家对农业农村信息化投入的增加,中国乡村信息基础设施逐步完善,物联网在农村地区逐步推广,互联网普及率逐步提高。虽然,乡村信息化建设取得了显著的成效,但乡村地区信息基础设施和应用条件仍较薄弱,电子商务发展水平较低,难以满足乡村地区的实际需求。中国的乡村信息化面临着新的发展机遇,信息化已成为经济发展和社会生活不可缺少的重要组成部分,为信息化发展营造了良好的环境。中央一号文件多次强调把农业农村信息化作为重要的发展内容,为农业农村信息化发展提供了强有力的政策支撑。"村村通"、"宽带下乡"等工程的组织实施,将加快农村基础设施建设,为农业农村信息化发展奠定良好的基础。适合农业农村需要的信息技术将向普适化、低成本、智能化和个性化方向发展,物联网、云计算、4G 和三网融合等新一代信息技术将成为破解农业农村信息化"最后一公里"的重要手段(郭永田,2012)。随着城乡一体化进程的加快,中国将继续加大农村信息基础设施建设的投入,基础网络将向农村全区域延伸覆盖。网络应用主体将由高收入、高学历群体向低收入、低学历群体渗透。农村网民中 30 岁以下比例将下降,老年群体将逐步增加。农业生产作为乡村地区经济活动的重要组成部分,网络技术的发展必将引发农业生产向精准化、数字化和智能化方向发展并涵盖生产、经营、流通和交易等各个环节和领域。

第三节 乡村经济空间组织革新

一、信息化背景下的乡村经济空间组织

1. 信息化与乡村经济发展研究

20 世纪 60 年代以来,以 Internet 为基本载体的信息化过程的区域经济影响及其经济地理学研究逐步成为关注的焦点(Robert,1998; Adams and Warf,1997)。技术创新驱动着区域空间结构的变革(陆大道,2003),互联网的广泛渗透将引发空间模式的巨大转变(Malecki,2003)。近年来,关于新技术空间影响的经济地理研究大多聚焦于城市及企业,探讨信息技术对于经济社会景观重塑、城市空间结构重构的影响(Graham and Marvin,2001)。信息技术不仅给城市的社会经济革新带来动力(Graham and Marvin,2002),也在农村发展中逐步得到应用。OECD(Organization for Economic Co-operation and Development)从经济、社会等视角,从不同的研究尺度对信息技术对农村发展的影响进行了分析与探讨。信息技术可以在一定程度上突破"地理距离限制"(Brien,1992)。基于此,相关学者提出了信息技术可以导致"区域差异消失",实现"live local, work global"的生活方式的理想假设。由于信息技术在不同空间层级上的扩散是不均衡的,城市的极化作用加强,信息化导致了城乡间的"数字分化"(Malecki,2003)。信息化既对农村发展带来了机遇,也为数字化边缘地区带来了挑战。信息时代,信息和知识的可获得性趋同,消除了时间和空间的束缚,影响着城乡间的产业布局,为农村地区的增值增收创造了条件。同时,信息化也可能导致城乡间的优势资源向城市集聚,信息基础设施及产业布局将向城市地区倾斜,导致农村地区丧失发展机会,经济发展停滞。部分发达国家已经出现推动农村 IT 产业发展的项目,部分发展中国家也在农村地区的信息化建设方面进行了初步探索(Dillman and Beck,1998)。

Grimes(1992)分析了信息技术开发利用对于乡村发展的影响,同时也考虑了乡村外围地区。此外,他还对信息技术的应用是否会在本土地区带来"中心化"或"去中心化"进行了探讨。农村企业可以跨域地理距离的限制,提供即时服务,扩大市场范围。信息技术促进了企业间的信息交流,跨越地理位置阻碍实现与客户和供应商的实时交流,获取供求信息,调整生产经营模式。农村企业面临的距离远、规模小和区位分散的传统问题因信息技术的优势得以突破(Grimes,1992)。

农业信息化的发展已经使农业生产方式、经营模式等发生巨大变革。信息技术为农

业生产提供天气、自然灾害、病虫害防护、市场需求和相关政策法规等有效信息。"精准农业"综合集成了诸多信息系统，为农业信息采集、环境监测和资源管理提供了现代化手段，对农业现代化、农村经济发展产生了极大的促进作用。

信息技术与农村企业发展的相关研究认为信息技术将削弱距离和空间障碍，使企业接触到广泛的销售市场，为规模较小的农村企业带来了新的竞争力（Malecki，2003）。但是，也有学者并不完全认为信息技术为乡村经济发展带来的全部为正面影响（Richardson and Gillespie，1996）。因此，在信息化与乡村经济发展的研究中要根据区域发展实际进行客观分析。

2. 信息化对乡村企业空间组织的影响

信息技术影响下的企业空间组织研究是 Internet 与经济地理主要研究对象之一。信息技术的应用使企业的生产模式与管理模式发生转变，企业类型也由传统的生产经营模式向虚拟企业转变。网络空间是与传统的自然地理空间完全不同的地理空间，且形成于传统地理空间（Wilson，1967；Batty，1993）。信息技术在企业中的应用使企业的空间组织发生重构（Gerrard and Barton，2003）。丁疆辉等（2009）以服装企业为研究对象，对基于时间成本的生产链空间组织的变化进行了研究，发现信息技术通过压缩生产时间来引发企业生产链组织的空间变革，并使生产链某一环节的管理加强。信息技术导致的空间距离摩擦定律失效与空间尺度缩小改变了空间临近性及区位的具体内涵。区位因子对于区域社会经济发展具有重要影响，信息时代企业的区位选择与布局将发生改变。宋周莺和刘卫东（2012）分析了基于信息技术的广泛渗透对企业区位选择的影响，剖析了其影响机理，并认为"时间成本"是影响区位选择的核心因素。张林和刘继生（2006）分析了由信息技术广泛渗透所引发的区位研究的新动向，指出传统区位论逐步向区位因子软化、范围宽泛化、中心地理论虚拟化和主体现实化等方向发展。

在广大农村地区，区域经济形态及空间组织同样会受信息技术的影响而产生集聚与扩散等空间效应，导致农村经济空间组织的重构。农村地区的经济形式与产业结构变化显著，旧有的传统产业体系已经转型升级、优化重组，形成新的农村经济景观。随着农村经济逐步与数字经济的融合，农村地区将面临着日趋激烈的外部竞争，可能导致偏远的信息基础设施不发达的"信息边缘区"成为竞争中的"弱势区域"（丁疆辉，2015），从而影响乡村经济实体的空间演变过程及区域经济格局。

信息技术在乡村企业内部及外部管理中的应用，实现了企业内部管理与外部运行的现代化。在企业内部系统中，财务、人力资源、物流和仓储等部门间均实现了内部交流的自动化，部门间联系更为紧密，搭建了基础信息共享的平台。在企业外部系统中，原材料供应商、生产基地和销售点间形成了紧密的交叉联系。市场供求信息的实时更新、产品订单处理自动化等提高了整个生产链的信息化程度，缩短了企业对整个生产——供应链条的响应时间。虽然乡村企业的信息化应用程度与发展成熟的企业还有很大距离，但信息化手段的推行实现了企业内部部门间信息共享与一体化管理，定制化的生产模式满足了消费者的个性化需求，推动了企业业务流程的重塑（丁疆辉等，2009）。乡村企业的运行模式改变，研发工作加强，产品生产基地向不同区域扩散，销售网点数量增加，线上与线下销售的"O2O"模式日益成熟。农村企业内部的信息化(设计、研发、管理、销售和物流等部门)与外部信息化(材料供应商、代工厂和销售商等)使企业的空间联系加强、区位选择灵活多样,形成"集聚"或"扩散"的新的空间模式(图10.5)。

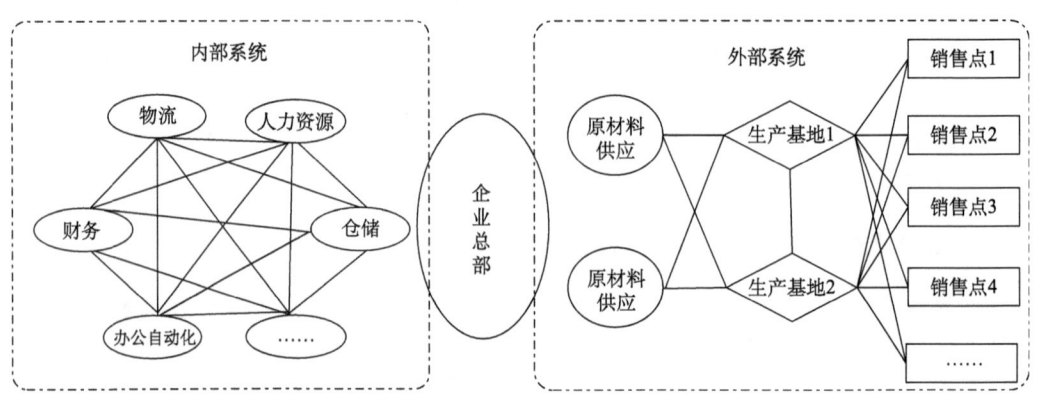

图 10.5 信息技术在乡村企业内外部系统中的应用

信息化在缩短市场响应时间的同时,也对快速的产品配送体系提出了更高的要求,生产地的分散布局形成了以各个生产地为中心的临近配送模式。企业实体的扩散与"虚拟集聚"是企业空间组织变化的必然趋势。虽然,信息技术在乡村企业中得到了广泛的认同,但由于农村管理者对信息技术的了解程度不高及应用意识不强等因素,仅少部分管理者能够使信息技术与企业生产、管理流程的重塑紧密相联,制约了乡村企业信息化的发展(丁疆辉,2015)。乡村企业自身的局限性使其发展面临着强烈的外部竞争。虽然信息技术突破了空间距离约束,但由于企业受缺乏高素质人才、市场开拓能力较弱等因素的制约,农村企业往往也面临着发展困境。

乡村企业中,部分企业以农产品的生产、加工和销售为主要经营模式。信息化在这种依靠农业资源及农产品的"内生"企业中的应用使农村企业的生产基地的区位选择更加多元化。对于以非农产业为主导的农村企业,由于农村地区较低的劳动力价格、低廉的地租而选择农村地区进行发展,信息技术明显的增加了其供应商及销售市场的范围,引发业务流程逐步向"倒业务"模式转变,"订单式"生产日益兴起。总之,信息化的发展对于农村企业既带来了"外部竞争"的挑战,也引发了企业空间组织的革新,区域经济格局的重塑。

3. 信息化对农村居民经济行为的影响

农村地区信息基础设施的完善加快了互联网在农村地区的扩散与应用,改变了农村居民的经济行为与经济活动。利用互联网进行信息检索、实时通信、娱乐学习、生产销售、网上购物和电子商务等使农村居民信息获取、休闲娱乐更为便利,同时也使农村居民接触到炒股等经济活动之中。2014 年,农村网民中仅 2.9%为商业服务业人员,个体户/自由职业者、学生的网民规模占比均较高(图10.6)。

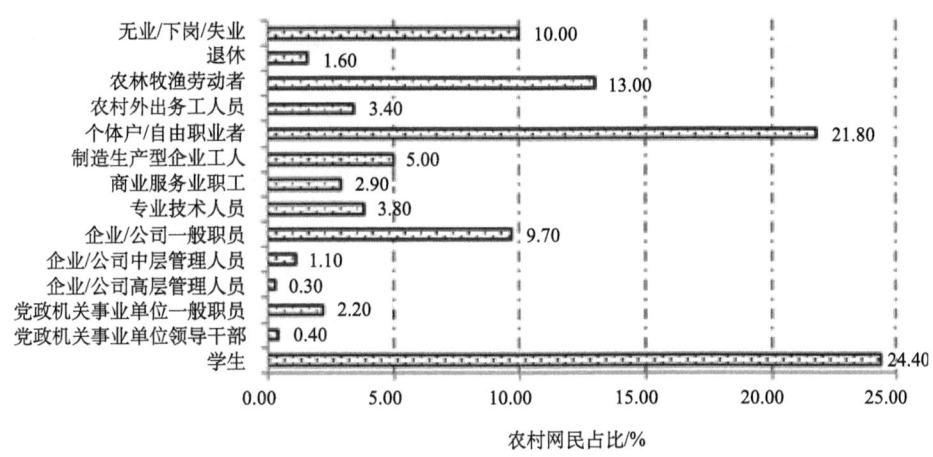

图 10.6　2014 年中国农村网民职业结构

数据来源：2014 年中国农村互联网发展状况报告

互联网为农村居民提供了多元化的应用方式，但由于农民的文化素质偏低导致的互联网应用知识的匮乏，以及农村地区上网成本较高等因素制约了互联网在农村地区的应用。目前，中国农村网民中利用互联网进行商务交易的网民规模约为 28140 万人，其中网络购物所占比例为 43.20%，远远高于其他商务交易应用类型。随着网上购物的兴起，乡村地区网上支付比例逐步升高，但由于大多农村居民不会网上购物的操作，远离城市，基础设施落后，物流产业发展滞后等因素，乡村居民的网上购物行为受到制约。部分乡村居民已经利用互联网进行理财，参与到炒股、投资等经济活动中。

农村居民上网的目的已经不单纯是为了信息查询、获取资讯、进行娱乐，而是利用互联网技术进行电子商务、投资理财（表 10.2）。虽然利用网络进行销售与经营的农村企业规模仍较小，但其规模在逐步扩大，已经成为乡村发展的一种趋势。电子商务将为农村地区带来新的经济增长机遇，乡村地区经济的发展又会促进乡村信息化进程，形成良好的相互反馈机制。

表 10.2　2014 年农村网民互联网商务交易类应用情况

上网行为	网络购物	网上支付	网上银行	旅行预订	团购	互联网理财
网民规模/万人	7714	6276	5700	4028	2914	1508
网民使用率/%	43.20	35.20	31.90	22.60	16.30	8.40

数据来源：2014 年中国农村互联网发展状况报告。

二、信息时代乡村经济空间结构组成要素转变

空间结构（spatial structure）是在一定地理空间内，由于人类长期空间活动和区位选择对地理要素的区位关系及分布形式进行重塑的结果（吴传钧等，1997）。区域经济空间结构关注区域内经济现象间的相互作用与相互关系。中国科学院陆大道院士首次将区域经济空间结构的概念引入中国，他认为"区域经济空间结构源于社会经济单元或个体之间

的相互作用与联系及其所形成的空间关联形态和规模"(陆大道,1995)。地理空间可以用点、线(网络)、面进行描述和定义(图10.7),抽象的点、线、面代表着不同的经济实体,三者的组合可以形成不同的区域经济空间形态。具有不同特质的代表不同经济意义的点、线、面因其内在经济联系和空间位置关系而构成区域经济空间结构(李小建等,1999)。因此,点、线、面是构成区域经济空间结构的基本要素。

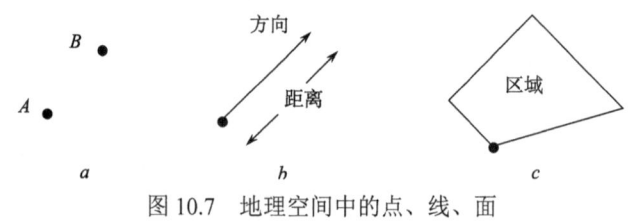

图 10.7　地理空间中的点、线、面

资料来源:吴传钧等,1997

信息时代背景下,知识和信息的高速流动引发区域经济的发展模式改变,赋予了区域经济空间结构基本要素新的内涵,导致区域经济空间结构重塑。在工业化时代,城市、工业区等区域经济增长极集聚于交通枢纽附近,进而沿道路沿线向周围辐射,形成工业走廊或经济区。而信息时代,点要素的规模、功能、区域地位等将发生改变(甄峰等,2004)。输入和输出的信息量将影响节点的规模,传统的工业中心等将逐步向信息中心、金融中心、物流中心等"软功能"方向转变,部分节点也将成为区域的信息枢纽。信息在各经济实体间的高速流动使各要素间的空间联系更为紧密,空间结构作用加强。随着区域数字化的推进,信息流引发区域经济空间重组,智能走廊、智能区域等新的区域空间组合出现,形成新的区域经济空间格局(表10.3)。

表 10.3　不同时代区域空间结构构成要素分析(甄峰等,2004)

构成要素	工业时代	信息时代
点	城镇、工业区	各级信息节点、信息港、高技术区等
线(网络)	交通网络人文 (水运、航空、铁路)	信息网络 (因特网、信息高速公路等)
		创新网络 (研究型大学与科研院所)为主
		机制网络 (区域之间组织与协作网络)
面	经济影响区、 都市区(群)	智能走廊、智能区域

农村信息化与农村产业演替、行业转型息息相关,信息技术催生了"互联网+农村电子商务"、"互联网+农村金融"和"互联网+农产品安全"等一系列新兴产业的兴起。电子商务、物联网和大数据等技术的应用改变了传统的农产品流通方式,经济实体间互动与交流加强。信息化的发展往往依托于区域中心的优势而建立起信息节点、信息港等

信息基础设施完善的信息枢纽。在农村信息化的过程中，中心村镇、大规模聚落等乡村经济发展的核心区域自然成为了区域信息流动的中心。"线"要素也不仅仅拘泥于传统的交通线、能源供给的管道线等，村与村之前、城乡之间的信息通道促进了乡村经济实体之间信息的高速流动，形成了以信息技术为依托的信息交流网络、科研网络等。农业在经济活动的空间表现中多呈面状，农田是最广泛而直观的表达。现代化的农场中，高度智能化的管理与经营手段促进了现代农业的发展。Internet加强了乡村企业与原材料供应商、生产基地和销售网点的联系，形成了跨越地理障碍的生产销售网络。信息技术不仅促进了乡村企业内部的联结，也使企业之间联系更为紧密，催生了大量的以信息技术为主导的乡村产业园。乡村经济因信息技术而转型，同时信息技术也重塑着乡村经济格局，使乡村经济空间结构的内涵产生革新(表10.4)。

表10.4 信息化条件下乡村经济空间结构构成要素的内涵

构成要素	点	线(网络)	面
内涵	①中心村、镇、农村居民点；②农场；③基于中心村镇、农村居民点、农村等产生的信息节点、信息港等	①村与村之间、村与镇、镇与城之间的交通线、通信线、能源供给线，由各线要素构成的交通网、信息网；②科研机构与农场、农户间构成的创新网、信息网；③乡村企业与生产基地、供应商、销售点之间的信息网	①田块；②以信息技术为主导的乡村产业园区；③智能农场

三、信息技术与乡村经济空间组织变革

信息技术的快速发展引发了乡村地区社会经济生活方式的深刻变革(Graham，2002)。知识、信息的高速流动及信息技术的飞速发展催生新的产业部门出现，并重塑着乡村企业的商业运行模式与企业的组织形式(刘卫东等，2004)。在农村信息化过程中，通信部门和信息服务部门为乡村经济实体提供着信息服务及信息交流手段。信息技术发展对乡村经济发展具有直接和间接双重的经济效应。直接经济效益为信息产业部门自身发展带来的经济效益，间接经济效益则来源于信息技术对乡村经济实体的生产过程和管理过程所带来的革新。

乡村经济实体主要包括农村企业、农村合作组织和农村产业部门三种形式。新的信息技术作为可能引发区域经济空间变化的介质(刘卫东和甄峰，2004)，通过在乡村经济空间组织实体中的渗透与应用改变其生产模式及管理模式，从而导致乡村经济空间组织的变革。信息交流突破地域限制实现"无空间化"，产品的销售范围扩大，生产基地向外延伸，经济组织间的"虚拟互动"加强，实现了生产及销售的空间拓展(丁疆辉，2015)。新的信息技术催生灵活的生产模式，企业生产成本降低，劳动生产率提高(Martin，1995)。大量的商品信息使消费者选择的空间加大，市场竞争日趋激烈。企业的管理模式需适应市场响应时间加快改变，形成信息化条件下企业的内部协调机制。随着信息技术在企业管理中的应用加深，经济体内部的运行效率快速提高。产品生命周期的缩短对经济实体的市场响应能力和产品配送的实效性提出了更高的要求，生产的"时间成本"将对乡村经济

空间组织的革新产生深刻影响。经济实体的管理框架由垂直分层向扁平化转变,以"订单式"生产为核心的"倒流程"模式出现。"电子商务"的发展改变了传统的供应链条,加强了与顾客群体的虚拟互动,拓展了产品销售渠道,形成了以信息技术为核心的商务模式。总之,信息技术通过在经济空间组织实体中的渗透而实现生产效率的提高、规模扩充和管理模式革新及区域分工的专业化,从而实现乡村经济空间组织的变革(图10.8)。

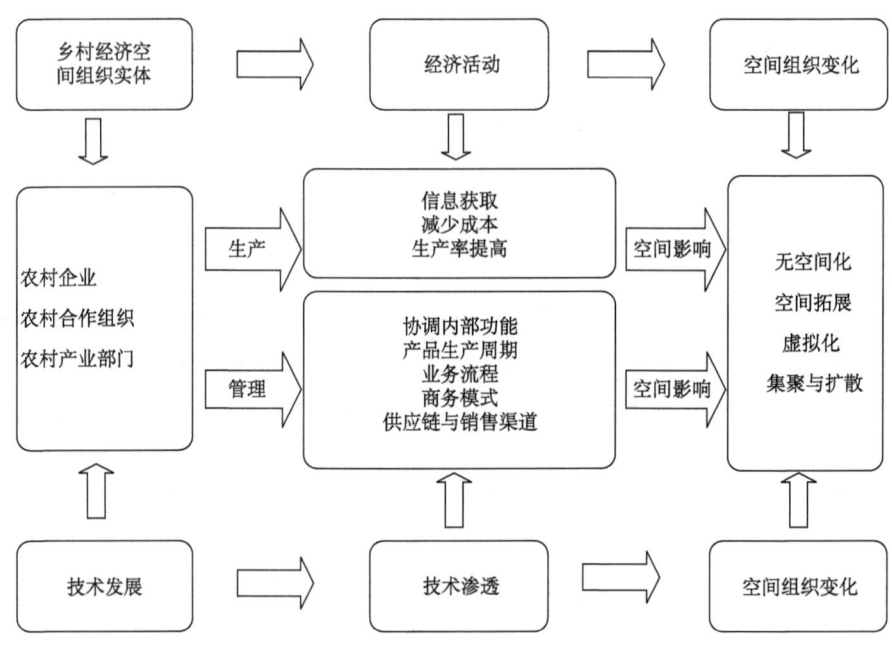

图 10.8　信息化推动下的乡村经济空间组织革新

第四节　乡村社会空间组织革新

一、信息化背景下的乡村社会空间组织

乡村社会空间是由农村居民的社会活动、社会交往所形成的地域结构,是农村居民对农村地域长期的"建构与填充"所形成的社会空间秩序(丁疆辉,2015;金凤君,2013)。在信息技术的影响下,乡村地区的经济实体在生产、管理等方面的变革形成了新的经济空间组织形态。同样,信息技术也营造了多元、丰富的农村居民社会行为空间,改变了乡村居民的社会认知、自身活动与日常交往。

1. 信息技术对农村居民社会活动的影响

互联网和移动通信技术的普及为农村居民提供了便捷的信息获取渠道和参与互动的虚拟平台。传统的农村居民"日出而作,日落而息"的日常活动因信息技术的应用而呈现多元化特征。随着农村网民数量的持续快速增长,网络已经成为农村居民的一种生活技能,对乡村人口的社会活动产生深远影响,催生了网络信息获取、网络娱乐、网上购物、网上支付、网上教育和移动医疗等与网络相关的生活方式。《2014年中国农村互联网发展状况报告》显示,农村居民中利用网络进行网络新闻获取的网民规模达13 247万人,另有少部分农村网民开始使用博客(表10.5)。利用网络听音乐、观看视频、读小说等方式进行休闲娱乐的农村网民逐步增加。

表10.5 农村网民网络应用情况

应用类别	应用	农村网民规模/万人	农村网民使用率/%
信息获取类	网络新闻	13247	74.20
	搜索引擎	12987	72.80
	博客	2204	12.30
网络娱乐类	网络音乐	12444	69.70
	网络视频	10875	60.90
	网络游戏	9637	54.00
	网络文学	7261	40.70
交流沟通类	即时通信	15558	87.20
	微博	5333	29.90
	电子邮件	5184	29.00
	论坛/BBS	2635	14.80

数据来源:2014年中国农村互联网发展状况报告。

网络的应用使农村居民能够了解即时信息,解决了因距离因素及其他自然因素所导致的信息获取的滞后问题。农村网民不仅可以利用网络获取关于政治、经济和政策等方面的新闻,也可以了解与生产生活相关的农业科技、惠农政策等信息。信息闭塞将阻碍区域的发展,畅通的信息获取渠道有利于农民对外部环境及时做出响应,改变生产经营方式,调整致富途径,已达到规避风险的目的。同时,农民可以应用网络学习所需知识,填补知识空缺,提高综合素质。部分偏远的农村地区仍处于"信息空白"区域,农村居民缺乏现代休息娱乐的基本"载体",与现代人的生活方式"脱节"。在信息化程度较高的乡村地区,传统的休闲娱乐方式已经发生改变,网络游戏、网络文学等现代生活方式已经在农村地区渗透。虽然,网络应用使农村居民生活多元化、现代化,但良莠不齐的网络信息对农村居民已经产生不利影响,尤其对于农村青少年的成长带来极大威胁。

互联网不仅影响着农村居民的日常生活,也对农民的经济活动产生诸多影响。电子商务的兴起使农民不仅成为电子商务的经营者,也通过"网上购物"等途径成为消费者。农民通过网络将农产品销往其他地区,开拓了产品交易市场。农村地区的绿色农产品受到城市居民的追捧,城乡居民通过网上交易实现农产品销售。例如,在山西省晋中地区有近7.6万农民在政府的扶持下通过开网店将玉米、笨鸡蛋和野生蘑菇等绿色农产品销售出去,搭建了村级电子商务平台[①]。部分地区的村民还以家庭作坊、家庭工厂等形式制作手工艺品、民俗产品,利用网络平台进行销售。"淘宝村"在江苏、浙江等地大量涌

---

① 引自:山西晚报、山西新闻网(http://news.sina.com.cn/s/p/2014-10-29/132631063437.shtml).

现,农村居民的经济活动日趋活跃。"O2O"的生产经营模式为农村地区开辟了产品销售的新途径,解决了部分地区"有产品,无市场"的窘境。

电子商务繁荣了乡村经济,改变了乡村居民的经济活动形式,而电子商务的发展需要借助第三方支付平台进行线上交易,这便促进了农村居民网络金融的应用。根据《2015中国第三方在线支付市场年度综合报告》,2006~2014 年的中国第三方互联网支付市场交易规模持续上升,到 2014 年已达 90118 亿元。与城市居民相比,农村居民对网络交易的"依赖性"较大,因城市居民可以方便的到达各种市场进行直接的买卖,而农村居民距离市场较远,因此其交易方式的选择空间较小。此外,由互联网衍生的网上炒股、网上理财等网络金融也渗透至乡村居民生活中。互联网为农村居民提供了无需出行的即时交易平台。多数的股票交易场所都位于市区或县城,通过完全的网络依托进行股票交易避免了乡村股民在城乡间的频繁流动。丁疆辉等(2015)对河北省无极限的农民炒股行为进行了调查,发现农村网民具有很强的地域集中性,超过 80%的农村居民不会亲自到城市的股票交易场所进行交易。可见农村居民的炒股行为受时空距离的制约,并对互联网有高度的依赖性。农村居民对于信息技术的认知与使用逐步深入,农村居民与信息技术紧密相联是未来农村信息化发展的必然趋势(图 10.9)。

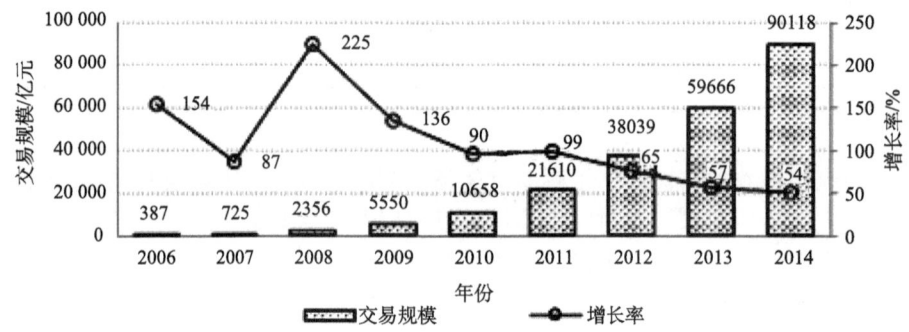

图 10.9　2006~2014 年中国第三方互联网支付市场交易规模

数据来源:2015 中国第三方在线支付市场年度综合报告

信息技术为农村居民的就医、教育带来了便捷。城乡间医疗、教育资源的不均衡一直是制约中国城乡协调发展的障碍因素,而信息技术对于跨越城乡间的地域限制起到了积极作用。以互联网为依托的移动医疗市场规模持续增长,预计到 2018 年,其规模将达到 291.5 亿元。乡村居民可以通过移动医疗 APP 进行获取医疗咨询、问诊咨询、预约挂号等,便捷地获取医疗服务(图 10.10)。在教育方面,农村儿童可以通过网课、网上答疑等方式获得优质的教育服务。

2. 信息技术对农村居民社会交往的影响

在广大农村地区,农村居民点之间的距离往往较远,或者存在山丘、河流等自然因素的阻隔,加之交通工具的匮乏,限制了农村居民人际交往空间的扩大。传统的农村居民人际交往空间仅仅局限于村庄内部的邻里之间及其他地区的亲戚之间。因此,传统的

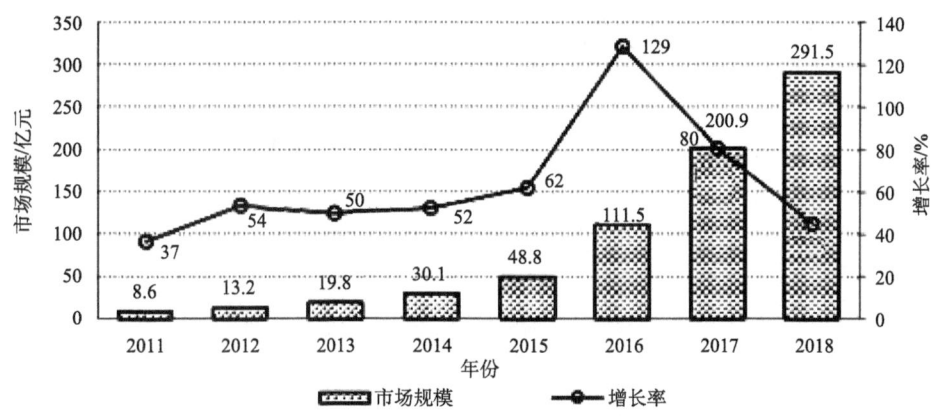

图 10.10　2011~2015 年中国移动医疗市场规模及其预测

资料来源：2016 中国医生端移动医疗 APP 上半年专题研究报告

农村居民交往范围存在明显的距离衰减特性。从传统的信件沟通到固定电话、移动电话的即时交流，发展到今天的利用 QQ、微信（Wechat）等社交软件进行视频与语音交流，现代的交流方式已经使农村居民的交往空间发生改变。

多元化的人际交往媒介是乡村居民人际交往空间变革的基础。麦克卢汉特别注重媒介技术的功能性方面，他认为"媒介即讯息，即任何媒介的内容总是另一媒介。"美国学者梅罗维茨在《消失的地域》一书中强调"不同种类媒介的潜在不同效果"需要加以关注。的确，媒介种类的不同会带来不同的交流方式。农村居民传统的交往方式主要是面对面的交流，而跨越空间距离的即时交流需要信息技术的支撑。随着农民收入水平的提高，农村地区的上网终端的种类呈现多元化，除手机之外，台式机、笔记本和平板电脑上网的使用比例都在增高。截至 2014 年 12 月，农村网民中使用手机上网的规模为 1.46 亿，移动电话是农村居民主要的上网工具，由于其他上网终端的"分流作用"，手机网民的规模有所下降。手机、电脑等可以接入免费的无线网络与他人进行实时交流，可在一定程度上节省信息资费，逐步成为农村居民与远距离亲属、朋友交流的主要媒介。

Internet 使乡村居民的"虚拟交往空间"扩大。借助于互联网的即时通信技术，乡村居民可以克服地理空间的限制实现与世界各地的交往对象进行实时交流。通过网络，农村居民不仅可以与已经认识的亲属、朋友交流，还可以通过社交软件、社交网站与其他人建立联系，扩展交往范围。据 CNNIC 中国互联网络发展状况统计调查结果，截至 2014 年 6 月，中国的社交网站用户规模达 25 722 万人，使用率达 40.70%，其中手机社交网站用户规模为 13 387 万人（图 10.11）。农村居民互联网的交往认知逐渐增强，很多农村居民愿意通过互联网结识新的朋友。网络扩展了乡村居民的交往范围，加强了朋友间的联系，建立了新的交际网络。一方面，互联网加强了乡村居民与亲属、朋友、同学和同事等原本相识的群体之间的联系，使"真实交往空间"得到巩固；另一方面，通过社交软件、网站等结识的不曾相识的人而形成的"虚拟交往空间"得到拓展。邻里关系是乡村居民人际关系的重要组成部分，交往媒介的应用使乡村居民邻里交往方式多元化，既可以进行面对面的沟通，也可以通过通信设备进行实时交流（图 10.12）。

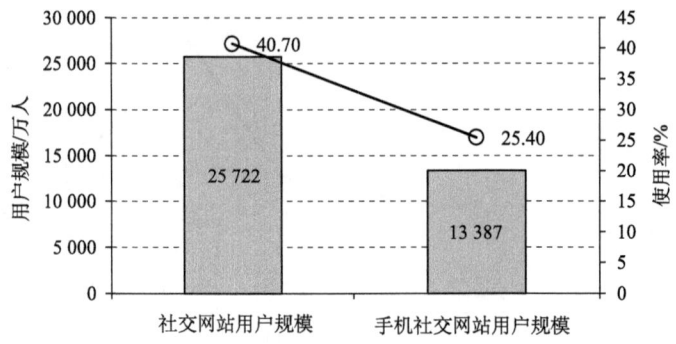

图 10.11　2014 年 6 月社交网站/手机社交网站用户规模及使用率

数据来源：CNNIC 中国互联网络发展状况统计调查

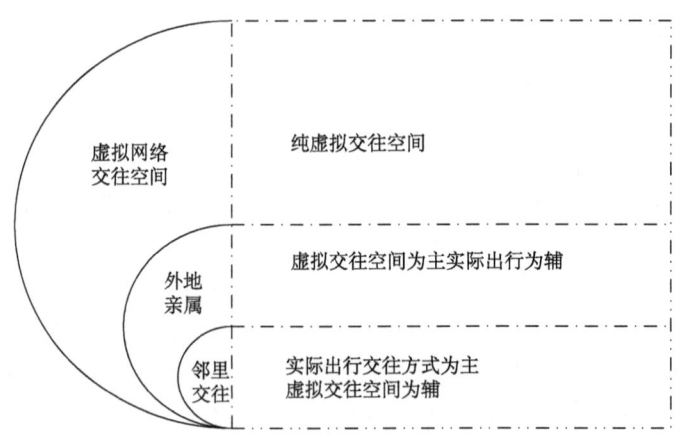

图 10.12　信息技术下乡村人际交往空间与交流方式

资料来源：丁疆辉和刘卫东，2012

二、信息技术与乡村社会空间组织变革

尼葛洛庞蒂曾在《数字化生存》中指出"计算不再只和计算机有关，它决定我们的生存"（尼葛洛庞帝等，1997）。数字化革命对人类的社会活动与人际交往产生了强大的冲击。移动通信技术和互联网技术作为新兴的信息传输媒介使乡村居民的社会活动空间、人际交往空间得到延伸。

乡村居民的社会活动空间由"现实活动空间"和"虚拟活动空间"构成。"现实活动空间"具有"本土化"特征，即在乡村居民所居住的一定地域范围内所进行的生产、经营、娱乐和交际等活动，包括在当地进行的交易买卖、在村镇卫生所(院)就医、在当地的教育机构进行学习和在当地的金融机构进行理财等行为。而由信息化所催生的"虚拟活动空间"则是依靠信息技术通过网络终端所进行的网络交流、电子商务、移动医疗、远程教育、炒股和第三方支付等新兴活动。这种活动不需要基于特定的场所与地域，可以完全依赖于网络的信息化操作而完成。在乡村居民新的社会行为衍生的过程中，信息技术只是充当了一种技术手段催化了新的社会行为的形成。其根本原因在于传统的乡村社会活动空间已经难以满足乡村经济社会发展的需要，传统的休闲娱乐方式已经难以与现代人的思想观念及心理需求相适应。乡村生产的农产品由于信息的闭塞而无法得到更多的客户源。城乡之间医疗资源、教育资源差距悬殊，农村居民为得到优质的医疗、教育资源而使用网络这一信息途径获取更好的公共服务。传统的农民理财大多只是在银行进行储蓄，而网络为其提供了便利的交易平台。因此，在为获取更高利益的驱使下，农村居民逐步进行炒股、基金等理财行为。信息技术对农村居民活动影响的本质在于为其提供了可以跨域时空阻隔、便捷高效的虚拟平台，使得各种服务、资源可以得到共享。信息技术改变了乡村居民对外界的认知，为乡村居民提供了虚拟的活动空间，改变了其社会行为空间。

人际交往指的是人与人之间的关系，这种关系是借助一定的交流符号，以寻求满足需要为动机的一切直接或间接的信息、物质和情感等交流过程和状态。本书中所关注的是借助信息媒介而产生的交往。数字媒介首先拓展了人际交往的广度和深度，突破了传统的交往方式，使交往对象得到了极大扩展。基于网络技术的联通性和交互性，世界上只要有网络的地方，就可以进行人际交往。依托信息技术的支撑，乡村居民的交往活动由现实平台向虚拟平台延伸。"物理空间"对乡村居民的交往范围的制约越来越弱，虚拟空间可以使分散在不同区位的个体联系起来，形成新的交际网络。随着信息技术的跨越式发展，传统的一对一的交流方式已经改变，"一对多""多对多"的交流已经突破了传统的点对点模式（图 10.13）。农村居民传统的依靠"地缘"、"业缘"和"亲缘"而形成的交往关系得到改变，同时也衍生了一种新的交往纽带——"网缘"（王彩霞和李荫榕，2010）。信息技术使农村居民与外地亲属之间的交流更加频繁，关系更加稳固。交往的范围由传统的以居住地为核心的区域向"虚拟空间"的陌生人扩展。

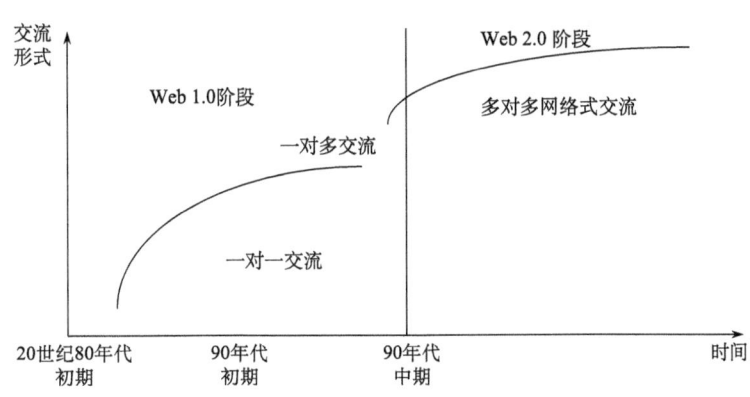

图 10.13 互联网交流形式的跨越式发展

资料来源：眭东仔，2006

乡村信息需求量的增加是乡村居民现实交往时空的延伸和扩展的虚拟交往时空的出现的核心原因。经济社会的飞速发展、劳动生产率极大提高，社会信息需求量激增，传统的人际交往模式已经无法获取足够的信息资源，拓展人际交往空间以搜集更广泛的信息成为有效的选择。传统的人际交往所获得的信息是有限的，而依托信息技术可以跨域地理空间约束获取全球信息。因此,乡村居民人际交往空间的变革源于信息化导致的日益增长的信息需求(图10.14,图10.15)。

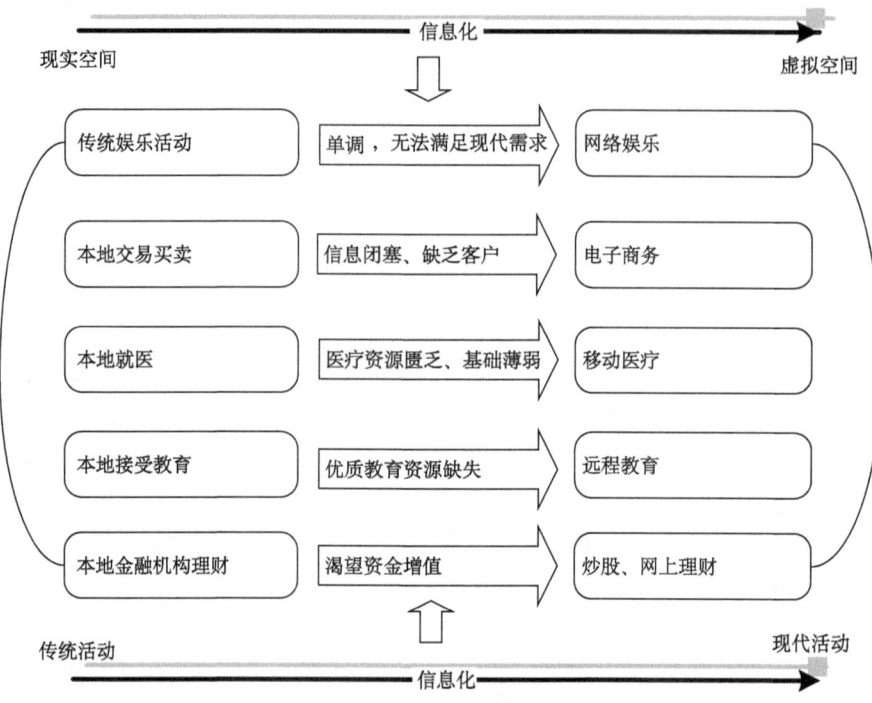

图10.14　信息技术对乡村居民社会行为的作用机制

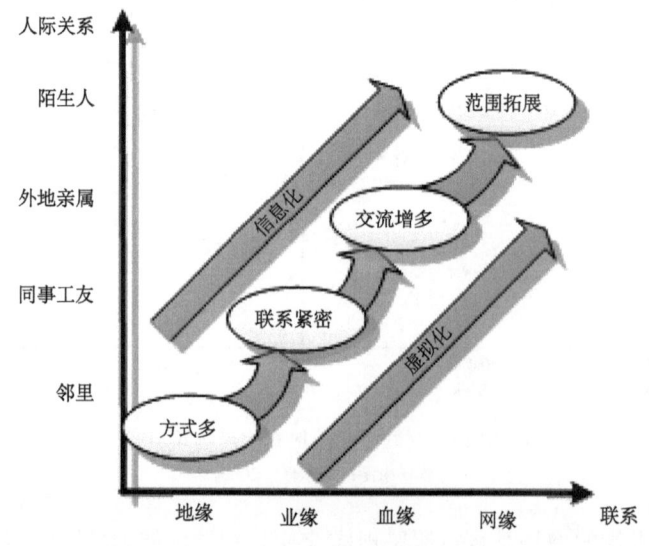

图10.15　信息化对乡村居民人际交往空间的影响

第五节　小结与展望

一、本　章　小　结

　　承载着乡村居民的生活、生产功能的乡村聚落、乡村企业、乡村商贸网点及乡村居民的社交活动等社会行为构成了乡村经济社会空间。时代发展引发的新因素的介入促进乡村地域空间组织随之革新，发生动态演化。作为生产要素流动的新载体和影响生产要素配置的新因子，信息技术深刻影响着劳动力、技术、土地、资本和信息等生产要素在城乡间的转移与配置，使乡村的社会经济运行方式发生改变。

　　信息时代乡村社会经济空间组织变革的动力源自于乡村信息化。乡村信息化是以信息技术为依托，以信息资源为核心，进行生产、生活、管理和教育，以推动农村经济社会转型与发展的系统工程。全球范围内，信息技术在乡村地区已广泛应用于农业生产、经营管理、管理决策和资源环境监测等领域，其发展过程具有一定的阶段性。同时，囿于不同国家发展水平的差异，发达国家的乡村信息化水平远远高于发展中国家。21世纪以来，中国的乡村信息化在经历了起步阶段和发育阶段之后，已经步入快速发展阶段。但是，传统的城乡二元结构导致城乡间在经济、教育、信息基础设施建设和网络技术等方面发展严重失衡，使乡村地区的信息基础设施投入和信息技术人才培养等方面严重滞后，城乡间"数字鸿沟"凸显。

　　信息技术作为可能引发区域经济空间变化的介质，通过在乡村经济空间组织实体中的渗透与应用改变其生产模式及管理模式，从而导致乡村经济空间组织的变革。依靠农业资源及农产品的"内生"企业生产基地的区位选择日益多元化。对于以非农产业为主导的农村企业，由于农村地区较低的劳动力价格和低廉的地租而选择农村地区进行发展，信息技术明显地增加了其供应商及销售市场的范围，引发业务流程逐步向"倒业务"模式转变，"订单式"生产日益兴起。信息技术在乡村企业内部及外部管理中的应用实现了企业内部管理与外部运行的现代化。在企业内部系统中，财务、人力资源、物流和仓储等部门间均实现了内部交流的自动化，部门间联系更为紧密，搭建了基础信息共享的平台。在企业外部系统中，原材料供应商、生产基地和销售点间形成了紧密的交叉联系。市场供求信息的实时更新和产品订单处理自动化等提高了整个生产链的信息化程度，缩短了企业对整个生产——供应链条的响应时间。农村企业内部的信息化与外部信息化使企业的空间联系加强、区位选择灵活多样，形成"集聚"或"扩散"的新空间模式。

　　随着信息技术在乡村居民中应用的增多，其社会行为、社会认知也被重塑。网络的应用使农村居民能够了解即时信息，解决了因距离因素及其他自然因素所导致的信息获取的滞后问题。同时，网络娱乐、网上购物、网上支付、网上教育和移动医疗等与网络相关的生活方式也逐步萌生。利用社交软件进行视频与语音交流的现代即时通信方式可以跨越空间距离的阻隔实现乡村居民的社会交往空间由传统的现实交往向虚拟交往延伸。农村居民传统的依靠"地缘"、"业缘"和"亲缘"而形成的交往关系得到改变，同时也衍生了一种新的交往纽带——"网缘"。

二、研究展望

信息技术使新的结构、经济活动的新的组织或空间形式、新的产品和工艺等成为可能，使知识经济时代的经济和社会景观发生重构。新因素的介入使原本复杂的城乡地域系统发生深刻变革，也为乡村地理学的研究提出了许多新的命题与挑战。

(1)信息技术的空间影响是复杂多变的，乡村发展类型是多样的，如传统农业主导型乡村、工业主导型乡村及商业服务业主导型乡村。探究信息技术对不同发展类型的乡村的空间影响的内在机制将成为下一步研究的热点。此外，不同的乡村地域拥有不同的资源禀赋、文化特质、产业基础和发展政策等，探究不同地域模式的乡村信息化的空间影响可以为因地制宜地制定区域发展方向，特别是为信息化主导的乡村转型发展路径提供支撑。

(2)信息技术降低了经济活动的交易成本，以"成本小，门槛低"为特色的乡村电子商务蓬勃发展，其发展速度之快，规模之大为我国乡村地区的经济社会发展带来了新机遇。由乡村电子商务引发的乡村经济、社会空间的革新亟待探索，以丰富和完善"时空压缩"背景下乡村重构的理论框架。

(3)目前关于信息技术影响下的乡村地区社会空间组织的研究以从农户、典型企业、村域等微观视角的小尺度研究居多。大数据的应用已经十分普遍，因此，利用后台统计数据，从更为宏观的尺度利用定量的方法探究信息技术对乡村地区的生产生活的影响及区域差异将填补相关研究的"尺度空白"。

参 考 文 献

丁疆辉, 刘卫东. 2012. 信息技术应用对农村居民行为空间的影响——以河北省无极县为例. 地理研究, 04: 733-744.
丁疆辉, 宋周莺, 刘卫东. 2009. 企业信息技术应用与产业链空间变化——以中国服装纺织企业为例. 地理研究, 04: 883-892.
丁疆辉. 2015. 信息化趋势影响下农村空间组织研究. 北京: 科学出版社.
郭永田. 2012. 中国农业农村信息化发展成效与展望. 电子政务, Z1: 99-106.
贺文慧, 杨秋林. 2006. 国外农村信息化投资发展模式对中国的启示. 世界农业, 324: 18-20.
胡大平, 陶飞. 2005. 农村信息化的基本内涵及解决对策. 科技进步与对策, 03: 159-161.
胡序威. 1998. 沿海城镇密集地区空间集聚与扩散研究. 城市规划, 06: 22-28, 60.
金凤君. 2013. 论经济社会空间组织的增益效应. 地理研究, 11: 2163-2169.
金其铭. 1989. 中国农村聚落地理. 南京: 江苏科学技术出版社, 1-4.
金其铭. 1990. 乡村地理学. 南京: 江苏教育出版社, 47-51.
李小建, 李国平, 曾刚. 1999. 经济地理学. 北京: 高等教育出版社.
林毅夫. 2003. 信息化——经济增长新源泉. 科技与企业, 08: 53-54.
刘世洪. 2005. 农业信息技术与农村信息化. 北京: 中国农业科学技术出版社.
刘淑华, 姚玉秀, 尚丹, 等. 2010. 论国外农村信息化发展. 现代农业科技, 02: 30-31.
刘卫东, Dicken P, 杨伟聪. 2004. 信息技术对企业空间组织的影响——以诺基亚北京星网工业园为例. 地理研究, 06: 833-844.
刘卫东, 甄峰. 2004. 信息化对社会经济空间组织的影响研究. 地理学报, 59(z1): 67-76.
陆大道. 1995. 区域发展及其空间结构. 北京: 科学出版社.
陆大道. 2003. 中国区域发展的理论与实践. 北京: 科学出版社.
梅方权. 2001. 农业信息化带动农业现代化的战略分析. 中国农村经济, 12: 22-26.
尼葛洛庞帝, 胡泳, 范海燕. 1997. 数字化生存. 海口: 海南出版社.

乔家君. 2011. 中国乡村社区空间论. 北京: 科学出版社.
宋周莺, 刘卫东. 2012. 信息时代的企业区位研究. 地理学报, 04: 479-489.
眭东仔. 2006. 数字媒介对人际交往的影响. 南昌大学.
王彩霞, 李荫榕. 2010. 信息化条件下人际交往时空的变革. 学术交流, 01: 130-132.
吴传钧, 刘建一, 甘国辉, 等. 1997. 现代经济地理学. 北京: 江苏教育出版社.
张林, 刘继生. 2006. 信息时代区位论发展的新趋势. 经济地理, 02: 181-185.
张小林. 1999. 乡村空间系统及其演变研究. 南京: 南京师范大学出版社, 95-110.
甄峰, 曹小曙, 姚亦锋. 2004. 信息时代区域空间结构构成要素分析. 人文地理, 05: 40-45.
郑全太. 2007. 我国新农村信息化建设与发展探析. 杨凌: 西北农林科技大学.
Adams P C, Warf B. 1997. Introduction: Cyberspace and geographical space. Geographical Review, 87(2): 139-145.
Batty M. 1993. The geography of cyberspace. Environment and Planning B: Planning and Design, 20(6): 615-616.
Brien R. 1992. Global financial integration: the end of geography. Royal Institute of International Affairs.
Conhaim W W. 2001. The Digital Divide. Information Today, 18(7): 20-35.
Dillman D A, Beck D M. 1988. Information technologies and rural development in the 1990s. Journal of State Government, 61(1): 29-38.
Gerrard P, Barton C J. 2003. The diffusion of internet banking among Singapore consumers. International journal of bank marketing, 21(1): 16-28.
Graham S, Marvin S. 2001. Splintering urbanism: Networked infrastructures, technological mobilities and the urban condition. Psychology Press.
Graham S, Marvin S. 2002. Telecommunications and the city: Electronic spaces, urban places. Routledge.
Graham S. 2002. Bridging urban digital divides? Urban polarisation and information and communications technologies (ICTs). Urban Studies, 39(1): 33-56.
Grimes S E. 1992. Exploiting information and communication technologies for rural development. Journal of Rural Studies, 8(3): 269-278.
Heap N, Thomas R, Einorr G, et al. 1995. Information Technology and Society: A Reader. London: Open University Press.
Hoffman D L, Novak T P, Schlosser A E. 2001. The evolution of the digital divide: Examining the relationship of race to Internet access and usage over time. The Digital Divide: Facing a Crisis or Creating a Myth, 47-97.
Malecki E J. 2003. Digital development in rural areas: potentials and pitfalls. Journal of rural studies, 19(2): 201-214.
Martin W J, 1995. The Global Information Soeiety. London: Aslib Gower.
Richardson R, Gillespie A. 1996. Advanced communications and employment creation in rural and peripheral regions: A case study of the Highlands and Islands of Scotland. The Annals of Regional Science, 30(1): 91-110.
Robert M K. 1998. Towards geographies of cyberspace. Progress in human geography, 22(3): 385-406.
Wilson A G. 1967. A statistical theory of spatial distribution models. Transportation research, 1(3): 253-269.

后　记

　　2016年1月22～23日在北京昌平凤山召开了"变化条件下我国人文与经济地理学的发展高层论坛"，就目前我国人文与经济地理学发展的态势和未来发展的一些重要问题，邀请了国内中青年学术带头人共24位学者作了学术报告，并进行了热烈讨论。这次会议是对我国人文与经济地理学近年来发展作出的一次高度的总结，也对未来发展的机遇及若干重大问题提出了展望。报告的内容很有深度和有前瞻性，特别是对正在我国蓬勃兴起的互联网发展及其对人文与经济地理学的影响做了科学及前瞻性的评价，其中的关键是信息化正在强烈改变社会经济及其主要要素的空间联系与空间结构，而正是这一点，是我们学科一个极其重要的核心议题。其间关系之大，远比对地理学其他分支学科的影响要更加突出。因为，人文与经济地理学所不同于其他许多科学之处就是在于其研究对象与方法论都要随着社会经济与科学技术发展阶段的要求而不断跟进与发展。

　　为了发挥信息技术革命的推动作用，使我国人文与经济地理学的发展能上一个新台阶，在国内外学术界能够起到一定程度的引领作用，我们决定围绕信息时代人文与经济地理学的转型发展这个主题，邀请全国有关著名中青年学者，合作写一本书。以专业视角，总揽当今国内外信息化发展的态势，将信息技术及其社会应用与学科方向、研究领域结合起来。同时将他们原来各自的研究范围扩大一些，加以整合，融合于学科发展。以期做出较为系统性的创新。我认为，我们对信息时代各类潜在的地理空间的科学认识和揭示，就是新的地理学思想。以这种新思想去推动社会实践，将可产生"改变世界"的效果。这是人文与经济地理学核心价值观的体现，也是新时期发展人文与经济地理学的必然选择。

　　世界历史上凡是崛起中的大国，总是在继承原有的理论及各种框架的同时，创造新的理论与模式。几十年来，我国人文与经济地理学就其研究规模之大、对国家发展作出的贡献与影响之突出是世界上任何一国的地理学所不能比拟的。但长期以来，我们的许多学者在西方人主导的世界体系背景下，在外国学者面前往往过于谦卑。在信息化与互联网领域，虽然起源于某些工业化国家，西方一些相关同行学者作出了若干先行性的论述，但实际上，我国许多中青年学者，在地理学基本理论、基本知识乃至方法论方面，已经做出了高水平的工作，并涌现出一批权威性的学者。他们的实际工作和学术影响得到了国家和社会相当高的评价。今天中国的互联网及其在社会生产、生活及科学研究中的应用，已经走在了世界的最前列。我们也有充分的理由相信，通过扩大与世界广大同行的接触，我们中国人文与经济地理学的学者将很快扩大我们的学术影响力。现在呈现在读者面前的本书内容，是不是可以表明这一点？这本书经过两年时间编写从而出版，我也希望国内学界同行用一点时间大致看看。

　　在近两年的研究与编写过程中，我们总是思考：互联网如何改变着社会经济各要素的运动规律，我们如何解析这其中的作用，如何表达要素之间的关联，如何通过我们的总结而形成地理学思想。还要阐述在各种社会经济发展实践中，政府及社会如何去规划组织社会经济要素的空间结构，为区域创新体系建设提供可操作的原理与构架。

出于编写这本著作较高的目标，我们还要认真严肃地考虑：如何评价当今全球信息革命给社会经济带来的广泛影响，特别是要较为准确地评估近年来我国信息化飞速发展及互联网、大数据广泛应用等新事物对社会经济发展的作用。在创新性与学术性的评价方面，我们必须遵循严格的学术道德原则，既要充分阐述我国学者的成果与贡献，也要肯定外国学者的科学发现与论断。

为编写一本值得一读的著作，需要集作者们的智慧。我们多次召开围绕本书主题的学术讨论会。从全书的基本宗旨、写作的基本理念与框架结构、概念辨析到引文、附图等，都多次反复地讨论与修改，集思广益，完善全书的结构与逻辑体系，充实各章的思路与内容。

可以肯定的是，还有很多不完善的地方，特别是若干论断与阐述不准确、概括不全面的情况可能会很多。我们希望诸多同行及广大读者能给我提批评建议，更希望学者们将信息时代的社会经济空间组织领域的发展变化问题更深入地研究下去。

这本著作是集体智慧与集体劳动的产物。我可算得是个发起人与组织者。工作一开始就得到了中国地理学会秘书长张国友的大力支持，帮助在全国范围内选拔作者与运作过程，使聚集作者团队相当顺利。在审稿与定稿过程中，我们特聘河北师范大学的路紫教授作为我们的审稿专家。路教授是我国系统研究信息化与经济地理学发展关系的"第一人"，他著有《信息经济地理论》（科学出版社，2006年出版），对本书的学术思想与一些具体问题提出了诸多好建议。考虑到著作主题的需要与作者所从事科研的基础，编写团队的人员及具体分工如下。

绪　论　　陆大道
第一章　社会经济空间组织的新动力与新变化　甄峰
第二章　空间思维及研究方法的变革　刘瑜、王圣音、陈明星
第三章　社会经济的空间集聚与扩散　孙斌栋、陆大道、张婷麟、黄鑫楠
第四章　信息时代的产业集群及其空间重构　千庆兰
第五章　互联网技术与运输物流网络重构　王成金
第六章　信息时代的区域发展及其空间结构　陈明星、隋昱文、刘瑜
第七章　区域创新体系形成的动力与模式　段进军
第八章　互联网影响下的城镇体系变动　汪明峰
第九章　智慧城市发展及规划管理　甄峰
第十章　乡村经济社会空间组织革新　龙花楼、张英男
后　记　　陆大道

本书主要作者简介（按章节顺序）：

陆大道　人文与经济地理学家，中国科学院院士。曾任中国科学院地理研究所所长、中国地理学会名誉理事长。长期从事经济地理学、区域发展和城镇化问题研究。提出了

"点-轴系统"理论、我国国土开发和区域发展的"T"字形空间结构战略，对我国区域发展、城镇化进程及区域可持续发展等进行了大量决策咨询研究，对国家相关决策产生重要影响。

甄峰 南京大学教授，中国地理学会城市地理专业委员会主任，中国城市科学研究会大数据专业委员会副主任委员。

刘瑜 北京大学遥感与地理信息系统研究所教授，副所长。主要从事地理空间模型与分析方法的研究，近期重点研究地理大数据分析方法及在人文经济地理领域的应用，所提出的"社会感知"概念在国内外学界引发一定反响。

孙斌栋 华东师范大学人文地理学、区域经济学教授，博士生导师，柏林工业大学博士。目前担任城市与区域科学学院党委书记，教育部人文社会科学重点研究基地——华东师范大学中国现代城市研究中心副主任，中国地理学会城市地理专业委员会副主任、长江分会副主任，上海市人口决策咨询专家，上海市宏观经济学会理事。在多中心空间结构战略、城市交通政策、创新创业政策等研究领域作出了突出的贡献。担任国家社会科学重大项目——"中国城市生产、生活、生态空间优化"首席科学家，多份研究专报得到中央政治局领导批示和肯定，并获得包括上海市决策咨询一等奖、上海市哲学社科优秀成果二等奖在内的多项省部级奖励和荣誉。

千庆兰 女，1970年4月生，博士，广州大学地理科学学院教授。兼任中国发展战略研究会城市与区域发展战略专业委员会委员、广东生产力发展研究会理事、广东县域经济发展研究会理事、广州市重大行政决策论证专家、《经济地理》杂志编委。长期从事经济地理与区域发展的教学与研究，近年来研究领域集中在制造业竞争力与产业集群创新发展。

王成金 现任中国科学院地理科学与资源研究所研究员、中国科学院千烟洲生态试验站副站长，博士生导师。长期以来，主要从事经济地理学与区域发展的研究工作，主要研究领域为交通地理学，围绕港口-腹地交通网络-腹地工业城市形成了一系列的研究成果和学术贡献。

陈明星 中国科学院地理科学与资源研究所副研究员，现任中国科学院区域可持续发展分析与模拟重点实验室副主任，主要从事城市化与区域发展研究工作，在促进新型城镇化转型方面取得一定研究成果和影响，荣获 2018 年国家优秀青年基金、第十三届全国青年地理科技奖、中国科学院青年创新促进会会员等奖励。

段进军 苏州大学东吴商学院副院长，教授、博士生导师。研究方向为城市与区域发展。

汪明峰 华东师范大学城市与区域科学学院教授、博士生导师，并任教育部人文社会科学重点研究基地中国现代城市研究中心副主任。长期从事城市地理与城市规划的研究与教学工作，近年来侧重于信息技术、新兴产业与城市发展研究。

龙花楼 中国科学院地理科学与资源研究所研究员，现任中国科学院精准扶贫评估中心副主任，城乡发展与土地利用转型研究，担任国际 SSCI 期刊 *Habitat International* 副主编、*Jounal of Rural Studies* 和 *Land Use Policy* 的编委。